- 本书是国家社科基金青年项目：科学发展观与《资本论》社会发展思想研究（13CZX017）的最终成果
- 本书由昆明理工大学马克思主义学院资助出版
- 本书由昆明理工大学生态文明建设创新团队资助出版

《资本论》
社会发展辩证法及其中国化

刘伟 ◎ 著

ZIBENLUN
SHEHUI FAZHAN BIANZHENGFA
JIQI ZHONGGUOHUA

中国社会科学出版社

图书在版编目（CIP）数据

《资本论》社会发展辩证法及其中国化/刘伟著 . —北京：中国社会科学出版社，2018.11

ISBN 978 - 7 - 5203 - 3617 - 8

Ⅰ. ①资… Ⅱ. ①刘… Ⅲ. ①《资本论》—马克思著作研究 ②马克思主义—发展—研究—中国 Ⅳ. ①A811.23②D61

中国版本图书馆 CIP 数据核字（2018）第 259953 号

出 版 人	赵剑英
责任编辑	刘　艳
责任校对	陈　晨
责任印制	戴　宽

出　　版	中国社会科学出版社
社　　址	北京鼓楼西大街甲 158 号
邮　　编	100720
网　　址	http://www.csspw.cn
发 行 部	010 - 84083685
门 市 部	010 - 84029450
经　　销	新华书店及其他书店
印　　刷	北京明恒达印务有限公司
装　　订	廊坊市广阳区广增装订厂
版　　次	2018 年 11 月第 1 版
印　　次	2018 年 11 月第 1 次印刷
开　　本	710×1000　1/16
印　　张	25.25
插　　页	2
字　　数	357 千字
定　　价	108.00 元

凡购买中国社会科学出版社图书，如有质量问题请与本社营销中心联系调换
电话：010 - 84083683

版权所有　侵权必究

前　言

中国特色社会主义发展已经进入新时代，我国将在2035年前后基本实现社会主义现代化，这意味着在未来17年左右的时间里，党将领导我国人民完成一个艰巨的历史任务：从根本上改变不平衡不充分的社会发展现状，平衡充分地满足人民日益增长的对美好生活的需要。我们应当明确：我国当前存在的不平衡不充分的社会发展实情，就是我们实现社会主义社会科学发展必须面对和解决的时代命题。

现代社会发展科学与否，其衡量标准在于社会发展与人自身的发展是否一致。资本主义社会发展的历史局限在于社会发展与人自身的发展相异化，社会主义制度扬弃资本主义制度，她的历史超越性在于实现社会发展与人自身的发展相一致。

社会主义制度从理论转变为实践已近百年，一直以来，探寻和把握社会主义社会发展的规律是马克思主义者的历史职责。在我国，迄今60余年的社会主义发展史，基本呈现出一个提出问题和解答问题的历史逻辑。改革开放之前，我国社会主义革命和建设经历凯歌高进和曲折探索，站在时代精神的高度，我们应从这段历史中概括出社会主义社会发展的基本矛盾，如何解决这些矛盾正是时代精神对我们的提问。我们把中国特色社会主义发展所蕴含的基本矛盾描述为"中国特色社会主义社会发展命题"，它的内容是：社会主义生产关系与交换关系的矛盾、人民内部矛盾、社会主义文化的理想原则与现实原则的矛盾。对于以上三个矛盾还可以进一步概括，第一个和第二个矛盾是社会主义社会发展的内在矛盾，第三个矛盾是社会主义社会中人自身发展的内在矛盾，将三者综合、贯通起来，就得到社会主义社会发展与人自身发展的矛盾。改革开放之后，我国建立社会主义市场经济体制，以之解决社会主义生产关系与交换关系的矛盾，科学发展观正式提出实现社会主义社会全面发展与人的发展相统一的目标和原则，"五位一体"总体布局和"四个全面"战略布局将科学发展观转变为实现科学发展的治国理政方略，中国特色社会主义的发展已经进入到实现社会主义社会发展与人自身的发展相统一的历史轨道。

如何解决社会主义社会发展与人自身发展的矛盾？我们应当在《资本论》中获得理论的武器。《资本论》科学揭示出资本主义社会发展与人自身发展相异化的根源、脉络和趋势，为无产阶级推翻资本主义、扬弃异化指明了科学道路。马克思之所以能够在《资本论》中科学揭示资本主义社会发展与人自身发展矛盾运动的规律，是因为他创制并运用了科学的方法论，我们把这一方法论概括为唯物的社会发展辩证法。马克思的社会发展辩证法以概念辩证法与实践辩证法相统一的方法，专门研究社会发展与人自身发展对立统一的内容。理解马克思社会发展辩证法的关键和枢纽是认知实践辩证法。概念辩证法，我们对它并不陌生。概念从抽象上升到具体，反映和叙述现实的矛盾从简单到复杂的运动过程，这就是马克思批判改造黑格尔辩证法后，所阐明的逻辑与历史相统一的方法。然而，在《资本论》中，马克思对辩证法的更大贡献在于确立并运用实践辩证法。实践辩证法客观地存在于《资本论》文本中，只是需要我们对它予以整理和阐发。实践辩证法是概念辩证法的前提性批判，概念辩证法只能叙述矛盾运动的历史，但它却不能发现和确证矛盾本身，从纷繁的现象和规律的系列之中发现和确证基本矛盾，这是实践辩证法特有的功能。更为重要的是，《资本论》辩证法在发现矛盾继之叙述矛盾运动的历史之后，还有一个富有革命性的逻辑环节——解决矛盾，实践辩证法的核心功能是为解决矛盾制定方略和策略。由此，我们可以看到一个要比从抽象上升到具体更为广阔的辩证法结构：从具体现象上升到抽象概念的实践辩证法——从抽象上升到具体的概念辩证法——再从具体概念返回到核心概念（主要矛盾或矛盾的主要方面）的实践辩证法，这是社会发展辩证法发现矛盾、把握矛盾、解决矛盾的三部曲。在《资本论》草稿、三大手稿和总四卷的科学结构中，马克思正是运用概念辩证法与实践辩证法相统一的科学逻辑，全面阐述了资本主义社会发展与人自身发展相异化的历史事实。在本书中，我们以社会发展辩证法为线索，对《资本论》的理论体系予以重新解读和阐释，以此方式证明《资本论》社会发展辩证法的科学性和革命批判性。

马克思的社会发展辩证法绝不是蓦然突兀地产生的，它的产生是哲学史，尤其是辩证法史发展的逻辑必然。自由是哲学的主题，而社会发展与人自身的发展对立统一，这是人类自由史内部的基本矛盾。社会发展与人自身的发展相一致，这是人类自由发展到高级状态时的面貌。马克思运用概念辩证法与实践辩证法相统一的方法研究自由的矛盾本性，即社会发展与人自身发展的矛盾，而哲学自诞生以来，哲学家们一直延续着创制、运用、革新辩证法专门研究自由的理论传统，马克思扎根于这个传统并对之实行了理论革命。我们要全面掌握马克思的社会发展辩证法，应当上溯到哲学的源头，从那里开始，考察作为哲学方法论的辩证法与作为哲学主题的自由之间的矛盾运动的过程。我们发现，在某一个历史时代，辩证法与自由论之间的统一反映出社会发展与人自身发展的一致性；反之，辩证法与自由论之间的对立则体现出社会发展与人自身发展的背离性。进而言之，辩证法与自由论"正的匹配性"勾勒出某个历史时代社会治理的治道，反之，辩证法与自由论的"负的匹配性"则显示出这个历史时代社会治理的困境。马克思的社会发展辩证法对自由论史和辩证法史进行了总结，他解答了现代社会发展辩证法的"黑格尔难题"，肇始了社会发展辩证法的理论革命。

研究和秉承马克思的社会发展辩证法，是为了在中国特色社会主义现代化进程中，深入理解和把握实现社会主义社会全面发展与人自身发展相一致的方略和策略，从而继续探寻最终解答"中国特色社会主义社会发展命题"、实现社会主义现代化的历史路径。我们运用马克思社会发展辩证法，分析阐述了科学发展观对《资本论》社会发展辩证法的发展，尤其深入探究了党的十八大以来，我国为实现科学发展而制定的一系列治国理政方略，从中梳理出协调社会主义生产关系与交换关系、正确处理人民内部矛盾、探索社会主义文化发展规律等诸多重要理论创新。在此基础上，我们聚焦"中国特色社会主义社会发展命题"，尝试运用实践辩证法再认识社会主义生产关系与交换关系的矛盾、人民内部矛盾、社会主义文化理想原则与现实原则的矛盾，运用概念辩证法叙述以上三个矛盾之间的逻辑运动，在这个过程中，求索实践辩证法的升华之道，思考何以贯通、完善解答"中国特色社会主义社会发展命题"的方略和策略，并将之不断的现实化。

目 录

导论 …………………………………………………………………… (1)
    一 "中国特色社会主义社会发展命题"：认识社会发展
       辩证法的现实和逻辑起点 ……………………………………… (3)
    二 认识社会发展辩证法的理路 ………………………………… (17)
    三 社会发展辩证法的内容和叙述形式 ………………………… (28)

第一章　社会发展辩证法的生成史 …………………………… (33)
第一节　古代社会发展辩证法 ……………………………… (35)
    一 自足与依附的矛盾 …………………………………………… (36)
    二 形象思维与思维形式的矛盾 ………………………………… (55)
    三 治道的极限 …………………………………………………… (63)

第二节　现代社会发展辩证法 ……………………………… (70)
    一 自由与异化的矛盾 …………………………………………… (70)
    二 理论理性与实践理性的矛盾 ………………………………… (95)
    三 黑格尔难题 …………………………………………………… (105)

第三节　现代西方哲学解答黑格尔难题 …………………… (111)
    一 走下圣坛的自由精神 ………………………………………… (112)
    二 反辩证法的失败尝试 ………………………………………… (123)
    三 解构的恶果 …………………………………………………… (137)

第四节　马克思解答黑格尔难题 …………………………… (145)
    一 辩证法、历史唯物论与自由论三位一体 …………………… (145)

二　概念辩证法与实践辩证法相统一 …………………………（152）
　　三　社会主义社会的科学发展 ………………………………（160）

第二章　《资本论》社会发展辩证法的典范性 …………………（162）
第一节　《资本论》社会发展辩证法的总论 …………………（163）
　　一　《资本论》社会发展思想的主题 ………………………（163）
　　二　《资本论》社会发展辩证法的科学基础 ………………（169）
　　三　《资本论》社会发展辩证法的科学结构 ………………（181）
第二节　《资本论》的概念辩证法 ……………………………（186）
　　一　资本主义自我否定运动的起点 …………………………（188）
　　二　资本主义经济危机的现实化 ……………………………（213）
　　三　资本主义经济危机成为历史必然 ………………………（223）
第三节　《资本论》的实践辩证法 ……………………………（246）
　　一　资本家的拜物教与社会本能 ……………………………（246）
　　二　资产阶级经济学家割裂经济关系的总体 ………………（254）
　　三　扬弃异化和异化意识的途径 ……………………………（258）
第四节　《资本论》概念辩证法与实践辩证法的统一 ………（267）

第三章　社会主义社会科学发展的辩证法 ………………………（272）
第一节　社会主义社会科学发展的主旨 ………………………（272）
第二节　科学发展观对《资本论》概念运动的扩展 …………（277）
第三节　社会主义科学发展方略对《资本论》实践
　　　　　辩证法的发展 …………………………………………（284）

第四章　尝试运用社会发展辩证法解答"中国特色社会主义
　　　　社会发展命题" ……………………………………………（295）
第一节　运用社会发展辩证法解决社会主义生产关系与
　　　　　交换关系的矛盾 ………………………………………（296）
　　一　再认识我国社会主义市场经济的现实与逻辑起点 ……（296）

二　混合所有制何以解决社会主义生产关系与交换
　　　　关系的矛盾 …………………………………………… (308)
第二节　运用社会发展辩证法正确解决人民内部矛盾……… (318)
　　一　社会主义市场经济中的人民内部矛盾 ………………… (319)
　　二　社会主义市场经济的上层建筑 ………………………… (331)
第三节　运用社会发展辩证法发展社会主义新文化 ………… (340)
　　一　社会主义文化发展规律及其核心价值观的形成 ……… (341)
　　二　历史虚无主义的现实根基和哲学源流 ………………… (353)

**结论　实现社会主义社会全面发展与人自身发展相一致的
　　　　三个时态** ……………………………………………… (370)
　　一　历史：中国特色社会主义现代化的创造性 …………… (370)
　　二　现实：中国特色社会主义现代化的批判性 …………… (374)
　　三　未来：中国特色社会主义现代化的全面性 …………… (377)

参考文献 ………………………………………………………… (381)

后记 ……………………………………………………………… (391)

导 论

我们所存在于其中的现代社会是与古代社会相对而言的。在我国，古人将家国社会的治理上升到治道的高度。今天，我们讲现代社会的科学发展，事实上也是讲治道，只不过治道是传统话语，在社会主义社会，人民是国家、社会治理的主体，治理已成为人民的工具，人民探索治道的目的在于实现现代社会的科学发展。社会的科学发展是社会发展的高级状态，即社会主体达到掌握和运用社会发展辩证法，使社会发展与人的发展达到一致。社会发展辩证法揭示出社会发展与人的发展的矛盾运动规律。研究现代社会的科学发展，关键是要说明社会发展辩证法的内容，以及社会的主体何以掌握和运用社会发展辩证法，解决现代社会发展的难题。

社会是历史的"横截面"，历史只能在现实的社会结构中，通过现实的社会主体的实践结构和思维结构呈现出来。历史唯物论是唯物的历史辩证法，马克思主义的社会发展辩证法与历史辩证法是一个问题的不同层面。历史辩证法是"体"，社会发展辩证法是"用"。历史辩证法是历史运动的客观规律，它是总体意义上的规律。社会发展辩证法则是社会主体对历史辩证法的掌握和运用，它是主体意义上的规律。总体意义上的历史规律抽象地描述出历史运动的必然性，而主体意义上的历史规律则具体地叙述出现实联合成必然的实质、条件和主动的活动。① 诚如马克思所说：历史不过是实现着自己目的的人的活动而已。现实，正是人的实现着自己目的的活动。

现代社会就是我们所处其中的现实社会。现代社会在时间上表现为资本主义和社会主义两个版本的现代化，而在空间上表现为社会主义制度与资本主义制度的并存。现代社会发展的矛盾运动就是在这样的时间和空间中不断现实化的。历史唯物论已经揭示出社会历史运动的内在动力根源于其自身的内在矛盾性，即生产力与生产关系的矛盾、经济基础与上层建筑的矛盾、社会存在与社会意识的矛盾，这之中，生产力与生产关系的矛盾是最为根本的矛盾。马克思在《德意志意识形态》中已经揭示：生产力与交往形式（生产关系）的关系就是交往形式与个人的活动的关系。他还指出：生产力的历史，也是个人本身力量发展的历史。② 马克思充分强调应从主体方面去理解人类的实践活动，这是在《关于费尔巴哈的提纲》中已经说明了的。马克思对历史唯物论的创立，体现出总体与主体、历史与现实相统一的原则。他强调：解剖人体是解剖猴体的一把钥匙，认识总体历史须从现实的社会结构入手。在《资本论》中，马克思从世界历史的"横截面"——现实中的资本主义社会入手建立起历史辩证法和社会发展辩证法相统一的科学理论结构，将历史唯物论系统化。

《资本论》具有双层的科学理论结构：她的概念辩证法从客体维度叙述出资本矛盾运动的历史过程，她的实践辩证法一方面渗透在概念辩证法中，另一方面又超出概念辩证法的范围，从主体维度指明资本的矛盾运动与人的发展的矛盾对立。《资本论》创造出现代社会发

---

① 黑格尔在《小逻辑》中指出："发展了的现实性，作为内与外合而为一的更替，作为内与外两个相反的运动联合成为一个运动的更替，就是必然性。"（黑格尔：《小逻辑》，贺麟译，商务印书馆，第305页）黑格尔认为，必然性的三个环节为：条件、实质和活动。（上书第310页）这些思想是黑格尔辩证法富有革命性精神的显著体现。

② 马克思指出："生产力与交往形式的关系就是交往形式与个人的行动或活动的关系。"（马克思、恩格斯：《马克思恩格斯选集》第1卷，人民出版社1995年版，第123页。）他还指出："由每一个新的一代承受下来的生产力的历史，从而也是个人本身力量发展的历史。"（同上书，第124页。）

展辩证法的典范。但是,《资本论》只揭示了现代社会发展一个阶段、一个环节——资本主义制度的运动规律,而社会主义制度的历史实践已近百年,在一球两制的当代现实中,我们还需"续写"《资本论》,中国理论家有资格完成这一伟大的历史使命。中国无疑是社会主义制度历史实践最为完整的国度,中国特色社会主义历史实践所面对的一系列历史命题具有世界意义,我国理论家应当继承《资本论》的科学精神,发现和揭示社会主义,尤其是社会主义市场经济的发展规律,说明社会主义的社会发展与人的发展的矛盾运动过程。

本书有志于以上研究,书中研究的核心内容主要是:

· 从理论反思的角度阐明社会发展辩证法是对概念辩证法和实践辩证法的综合。

· 叙述《资本论》社会发展辩证法的结构与内容。

· 论述社会主义社会,尤其是社会主义市场经济的社会发展辩证法。

现在,我们于全书叙述之首开宗明义,阐述何为社会发展辩证法。

一 "中国特色社会主义社会发展命题":认识社会发展辩证法的现实和逻辑起点

我们提出现代社会的科学发展这一命题,是从我们身处其中的中国社会的现实出发的。我国所面对的社会发展难题依然是现代化如何最终实现。我国进入现代社会以来,在一球两制的世界历史背景下,经历了资本主义和社会主义两个版本的现代化历程,我国的现代化发展具有历史典型性。时至今日,我国建设社会主义市场经济体制,实现"两个一百年"的战略目标,最终实现社会主义现代化,依然面临着一系列发展难题。在这一系列社会发展难题中,有些是各国实现现代化必然要面对的普遍性难题,有些则是我国独特的社会发展所形成的特殊性历史难题。有些难题贯穿我国前后两个版本的现代化历程,具有历史渊源和流变;有些难题则为实现社会主义现代化的历史进程所特有，并呈现出不断丰富和复杂的发展态势。这些发展难题之间绝不会是并列或者平行的简单联系，我们须对之进行梳理和比较，从中确定最基本的矛盾。发现和揭示现实社会发展的基本矛盾，是我们叙述社会发展辩证法的现实和逻辑起点。

辛亥革命以后，在新中国成立之前，我国经历了第一版本的现代化进程，这次现代化进程的历史取向是资本主义制度。在当时，由于帝国主义的侵略、干涉和绞杀，我国长期不能彻底地完成资产阶级民主革命，资产阶级难以发育成为独立自主的社会主体，不能担负起领导资本主义现代化的历史责任，中国资本主义经济沦落为世界资本主义体系的附庸，我国的资本主义现代化最终以失败结局。然而，由于帝国主义、封建主义和官僚买办对中国人民的剥削和压迫极端残酷，最终激起人民广泛、持续、彻底的革命反抗，我国民主主义革命发生了从旧民主主义向新民主主义的转变，新民主主义革命不仅彻底完成了民主主义革命的历史任务，并且开辟出通向社会主义现代化的历史道路。

我国经历了漫长的古代社会，有着根深蒂固的封建主义社会结构和文化传统。世界历史进入近现代以来，随着垄断资本在全球的蔓延，帝国主义与中国的封建势力达成勾结，从而形成我国实现现代化的最大阻力，我国实现现代化的一系列历史难题皆由封建的社会结构、西方垄断资本，以及二者的勾结派生而出。我国进入现代社会，实现现代化所面临的一系列历史命题主要是：

第一个命题：维护民族统一，反对民族分裂。民族统一是中华民族精神得以延续的社会基础，我国实现现代化必然要秉承、延续民族的统一。近现代以来，疆、藏、蒙、台、港等民族分裂主义是破坏我国民族统一的反动力量，而所有民族分裂主义都是由帝国主义一手制造的。

第二个命题：建立现代化的中央与地方关系，以及新的政经区划。中央与地方的关系、政治经济区划是民族统一的物质基础。现代社会取代古代社会，民主制度代替专制制度，必须建立中央与地方的现代关系，以及新的政经区划布局。从辛亥革命到新中国，历经两个版本的现代化进程，我国中央与地方的关系经历了集权与分权的矛盾运动，地方与地方之间在分工与协作的辩证关系中，不断磨合出现代的政经区划布局。

第三个命题：建立独立自主的现代国民经济体系。第三世界国家只有具备了独立的现代国民经济体系，才能有力地反对帝国主义，自主地参与全球化。在我国第一版本的现代化进程中，在帝国主义和封建主义的压迫之下，资产阶级机会主义地处理中国经济与世界资本主义体系的关系，故而难以摆脱附庸的地位。在我国建设社会主义现代化的新历程中，在一球两制的世界格局中，中国共产党领导人民把握住独立自主与国际主义的辩证法，正确处理国内与国外的关系，成功建立起独立的现代国民经济体系。

这三个命题之间具有互为因果的关系。在我国建立现代的中央与地方关系，以及新的政经区划，这是继承和发展民族统一的内因，而实现新型政经区划和中央地方关系现代化，其基本推动力则在于建立完善的现代国民经济体系。反过来看，建立现代的中央与地方关系和新的政经区划，实现民族统一，又是建设现代国民经济体系的外因。这三个命题是任何一个国家实现现代化都需面对和解决的普遍性命题，而对处于"三座大山"残酷压迫之下的旧中国，解答以上三个历史命题更意味着实现民族解放、完成民主主义革命。

第四个命题：现代社会取代古代社会，最深刻的变化在于现代社会结构的形成和发展。现代化的进程是公民社会及其阶级关系的锻造过程。在我国民主主义革命和社会主义建设的整个过程中，民族资产阶级和农民阶级的现代化是最为突出的两个难题。

第五个命题：在我国锻造公民社会及其阶级关系的现代化进程中，反封建、实验西方民主的各种形式，这是一个必经的过程。这之中，我国充分体会了资本主义民主的悖论，见证了资产阶级政党政治形式与内容的对立，同时也深刻认知了官僚主义的政治传统对民主政治建设的羁绊。

第六个命题：在帝国主义和封建主义的双重压迫之下，完成民主主义革命的历史任务，是我国实现现代化的前提性条件。我国民主主义革命的历史艰巨性，主要体现在探寻民族战争和统一战争正确道路的过程曲折而残酷。以上历史难题，最终以毛泽东军事思想的形成以及人民战争的胜利得到彻底解决。

这三个命题勾勒出我国进入近现代以后的历史特殊性。在西方，资本主义的产业革命和工厂制度，以及现代国民经济体系是在资产阶级革命之后势如破竹地兴盛发展起来的。在旧中国，虽然资本主义经济获得了一定程度的发展，从而为民族解放和统一建立了一定物质基础，但是在帝国主义和封建买办阶级的双重压迫之下，中国现代化进程障碍重重，民主主义革命如箭在弦，相对于经济革命，政治革命具有历史优先性，而在政治革命中，武装斗争具有现实优先性。在我国，民族资产阶级与农民阶级的现代化，是民主主义革命进程中的"硬骨头"，这里体现出我国实现现代化的历史特殊性。我国民族资产阶级和农民阶级深受"三座大山"的剥削压迫，但是，民族资产阶级又是世界资本主义体系和封建专制的附庸，在变革封建土地制度之前，农民阶级客观上又是封建主义社会结构的维护者。近代以来，由农民阶级和民族资产阶级领导的革命运动，难以撼动顽固的官僚主义专制结构和政治传统，其革命皆以失败而告终。没有两大阶级的参与，我国的民主主义革命不能取得成功，而在民主主义革命过程中，两大阶级如果不对自身进行自我批判，革命也不会取得最终的成功。辛亥革命之后，新中国成立之前，我国经历了一系列民主制度的试错过程，结论是：不经过民主主义革命的洗礼，不彻底批判官僚主义专制结构和政治传统，民主只能沦落为旧的社会阶级争夺权力的形式和工具，历史的最终选择是实行无产阶级领导的新民主主义革命。新民主主义革命以武装斗争为核心，无产阶级凭借党的建设和统一战线牢固地掌握革命领导权、有效地团结农民阶级、民族资产阶级等一切革命阶级，运用正确的战略和策略，通过人民战争，最终完成了民主主义革命的历史任务。新民主主义革命的胜利孕育出官僚主义专制政治的对立物——人民民主制度。

第七个命题：现代经济以工业经济为主导，而工业经济主导地位的确立主要体现在金融经济的健全，以及工业经济对农业经济的改造。成熟的货币制度和农业现代化又将反作用于工业经济，加速现代国民经济体系的形成。如何建立适合中国国情的现代货币制度，完成农业现代化，这是我国工业化进程中的两个历史难题。

第八个命题：总的来看，在一球两制的世界历史中，我国寻找实现现代化的道路，第一条道路是为买办和官僚垄断资本所统治和导向的资本主义道路，第二条道路是以社会主义公有制为统率的社会主义道路，而商品经济的发展则贯穿两个版本的现代化历史进程，有一个自然的历史过程。

这两个命题反映出新民主主义革命的历史特殊性与现代化的历史普遍性之间的关系。新民主主义革命是我国实现现代化的开路先锋，但是革命与现代化又是彼此交融的历史过程。新民主主义革命本身就是现代化的飞速推进，"革命一天等于二十年"；社会主义现代化又包含着新民主主义革命否定旧制度的"合理内核"。贯穿于新民主主义革命及社会主义革命和建设时期，现代化的发展有一个自然历史过程，这就是商品经济的普遍化以及基本经济制度对商品经济的驾驭。在现代社会中，农业现代化是工业经济驾驭商品经济的历史成果，现代货币制度的产生，则体现出社会生产关系对商品经济的有效驾驭。在旧中国，由于封建买办反动势力的阻碍作用，我国农业发展尚停留在自然经济阶段，商品经济的发展尚未达到普遍化。而在帝国主义的经济侵略下，我国难以建立起独立自主的货币制度，因而社会资本对商品经济的驾驭亦无从谈起。我国新民主主义革命的历史特殊性集中体现在无产阶级代替资产阶级、联盟农民阶级领导民主主义革命，但是我国民族资产阶级的软弱动摇性，以及农民阶级的落后性却是由商品经济及其制度化的发展程度决定的，解决我国民族资产阶级和农民阶级现代化的问题，最终要回到商品经济普遍化，以及通过基本经济制度革命驾驭商品经济这一普遍的道路上来。

第九个命题：文化上层建筑的作用是塑造社会的主体，文化传统是古代社会与现代社会之间联系的纽带，如何继承、革命传统文化，将最终决定人何以实现现代化。在西学东渐的背景下，我国传统文化的开新困难重重。旧中国，买办和官僚资本与封建主义勾结成统治阶级，它们以尊孔为招牌力图借助等级专制思想确立其意识形态，但它们不能扼杀新文化的产生和发展。我国新文化运动的最高成果在于，新文化的发展显示出其自身的内在矛盾性，这就是以鲁迅为历史符号的文化批判和革新，与以陈寅恪为历史符号的文化整合与传承，二者之间的对立统一。新中国成立后，文化革命是社会主义革命的应有内容，但是"文化大革命"的悲剧在于：其一，没有区分文化革命与政治革命的特殊性；其二，没有辩证把握新文化的内在矛盾性。

第十个命题：现代教育是现代文化活的灵魂，大学教育是教育体系发展的导向。新文化运动在教育革命上的最高成果是"独立之精神、自由之思想"，新中国的教育革命试图打破教育的贵族化，实现教育的平民化，然而，如何在平民中贯彻独立精神、自由思想，则是社会主义大学教育的一个难题。

第十一个命题：科学是现代政治、经济、文化的理性基础。新文化运动天然包含着对科学主义道路的探索，这一探索过程主要体现在建立现代学科体系，完成现代科学理论的中国化，培育出中国自己的科学家。新文化运动具有开辟之功，而新中国的文化革命一方面教条地进行学科体系建设，另一方面以"打倒反动学术权威"的方法改造旧知识分子，最终造成文化发展的断裂。

这三个命题关涉现代化的终极问题：人的现代化。文化上层建筑的作用是塑造社会的主体，文化现代化必须说明一个基本问题：在新社会中如何造就出新人？在西方，在资产阶级革命之前，文艺复兴、宗教改革，尤其是启蒙运动已经勾画出资本主义新人的理想人格。在我国，新文化运动孕育着文化革命，担负着为新民主主义革命和现代化培育新人的历史使命。文化革命的历史使命主要有两方面：一方面是对传统文化批判整合，一方面是在传统基础上开新，这两方面是对立统一的关系。我国新文化运动的发展已显示出这两个矛盾对立的方面。一方面，陈寅恪是整理国故的杰出代表，他继承我国古代优秀的学术传统，吸纳西方现代学术方法，延续王夫之、顾炎武、黄宗羲开创的整理、总结我国优秀文化的路线，致力于传统文化的批判整合。另一方面，鲁迅是破旧立新的伟大典范，他始终代表新文化运动的前进方向，他坚持以反帝、反封建和文化批判的立场启蒙新青年，以民主、科学、国民性批判和自我批判的精神塑造理性人格。鲁迅自觉地将新民主主义文化通向无产阶级文化，他以战斗文学和人民文艺促进新文化在人民群众中生根发芽，他探寻中国实现现代化的文化根源，鼓励人民从文化精神的彷徨中觉醒，并痛彻地反思民族脊梁所遭遇的文化环境。然而我们应看到，时至今日，新文化运动尚未完成，文化革命中分别以鲁迅和陈寅恪为代表的辩证的两个方面，还没有统一起来，但是我们亦不应感到悲观，事实上，文化整合与开新相统一的方向已为两位先贤指明，这就是鲁迅身教示范、陈寅恪呐喊而出的"独立之精神、自由之思想"，新文化的成功意味着以独立精神和自由思想完成民主与科学的中国化。

以上列举和分析了我国实现现代化所面对的一系列历史命题，历史实践已经证明，我国人民要科学地认知和解决这一系列问题，需要经历一个漫长的历史过程。综合以上分析，我国实现现代化的基本问题主要是：第一，如何反对官僚主义的历史传统，探索出符合中国国情的经济、政治民主形式；第二，如何发展和驾驭商品经济，成功解决民族资产阶级与农民阶级自身现代化的难题；第三，如何正本清源，挖掘和贯通中国现代化的文化源泉。

新中国成立之后，我国人民建设中国特色的社会主义制度，必然要面对和解决实现现代化的历史难题，从中开辟出在我国实现社会主义现代化的科学道路。我国建立起社会主义制度以来，我国人民通过一系列的理论创新、制度创新和实践创新，不断地科学认知和解答实现社会主义现代化的历史难题，取得了举世瞩目的历史成就。我们须知，我国人民科学认知和解答实现社会主义现代化的历史进程，既是现代化难题所蕴含的内在矛盾不断展现的过程，也是人民认识矛盾、解决问题，不断掌握和运用社会发展辩证法的过程。我们应对我国社会主义革命和建设 60 多年的历史，有一个总体认识，从中发现和总结人民掌握社会发展辩证法的历史规律。

改革开放之前，党领导人民如火如荼地建立和建设社会主义制度，我们须知主体能动性的充分发挥与客体内在矛盾的集中展现是相辅相成的，我们可以将这段历史所呈现的中国特色社会主义现代化的内在矛盾性称为"中国特色社会主义社会发展命题"。之所以这样称谓，是因为我们应当把这段历史所展现出的党和人民的历史主体精神，以及历史主体不得不面对的客观的历史矛盾，辩证统一起来，超越那些将历史难题归咎于主观精神，或将实践中的挫折归咎为宿命的错误观点，上升到时代精神的高度，勇敢地担当起社会发展主体的职责，贯通历史的昨天与今天，认识到毛泽东思想是代表和总结新民主主义革命、社会主义革命和建设正确实践的科学理论，中国特色社会主义理论体系与毛泽东思想一脉相承，同时又继续解答毛泽东思想已经发现而尚未最终解答的在中国实现社会主义现代化的一系列历史难题。"中国特色社会主义社会发展命题"是中国实现现代化的历史命题，它在中国特色社会主义制度中发展、嬗变，它具体体现为如下十个命题：

第一个命题：坚持和发展社会主义公有制是社会主义制度的根本特征，亦是社会主义的社会主体建设和实现社会主义现代化的基本原则。如何从中国的历史和现实出发，探索符合中国国情的社会主义公有制实现形式，这是我国人民建设中国特色社会主义现代化必须科学认知和解答的首要问题。我国借鉴苏联社会主义革命和建设的历史经验，确定社会主义公有制的基本形式是全民所有制和集体所有制。之后，又不断吸取苏联社会主义公有制陷入官僚主义和机械主义行政指令的教训，从抽象上升到具体，继续探索在我国改革和完善社会主义公有制的形式和路径。"鞍钢宪法"和大庆精神，探索了在企业内部通过民主制度和作风建设，反对官僚主义和行政指令的方法途径。而在社会主义市场经济条件下，建立社会主义公有制为主导，其他所有制共同发展的所有制结构，直到发展社会主义混合所有制，则上升到协调生产关系与交换关系的高度实行制度创新，反对官僚主义和行政指令对社会主义经济民主的破坏作用。

第二个命题：如何正确处理社会主义公有制与商品经济的关系，科学地协调社会主义生产关系与交换关系的关系，这是探寻社会主义公有制实现形式的核心问题。社会生产关系与交换关系交织、贯通于社会生产、交换、分配和消费的整个过程，然而这两种经济关系是不可混淆的。社会生产关系以所有制为核心，其实质是人与人在生产和消费的矛盾运动中所形成的阶级关系。在现代社会中，社会交换关系主要是以价值规律为法则的商品货币关系，现代社会依据商品货币关系组织生产资料、生活资料以及二者之间的交换活动。在《资本论》中，马克思确定，资本主义社会自我否定运动的内在动力是资本主义生产关系与交换关系的矛盾，并指示出研究现代社会发展的现实和逻辑起点，在于发现和确定社会生产关系与交换关系的矛盾。社会主义苏联模式走向失败的根本原因在于，其不能正确认识社会主义公有制与商品经济的辩证矛盾，不能完整把握社会主义生产关系与交换关系的关系，从而忽略商品经济也即社会交换关系对社会主义生产关系的反作用，最终使得社会主义公有制陷入抽象和片面，不能充分展现出她的历史优越性。毛泽东在反思国内外社会主义革命和建设的经验教训时指出，"价值法则是一个伟大的学校"，他认识到：发挥价值规律的历史作用，能够按照平等交换的原则，在实现社会主义公有制的过程中尊重和保护个人的财产权利，避免激化人民内部矛盾，从而更有利于社会主义公有制的确立和发展。中国特色社会主义理论体系完整地说明市场与宏观调控、政府与市场的辩证关系，指出"市场在资源配置中发挥决定作用"，政府主导的宏观调控则发挥弥补市场失灵的作用，从而为全面协调社会主义生产关系与交换关系的关系开辟出深广的历史格局。

第三个命题：在一球两制的世界历史中，商品经济在社会主义制度中的存在和发展将是一个自然历史过程。在社会主义改造完成以后，社会主义制度将长期面对社会主义公有制与商品经济的关系，其协调社会主义生产关系与交换关系的过程将是一个漫长的历史过程。我国从社会主义改造运动开始，从"一化三改造"到"反右"，从公私"并存"到混合所有制，体现出协调社会主义生产关系与交换关系的曲折性和持续性，在这个过程中，最为关键的问题是：社会主义制度如何科学认识和正确驾驭商品经济。

第四个命题：在我国建设社会主义现代化的历史进程中，民族资产阶级与农民阶级的社会主义化是两个突出的历史难题。民族资产阶级将在社会主义制度的历史中长期存在。在新中国成立之初，民族资产阶级对国民经济的恢复做出历史贡献；在社会主义初级阶段，民族资产者为社会主义市场经济的发展和完善发挥着历史作用。民族资产阶级的社会主义化充满历史复杂性，这种复杂性与商品经济在社会主义制度当中的存在与发展密切相连。资本是商品经济发展的自然产物，又是社会主义公有制的合作与改造对象。在我国协调社会主义生产关系与交换关系的历史过程中，必然要不断面对既运用和发展资本又节制与改造资本的复杂矛盾。我国在社会主义改造时期的公私合营，以及社会主义市场经济条件下的混合所有制，都是正确认识和驾驭以上复杂矛盾的理论和制度创新。此外，农业合作化与农民自治意味着社会主义现代化对传统社会结构的改造彻底完成。改革开放之前，我国通过合作化和人民公社化运动，鼓励广大农民学习大寨精神，教育和引导农民自觉地改造传统的农村社会结构，实现集体化和民主自治。改革开放之后，我国充分发挥社会主义市场经济的作用，确立和尊重农民在社会主义市场经济中的主体地位，统筹和引导农村实现城镇化、实施乡村振兴战略。需要强调的是，贯穿集体化和城镇化的历史过程，我国始终面对着两个铁核式的问题：其一是顽固的城乡社会二元结构，其二是农业和农民在国民经济体系总体结构中的不平等地位。

第五个命题：商品经济从资本主义延续到社会主义，这体现出社会主义与资本主义同样归属于现代社会的共性所在。但是，本质上社会主义经济是资本主义经济的对立物，社会主义制度必然扬弃资本主义经济的内在矛盾性。马克思在《资本论》中揭示出，资本主义的自我否定，体现在资本主义生产关系与交换关系不可调和的矛盾，资本主义生产关系不能驾驭商品经济，这成为资本主义经济危机的总根源。社会主义扬弃资本主义的固有矛盾，其优越性体现在她能够以社会主义的生产关系驾驭商品经济。在现代经济中，货币制度是社会生产关系驾驭交换关系的枢纽，社会主义经济必须确立独立自主的货币制度，从而有效地计划和组织整个国民经济体系。新中国成立后，我国建立起独立自主的人民币制度，批判超越了资本主义货币制度陷入债务货币和通货膨胀痼疾的历史局限性。同时我国在宏观经济管理领域，积极探索经济计划与价值规律的辩证矛盾，不断发现社会主义政府与市场之间的辩证矛盾，建立起以公有制为主导、其他所有制共同发展的所有制结构，按劳分配为主、其他分配形式共存的分配制度，以及宏观调控为三大特征的社会主义市场经济体制。当前，在世界金融和经济危机之中，我国人民币制度与世界货币制度的辩证矛盾得以显现，我国货币制度和宏观经济管理又将进入到一个新的制度创新期。

以上五个命题，一言以概之，是关于社会主义制度与商品经济之间矛盾关系的历史提问。在我国如何发展和驾驭商品经济，是我国实现现代化的固有难题。而社会主义制度何以驾驭商品经济，协调社会主义生产关系与交换关系，消灭经济危机，则是探寻社会主义社会发展规律的根本提问。改革开放以来，我国建设社会主义市场经济体制，以上问题就成为中国特色社会主义理论体系的首要问题。

第六个命题：官僚主义传统是我国现代化所面临的历史难题。马克思和恩格斯在总结巴黎公社经验时指出，工人阶级如果不能彻底改造旧的服务于阶级压迫的国家机器，就会在管理国家和社会事务过程中产生官僚主义的作风，国家和社会管理者将蜕变成为工人贵族，最终背叛革命，革命胜利果实因之付诸东流。而社会主义苏联模式的根本弊端正在于官僚主义。我国建立社会主义制度，在社会主义公有制的经济基础基本确立之后，必然要在此基础上建设社会主义的上层建筑，其中，反对官僚主义、改造旧的国家机器，是实现社会主义民主政治所须解决的根本问题。实践证明，在现代历史中，任何一个国家都不可能脱离世界历史封闭地完成政治制度的建设。在冷战格局中，我国在"三个世界"的世界历史观指导下，运用国际主义与独立自主的辩证法，历经中苏大辩论和中美关系正常化，为建立和巩固适合中国国情的社会主义政治制度创造积极的外部条件。改革开放前，我国建设社会主义政治制度成果斐然，同时也充满曲折。以毛泽东为代表的中国共产党人，科学发现人民内部矛盾是社会主义社会的主要矛盾，并认清社会主义建设必须正确处理好十大关系。另一方面，我国社会主义政治制度建设充满曲折的根本原因在于，我们还不能正确处理经济基础与上层建筑的辩证关系，还不能全面把握党的领导、人民当家作主和依法治国的内在联系。改革开放后，尤其是党的十八大以来，"五位一体"和"四个全面"的战略方针蕴含着正确处理经济基础与上层建筑，全面把握党的领导、人民当家作主和依法治国内在联系的理论创新。当前，我国正在努力实现国家治理能力和治理体系的现代化，力图在社会主义市场经济的基础之上，建设适应于该经济体制的政治上层建筑，正确解决社会主义市场经济协调社会主义生产关系和交换关系过程中产生的一系列复杂的人民内部矛盾。与此相对应，我国又通过"一带一路"及"亚投行"等实践创新，积极参与和引导新的世界政治经济新秩序，为我国的基本制度建设服务。

第七个命题：党的领导是建设中国特色社会主义民主政治的根本保证。建党、治党、培育马克思主义者，在社会主义民主制度中锻造先锋队，反对官僚主义传统，超越民主悖论，这是中国特色社会主义民主政治的优越性所在。改革开放前，党通过整风方式促进党员道德精神的纯粹化，以此保持和锻造党员的党性。改革开放后，党从反腐到全面从严治党，将党的建设上升到法的精神的高度。党的建设需要道德精神与法的精神的统一。

第八个命题：人民当家作主是社会主义民主政治的本质和核心要求。在社会主义国家，人民当家作主如何达到内容与形式的统一？这是建设社会主义政治制度的根本提问。毛泽东关于正确处理人民内部矛盾的科学论断，即"团结—批评—团结"的社会主义民主公式，是改革开放前我国社会主义民主政治发展的最高成果。而社会主义协商民主的理论实践，则是改革开放后我国社会主义民主政治发展的最高成果。此外，"文化大革命"的历史教训则为我们提供了一个复杂的解剖体，有助于我们研究群众掌握社会主义民主的矛盾规律。

这三个命题都是关于在社会主义制度中，批判和反对官僚主义政治传统的历史提问。批判和反对官僚主义的政治传统，不仅是我国实现现代化的历史难题，亦是国际共产主义运动关于建立无产阶级专政的基本提问。在建设中国特色社会主义的历史实践中，何以最终完成对封建主义和资本主义政治传统的批判，建立和完善人民民主专政的国家机器，实现社会主义民主政治，这是社会主义制度建设政治上层建筑的根本任务。

第九个命题：社会主义现代化最终体现为人的现代化，社会主义的新文化必将造就出社会主义的新人，而社会主义新文化又将何以产生？毛泽东认为，人民群众是创造社会主义新文化的历史主体，人民群众将在阶级斗争的大演练中，锻炼出无产阶级意识，以此打破专制主义文化传统，战胜资产阶级意识形态，完成无产阶级文化革命。当这种认识付诸实践，我们看到"无产阶级文化大革命"非但没有完成社会主义文化革命，反而产生了马克思主义教条化、文化传统断裂和思想意识的混乱。这说明，文化革命以社会革命为前提和基础，但还有它独特的发展规律，二者不可混淆。党的十八大以来，建设中国特色社会主义文化成为"五位一体"总布局中的重要组成部分，习近平在文艺工作座谈会上的讲话总结了中国特色社会主义文化发展的轨迹，进一步探索了社会主义文化的发展规律。

第十个命题：社会主义学术和教育革命，是社会主义文化革命的内核。新中国成立以后，由于我国尚未完成文化现代化的历史任务，现代学科体系和教育体系发展薄弱，又受到僵化的苏联学科和教育体系的影响，因此毛泽东主张革新学术和教育，他主张：社会主义学术和教育革命应以马克思主义为指南；应将劳动实践纳入到理论学习中，学以致用；应向群众学习，建立民主的师生关系；应当以群众史观革新哲学、史学，创作新文艺。但是，这些正确主张，在"文化大革命"中被扭曲，学术研究活动和教育教学活动被社会革命和群众运动掩盖起来，人们将学术教育规律与群众运动的规律混淆起来、张冠李戴，最终导致学术研究和教育教学的倒退。改革开放以来，学术和教育发展的规律特殊性得到普遍的认知和尊重，但是我国学术和教育领域中的固有问题依然存在，学科体系的实用化和分散化有增无减。习近平在哲学社会科学工作者座谈会上指出，应当培养精通马克思主义、学贯中西、富有时代精神的理论家，应当建立新的哲学社会科学学科体系。

这两个命题都是关于探索中国特色社会主义现代化之文化源泉的历史提问。这一提问是对新文化运动关于文化革命历史命题的扩展，文化革命亦是社会主义革命和建设的应有之义。文化发展事实上是社会主体人格的发展：经济基础是社会发展的必然王国，政治上层建筑是经济关系的"另外一次方"，而文化上层建筑则是社会发展的自由王国，在这个自由王国里，人民以个性的充分发展为目的，开辟出文化生活的领域。文化发展与政治经济发展形成一对辩证矛盾，其中包含着社会发展与人的发展的对立统一性。在资本主义社会，社会的发展与人的发展呈现出异化的关系，而在社会主义社会，新文化将逐渐扬弃异化，体现出社会发展与人的发展的一致性。

以毛泽东为历史符号的新中国建立者和建设者，他们所开辟的解决中国现代化难题的历史道路是建设和实现社会主义现代化，我国实现社会主义现代化的历史命题主要是：第一，探索中国社会主义公有制的实现形式，回答公有制如何发挥劳动者的个人才能？第二，揭示价值规律在社会主义经济运动中的作用，说明社会主义的生产关系与交换关系如何协调统一？第三，社会主义民主如何铲除官僚主义产生的社会根源，如何正确处理人民内部矛盾？第四，如何保持无产阶级的阶级意识，开掘中国社会主义制度的文化源泉？第一、二个命题是经济命题，第三个命题是政治命题，第四个命题是文化命题。前三个命题中贯穿着社会主义社会发展的根本矛盾：社会主义生产关系与交换关系的矛盾。社会主义社会中的主要矛盾——人民内部矛盾是由社会主义生产关系与交换关系的矛盾派生而出的。第四个命题专门提出人的发展的问题，同时指向一个更高层次的矛盾：社会主义社会发展与人的发展的矛盾。"中国特色社会主义社会发展命题"展现出社会主义社会的内在矛盾性，我们要总结和叙述中国特色社会主义矛盾运动的规律，应以社会主义生产关系与交换关系的矛盾、社会主义社会发展与人的发展的矛盾为现实的和逻辑的起点。

二 认识社会发展辩证法的理路

马克思在《资本论》中说明并示范了社会发展辩证法，他运用社会发展辩证法揭示出资本主义社会自我否定的发展规律。马克思指明，运用唯物辩证法研究社会发展需要四个步骤：其一，全面地占有现象材料；其二，从现象材料中确认事实，进行事实与事实的比较，发现规律的系列；其三，运用抽象力从规律的系列中确证基本矛盾；其四，从抽象上升到具体叙述基本矛盾运动转化的历史过程。第一、二个研究步骤，是任何一门科学研究的起点。但是，马克思强调，对于辩证法来说，更重要的是后一半工作。辩证法的科学性在于发现事物运动的内在动力——事物内在的基本矛盾，并揭示和叙述出基本矛盾运动转化的历史过程。发现和确定事物内部基本的矛盾，这是辩证法的起点。我们认识事物，实质上是认识事物发生、发展直到灭亡的历史。辩证法把握历史绝不局限于表面现象，也不固化于对本质的一知半解，它旨在发现和揭示事物从产生到灭亡的自我否定过程。因而，唯物辩证法首先要发现事物内部的自我肯定性（暂时存在）和自我否定性（向他物转化），并确认两种根本属性之间对立统一的关系。而一旦事物内部自我肯定性与自我否定性之间的基本矛盾得以确证，辩证法就找到了科学征途的起点，这个起点既是现实的起点又是逻辑的起点。这是因为，在唯物辩证法这里，概念的逻辑演进不过是现实的矛盾运动的反映和叙述。唯物辩证法以逻辑与历史相统一为原则，它的逻辑演进起点也就是矛盾运动的现实起点。我们要认识社会发展辩证法，就必须从现实社会中确定其内在的基本矛盾，以此为起点，然后展开对基本矛盾运动过程的考察和叙述。纯粹地在理论反思的角度认识和讲述社会发展辩证法，还只是在河岸学习游泳，要真正学会游泳还须进入河中，因而，我们认识社会发展辩证法和运用社会发展辩证法应是同一个过程。

我们力图从现实社会入手认识社会发展辩证法，同时运用社会发展辩证法研究现实社会。我们认为中国特色社会主义社会内在的基本矛盾是：社会主义生产关系与交换关系的矛盾、社会主义社会发展与人的发展的矛盾。本书的核心工作是确证以上两对矛盾在中国特色社会主义社会矛盾体系当中的根本性，并从这里出发考察社会主义社会的发展辩证法。在做这个工作之前，我们还须暂时安于在河岸上学习泳姿，从理论反思的角度充分地论证社会发展辩证法的科学性，为此，在导论中我们须先说明论证社会发展辩证法科学性的理路。

确证现实社会的基本矛盾是一个有的放矢的过程，"的"就是客观存在的矛盾，而"矢"则是科学方法论。历史唯物论确证生产力与生产关系的矛盾是历史运动的内在动力，这一科学发现的"的"是历史运动内在的基本矛盾，而"矢"是唯物的历史辩证法。剩余价值学说确证资本主义生产关系与交换关系的矛盾，是资本主义生产力与生产关系矛盾的内核，这一科学发现的"的"是资本主义社会内在的基本矛盾，而"矢"则是唯物的社会发展辩证法。现在，我们要"续写"《资本论》，这一研究的"的"是社会主义社会内在的基本矛盾，而"矢"则是唯物的历史辩证法和社会发展辩证法的进一步具体化。"工欲善其事，必先利其器。"现实社会的客观矛盾就摆在我们面前，而我们必须掌握唯物的社会发展辩证法，透过现象看到本质，再从本质上升到现实，这样才能把握到矛盾，否则就会在

"熟知并非真知"的境遇中把表象当作自在，把习惯或教条奉为真知灼见。

我们首先在"器"的层次，对社会发展辩证法的科学性有一个反思，其中的理路是：第一，阐明什么是辩证法；第二，叙述辩证法的问题发展史，说明辩证法、唯心辩证法、唯物辩证法、历史辩证法、社会发展辩证法之间的历史联系；第三，比较社会发展辩证法各种典型形态的基本特征。现在，我们就此理路为后文的系统论证提出系列命题，并表明我们的基本立场。

第一，什么是辩证法？孙正聿教授总结和发扬列宁的系列观点，他认为，辩证法是理论思维的前提性批判，专门来解决理论如何与实践相统一的问题，而理论与实践的统一反映在哲学中则表现为思维与存在的统一。因而，他主张必须从思维与存在这一哲学的基本问题、这一高度去理解辩证法，对辩证法的认识不能低于这一个高度。这一观点是符合唯物辩证法的科学观点。

孙教授指出，辩证法是理论思维的前提性批判，其科学意义有三：其一，辩证法是理论思维的反思；其二，理论与实践的矛盾高于理论自身的内在矛盾；其三，在哲学内部，辩证法所反映的理论与实践的矛盾表现为思维与存在的矛盾。总的来看，孙教授是在理论思维的精华——哲学内部考察辩证法，他特别强调概念辩证法是哲学理论思维的科学形态，在哲学史中，黑格尔辩证法和《资本论》辩证法是概念辩证法的典范。

孙教授的观点对我们的启发是：辩证法反映理论与实践的矛盾，站在理论的角度，辩证法的科学形态表现为概念辩证法；那么，站在实践的角度，辩证法的科学形态是否表现为实践辩证法？在我国学界，承认实践概念法的存在并不是一个难题，因为马克思早就宣告了历史唯物主义实行哲学革命的宣言："对于哲学家来说，问题不在于解释世界，而在于改变世界。"站在实践的角度看理论与实践的矛盾，不仅可以看到这对矛盾的全貌，而且能够洞悉这对矛盾运动的方向：理论与实践辩证统一于实践。既然如此，那么，对于改变世界的历史实践，是否也有实践辩证法的科学形态，如同概念辩证法作为理论思维的科学形态，然而能够更为完整地揭示和叙述出理论与实践矛盾运动的全过程？

解答以上命题，需要继续反思理论与实践的矛盾。卢卡奇在《历史与阶级意识》一书中指出理论与实践是一个总体，后来他在《社会存在本体论》一书中指明理论与实践的总体就是社会存在。卢卡奇的这一认识具有重要的启示意义。人类的社会历史活动主要有理论与实践两个方面，古人曾用知和行来描述这两个方面，从总体上看人类知与行、理论与实践的辩证统一是一个不可分离、不可割裂的必然过程，但是在联合成必然的每一个现实环节，理论与实践之间却充满着暂时的分离和割裂。我们抽象地看待理论与实践之间的"分合聚散"是没有意义的，理论与实践的对立与统一是在具体的人类社会历史活动中展开的，要看清楚其中的来龙去脉，我们应回归到社会历史当中去。

认识到社会历史是一种高级的运动，或者认为历史是偶然的无意义的现象拼合，这是辩证法与反辩证法观点的基本区别。承认社会历史是一种运动，这一观点并不起自马克思主义。启蒙主义运动从理想转变为现实，在资本主义制度已经来到人间之后，德国古典哲学已经历史地反思从古代社会到现代社会的演进，黑格尔哲学力图将人类的思维活动、文化精神的发展、制度的演变、社会的现代化都叙述成一个完整的历史过程，黑格尔前无古人地描述了以欧洲为中心的世界精神、文化和理论的发展史。但是由于局限于唯心史观，黑格尔哲学只能描述观念（理论）的历史，却不能揭示现实（实践）的历史。马克思实行哲学革命，科学地揭示和叙述现实（实践）的历史，对黑格尔哲学关于理论与实践矛盾的颠倒立场予以彻底批判。马克思发现，社会历史的运动源于其内在的物质力量——生产力与生产关系的矛盾，而这对矛盾又派生出一系列更为复杂的矛盾，这一矛盾的体系成为人类历史实践的内部结构。马克思正是通过考察人类历史实践的矛盾体系而把握到了实践辩证法。

黑格尔在观念史和理论史中发现了概念演进的规律——概念辩证法，概念辩证法是解释矛盾运动的科学方法论，即使我们要解释实践史仍然要运用到概念辩证法，但是，概念辩证法还不是解决矛盾的科学逻辑。辩证法作为科学方法论，它的研究对象是矛盾。矛盾是客观存在，矛盾的运动过程有着客观的规律，这就是客观辩证法的内容。但是客观辩证法如果不为人所把握，那么它的存在就在人类社会之外。在人类实践的历史中，人不可能绕过客观辩证法而存在，因而客观辩证法就转化为客体辩证法，人类在探索客观辩证法的进程中不断磨砺把握矛盾的科学方法论，因此产生了主观辩证法，概念辩证法就是主观辩证法的典型形态。但是概念辩证法并不一定是主体辩证法，人们能够运用概念辩证法认识矛盾，却未必能够解决矛盾。人类实践不同于认识，认识领域内的基本问题是思维与存在，思维发现和确证存在内部的矛盾，即达到思维与存在的统一。然而，更重要的事情还在后面呢，人们认识矛盾是为了解决矛盾，实践的职责就在于解决矛盾。那么，矛盾既然是客观的，它是人能够改变的吗？在人类社会历史中，实践的内部结构表现为以生产力与生产关系的矛盾为核心的矛盾体系，实践的内在矛盾性具有非同寻常的特殊性，实践内部自我否定和自我肯定的关系表现为主体与客体的关系，人的目的和活动本身就是实践矛盾的组成方面。马克思指出实践是社会历史的物质基础，应从主体方面理解实践，即从主体"改变世界"方面来理解物质实践。他向我们指明：在实践的内在矛盾——主体与客体的矛盾中，主体作为自我否定的一面，代表着实践的发展方向。马克思还向我们指明：在社会历史运动中，人类"只有在现实中使用现实的手段才能取得解放"，这个"现实的手段"就是不断改变和革新社会关系、以此为杠杆实现改变世界的目的。人类改变和革新社会关系就是解决矛盾的过程，而人作为主体改变世界，从而充分地锻炼和实现自身的主体性，这就是自由。辩证法对矛盾的研究继续上升到自由的高度，实践辩证法最终孕育出以自由为目的的主体辩证法。

　　自由是哲学的主题和最高命题，从客观辩证法到主观辩证法，从客体辩证法到主体辩证法，辩证法的发展反映出人类认识自由、实现自由的历史。概念辩证法是人们认识自由的哲学方法论，实践辩证法则是人们实现自由的科学逻辑，我们不能低于自由这一高度去认识辩证法。孙正聿教授指出，思维通过辩证法达到与存在的统一，因而进入自由状态。他阐释列宁的立场，强调：思维反映存在、思维与存在相统一具有必然性。我们继续推而广之可以看到：理论反映实践、理论与实践相统一亦具有必然性，这种必然性是自由的必然和必然的自由。

总的来看，马克思对辩证法的革命皆源自他对人类历史实践的深入考察：历史唯物论发现人类历史实践的矛盾体系，它展示出社会发展的客观辩证法和客体辩证法；马克思运用主观辩证法深入到实践内在矛盾性的最深层，揭示出实践的自我否定性源自主体对客体的批判和改变；他又在自由论中专门研究实践主体在主体与客体的矛盾中达到自我实现的辩证运动。因而，在马克思那里，辩证法、历史唯物论和自由理论是内在统一、三位一体的，我们应当在这个广度和深度上认识辩证法。

第二，研究辩证法的问题发展史。认识任何事物，都是认识它的发展史，对于辩证法本身亦不例外。辩证法的问题发展史，即是它自身的矛盾运动史，而它自身的内在矛盾性就是我们研究它的最基本对象和命题。

理论与实践的对立统一关系，是辩证法最基本的研究对象。我们研究辩证法，则是要考察辩证法如何辩证地研究理论与实践的矛盾。理论与实践的矛盾，是人类社会历史活动中知与行、观念的历史与现实的历史之间的对立统一关系。马克思通过唯物辩证法研究以上矛盾的科学道路是：辩证法、历史唯物论与自由论内在统一、三位一体。我们可以从这个三位一体中看到辩证法的历史性和历史的自由性：辩证法的本质是历史运动规律的逻辑反映，人类社会的历史运动是必然和自由的统一，辩证法把握住主体与客体、思维与存在的矛盾，以此揭示历史运动中自由与必然的矛盾。在这里，历史唯物论好比

"的",辩证法好比"矢",自由论好比"矢中的"。我们研究唯物辩证法的三位一体性,将面对如下的理论提问:为什么辩证法之"矢"能够射中历史唯物论之"的"?为什么主体代表着实践内在矛盾的运动方向?为什么思维与存在的统一具有历史必然性?有一种回答认为,历史运动是其内在矛盾运动的总体展开,辩证法从抽象上升到具体揭示和叙述出历史矛盾运动的总体特征,因而辩证法是用历史的方法研究历史,体现出方法与内容相统一的科学性。这种观点强调历史矛盾运动的总体性,以及辩证法对历史矛盾运动的适应性,从而将唯物辩证法解释为唯物的历史辩证法。但是,这还是不够的。孙正聿教授特别强调马克思的哲学革命在于树立了辩证法的"合理形态",即通过发现实践,揭示出辩证法之所以具有否定和批判精神的物质根源。唯物的历史辩证法这一称谓,还只是在理论的范围内反思唯物辩证法的科学性,它还不能说明唯物辩证法的批判性。我们需要回答的问题是,为什么发现实践就能够证明辩证法的概念运动(从抽象上升到具体)恰恰能够反映事物的自我否定性?我们知道,历史是人类实践和反思实践的历史,实践是扬弃和开创历史的"火车头",人们通过理论思维认识历史实践,而实践本身则是自由自觉的物质活动。人们运用概念辩证法认识和叙述实践历史,这归根结底是对实践历史的反映和解释,唯物的历史辩证法以概念辩证法为内核,它还没有包容进来以"改变世界"为宗旨的实践辩证法,它说明了历史矛盾的总体性,但是还不能说明历史实践的主体性。人类历史实践内在矛盾运动的方向是实现自由,人类充分实现自身主体性的自由精神是历史实践具有革命批判本性的根源。人类实践的自由性和批判性,需要实践辩证法予以说明。那么,我们从哪里发现实践呢?实践就是我们眼前的现实社会发展的内核,在现实的社会发展中认识和实现自由是我们考察历史矛盾运动的出发点和归宿。因而,我们可以把贯通历史与现实、总体与主体、概念辩证法与实践辩证法的辩证法描述为唯物的社会发展辩证法。

现在我们梳理出关于辩证法的基本理论提问:其一,为什么主体代表着实践内在矛盾的运动方向？为什么思维与存在的统一具有历史必然性？其二，为什么实践辩证法的自由性决定了辩证法的概念运动能够反映事物的自我否定性？辩证法的发展史，同时是辩证法不断解答以上两个根本问题的理论发展史，其中贯穿着理论的批判和自我批判。我们应当怎样认识辩证法的问题发展史呢？孙正聿教授对辩证法史的认识源自他对辩证法的分类学。他认为辩证法有三大形态：素朴辩证法、概念辩证法、实践辩证法。他认为，严格说古代的素朴辩证法还不是辩证法，概念运动是辩证法的基本形态，黑格尔在历史唯心主义的基础上用概念运动描述文化史，他发现了概念辩证法，但是他却不能说明概念的否定性运动的根源，这一根源是由马克思发现实践因而揭示出的。孙教授所描述的辩证法史是：古代的素朴的辩证法、近代的形而上哲学开辟了辩证法的问题域、德国古典哲学尤其是黑格尔的概念辩证法、马克思的实践辩证法，以及现代西方哲学中的文化批判辩证法。孙教授科学地描述出辩证法史的事实。我们在以上科学研究的基础上，从辩证法、历史唯物论、自由论三位一体的观点出发，提出辩证法史与自由史相一致的基本判断。辩证法是研究自由的根本方法，研究辩证法史应贯彻方法与内容、手段与目的、原因与结果相统一的原则。自由思想史和辩证法史的划分具有相匹配性，其大略是：

第一个阶段：古代自由思想【西方：本原—存在—理念—神；中国：天—道—理】和古代辩证法【西方：逻各斯—悖论—辩证法—形式逻辑；中国：儒（中庸、易）、释（双遮双诠、无著）、道（道枢、齐物）三家辩证法】。

第二个阶段：中世纪自由思想【西方：道德自觉目的下的神；中国：道德自觉目的下的君子】和中世纪辩证法【西方：唯名论与实在论的矛盾；中国：程朱之学与陆王之学的矛盾】。

第三个阶段：现代（资本主义）自由精神【资本主义自由精神的两大难题：自然必然性与意志自由的矛盾、道德自由的理想性与政治自由的现实性的矛盾】和现代唯心辩证法【从康德的"三大批判"

到黑格尔辩证法体系】。

第四个阶段：资本主义自由批判【马克思的自由理论、存在主义、社会批判理论、后现代主义】和辩证法批判【唯物辩证法、现象学、分析哲学、解构主义】。

第五个阶段：共产主义自由精神【以历史唯物主义为指南，重写人类自由史】和唯物辩证法的系统化【概念辩证法与实践辩证法相统一，实践辩证法促进概念辩证法的逻辑运动继续前进】。

在辩证法发展的五个阶段中，贯穿着人们认识和把握理论与实践、主体与客体、思维与存在辩证关系的历史过程。在古代辩证法中，主体与客体的矛盾尚未形成，到中世纪，伴随着道德主体的诞生，主体与客体的矛盾初步形成。在现代辩证法中，理论与实践、主体与客体、思维与存在的矛盾正式形成，尤其是主体与客体的矛盾表现为异化与异化的扬弃。人们为批判和扬弃异化，首先反思和批判辩证法自身，因而产生了对传统辩证法批判反思的不同流派，当前正处于不同辩证法流派交锋对决、批判与自我批判的历史时代。

第三，比较社会发展辩证法的典型形态。我们认识辩证法，如果只是剖析了它的概念、梳理了它的历史，那么，由此所达到的对它的认识依然是粗线条的。我们还需要真正深入到辩证法体系中去，比较辩证法的典型形态。这就好比，我们只是从木材的躯干能够大概估计它的年龄，但是我们要知道它生存的历史就要看它的横截面、观察年轮。

辩证法的发展虽然经历五个阶段，但从其基本形态上看，辩证法可以区别为古代辩证法和现代辩证法。古代辩证法的典型形态，在西方以柏拉图体系和亚里士多德体系为代表，在我国以儒学辩证法和佛学辩证法为代表。现代辩证法的典型形态，主要以黑格尔哲学体系和马克思《资本论》辩证法体系为代表。

首先，我们应看到古代辩证法与现代辩证法的共性。古代辩证法和现代辩证法的研究对象都是矛盾。我们须知，并不是任意两个对子都是矛盾。矛盾专指事物内部自我肯定性和自我否定性之间的对立统一关系。古代辩证法和现代辩证法都直指事物内部的肯定（自我肯定）和否定（自我否定）的关系。在古代社会，自苏格拉底将哲学的视野转向人自身和人类社会生活之后，柏拉图和亚里士多德在人类社会中确证了理论与实践、理想与现实、思维与存在、真理与意见这些基本矛盾。在东方，老子发现有与无的矛盾，《周易》讲述阴阳、体用、道器等矛盾，儒家陈述天人、诚明、善恶、君子与小人、夷夏等矛盾，佛家阐述空有、生灭、真实与虚幻、烦恼与自由等矛盾。在现代社会，概念辩证法取代古人以形象思维或思维形式表述辩证法的古老方式，创制出以事物自身的矛盾运动过程展现辩证法的科学方法。黑格尔以肯定和否定描述矛盾的两个方面，并将之贯彻到对事物的普遍联系和历史发展的叙述中去，完成了用矛盾运动把握和叙述文化史的伟大壮举。马克思批判继承黑格尔辩证法，继续运用矛盾运动揭示和叙述出实践史和自由史。

其次，我们还应看到古代辩证法和现代辩证法的根本区别。虽然，古代辩证法和现代辩证法都研究事物内部的根本矛盾：肯定与否定，但是，各个辩证法形态却得出差别迥异的肯定与否定关系，跳出风格各异的"辩证法舞蹈"。例如，佛学辩证法的"舞蹈节奏"是：否定（空）—肯定（假）—否定肯定与否定的分别（中）。易学辩证法的节奏是：最根本的肯定—否定对子（乾坤），接下来每一个对子都是乾坤的子孙，它们之间的关系是物极必反，一系列的物极必反最后成就根本的复归——返回到乾坤这对基本矛盾。黑格尔辩证法的舞蹈是著名的三步舞：肯定—否定—否定之否定，或者说是存在论—本质论—概念论，"三步舞"勾勒出发展的历史，问题出现在黑格尔所认识的"否定"是虚幻的，它混淆了事物的自我否定与其为绝对精神"牺牲自我"的区别，最终使绝对精神成为绝对的肯定。马克思唯物辩证法的舞蹈节奏依然是：肯定—否定—否定之否定，但是这里的否定是真正的自我否定，自我否定决定了矛盾运动发展的方向，因而辩证法在本质上是革命的批判。

最后，我们要认识到各种典型辩证法矛盾运动归宿不同的根源。

佛学辩证法的归宿"空空"指向心性平等，易学辩证法的归宿"乾坤"指向等级间的礼乐和谐，黑格尔辩证法的归宿"绝对精神"指向资本主义自由精神的神化，马克思唯物辩证法的归宿"革命地批判"指向无产阶级革命。我们看到，古今辩证法都指向了人类的社会生活，事实上，社会发展才是辩证法产生的物质根源。辩证法既是社会发展的产物，也是社会发展的导向：辩证法从现实的社会发展中发现矛盾，为探索矛盾的根源而去追问世界、人生、社会、思维、心性的本源，辩证法为此而锻造出世界观和历史观，这时辩证法发展到理论掌握人心的深度和高度，它初心未忘，又回归现实的社会矛盾中去，鼓舞人心去探求治理社会人心的治道和治策。

因此，就辩证法来自社会发展而又回归于社会发展这一事实而言，那么辩证法的全称就应该是社会发展辩证法。如果我们只看到辩证法追问世界来龙、叙述历史去脉的那个环节，便将之视作概念逻辑运动的大全，那么就残忍地对辩证法做了"掐头去尾"的支解。如果我们为概念辩证法再加上来源和归宿，那么我们会看到比概念辩证法更为丰富的辩证法叙述形式，这些不同的辩证法叙述形式共同组成了社会发展辩证法。

社会发展辩证法亦分为古代形态和现代形态。古代社会也有社会发展辩证法，只是古代的社会发展辩证法没有达到科学形态。在我国，五经系统展现出古代社会发展辩证法的典型形态。进入现代，社会发展辩证法才成为科学。社会发展辩证法成为科学，而经历了两次"科学革命"：第一次是概念辩证法的革命，革命的最高成果是黑格尔的哲学体系；第二次是实践辩证法的革命，革命的最高成果是马克思主义学说。马克思的辩证法是对黑格尔辩证法的扬弃。

中国古代社会治道集中体现在五经系统中。《春秋》微言大义，实质上是我国古人所把握到的社会历史运动的矛盾性，以及儒家解决社会历史矛盾和难题的基本原则。而《周易》则叙述出古代社会矛盾运动的历史过程。《尚书》是对治道的正面阐述，《诗经》则是治道在人民当中的镜像。《礼》是治道的理论化和现实化。《四书》则讲述社会治理的主体践行治道的要旨和心得。《春秋》蕴含着朴素的实践辩证法，《周易》则蕴含着朴素的概念辩证法，而五经系统则构成古代社会发展辩证法的总体和主体结构。

　　黑格尔哲学体系，是概念辩证法的典型代表。概念辩证法是实践辩证法产生之前，辩证法的合理表现形态。在黑格尔辩证法体系中，他的概念辩证法"包裹"着实践，但是实践范畴并没有从黑格尔的概念辩证法中脱胎而出。我们需要注意的是，黑格尔辩证法体系的归宿亦是治道：他在《精神现象学》中制定了运用辩证法研究自由思想史的纲要，在《逻辑学》中揭示出概念辩证法的科学内涵，并运用概念辩证法叙述人类实现自由的矛盾运动规律，然后，他在《美学》《宗教哲学讲演录》《哲学史讲演录》中继续运用概念辩证法将自由思想史的研究扩充到文化史，接着，他在《历史哲学》中试图用文化史说明实践史，最后，他在《法哲学原理》中又运用概念辩证法陈述他对现代社会治理的主张。黑格尔运用概念辩证法在文化史、观念史的研究中取得成功，但随着他的研究从文化史转向实践史、从观念的历史转向现实的历史，概念辩证法的局限性显示出来，由于忽略和逃避实践辩证法，黑格尔哲学最终落入庸俗哲学的泥潭。

　　马克思的《资本论》是科学的社会发展辩证法的典范，其中贯穿着概念辩证法与实践辩证法的统一，总体与主体的统一，历史与现实的统一，理论与实践的统一。我们比较社会发展辩证法各种典型形态的基点就在《资本论》社会发展辩证法，因为它是辩证法史中的"人体"，通过认识《资本论》，我们可以认识向它发展过程中的"猴体"即各种中间形态的社会发展辩证法。在后文详细叙述辩证法史的章节，限于篇幅和能力，本书主要讲述西方辩证法史，辩证法史的中国部分留待日后再叙。

三　社会发展辩证法的内容和叙述形式

　　以上，我们从"器"的角度，陈述了认识社会发展辩证法的理路，接下来，我们将上升到"事"的高度，强调我们研究社会发展辩证法的目的是确证中国特色社会主义社会内在的基本矛盾，叙述中国特色社会主义社会矛盾运动的规律。为此，我们在导论中特别说明社会发展辩证法的内容和叙述形式，并指出社会发展辩证法为什么是研究现代社会科学发展的科学方法论，为什么是我们探索社会主义社会内在的矛盾的科学根据。我们将以马克思《资本论》的社会发展辩证法为范例，阐述上述问题。

社会发展辩证法的内容是辩证法、历史唯物论和自由论的统一：社会发展辩证法是辩证法，它的研究对象是社会现实内部的矛盾，它的任务是发现和叙述人类认识现实矛盾和解决现实矛盾的完整过程。社会发展辩证法是历史唯物论，它的研究对象是人类物质实践所包含的矛盾体系，它的任务是揭示人类实践复杂联系和矛盾发展的基本特征。社会发展辩证法是自由论，它的研究对象是社会发展与人自身发展的辩证关系，它的任务是阐明自由的必然性和批判的彻底性。社会发展辩证法的内容表现为三个层次：首先是普遍的历史矛盾体系和运动规律；其次是特殊的现实社会的基本矛盾及其运动规律；最后是人们认识历史的普遍矛盾与现实的特殊矛盾，贯通历史与现实，发挥主体的批判精神，解决现实社会矛盾，达到社会发展与人的发展的统一，实现自由。普遍的社会历史矛盾和特殊的现实矛盾构成矛盾的总体，社会发展主体在矛盾的总体中为实现自身的目的而自由自觉地活动着。社会历史矛盾的总体性与人类活动的主体性辩证统一。在社会历史的矛盾总体中，贯穿着历史与现实的辩证统一。而人类的主体性活动体现为理论与实践的辩证统一。

《资本论》的社会发展辩证法是"大写的逻辑"。我们研究《资本论》社会发展辩证法的内容，可以看到，《资本论》正三卷揭示和叙述出现实中的资本主义社会的基本矛盾——资本主义生产关系与交换关系的矛盾及其历史运动的规律必然性。然而早在《资本论》草稿中，马克思就率先解答了一个前提性的理论命题：如何将历史唯物主义的普遍原则贯彻和运用于特殊的资本主义社会研究中去。在此文本中，马克思一方面将历史唯物主义基本原理系统化，另一方面又将资本主义社会研究放之于人类社会历史，从而实现了从历史唯物论的历史性到剩余价值学说的现实性之间的逻辑贯通。我们还可以看到，贯穿《资本论》草稿和她的全四卷，马克思特别强调资本主义社会的主体在经济关系的矛盾总体中的历史活动。在《资本论》草稿中，马克思鲜明地指出，政治经济学的研究对象是"社会的主体在由各经济部门组成的总体中的活动"。在此文本中，他将生产力与生产关系的矛盾具体化为生产、交换、分配与消费四个经济环节之间的复杂关系，并一以贯之地考察了经济活动的主体在四个环节的活动中，如何发展生产力和生产关系两方面的自由主体性。更为引人注目的是，马克思在《资本论》草稿中还从资本主义社会主体自由与异化的矛盾出发，扩展到对人类自由史的阐述。马克思对资本主义社会发展与人的发展的矛盾的研究从未中断，在《资本论》三大手稿和全四卷中，他全面描述了资本主义自由与异化的矛盾，还特别剖析了异化现象中理论与实践的矛盾，揭示出异化意识产生的根源。总的来看，《资本论》社会发展辩证法为揭示资本主义社会内在的基本矛盾及其运动规律，一方面贯通历史和现实从而完整地发现矛盾的总体，另一方面则彻底地追溯人作为社会发展的主体在自由与异化的矛盾中如何实现主体性的充分发展。《资本论》社会发展辩证法呈现出辩证法、历史唯物论和自由论的统一。

　　社会发展辩证法的叙述形式是概念辩证法与实践辩证法的统一。唯物的概念辩证法的叙述形式是从抽象上升到具体，其根本原则是逻辑与历史相统一。黑格尔的唯心主义概念辩证法也具有从抽象上升到具体的形式，但是其根本原则却是历史与逻辑相统一。显然，唯物的概念辩证法是对唯心的概念辩证法的颠倒。概念辩证法解释和叙述历史与现实的矛盾总体形成和发展的过程，这个过程是一个"无主体"的过程。实践辩证法超越概念辩证法只叙述矛盾总体的范围，更为深广地叙述主体与总体的矛盾运动。因而，实践辩证法是发现和成就主体的辩证法，它所反映和叙述的内容是社会主体在历史与现实的矛盾的总体中解决矛盾的过程，即社会发展与人的发展的矛盾运动过程，因而它的叙述形式与概念辩证法的叙述形式根本不同。实践辩证法的叙述形式不是从抽象上升到具体，而是恰恰相反，它要从概念辩证法已经达到的具体，再走回头路，从具体深入到抽象，从现实再回到本质。实践辩证法"走回头路"的过程，其实质是主体要在本质层面根本解决矛盾，这并不是简单地退回到抽象本质，而是主体在已经掌握矛盾的总体后，重新审视现实围绕核心本质而生的矛盾结构，化现实条件为手段，以本质为目的，"由里及表"地规划解决矛盾的战略和策略体系。

我们从叙述形式的角度研究《资本论》社会发展辩证法，可以看到，《资本论》正三卷运用概念辩证法从抽象上升到具体，叙述了资本主义生产关系与交换关系的矛盾运动规律，由此揭示出资本主义在经济危机中自我否定的历史过程。此外，《资本论》草稿专门贯通历史与现实，陈述了资本主义社会的矛盾运动在整个人类社会历史中扬弃封建制度，而又必将为共产主义制度所扬弃的历史必然性。我们还看到，《资本论》三大手稿和总四卷的文本、理论结构，包含着马克思对资本主义社会发展与人的发展矛盾的全面论述。尤其需要我们关注的是，在《资本论》正三卷中，与从抽象上升到具体叙述资本主义生产关系与交换关系矛盾运动过程的逻辑进程相匹配，还有一个从抽象上升到具体叙述资本主义异化和异化意识从简单到复杂的逻辑演进过程，而在《资本论》第三卷结尾章节，马克思则专门考察了扬弃异化和异化意识的历史过程，在这里我们能够体会到实践辩证法的典型形态。马克思对异化和异化意识从简单到复杂的逻辑演化过程进行了反思，最终指出，扬弃异化和异化意识必须从日常的颠倒性的社会关系及其意识形态不断深入到本质，对本质层面的经济关系和制度进行颠覆，如果我们只停留在现实同时也是日常层面看待异化和异化意识，终究会陷入与现实并行的假象当中难以自拔，不能根本上对异化实行扬弃。马克思主义的实践辩证法在马克思之后继续发展，在列宁和毛泽东那里发展成为成熟的战略和策略体系，实践辩证法也因之获得了典型的叙述形式。

总的来看，由全四卷和三大手稿组成的《资本论》理论体系，包含着完整的社会发展辩证法。从内容上看，《资本论》社会发展辩证法反映出资本主义社会发展的矛盾总体，以及资本主义社会发展与人的发展的异化矛盾，最终指示出扬弃异化、实现自由的历史必然性。从叙述形式上看，《资本论》运用概念辩证法叙述资本主义社会发展的矛盾总体及其运动过程，运用实践辩证法叙述资本主义社会发展与人的发展的矛盾运动过程。《资本论》社会发展辩证法在内容和叙述形式上呈现出一致性。

现在，我们要"续写"《资本论》，研究社会主义社会的基本矛盾及其运动规律。那么，我就应当总结和继承《资本论》社会发展辩证法的科学方法论，将目光转回到现实，运用马克思主义的社会发展辩证法研究"中国特色社会主义社会发展命题"。而事实上，随着中国特色社会主义建设的历史征程挺进纵深，党和人民不断求解着"中国特色社会主义社会发展命题"的历史答案，不断地取得一系列理论成果，科学地探索和概括出社会主义社会发展辩证法的基本特征，这些理论成果集中体现在中国特色社会主义理论体系中。需要我们备加关注的是，科学发展观继承和发展了马克思主义社会发展辩证法中的概念辩证法之维，党的十八大以来习近平一系列治国理政思想继承和发展了马克思主义社会发展辩证法的实践辩证法之维，尤其是习近平新时代中国特色社会主义思想形成后，社会主义社会发展辩证法的发展已进入将概念辩证法与实践辩证法统一起来的理论阶段，我们应秉承马克思主义的科学精神，系统阐释和发展以上理论成果，为探索我国社会主义社会，尤其是社会主义市场经济的发展规律继续做出贡献。

第一章 社会发展辩证法的生成史

社会发展辩证法是在辩证法的发展史中孕育而生的。辩证法史是人类认识和驾驭世界的矛盾和矛盾的世界的历史。辩证法史的基本事实是：人类用理论思维反思实践，用实践检验理论思维，从而达到理论与实践的统一。辩证法史内在的基本矛盾是：理论与实践的矛盾。这其中，理论的基本矛盾是思维与存在的矛盾，实践的基本矛盾是主体与客体的矛盾。社会发展辩证法是辩证法的基本矛盾——理论与实践、思维与存在、主体与客体发展到确定矛盾运动方向之时的产物。唯物的社会发展辩证法，它的基本立场和观点是：

第一，唯物的社会发展辩证法是辩证法、历史唯物论和自由论的内在统一和三位一体。

第二，存在代表着思维与存在相统一的方向；主体代表着实践主体与客体矛盾运动的方向。

第三，实践辩证法的自由性，在概念辩证法的逻辑运动科学反映事物自我否定性的过程中起决定性作用。

总的来看，唯物的社会发展辩证法的核心观点是：概念辩证法与实践辩证法相统一的方法科学反映和叙述社会发展辩证法三位一体的科学内容。

唯物的社会发展辩证法指明：理论与实践的矛盾统一于实践，主体与客体的矛盾统一于主体，思维与存在的矛盾统一于存在。一言以蔽之，世界的矛盾或矛盾的世界统一于社会历史主体的实践，即人类在历史实践中实现自由，这成为存在之所以存在的决定性力量。辩证法、历史唯物论和自由论是描述人类在历史实践中实现自由的三个关键词：历史唯物论叙述实践史，自由论指示出实践史的必然与目的，辩证法则是实践史和自由史的对立统一。唯物的社会发展辩证法综合历史唯物论、自由论和辩证法，肇始了理论与实践两个层次的革命。在理论层次，辩证法自身因其完整描述实践史和自由史的对立统一，而达到概念逻辑与实践逻辑的统一。在实践层次，社会历史主体一旦运用概念辩证法与实践辩证法相统一的科学逻辑，就能够正确解决社会发展与人自身发展的矛盾，为社会治理确立科学发展的治道、方略和策略。然而，唯物的社会发展辩证法富有革命批判意义的理论和实践境界却不是一来就有的，它是在一个漫长的历史发展进程中逐渐形成的。

我们要确证唯物的社会发展辩证法的科学性和批判性，应深入到辩证法史中去，把脉辩证法的问题发展史，加入到辩证法理论批判与自我批判的历史进程中去，检验唯物的社会发展辩证法究竟怎样解答了辩证法史中的历史难题，从而成为科学把握社会发展规律的"批判的武器"。

辩证法是伴随着人们对世界当中最为复杂的矛盾——社会历史矛盾的关注和研究而产生的。古人曾在自然辩证法中初步研究、体会认识世界的自由，然而人们一旦开始追问自由何以实现的时候，他们的研究目光就转向了社会历史。人们运用辩证法研究社会历史矛盾的目的是认识和实现自由，自由论是衡量辩证法对社会历史矛盾认识和实现水平的标准。因而，我们要深入到辩证法的问题发展史中，应采取如下理路：首先要看某个时代辩证法所研究的内容——社会发展与人的发展的矛盾，也即社会历史领域当中自由与必然、实践与自由的矛盾；其次要从理论逻辑上考察这个时代的社会主体运用怎样的辩证法形式去研究和叙述实践与自由、自由与必然的矛盾运动；最后还要从实践逻辑上反思和评价这个时代的社会主体运用辩证法认识自由、实现自由的能力，也即他们把握社会发展规律、运筹社会发展方略、确立治道所达到的水准。

远在古代社会，人们已经在社会历史活动中发现必然与自由的矛盾，并自发地运用朴素的辩证法研究这一矛盾，古代社会的治道代表了古代自由论和辩证法发展的水平和极限。历史进入现代社会，社会发展与人的发展的矛盾发展成为现实，具体表现为：自由与必然的矛盾、道德自由与政治自由的矛盾，这些矛盾系列勾勒出现代社会发展辩证法的问题域。黑格尔集启蒙主义之大成，力图运用概念辩证法研究和解答以上理论命题，但却陷入到不可自拔的理论困境：他不能揭示和解决理论与实践的矛盾、自由与异化的矛盾。现代社会发展辩证法因为"黑格尔难题"的产生而生成。在黑格尔之后，辩证法的发展表现为两大流派：其一是以反辩证法的立场和观点来解答"黑格尔难题"，这是现代西方哲学的一个总体态度；其二是以唯物辩证法的立场批判改造黑格尔辩证法，重新揭示现代社会自由与必然、自由与异化的矛盾，马克思是这一立场和观点的奠基人。我们比较鉴别两大辩证法流派对"黑格尔难题"的解答效果，依然要用自由论这个标准，看一看两种立场和观点一旦掌握群众，对群众认识和实现自由功过何在？对现代社会科学发展的得失何在？

第一节　古代社会发展辩证法

古代社会发展辩证法还是朴素的社会发展辩证法，自由理念尚未从自足观念中独立而出，辩证法所内含的理论与实践的矛盾尚处于萌芽状态，古代自由理念和辩证法勾勒出古代社会治道的疆域。古代人还没有现代意义上的自由和自由意识，他们的自由精神主要是精神的自由，而这种自由事实上是一种自足。古代人自足的世界观肇始于自足的自然观，而最终落脚于自足的社会观。在其社会观中，古代人的自足表现为德性与秩序的内外一致，等级制度和等级观念是这一自足观念的极限。与自由观相匹配，古代辩证法自身的矛盾性表现为形象思维和思维形式的矛盾。古代人以形象思维把握矛盾本身，他们对矛盾的形象把握包含着理论与实践的朴素一致。随着古代人逐步掌握理论思维，他们有意识地通过思维形式将辩证法理论化。辩证法的发展产生了形式与内容的矛盾，辩证法的理论形式对其朴素的理论与实践相一致的内容造成了禁锢，这成为古代人依附于等级专制的思想根源。古代人的自由观和辩证法的综合物是治道，治道是古人运用辩证法实现自足理想的理论和方略体系，治道就是社会发展辩证法，等级专制是古代治道难以突破的极限。

一 自足与依附的矛盾

早在远古时代，人类先民首先在神话体系中建立起自足的世界观。伴随着文明时代的到来，人们逐渐不满足于神话对人与世界关系的描述和概括，人已不能在神话中完整、确切地观照自身，人们开始立足于文明、重新认识和建构人与世界的关系，人类历史进入到"轴心时代"。在西方，希腊哲学取代神话，反思文明在自然和社会中的存在与作用，深入而广泛地探索了人与世界相互联系的方式和疆域，在这个过程中，希腊哲学勾勒出古代人自由的特征和极限。

希腊哲学对人与世界关系的探索从自然领域开始，这是与神话传统的一个衔接。在文明时代到来之前，人类生活在对自然的依附之中。摆脱自然束缚、获得类自由，这是人类进入文明时代的第一个门槛。希腊神话的内容反映出：希腊先民尚不能凭借文明的中介认识自然和自身，他们通过对自然的朴素直观顾望人性，又通过对人性的神化去猜测自然，先民们还没有自觉地发现和确证人与自然的矛盾关系。希腊地处古代西亚和埃及文明传播的交汇处，古希腊人在学习两大文明的同时，善于总结、反思和创新，逐步锻造出希腊人特有的民族思维。古希腊人从西亚和埃及学习到的最高文明成果是自然知识，哲学家们把自然知识升华为自然哲学，运用自然哲学批判神话世界观，确证人与自然的矛盾，在探索人与自然关系的过程中，注目于人区别于自然万物的类特性。

面对着自然万物的运动变化，古希腊人志在追问事物运动变化的本原，自然哲学家们对"本原"的理解是：事物的原初状态、构成事物的基质、事物存在和运动的原因和原则。古希腊人对本原的认识是自足的，他们认为本原是唯一的、永恒不变的、决定万物生流变灭的最高原则。泰利斯第一个提出"什么是世界的本原"这一哲学命题。他认为水是万物的本原。阿那克西曼德认识到，水的独特形态和属性不足以说明世界万物存在和运动的丰富性。他认为世界的本原是"无定"。"无定"没有规定性，却可以中和、贯通所有事物的各种规定性："无定"分化为万物，万物归复于"无定"。阿那克西曼德揭示出事物生成与消亡的内在矛盾，他指出：万物生成是对"无定"的损害，万物归复于"无定"则是必然的补偿。在他的眼里，"无定"是自足完满的。接着，阿那克西美尼综合水本原说和无定说，提出气本原说。他肯定"无定"的无限性和自足性，但否认从无规定性向有规定性转化的可能性。他发现气体因为冷和热两种性质，而产生聚合和消散的运动，他将事物的生成和消亡归结为气的聚合和消散，他在当时为本原的自足性确立了自然知识的基础。

赫拉克利特是在西方文明史上第一个完整描述人与自然矛盾关系的思想家。他批判神话世界观，强调要通过揭示世界的本原，重新发现世界。他认为世界的本原是火，火的燃烧和熄灭决定着世界万物的生灭变化。他说道："世界秩序（一切皆相同的东西）不是任何神或人所创造的，它过去、现在、未来永远是永恒的活火，在一定分寸上燃烧，在一定分寸上熄灭。"[①]"火"作为本原，相对于"水""无定"和"气"，可将事物生成和灭亡的矛盾扩展为一与多、永恒与变化的矛盾，从而能够更为充分地说明本原的自足性。赫拉克利特指出，火按照自身的本性运动，它是世界外在的本原，更是世界的内在本原。火的本性是生成变化，火的生成变化决定世界万物运动的方向，火在一与多之间的循环转化包揽了世界的全部运动，火与世界万物之间展现出永恒与变化的矛盾运动。赫拉克利特在火的矛盾运动中观照到了人。他用"逻各斯"来表述火的本性，逻各斯既是世界内

---

① 《西方哲学原著选读》上册，商务印书馆1981年版，第21页。

在的本原，又是"说出的道理"，人能够通过思想把握到世界的本原。赫拉克利特哲学标志着人类对自身拥有把握自然能力的确信，以此为分水岭，人类的思想确证了人与自然的矛盾关系，人拥有了"与天地相参"的类自由。我们看到，古希腊哲学家对世界本原自足的认识中包含着对类自由的自觉。

毕达哥拉斯学派更加关注人性。该学派认为数是万物的本原。本原不是一，而是多；不是常变，而是不变。数作为本原虽然众多，但是它们之间有着和谐有序的关系。该学派哲学家用数的和谐性描述世界的自足性，他们把握数的本性目的在于获得灵魂上的和谐与自足。爱利亚学派认为万物本原是不变的"一"。该学派批判神话世界观，同时又把世界本原的自足性形容为神性。克塞诺芬尼指出，神话体系中的神人同形同性论导致神的相对性和荒谬性，而神作为世界的本原必须是绝对、普遍和唯一的最高原则。"神是全视、全知、全闻的"①，"神永远保持在同一个地方，根本不动，一会儿在这里一会儿在那里动来动去对他是不相宜的。"② 巴门尼德将绝对、普遍和唯一的神概括为"是者"。在人类语言中，"是"具有说出道理和指示存在双重功能。"是者"是对"逻各斯"的清晰描述：本原是真理指示的存在，真理是本原内在的道理，而人依据理智能够识别真理通向本原的道路。巴门尼德区分了真理之路和意见之路。"一条是：所是的东西不能不是，这是确信的途径，与真理同行；另一条是：不是的东西必定不是，我告诉你，此路不通。"③ 真理之路，是理智把握本原的道路；意见之路则是习惯认识感觉对象的道路。神一样的本原是不生不灭的、连续的、完满的、不动的球体。只有理智的抽象才能够把握到本原的自足性，而意见局限于现象，常常"盲人摸象"般地分别割裂本原的圆满自足。毕达哥拉斯学派和爱利亚学派进一步揭示出，人类把握自然的类自由蕴含着人之为人的目的：期望伴随对世界

---

① 《西方哲学原著选读》上册，商务印书馆1981年版，第29页。
② 同上书，第29—30页。
③ 同上书，第31页。

本原的把握，实现灵魂和理智的自由。

元素论者将心灵和理智列入世界本原。他们认为世界的本原是元素，元素是性质不可分的最小的物理单元，世界是由元素组成的。在恩培多克勒看来，世界由火、土、气、水四种元素组成，是为"四根"。四根之间有时从多中生一，有时从一中生多，它们聚散分合的中介是爱与恨。如果说恩培多克勒用爱恨善恶来解释物理现象，这多少还带有神话世界观的遗风，那么，他试图用物理知识探寻意识的根源则显示出希腊哲学的新世界观。他说道："因为我们具有土，所以能见土，因水见水，因清明的气见气，因火而见炽烈的火，因爱见爱，因阴暗的斗也见到了斗（这里指恨——引者注）。"① 他的观点是，感觉是外界的元素对感官之中同种元素的"流射"，思想不过是清晰的感觉。阿那克萨戈拉的元素是"同质体"的"种子"。"种子"是从世界原初的未分化状态分化而来的，它数量无限多、体积细微，在种类上与可感性质相同。阿那克萨戈拉认为种子是被动的本原，心灵是种子之外能动的本原。与恩培多克勒不同，他意识到心灵与自然根本不同，他指出，心灵弥漫于世界之中，可终究超越世界之外。他强调从感觉上升到思想伴随着"痛苦"，虽然他还不能解释思维的"痛苦"，但是他已经看到用自然说明精神的困难。

原子论者将用自然说明精神的观点贯彻到底。他们认为世界的本原是原子和虚空。原子是不可分割的、充实的、最小的物质微粒。虚空则与原子相反，是可以分割的、空无的原子运动的背景和空间。原子在虚空中做旋涡运动，世界万物因此而生灭变化。原子论者视心灵为似火一般、最易运动的球形原子，感觉依然是因为原子与原子之间的"流射"而产生，心灵中的观念是在感觉基础上的"约定"。德谟克利特也区分真理和意见，他说道：感觉"不是按照真理，而是按照意见显现的。事物的真理是：只有原子和虚空。甜是约定的，苦是约

---

① [古希腊]亚里士多德：《形而上学》，吴彭寿译，商务印书馆1959年版，第49页。

定的，热是约定的，冷是约定的，颜色是约定的。实际上只有原子和虚空"①。在他看来，感觉是不可靠的，真理的对象是原子运动的规律，原子的运动遵循必然、没有偶然。"没有什么事物是偶然生成的，万物都出于理由按必然生成。"② 问题在于，原子论者只承认原子的形状、位置和次序等几何性质，他们将复杂的精神运动解释为原子的低级运动，将心灵的内容限定在原子与虚空的矛盾之中，这种观点已经严重脱离古希腊人高扬精神力量、攀登文明高峰的历史现实。原子论者用必然性来界定本原的自足性，恰恰限制了活泼泼的心灵的自由发展，古希腊人可以抛弃自然哲学的外壳直面心灵和理智自身了。

以希波战争的胜利为标志，古希腊城邦经济和社会发展进入到全盛时期，希腊文明也在此基础上提炼出时代精神和民族思维的精华。社会与人自身的发展，促使人们发现文明的根源不在自然领域，而在人自己的社会生活之中。相对于人与自然的矛盾，人与社会的矛盾、人与自身的矛盾像一片尚未开垦的处女地，等待着人们前去认知和领悟。当此之时，在古希腊城邦中，"逻各斯"已经成为思维的艺术，成为公民在国家社会中立足的思想力量。在人们还没有透彻周延地描述社会与人性之前，"逻各斯"充满怀疑主义精神，智者们凭借它彻底摧毁神话世界观，并对自然哲学的局限性进行批判。普罗泰戈拉提出，"人是万物的尺度"。这句话是心灵和理智摆脱自然束缚的宣言，但是在哲学尚未揭示人性之前，这句话不能掩饰它的空洞性。"逻各斯"已不满足于自然哲学对世界本原的自满自足，但又尚未达到对人与社会的深刻认知，因而才产生高尔吉亚对"逻各斯"自身的怀疑，他说道："第一，无物存在；第二，如果有物存在，人也无法认识它；第三，即便可以认识它，也无法把它告诉别人。"③ 智者们的怀疑主义和相对主义，对待传统具有批判作用，但是对于社会现实却具有破坏作用。他们将怀疑论运用于对国家的起源和性质，以及个人与法律

---

① 《西方哲学原著选读》上册，商务印书馆1981年版，第51页。
② 苗力田：《古希腊哲学》，中国人民大学出版社1990年版，第165页。
③ 《西方哲学原著选读》上册，商务印书馆1981年版，第56—57页。

关系的认识之中，形成自然说和约定说。这种理论观点虽然有助于民主政治对氏族血亲制度的更替，但是，它还带有机会主义性质，还没有上升到"治道"的高度去探寻人在社会生活中的自由自觉精神。

苏格拉底是古希腊城邦社会锻造出的理想人格，他是"神圣的牛虻"，他对社会与人性的追问和思索目的在于为城邦政治树立政治理想，以此培育公民的爱国精神。苏格拉底的政治理想是社会正义和国家强盛。他确认治道的本原在于心灵，因而公民追问本原、体察治道的路径不是向自然发问，而应指向自身、"认识你自己"，人类认识自身是认知世界的前提。苏格拉底继承古希腊文明以知识为本的传统，提出"德性就是知识"。但是，苏格拉底的"知识"已经远远超越古希腊文明奠始之初从西亚和埃及舶来的知识。苏格拉底的知识是古希腊人民创造的民族文化，他指明，希腊人发现新知的方法和途径是辩证法。辩证法蕴含着古希腊人知行合一、真善一体的精神自觉和自由。

苏格拉底的死折射出希腊城邦政治理想与现实的矛盾，柏拉图把乃师的死当作是精神自由自觉地奔赴理想的"型相"。柏拉图对现实中民主政治和寡头政治都彻底失望，他追求知识、光复美德的目的是要在人间实现"理想国"。柏拉图继承苏格拉底以心灵为本原的最高原则以及辩证法，着力于说明心灵何以能够确定地认识世界。他的基本观点是：理念型相是绝对的"是者"，因而是确定知识的来源和对象；可感事物既非"是者"，亦非"非是者"，因而是意见的来源和对象。"如果不同的能力天然有不同的对象，又，如我们主张的，意见与知识是不同的能力，那么，知识与意见的对象也当然是不同的了。"[①] 灵魂与理念是认知与被认知的关系，但二者不是相对的异种存在，它们是心灵本原的不同层次，区别只在于纯粹性不同。人的灵魂能够确定地认知理念，是因为理念是灵魂内部潜在的、有待发明的

---

① ［古希腊］柏拉图：《理想国》，郭斌和、张竹明译，商务印书馆 1986 年版，第 222 页。

知识。柏拉图分析了古希腊人的知识结构：幻想的对象是影像，文学是其典型形态；信念的对象是真判断，物理学是其典型形态；数学的对象是公理和定义，公理和定义尚有假设性；辩证法的对象是理念型相，理念型相则绝对确定。柏拉图认为，灵魂对理念型相的观照是原初的知识，文学、物理学和数学等后天学习的知识则是原初知识的摹本，学习后天知识有助于回忆原初知识，而辩证法是灵魂回忆理念、达到确定知识的最终途径。柏拉图对"德性就是知识"给予充分论证。他把德性和知识的终极目标统一定义为"善"。善是理念型相向理智心灵的显示，它像可视世界中的太阳，阳光将视觉与可视对象统一起来，善将理智和型相统一起来，"这个给予知识的对象以真理给予知识的主体以认识能力的东西，就是善的理念"。[①] 善是最高的理念，对于善的绝对性，柏拉图给予无以复加的形容。他认为，善作为真理的源泉规定着知识，它统摄所有的存在和本质，而不能被任何一个存在和本质所概括，理智心灵甚至不能通过有限的自我把握善的无限。因此，除了认识善，人更应当去爱善，在爱中将自身的有朽性和有限性延伸为不朽性和无限性，从而与善的无限等量齐观。我们看到，柏拉图在论证"德性就是知识"的时候，对这一命题的爱超过了对它的思考。

柏拉图进而用理念论解释世界，他指出，世界万物是对理念型相的"分有"和"模仿"，这一观点的推论是：人的灵魂和肉体是对"善"的分有和模仿，灵魂与善相近，肉体则远离于善，人的灵魂利用身体达到自己的目的，它具有理性、激情和欲望三重分别，理性通于善，欲望受身体挟制，激情是理性的同盟，理性可以联合激情驾驭欲望，理性、激情和欲望的协调一致产生德性。理性的思想产生智慧的美德，激情调适情感、通达理性产生勇敢的美德，由智慧和勇敢驾驭的欲望产生节制的美德。德性与社会等级相互对应，治国者应有智

---

① ［古希腊］柏拉图：《理想国》，郭斌和、张竹明译，商务印书馆1986年版，第267页。

慧的德性，武士应有勇敢的德性，各行各业的人民应有节制的德性。柏拉图认为，社会起源于经济需要和分工，人们组成社会的目的在于生产出更多的产品以此达到国家富强。生产和战争是社会国家中的大事，生产者、武士和治国者因为分工和国家职责而区分为三大等级，各个等级应当恪守德性尽心于职责，德性的另一层作用是防止统治者把社会职责转变成谋取私利的自然优势和政治强权。柏拉图志在解决社会政治理想与现实的矛盾，他的理想国是将自由自觉的精神转变为知识与德性相统一、德性与职责相统一的大同社会，他对理想国的信仰建立在对理智与理念、德性与职责必然统一这一自足观念的基础之上。

柏拉图对理智与理念、德性与职责必然统一的观念，因为型相分有说的困难而受到亚里士多德的批判。亚里士多德另辟蹊径对至善进行重新论证，他的论证依然建立在知识论的基础之上。亚里士多德认为，哲学是一切科学的总汇，因而哲学总结、贯通人类的知识体系乃是其必须达到的广度和深度。他将古希腊人的知识体系划分为理论科学和实践科学两大门类。理论科学涵盖第一哲学、数学和物理学，他在这个领域运用第一哲学批判整合古希腊自然哲学的所有知识。实践科学包括伦理学和政治学，他在这个领域继续完成苏格拉底以来哲学对"善"的知识建构。相较于苏格拉底和柏拉图，亚里士多德对希腊自然哲学的批判达到扬弃的高度，他从柏拉图所忽视的自然领域出发全面批判了理念论的理论局限。亚里士多德指出，自然哲学的研究对象是运动着的事物的本原和原因，事物运动的本原和原因，或者源自本性，或者来自他因。"自然乃是自身内具有运动来源的事物的（除了在定义中，不能同事物本身分离的）形态或形式。"① 他总结古希腊自然哲学的本原论传统，提出"三本原说"：形式、缺乏和质料是事物运动的本原和原因。事物的运动是在不变的质料上从一个形式向另一个形式的转化，形式的转化是缺乏的不断现实化，缺乏决定事

---

① ［古希腊］亚里士多德：《物理学》，张竹明译，商务印书馆1982年版，第45页。

物运动的方向，事物内部就有实现自身的目的和能力。但是，他为缺乏的现实化划定了界限，他认为，缺乏的现实化是暂时的，质料本身的不变性是现实化的界限。亚里士多德在他的自然哲学中重建了自足观念。他认为事物的运动不是无目的的，事物运动的目的是实现自己的本性。即使事物实现自身目的的运动受到阻碍，这也不过是自发的和偶然的，事物实现自己的目的具有必然性。"自然的行为一方面是为了某种目的，在另一方面是出于必然。必然有两种：一种出于事物的自然或自然的倾向；另一种是与事物自然倾向相反的强制力量。"①亚里士多德这样描述运动：事物都有适合自己本性的位置，运动表现为位移，位移是外力作用大于内力作用的结果。事物朝着自然位置做加速运动，反之则做减速运动。整个宇宙是没有虚空的球形，事物总要回归到它自己的自然位置，事物之间推动与被推动的作用源自"第一推动者"——神。质料限定了形式现实化自身的界限，事物的运动终要回归它的自然位置，亚里士多德的宇宙是一个自足自满的体系。

以自足的宇宙论为前提，亚里士多德接着反思人类获得确定知识的途径。《形而上学》的第一句话是，"人在本性上是求知的"。亚里士多德与柏拉图一样，坚持确定的知识就是事物的本质，但他反对柏拉图将本质与可感事物相分离，在可感事物之外将本质设定为绝对存在。他强调：本质是事物内部的形式，柏拉图将本质设定为与个别事物相分离的理念型相，这是无用的设定。理念并不神秘，它只是类，把类设定为不变不动的型相，它就无法解释个体的性质、关系、运动和变化。亚里士多德对辩证法进行了重新解释，辩证法不是理智求知理念的途径，而是形而上学研究"是者"本身及其属性的思维规律，为此他建立起形式逻辑。在形式逻辑中，他把"是者"规定为"实体"。亚里士多德运用形式逻辑论证了最高的实体——神，他的神是"善"的代名词。在他看来，神是不动的推动者，是纯形式和纯活

---

① ［古希腊］亚里士多德：《后分析篇》，余纪元译，转引自苗力田主编《亚里士多德全集》，第一卷，中国人民大学出版社1990年版，第330页。

动；神永恒地思想自身，思想自身是智慧和幸福的顶点，这就是善。亚里士多德以神性为参照，详细地考察了人性。他认为神作为纯粹的思想和形式，是人无可比拟的，人是灵魂和肉体的复合体，人与神之间没有友谊和爱可谈。但是，人亦无须妄自菲薄。他反对柏拉图将灵魂与肉体割裂开来设定为独立实体，指出：灵魂在肉体之内，是生命运动的现实原则。"所谓生命，我们指自行进食（营养）与生长与衰死的功能。"①。灵魂是生命存在和灭亡的自因和内因。人类灵魂不仅仅主宰着生命运动，而且还塑造出人的德性。人之所有拥有德性，是因为人是有理性的动物。亚里士多德从发生学上讲述了人类理性产生的过程：理性起自感觉，"'感觉'是除外可感觉物的'物质（材料）'而接受其'形式'"，② 可感形式为感觉所接受，然后被想象所贮留。想象恢复、再现感觉印象，对之加以整理、归纳，产生出新的印象。理性主动地从想象中抽象出可知形式，其确定可知形式的原因在于自身的自主选择。正因为理性具有自主选择的能力，所以人们在德性实践中才能以善为目的和导向。亚里士多德反对柏拉图对德性与职责必然统一的独断，他认为个人只有在公众的政治生活中不断地磨砺和锻炼自身，才能获得遵循理性选择至善的能力。"我们的德性既非出于本性而生成，也非反乎本性而生成，而是自然地接受了它们，通过习惯而达到完满。"③ 他思考人选择至善的目的和能力的矛盾关系，并将这一思考扩展为对理论理性和实践理性矛盾关系的探究。他认为幸福以生命自身为目的，是最高的善。人特有的自然能力是理性，理性是区分善恶和趋善避恶的能力。在理性内部，实践理性为向善做出选择和决断，而理论理性则是选择和决断的过程。亚里士多德还给出理性选择向善的标准——中道。中道反对"过"与"不及"，

---

① ［古希腊］亚里士多德：《灵魂论及其他》，吴彭寿译，商务印书馆1999年版，第85页。
② 同上书，第131页。
③ ［古希腊］亚里士多德：《尼各马科伦理学》，苗力田译，中国人民大学出版社2003年版，第25页。

但绝非是"过"与"不及"之间的折中,"程度适中的邪恶仍是邪恶"①,中道的善是脱离一切邪恶的唯一的善。亚里士多德认为中道只能在国家之中才能实现。"由此可见,城邦显然是自然的产物,人天生是一种政治动物,在本性上而非偶然地脱离城邦的人,他要么是一位超人,要么是一个鄙夫。"② 国家以实现公民的至善为目的,它的基本职能是:保持适当疆域,提供足够生活资料以满足公民需要,同时维护社会等级制度。国家的高级职能是教育公民成为有德性的人。由有德性的人实行统治的最理想的政体是君主制,其次是贵族制,再次是立宪制。那些由无德性的为私人谋利的坏政体,最坏的是暴君制,其次是寡头制,再次是民主制度。现实中最好的政体是立宪制,它接近于中道,因而最为稳定、持久。亚里士多德不满意于柏拉图证明至善的自足体系,从而重新建立起一个更为庞大的自足体系,在这个体系中,他进一步解放了人在认知和德性活动中的自主精神,而在现实的社会政治中,他在强调等级的同时,也认识到立宪对暴君和寡头的制约。

希腊化和罗马时代,哲学所面对的社会发展环境是城邦社会殆亡、专制制度确立并随之暴露出尖锐的矛盾。古希腊哲学自足的世界观受到残酷的社会现实的考验,人们期盼哲学对至善的追寻、对自由自觉精神的论证能够切实地为生活于苦难中的他们指明幸福之路,此时,哲学的主题是追求幸福。伊壁鸠鲁强调哲学的用处在于获得幸福。他用原子论说明世界本原,他的观点是:原子除形状、次序和位置外,还有重量。原子的重量是它运动的原因,因为自身的重量,原子在虚空中垂直下落,但其下落过程中会发生偶然的偏斜,从而导致它们相互碰撞形成原子团、生成万物。既然作为世界本原的原子在运动中既有必然性又有偶然性,那么,世界也因而既有必然性又有偶然性。就必然性方面来看,即使神也是原子运动的结果。就偶然性来

---

① 赵敦华:《西方哲学简史》,北京大学出版社 2000 年版,第 126 页。
② [古希腊]亚里士多德:《政治学》,颜一、秦典华译,中国人民大学出版社 2003 年版,第 4 页。

看，人亦有"偏斜"于目的和宿命的快乐。在伊壁鸠鲁看来，人对快乐与痛苦的感觉是自明的，感觉的自明根源于形成感觉的原子运动中包含着类似意志自由选择的作用，因而以快乐为幸福是前定的。他还为快乐进行分类，指出快乐应当具足，但持久的、静态的精神快乐是最高级的快乐。斯多葛学派为他们的幸福学说，建立起一个折中古希腊自然哲学各家观点的宇宙论基础。

该学派认为：世界的本原在微观层次是火、气、水、土四种元素，它们在圆球形的世界中做向下聚集、向上扩散的运动，因而生成万物。但是，火是非同寻常的积极元素，一切都源自火，又都复归于火，火是精气、"普纽玛"。在宏观层次，质料和"逻各斯"结合成事物，质料是被动的实体，赋予实体运动能力。"逻各斯"依据自身能力的不同分为不同等级：无生命物、植物、动物、人和神，不同等级所具有的相应的"逻各斯"分别是普纽玛、种子理性、灵魂、理智（奴斯），神是完全的理智。宇宙就是这样一个等级分明的自足的整体。斯多葛学派的宇宙观不仅是自足的，而且是独断的。该学派认为自然的自足性是人不可以改变的命运，一切都是被决定的，神也不例外，人只能"按照自然生活"，"逻各斯"就是"共同法"。斯多葛学派的幸福观是：人不能改变命运，但却可以调适对待命运的态度。爱比克泰德把命运比作角色，正确的生命态度是顺从角色的命定，努力承担角色的职责，做一个"奋力而欣快拉车的狗"。不顺从命运而产生的情感都是非理性的，非理性是违背"逻各斯"的，符合"逻各斯"的态度是"不动心"。该学派对不动心的描绘是："我是不幸的，因为这事对我发生了。——不要这样，而是想我是幸福的，虽然这件事发生了，因为我对痛苦始终保持着自由，不为现在或将来的恐惧所压倒。因为像这样的一件事可能对每一人发生，但不是每一个人在这种场合都始终使自己免于痛苦。"[①] 斯多葛学派强调外

---

① ［古罗马］奥勒留：《沉思录》，何怀宏译，中央编译出版社 2011 年第 2 版，第 52 页。

在世界的命定的同时，却在人的内心之中排列开理性与非理性的对垒，让人们自主地去做出选择。该学派承认人可以对内心的表象做出自由的选择。芝诺鼓励人们去做世界城邦中的公民。世界城邦是以"逻各斯"为共同法的伦理世界。在这个世界，凡是无助于德性的设施一律废止，"逻各斯"颁布的第一条律令是履行责任，人的理性自由体现在履行责任。

我们看到，伊壁鸠鲁的快乐是无关社会的个人幸福，斯多葛学派的责任是不惧自我牺牲去担当社会职责。与前人相比，两家将精神的自由和自觉发展到自我意识的高度。人类的自由，其内容无非是自我意识和自我实现。古希腊的自由学说，发展到希腊化时期达到了它的最高峰。然而，伊壁鸠鲁的自我意识还只是原子运动的偶然"偏斜"，斯多葛学派的自我意识归根结底是对命定的担负。两家观点与其说是为世人指明幸福之路，不如说更为深切地反映出人们的"苦恼意识"。怀疑主义者认识到，伊壁鸠鲁主义的及时行乐，斯多葛学派独断的世界观，皆为身处苦恼之中的人们又增加了苦恼，因而他们主张"不断言任何东西，悬搁一切判断。"[①] "我们对真理一无所知。"[②] 悬搁判断，就是对事物、世界和思想既不肯定也不否定。其理由是：从感觉而生的意见不可信，独断的理智亦不可信，事物本身对我们来说是不确定的。对于自我意识之外的一切，人应该不表态、不参与、不动摇，这样才能真正保持不动心。但是，怀疑主义者永远面对着是否能够怀疑思维形式和规律的悖论，最终怀疑论者不得不强调对法律、习俗和习惯的遵从和适应。怀疑论亦不能对人们的幸福有所建树。伊壁鸠鲁学派、斯多葛学派和怀疑论者都高扬了人的自我意识，但又一致地展示出古代人的自我意识难以突破的极限——对专制制度的依附。至此，古代自由思想中自足与依附的矛盾展现出来了，古希腊哲学自足的世界观已经不能继续自足下去了。

---

① [古希腊] 拉尔修：《名哲言行录》，徐开来、溥林译，广西师范大学出版社2010年版，第943页。

② 同上。

新柏拉图主义是基督教再造新世界观的先声。普罗提诺把"实体"改造成为"本体",重论世界本原。他指出,本体作为世界的本原是具体的神,神的具体性体现在太一、理智和灵魂三者之间的关系。太一是善本身,它完善而圆满。理性不能认识太一的完满性,用是者、实体、形式、德性、运动来描述它,只会造成对太一的分割。太一不会主动地创造世界,世界是从太一"流溢"出来的。太一流溢出理智,理智的对象是一和多、思想和存在、异和同、动和静等关系,这些关系是太一与世界的基本关系。理智又流溢出灵魂。灵魂摹仿理智创造出有形世界。灵魂又分等级,人的灵魂低于神而高于万物,人能够通过思想观照到神。普罗提诺否定了从亚里士多德以来关于精神自主选择的观念,他认为,人不会自觉地对行动做出选择,因为自觉分散了对神的专注,人越是自觉,他距离神就越远。人只有通过德性的修养,净化灵魂,对神沉思,迷狂忘我,才能达到神秘的神人合一的境界。"他看着他,目不转睛,由于这样联系的凝视,最后他已经不是看见对象,而是把视觉与凝视的对象合二为一,由此,原本是看之对象的,现在变成了他内在的视觉,于是,他忘了其他一切凝思对象。"[①] 普罗提诺的哲学放弃了自我意识观念,为人从人性的有限性中解脱而出指明另一个方向:皈依于无限圆满的神。

  罗马帝国后期,罗马人陷入社会与精神双重危机,面对人们身心所遭遇到的苦难,基督教宣扬人皈依神、神救赎人的教义,在经历过血与火的宗教斗争之后,最终取代古希腊哲学的理性传统,确立以信仰为本位的意识形态。"道成肉身"说是古希腊理性传统与基督教信仰主义的一个衔接。将"本原""逻各斯"和"道"神化,这曾是希腊人和罗马人的普遍信仰,基督教把理性神转化为人格神,把理性的自足转化为神性的自足,这是对远古神话和古希腊哲学的扬弃。神具有人的感性形象有助于宗教在广大底层人民中传播,一神教而不是多

---

① [古希腊] 普罗提诺:《九章集》,石敏敏译,中国社会科学出版社 2009 年版,第 880 页。

神教则意味着基督教对古希腊哲学的内核——唯一的、永恒不变的、决定万物生流变灭的本原的吸纳。奥古斯丁继起亚里士多德以来将至善与幸福同观的传统，指出：基督教以幸福为目标，它对幸福的揭示最为真实、可靠，因而基督教是哲学的天堂。古希腊哲学的幸福观建立在知识论的基础之上，但知识为幸福划定的范围却十分有限。"人们一直在试着用人类的推理来推出这些东西，但唯有灵魂的不死他们才成功地获得了一点观念，不过这也只是极少数的人费了大力才得到的，他们也只有在具备了极高的智力、充分的闲暇、在深奥的学问上受到了充分的教育后才能得到这一知识。即便如此，他们也永远发现不了灵魂的持久不变的真正的生命。……我们的这种信仰，是由神圣的权柄应许的，不是由人的论证建立起来的。"[①] 奥古斯丁强调基督徒的幸福是上帝赐予的幸福，这是被上帝拯救的幸福，这种幸福是切实而无限的。他用证明上帝存在的方式，论证通向无限的幸福最真实可靠。他对上帝存在的证明从古希腊哲学的知识论出发，他的提问依然是：人何以获得确定的知识？他的回答是：人类获取知识具有从低到高的等级和次序，感性收集可感材料，记忆判断、分类、排列感觉材料形成概念，理性对概念进行整理最终获得确定知识。理性整理概念的规则就是真理的标准，然而真理及其标准不能低于理性，也不在理性之中，只能来自外在于理性并高于理性的上帝那里，上帝之光把真理"压"在人类心灵之上。上帝作为真理之源赐予人类确定的知识，人类拥有确定的知识就可以选择向善、实现幸福。奥古斯丁不仅吸纳、运用古希腊哲学的思辨说服罗马人皈依基督教，他还开创制新的理论思维阐明人在宗教世界中的自我实现。针对"上帝如何在时间之前创造出时间"这一诘难，他一改古希腊哲学"无不能生有"的信条，以"时间是心灵自身的延伸"为依据，论证了"上帝在瞬间创造出连绵不断的时间"的教义，以此证明上帝全能、全知、全善。

---

① ［古罗马］奥古斯丁：《论三位一体》，周伟驰译，商务印书馆2015年版，第383页。

他以"神正论"说明恶起源于人性的不完善,个体的不完善恰恰组成整体上的完善,恶的存在显示出上帝的完善和正义,人类因为自身的不完善而产生的恶,这与上帝对人实行拯救是相对应的。他以意志自由说解释灵魂自愿地背逆和皈依与上帝实行公正的奖罚相互一致,人自由地皈依上帝和上帝必然救赎人类相互一致。他还用"上帝之城"的理念来激励、劝慰基督徒正视信仰与现实之间的矛盾,坚信"圣史"早已先于"俗史"而完成,人类选择做什么样的人就将分属什么样的精神国度,虔诚的基督徒从来没有离开过"上帝之城"。但是,须要我们引以重视的是,奥古斯丁贯穿他对基督教福音的阐释,强调人的知识、德性乃至整个存在的等级秩序,他的等级观念是:低级存在是高级存在的非存在,高级存在则是低级存在的根据。等级秩序是基督徒自由选择和自我实现的前提和界限。

中世纪的经院哲学是基督教信仰主义深度融合古希腊哲学理性传统的理论形态,两种传统的"融合"必然包含着深刻的矛盾对立。经院哲学对古希腊哲学的融合,其核心是基督教教义对辩证法的兼容。此时的辩证法集中地体现为形式逻辑。经院哲学运用辩证法论证神学信条,辩证法充当着神学的婢女。安瑟尔谟说:"我们信仰所坚持的与被必然理性所证明的是同等的。"[1] 他运用形式逻辑对上帝的存在做出本体论证明:人人都有关于上帝的观念;上帝被我们设想为无与伦比的东西;被设想为无与伦比的东西不能只存在于观念之中,它必定也在实际中存在,否则无与伦比的东西就不是无与伦比的;因而上帝存在。安瑟尔谟根据矛盾律说明"被设想为无与伦比的东西"的论断本身就是无与伦比的观念,如果设想这一观念不存在,那么就违背了矛盾律,结果是我们不能再设想任何东西的存在。托马斯·阿奎那给予辩证法独立于神学的地位,他将辩证法和神学看作是针对相同对象的不同认知方式,但他依旧认为神学高于辩证法。他更为广泛地运用形式逻辑证明上帝的存在。他证明的前提是:"我们必须说:

---

[1] 转引自赵敦华《西方哲学简史》,北京大学出版社2000年版,第191页。

这些名称是按照比例，也就是说按照比例说明上帝和受造物的。"[1] 这意味着人与上帝属性相同，但又存在着比例、程度的等级差异，因此人可以从自己对经验的理性认知推知上帝的存在：事物的运动展现出推动与被推动的系列，第一推动者是上帝；事物运动皆有动力因，但事物自身不是动力因，动力因有着一个因果系列，终极动力因是上帝；我们从可能性推导出必然性，从必然的存在推导出自因的存在，这就是上帝；事物的完善性呈现出等级差异，那个最完善的存在就是上帝；自然具有目的性，目的可以无限追问下去，终极目的预定者是上帝。阿奎那指出，人与上帝皆是存在。他的"存在"范畴区别于"是者"范畴，他对动词"是"予以重新诠释。"'是'本身的意义并不指一个事物的存在，……它首先表示被感知的现实性的绝对状态，因为'是'的纯粹意义是'在行动'，因而才表现出动词形态，'是'动词主要意义表示的现实性是任何形式的共同现实性，不管它们是本质的，还是偶然的。"[2]"存在"不是事物的存在，而是事物的活动本身，存在先于并高于本质。人与上帝的差异在于："上帝的本质就是他的存在。"上帝是能够自我实现的自由存在。人的存在不同于本质，他的存在是从上帝那里获得的，但是人的本质是被造物，人的本质作为固定的潜在限制存在现实化的范围。阿奎那以他的神学世界观描述了人的存在所能达到的自由自觉程度。在认知方面，人的认识具有从感觉到理智自足的发展过程。人通过外感官感受有形事物，内感官依次以通感、辨别、想象、记忆将可感形式初步加工整理成抽象形式，理智再将认识的抽象形式提炼成为纯粹形式——共相，共相的意义在于，它是人类已经获得存在的本质。在意欲方面，人可以根据自己的目的，改变或利用外物，在心灵之外造成某种结果。人的最高目的是追求幸福，幸福是善，但是善不是私有的而是共有的，上帝是共有的善。上帝为人类颁布了永恒的自然律，其内容是："趋善避

---

[1] ［意］托马斯·阿奎那：《神学大全》第一卷，段章智译，商务印书馆2013年版，第220页。

[2] 转引自赵敦华《西方哲学简史》，北京大学出版社2000年版，第221页。

恶以保全性命，通过夫妻关系来繁衍后代，在和平的环境里探索真理，服从法律以保持社会秩序。"① 从安瑟尔谟到阿奎那，经院哲学兼容辩证法的实质是发现和描述上帝怀抱中的人。安瑟尔谟证明上帝的存在，其依据是人的思维规律。阿奎那更是从人所认知的经验事实出发证明上帝的存在，他还特别强调人与上帝属性相同。但是，两位神学家依旧把上帝存在，以及上帝与人之间的等级秩序，当作人确立观念、健全人性的前提条件，一旦这个前提的稳固性受到质疑，他们的反驳都包含着这样一条反问：如果没有上帝，那么人的存在何以确立？

经院哲学对辩证法的兼容最终导致两重危机：第一重危机是辩证法长期被归结为形式逻辑后，思维的形式即将被内容突破；第二重危机是神学的外壳即将被辩证法突破。罗吉尔·培根在亚里士多德之后，对知识重新进行分类，他指出，知识由数学、语言学、透视学、实验科学和伦理学组成。其中，透视学是感学分析学，他特别重视透视学和实验科学开拓新知的作用。罗吉尔·培根已经发现，亚里士多德的演绎推理服务于经院哲学助长了教条主义和盲从主义的盛行。因而人类要获得确定的知识，只靠演绎逻辑是不行的，实验和感觉经验是真理的另一个来源。约翰·邓·司各脱批判阿奎那错误地使用辩证法，将人的存在与上帝的存在混淆起来。他认为"是者"概念大于"存在"概念，"存在"只是"是者"的样式。上帝是无限存在，人是有限存在。有限与无限之间在属性上是不相通、不连续的，两者之间有不可逾越的鸿沟。人不能从自己有限的经验推知无限的上帝的存在。辩证法被归结为形式逻辑，形式逻辑能够证明上帝的存在，却不能揭示上帝的属性；神学能够说明上帝的属性，却不能证明上帝的存在。司各脱已经洞悉到辩证法与形式逻辑的矛盾。此外，他还触及到阿奎那不能突破"人依赖于上帝"这一观念的思想根源。他指出阿奎那犯了一个逻辑错误：以实体属性决定实体自身。他的根据是，形

---

① 参阅赵敦华《西方哲学简史》，北京大学出版社2000年版，第230页。

式是某类实体的共同属性，质料是个别实体存在的载体，个性是质料和形式相统一的存在方式，决定实体自身的不是属性而是个体。司各脱瞻望到了人相对于上帝和万物的独特的个性。他重新设想了人与上帝的关系：上帝既然是无限存在，那么他的理智和意志必定是无限的，无限的理智产生无限的理念，上帝无限的理念并非在有限的人类世界一一展现，上帝创造世界的方案是由他的自由意志决定的。人也有自由意志，人的有限的自由意志趋向于上帝的无限的自由意志，上帝的自由意志支配着人的自由意志。与司各脱相比威廉·奥康更为彻底，他强调，世界中只有个体是真实的存在，个体与个体之间的关系是外在的、偶然的，上帝之下万物平等，上帝与万物的关系也是外在的、偶然的。上帝以偶然的方式创造世界，并知道世界发生的一切，而人对于这一切却一无所知。人的意志是完全自由的，不受上帝、理智和欲望决定和支配。他对自由的定义是："不管我受到什么力量作用，我任意地、偶然地造成一些可以造成也可以不造成的后果。"[①]人依赖于上帝的观念在经院哲学内部被瓦解了，基督教的自足世界观亦不能自足下去了。

文艺复兴是人从上帝怀抱中挣脱而出的时代，上帝逐渐从人类的新世界观中淡出，人们开始尝试用自由精神代替自足观念，创造新的文化形态。文艺复兴集中展现出人本主义的时代精神。彼特拉克指出人本主义者的使命在于维护人的尊严。阿尔伯蒂宣称：上帝创造人是为了让人去欣赏他所创造出的世界，人是万物的楷模。达·芬奇赞扬人的创造精神，"人的作品之于自然的作品等于人之于上帝"。[②] 文艺复兴塑造出新时代的理想人格：兼有优雅的语言、卓越的艺术鉴赏和创作力以及高尚品德的自由的人。自由是人的最高价值，是人的自我实现，人可以发挥自由精神让自己成为神。费奇诺说道：人是地球上的神。皮科这样描述人的自由："我（上帝——引者注）不给你固定

[①] 转引自赵敦华《西方哲学简史》，北京大学出版社2000年版，第252页。
[②] 同上书，第257页。

的处所、独有的形式和特别的能力。你可以按照希望和判断的目的占有所想要的处所、形式和能力。其他一切存在着的本性被限制在我所规定的规律的范围之内，你不受任何限制，你的本性按自己的自由意志，在你自己手中被决定。把你放在世界中心，使你可以看到世界的一切；我使你既不属于天上，又不属于地下；既不可朽，又非不朽。你可以用自由选择和自尊心造就你的样式和意愿。你有堕落到低一级野兽般的生命形式的力量。"[1]

在西方，古代人的自由观经历了自足—自足被打破—形成新的自足—自足又被打破的发展历程。自足观念是等级制度之上的精神自由，精神自由是人为实现理论与实践合目的的统一而产生的自我观照。古代西方人依靠理性和理论思维为精神自由确立根基。在等级立场的范围之内，古代西方的理论思维几经变革，从自然哲学到苏格拉底辩证法，从柏拉图理念论到亚里士多德形而上学，从后亚里士多德的自我意识哲学到基督教神学，这些思想的变革体现出，古代人自足的世界观包含着强大的理论自我修复和革新的内容和底蕴。但是，古代人自足自满的世界观终究是等级制度的精神产物和思想支柱，一旦等级制度及其观念的存在合理性受到质疑和挑战，古代人的自足精神就陷入到不可逆转的瓦解当中去了。

二 形象思维与思维形式的矛盾

自由是哲学的最高主题，辩证法是哲学研究自由的专有方法，辩证法的发展史与自由思想的发展史是相匹配的。古代人的自由思想体现为自足与依赖的矛盾，古代辩证法具有形象思维与思维形式的矛盾，两对矛盾之间互为因果、纵横交错，它们的综合形成古代社会发展思想的内核。

在西方，古代辩证法的发展经历了四个主要阶段："逻各斯"阶段、"对话术"和通种论阶段、形式逻辑阶段、唯名论和实在论阶

---

[1] 转引自赵敦华《西方哲学简史》，北京大学出版社2000年版，第261页。

段。在每一个阶段，辩证法的研究对象皆是矛盾，但是各个阶段辩证法所针对的矛盾内容却不同，我们除了要分析各个阶段辩证矛盾的特殊内容，更应当总体地去贯通把握矛盾与认识自由之间的内在联系。

在"辩证法"这一词汇产生之前，赫拉克利特的"逻各斯"已经成为辩证法的原型。在赫拉克利特那里，"逻各斯"是世界本原的内在原则，说到"逻各斯"的时候它已经与人相关，人能够运用正确的道理说出真实的原则，因而"逻各斯"是理智与本原的统一，亦是人的理论能力与实践能力的统一。"思想是最大的优点，智慧就在于说出真理，并且按自然行事，听自然的话。"[①] 赫拉克利特认为火是世界的本原，"逻各斯"阐发出火变动不居、永恒生成变化的本性，火的本性表现为"既是，又不是"，由火生成的万物皆是如此。赫拉克利特发现"既是，又不是"的矛盾由对立的两个方面构成，矛盾对立面之间的关系是：相对、转化、和谐、同一。"逻各斯"是古希腊自然哲学自足世界观的理论根基，它不仅保障理智与本原相统一，而且还是驾驭矛盾的智慧。但是，赫拉克利特的"逻各斯"还没有完成思维的抽象，还只是用火的形象比喻世界的内在矛盾性，没有区分本原与万物的矛盾差异。

巴门尼德区分了本原与万物的差别，他认识到人们须用理智抽象去把握本原，这与用感觉经验去把握有限事物根本不同。理智的对象是"是者"，这是因为理智的对象需用"是"来表述，"是"既表述思想又指示存在，因而理智的对象就是"是者"。"是者"体现出本原的本性：不生不灭、静止不动、连续、完满。巴门尼德吸收"逻各斯"的精神实质，依然坚持"能够被说和被想的与是者是同一个东西"[②]。以此保障理智与本原的统一。他反对赫拉克利特把"逻各斯"概括为"既是，又不是"，因为就是"既是，又不是"是"非是者"的特点，用之表述"是者"则风马牛不相及。后来，芝诺为论证以

---

① 《西方哲学原著选读》上册，商务印书馆1981年版，第25页。
② 同上书，第31页。

同一律把握"是者"的绝对性，提出了诘难赫拉克利特"既是，又不是"命题的四个悖论。他的核心观点是：如果承认存在是变化的，那么会得出事物不能运动的结论。"飞矢不动""阿基里斯与乌龟赛跑""二分法"和"一倍时间等于一半时间"四个悖论，指出运动中无快慢，并在静与动的关系中发现连续与间断、无限和有限、整体和部分的矛盾，以此批判赫拉克利特运动观的简单草率。芝诺悖论是赫拉克利特辩证法的反题，它否认本原的运动变化，这一观念虽然将本原与万物区分开来，但又造成本原外在于并高于万物、把握本原的理智高于并脱离感觉经验，事实上又形成本原与万物之间新的混淆：本原吃掉了万物。其后果是：理智轻视乃至抛弃感觉经验，必将丧失它对现实世界客观矛盾的驾驭力，而这种观点也确实产生了物极必反——智者们固守于感觉经验，对"逻各斯"的真理价值提出怀疑。

在"逻各斯"对自然哲学自足世界观的支撑作用受到质疑之后，哲学家们将视野转向人的社会生活，在此开辟新的智慧疆域以图为人类重建自足的观念。苏格拉底的辩证法表现为"对话术"，这种对话方法并不是针对日常谈话的常识小慧。苏格拉底的对话，是要人在自己的内心中发现矛盾，在对话的过程中把握矛盾、发现真理、驾驭矛盾、认识自己，他希望辩证法将人的内在精神与外在活动统一起来，达到知识和美德、理论与实践的浑然天成。苏格拉底相信真理就存在于人的内心之中，辩证法是为人们发明真理而除弊的过程。真理自在于人心，辩证法是人自为地光复真理的心路历程，苏格拉底又为希腊哲学寻找到新的自足观念。

柏拉图的使命是要把辩证法理论化，以此论证乃师思想的最高命题"德性即知识"。他将知识和德性的对象定义为理念型相，他用理念的"分有"和型相的"模仿"来说明真理如何内在于人的心灵之中。柏拉图指出，辩证法在人的心灵之中发明或光复真理，其实质是向绝对理念不断接近和到达的过程，其路径是从理念到理念，辩证法的"在这个过程中，不靠使用任何感性事物，而只使用理念，从一个理念到另一个理念，并且最后归结到理念"①。柏拉图的辩证法中有一个天然的理论障碍，这就是分有说。巴门尼德将理智和本原绝对化，又将感觉经验和个别事物相对化，柏拉图接受了这一思想路线，因而他难以说明普遍理念与个别存在之间的联系。分有说的困难是：第一，柏拉图的理念只是伦理型相，分有说的适用范围并不是全部事物。第二，分有说用部分与整体的关系说明个体与普遍的关系，两种关系并不完全对应。第三，理念作为思想存在如何为客观的事物所分有？第四，分有不能说明个体与个体之间的关系，否则就会出现"第三者问题"的悖论。第五，柏拉图说"每一个相自身为知识之相自身所认识"②，他在这里混淆了分有与模仿的关系。柏拉图在解答分有说理论难题的时候将辩证法理论化，这就是通种论。通种是最普遍的型相，亦是柏拉图所把握到的世界的最基本矛盾，其内容是：是者与非是者、运动与静止、相同与相异。柏拉图指出，是者不等于存在，非是者不等于非存在。"'显得'与'看似'却'不是'。而且，陈述了某些东西，却不真"。③ 是者、运动和静止能够同时分有相同和相异。"当我们说'非是'时，似乎并不是在说'是'的相反者，而仅仅在说异于'是'的东西。"④ "我们不仅证明了'诸非是者''是'，另外还揭示了'非是者'实际所是的理念。既然我们证明了有'异'的本性，它把'一切是者'划分为彼此相对的各个部分，我们也就胆敢说，与'是者'对立的、'异'之本性的各个部分真的是'非是者'。"⑤ 通种是理念之间的相容关系，既然理念相容，那么个体所分有的型相就不是单一的，而是相互贯通的诸多型相。柏拉图对辩证法的方法论特征做出概括：区分和集合是辩证法的两个方面，

---

① ［古希腊］柏拉图：《理想国》，郭斌和、张竹明译，商务印书馆1986年版，第270页。
② ［古希腊］柏拉图：《巴门尼德斯篇》，陈康译注，商务印书馆1982年版，第88页。
③ ［古希腊］柏拉图：《智者》，詹文杰译，商务印书馆2012年版，第38页。
④ 同上书，第79页。
⑤ 同上书，第82页。

其中区分是最重要的方面。区分就是两分：定义一个概念，从它所属的最高概念开始，把它分成两个互相矛盾的概念，撇开那与定义无关的一个，把另一个再分析为矛盾的两个概念，以此类推。亚里士多德将这种方法概括为"种加属差"的方法。我们看到，柏拉图虽然接受了巴门尼德用同一律说明"是者"的路线，但在通种论中他一定程度上恢复了赫拉克利特对矛盾的描述——"既是，又不是"。但是，他将辩证法归结为"种加属差"的下定义法，恰恰背离了苏格拉底向人和事物本身中发现矛盾的基本立场，反而从定义的结论出发，回溯性地对定义所包含诸层次矛盾进行分析，根据结论对每对矛盾的两个方面进行取舍。"种加属差"不是发现矛盾的过程，以之检验通种论，后者亦不过是"概念之间的平衡"，柏拉图依旧深陷在分有说的困难之中。

亚里士多德见证到，柏拉图并没有沿着苏格拉底指明的道路，成功地完成哲学自足观念的重建。亚里士多德的基本立场是：沿着苏格拉底的道路向人和事物本身发问，接受巴门尼德的"是者"观念，反对赫拉克利特的"既是，又不是"。他在巴门尼德之后继续分析"是"的逻辑功能：其一，"是"是判断的联结词；其二，"是"指称主词自身；其三，"是"表示被定义的概念与定义等同。他进而把"是者"作为本原的意义概括为"实体"，实体的意义在于实体与属性的关系：主词所属的范畴是实体，谓词所属的范畴是属性，实体范畴之外，属性范畴包括：数量、性质、关系、位置、时间、状态、活动和受动。只是由于实体范畴之为"是"，其他任何范畴才能'是'，实体是"原始实是"。[①] 亚里士多德强调个别事物是第一实体，第一实体就是辩证法所面对的事物本身，个体的人也是第一实体。我们对第一实体下定义，不能采用种加属差的方法，"定义是怎是的公式，而怎是之属于本体，或是惟一地或是主要地与基本地和单纯地属之于

---

① 参阅［古希腊］亚里士多德《形而上学》，吴彭寿译，商务印书馆1959年版，第49页。

本体（这里的本体即实体——引者注）"①。亚里士多德下定义的根据是他对事物本质或形式的考察，他对事物的定义就是对这一事物运动的原因——形式与质料的矛盾、潜在与现实的矛盾的揭示和表述。定义是亚里士多德形式逻辑的前提和基础，他制定形式逻辑的目的在于发现新知并维护知识的确定性，因而定义必须正确、清晰，他以同一律、矛盾律和排中律批判、防止赫拉克利特的"既是，又不是"。在确定的定义的基础上，亚里士多德建立演绎逻辑，运用三段论扩展出知识的系统。亚里士多德将辩证法归结为形式逻辑，使辩证法获得了概念、判断和推理、规律等表现形式，这标志着古代西方辩证法理论化的完成。然而，也就是从辩证法被归结为形式逻辑开始，它就孕育着新的矛盾——辩证法的内容与形式的矛盾。亚里士多德又强调"形式和本质是第一实体"②。然而，他并没有说明他的"形式"与柏拉图的"型相"之间的根本区别，那么，第一实体究竟是个别的还是普遍的，究竟是事物的存在还是本质？亚里士多德批判柏拉图的分有说，但他亦没有彻底解决这一学说的困难，反而肇始了形式逻辑的形式与理念论的内容之间更为深刻的矛盾。

亚里士多德哲学与柏拉图哲学关于实体或者本原的本性、关于思维形式与思维内容的矛盾在经院哲学中被外化为唯名论与实在论的矛盾，辩证法在此两论的交锋中为自身的发展开辟着道路。亚里士多德和柏拉图所遭遇的辩证法难题由波菲利所概括和强调，这些问题在中世纪被称为"波菲利问题"，其内容是：共相是独立存在，还是理智中的存在？如果共相是独立存在，其是有形还是无形？如果共相是无形存在，其与感性事物是相分离，还是存在于感性事物之中并与之一致？对于这些问题，唯名论的观点是，存在的事物都是个别的，心灵之外没有一般的对象，共相是名词或一般概念。实在论的观点是，共

---

① [古希腊]亚里士多德：《形而上学》，吴彭寿译，商务印书馆1959年版，第133页。

② 转引自赵敦华《西方哲学简史》，北京大学出版社2000年版，第110页。参阅[古希腊]亚里士多德《形而上学》，吴彭寿译，商务印书馆1959年版，第131页。

相既是心灵中的一般概念，又是概念所对应的外部实在，一般概念或是与个别事物相分离的高级存在，或是存在于个别事物之中的一般本质。[①] 在唯名论与实在论的争论之中，阿伯拉尔和威廉·奥康比较集中地发展了辩证法。阿伯拉尔的观点是：共相不是独立的存在，否则它涵盖的特征就不能同时、全部地分布在归属它的个别事物中。共相也不是种和属，种属不能表述众多的事物，能够表述众多事物的共相只能是词。词与物相对应的性能，不在于语音，而在于它的意义和逻辑。使词成为共相的原因是被表达的事物。共相表述众多事物的共处状态，状态不与事物分离，但它不是实体和本质。人的感觉对事物的状态形成印象，共相是一种特殊的印象，这种印象可以在理智中成为一般印象，一般印象不因个别事物的消失而消失。威廉·奥康也强调共相是词。他对词的意义进行了分析：词的意义有"指称"和"指代"两种，指称是词代表物的功能，指代是词在命题中的代表功能。个别事物的名称具有指称和指代双重功能。普遍概念具有指代功能，却不一定有指称功能。奥康指出，实在论者和唯名论者都混淆了词的指称和指代功能。作为知识要素的命题和定义，在形式上皆由词项组成，唯名论者和实在论者都纠缠于词项与实在的对应和符合，以此检验命题和定义的真假，他们的分歧不过在于实在是个体还是普遍概念。奥康指出，在命题和定义中，谓词或者定义项皆是指代、不是指称，判断命题和定义真假的标准不是词项的意义，而是知识本身，知识有两种：一种是自明知识，它的形式是词项之间的意义联系；另一种是证据知识，它的形式是词项和事物之间的符合关系。前者是科学的逻辑，后者是经验实证。奥康提出"经济思维原则"，即一切既无逻辑自明性又无经验证据的命题和概念都必须从知识中剔除去。阿伯拉尔和威廉·奥康指明，面向事物、充实知识是解决"波菲利问题"的根本途径。在他们看来，所谓共相存在与否、怎样存在的问题都是语言、命题、定义等在形式上的问题，而问题的关键是内容。

[①] 参阅赵敦华《西方哲学简史》，北京大学出版社2000年版，第201页。

辩证法在赫拉克利特和苏格拉底那里，面向世界、事物和人本身的内在矛盾发问，朴素地展示出矛盾的否定性特质。赫拉克利特强调"无物常驻"，苏格拉底为真理而"除蔽"，他们都体悟到辩证法的本性在于它的否定性。柏拉图和亚里士多德以建立自足的世界观为己任，他们将辩证法理论化。然而，柏拉图的理念论以理念的绝对完满性限定通种之间辩证统一的方向和规模，亚里士多德用形式逻辑否认矛盾对立统一之中的对立性。虽然，亚里士多德批判了柏拉图理念论对人们获取新知的限制，他所创立的形式逻辑为人们判断命题和定义的真假提供了逻辑演绎的标准，但是他和柏拉图对世界本原的立场却殊途同归。柏拉图的"型相"与亚里士多德的"形式"是同一个词汇，亚里士多德强调"形式和本质是第一实体"，他用"实体"批判"型相"的结果竟然是二者一致，两位哲学家对世界本原的认识都是自足自满的。在基督教世界，上帝存在的观念是神学世界观自足的理论前提，柏拉图的"型相"、亚里士多德的"实体"成为证明上帝存在的天然理论来源，神学家们将两个概念加工概括为"共相"。但是，由于"型相"论和"实体"论的先天不足，神学家们为论证"共相"的自足完满性而展开无休止的论战。唯名论者与实在论者论战的结果是，奥康要用理论的剃刀，将知识之外的无意义的增生部分统统"剔除"。柏拉图的理念型相把德性与知识相混淆，对感觉经验采取不信任的态度，固守于抽象的德性原则。亚里士多德从感觉现象出发，将单个事物命名为"实体"，但是他把实体内部起决定性作用的"形式"看作活的灵魂，而"纯形式"就是柏拉图的"纯型相"——至善。柏拉图的理念论难以摆脱分有说的困难，亚里士多德试图用"第一实体"来解决和超越分有说的困难，可是他却把个体事物与普遍概念的矛盾扩大了，分有说成为柏拉图哲学和亚里士多德哲学共有的难题。在中世纪，神学家们已很难看到柏拉图理念论与亚里士多德实体学说之间的差异，实在论者甚至认为，"种加属差"定义的对象是类，亚里士多德说，定义的首要对象是实体，因此类是实体。此外，形式逻辑排斥矛盾的内容，只研究命题和定义的形式统一性，这样，作为方法论的形式逻辑就不能全面地反映和驾驭分有说所包含的个别事物与普遍概念之间的矛盾。古代世界的人们自足自满于世界的本原和内容，配之以反对或不承认矛盾存在的逻辑方法论，因而局限于思维的形式或形式的思维，无形中沉浸在拒斥新知识、新变化的意识形态之中，以保守的人格维系着等级专制社会的稳定性。以奥康为代表的先知先觉者正确认识到新知通向新世界观的桥梁，而人们只有打破辩证法的僵化的表面形式才能深入到世界本身丰富的内容之中。

古代西方辩证法的发展历程显示出形象思维与思维形式之间的矛盾。在赫拉克利特和苏格拉底那里，"逻各斯"和"对话术"是用形象思维描述矛盾，因而难以避免神秘主义和直觉体悟掺杂其中。柏拉图用理念论、亚里士多德用形式逻辑将辩证法理论化，这使得辩证法成为哲学的方法论。但是，理念论，尤其是形式逻辑将辩证法理论化的同时亦将之形式化。理念论只承认少数几个通种的辩证矛盾；形式逻辑中用矛盾律取消了矛盾对立。古代辩证法停留于形象思维的水平，它终究会被神秘主义和直觉体悟湮灭，而超越形象思维将辩证法形式化，又阉割了辩证法的发现和驾驭矛盾的本性。在矛盾的世界中，人的理论活动与实践活动的矛盾是最为根本的，古代人曾通过朴素的辩证法自足地维系着理论活动与实践活动的统一性，然而，随着辩证法逐步理论化、形式化，辩证法本身不足以描述正在日益扩大的理论与实践的矛盾，它开始遮蔽和掩饰矛盾的存在，距离活泼泼的人越来越远了。古代辩证法的矛盾与古代人所达到的自由程度相互对应，古代人的自由只是自足，古代辩证法是其自足世界观的理论支柱。古代人随着对自然和社会的认知程度越来越高，自足的标准亦不断被打破，其认识自足的水平从形象思维提升到理论思维。但是，古代社会维系自身稳定性的根本在于维护等级制度，思维的形式化而不是"内容化"则客观上阻止着社会自我批判的产生。

三 治道的极限

对于古代人自足的世界观和辩证法思想，我们应当一体同观。古代哲人树立自足的世界观，其目的和境界在于实现精神的自由，为此，他们不断磨砺思维和精神的利器——辩证法，用辩证法的刻刀来雕刻思维和精神的自由艺术。自足的世界观和辩证法艺术共同组成了古代人的理想世界，理想是照耀现实的太阳，有了理想，人们就能够在理想光芒的指引下求索和发现现实社会的治道。在古代社会，治道就是社会发展辩证法。治道具有两个层面的含义：第一个层面是"治"，即协调国家和社会最根本的关系，解决最基本的矛盾。第二个层面是"道"，即国家和社会治理的出发点和归宿——人类认识并实现自由。社会发展辩证法是历史论、自由论和辩证法的统一：历史论揭示和说明社会发展的矛盾运动及社会关系的演变，自由论集中反映某个时代人们认识和实现自由的水准，而辩证法则通过理论逻辑贯通历史论和自由论使之上升为社会理想，又通过实践逻辑将社会理想转变为方略和策略。社会发展辩证法是治道的科学形态，治道是社会发展辩证法的价值意义。

古代社会的基本特征是：分散的自然经济依靠强大的等级专制制度形成经济联系，经济联系的普遍程度取决于等级专制的强度和广度。等级上下统治者与被统治者的矛盾是古代社会的基本矛盾。维护等级专制秩序的稳定与和谐，是古代社会意识形态的基本功用。古代社会中人与人之间的关系表现为等级制度中人对人的依赖。等级专制是古代社会得以确立和延续的命脉，依附于等级是古代人的宿命。但是，人是从来不会天然地以宿命论的态度遵从于宿命的，人们总是不断地根据社会理想的蓝图制定方略和策略，建立、反思、批判和革新现实的社会制度。在古希腊，苏格拉底、柏拉图和亚里士多德以至善为理想原则，探索"理想国"或合理的城邦制度的实现途径。一方面，他们强调等级制度的秩序神圣不可侵犯，另一方面，他们坚信社会秩序的和谐来源于人的自由自觉的理智和德性。他们尤其重视统治者应作为先觉者率先养成理智和德性，柏拉图希望统治者是哲学王，亚里士多德探索制度的约束使得统治者不可凭借特权谋求私利。在中国，儒家对理想社会的理解是"大同"，而对现实社会的要求则是

"小康",即社会等级代替原始平等,家天下代替公天下,这是一种历史倒退,然而身处于历史现实中的人应当以理想的礼乐制度来应对、协调等级与不公的客观存在。儒家主张,处于等级之上的统治者应当内圣而外王,人无论所属地位高低,都应当勇于将自身锻造成为君子,而以做小人为耻,等而上之的人更应当特别注重自我教育,率先成为君子。无论是东方还是西方,古代文化所孕育和陶冶出的理想人格都以实现德性为理想追求,古人依照德性原则协调社会等级之间的关系,他们相信等级是不可撼动的必然存在,但是处于等级中的人是可以塑造的,古希腊伦理学和政治学,我国的礼乐制度都以教育和培养圣贤、君子为治理国家社会的根本方略。

古代社会治道的基本特征是:"以人道治人",即以德性化的理想人格协调人与人之间现实的等级差别。在这种治理思想中蕴含着丰富的精神自由。就精神自由而言,古代人与现代人具有跨越时空的共性,古代哲人在"轴心时代"奠定的精神自由的原则和境界,现代人依然在传承和发扬。在西方,苏格拉底、柏拉图和亚里士多德将至善原则建立在理智自由的基础之上,斯多葛学派、伊壁鸠鲁学派和怀疑主义者发现了精神自由的根源——自我意识,而基督教哲学家们则确证道德自由的基础在于自由意志。在我国,儒、释、道三家将德性建立在心性自由的基础之上。儒家认为,礼的核心是仁,实行仁的心法是中庸,中庸的含义是:致中和之性于伦理纲常,而中和之性的实质是诚,诚即是道,天与人合一于诚。君子明诚而体仁,将会达到精神自由的状态,这就是"孔颜乐处"。孔颜乐处不仅仅是一种道德上的自足,它还是人生活在和谐的社会关系中的快乐,孔子这样描述这种快乐:"老者安之,朋友信之,少者怀之。"中国佛学具备完整的哲学体系,智𫖮建立了中国佛学的解释学体系,玄奘精细地探讨了人的自我意识,法藏建立了中国佛学本体论,吉藏阐明了佛学辩证法,而所有这些哲学思辨最后皆汇融到禅宗自由论中来。禅宗自由论所通达的精神境界是:"大千世界内,一个自由身。"这一境界的内涵是:直了自性,本自具足。自由并不封闭在精神意识之中,它作为智慧和德性，自由地出入于心内心外、身内身外、世内世外。道家自由精神的特点是：将人与自然的和谐关系扩而广之，以任运自然的自由精神观照自己的内心，以及人与人之间的关系。在内心中修养静观万物自复其根的不动心，在人与人的关系中遵循秩序、互不相扰、爱民如子。我们看到，无论中西，古人皆以精神自由作为衡量人与自然、人与社会以及精神内部和谐关系的标准，而他们对精神自由的理解又都以自足为信念。

古代人不懈地追求精神自由，他们发现并掌握了探寻和开辟自由之境的哲学方法——辩证法。在西方，辩证法从逻各斯中脱胎而出，苏格拉底指示出辩证法的对象是矛盾，而揭示矛盾的路径是发现矛盾的否定性。柏拉图和亚里士多德将辩证法理论化，确立了种加属差的定义法及形式逻辑。在我国，儒学辩证法体现在《周易》当中，乾坤阴阳的形象象征和表述出君子与小人、治与乱之间的基本矛盾，六十四卦是以上基本矛盾的运动展开，卦与卦之间的矛盾关系是物极必反。儒家认为，易为君子谋，而不为小人谋，《周易》揭示出君子的自我生成史。道家辩证法的核心精神是"反者，道之动"。这一精神与周易辩证法所强调的矛盾物极必反和循环返回是一致的，与儒家不同，道家强调人掌握辩证法的态度不是有为，而是无为。老子主张，要善于观察矛盾运动的整个历史过程，应在矛盾萌芽之时防患于未然，或在矛盾行将发生转化之时，顺矛盾之势解决矛盾，这样做皆是顺应自然的无为而治。庄子主张，人应安居万物矛盾运动的中心，以不动心任运万物的迁流变幻，使精神达到只与宇宙矛盾运动的总规律相对话的无限境界。佛学辩证法面对事物内部矛盾的两面，而反观人划分事物矛盾两面的意图和标准，表面上它既不肯定也不否定矛盾的两方面，而实质上它要否定划分矛盾两面的主观意图和标准，它主张以"不二法门"的平等心去面对客观存在的矛盾两面性，让精神自由地出入于矛盾的两个方面，而不为外物所束缚。我们看到，古希腊辩证法力图为理智立法，以此保障知识的确定性，从而以知识的确定性论证精神自由的绝对性。我国古代辩证法则是圣人、君子、至人和觉悟者的心性修养之道，我国古人更关注知识如何为人所用，转化为为人之道，以此培养出国家社会的理想人格。

古代辩证法是精神自由的极限。一方面，辩证法在逻辑上贯通自由论和历史论形成理论理想，另一方面，辩证法体现为方略和策略将理论理想付诸实践行动。辩证法自身中包含着理论与实践、理想与现实的矛盾，在某个时代，人们运用辩证法反映和解决以上矛盾的广度和深度，决定了他们认识和实现自由的极限。在理论形态上，无论中西，古代哲人都发现了精神自由内部自我肯定和自我否定两方面的对立统一。精神的自我肯定是自足，而其自我否定则折射出，作为他物的现实世界对精神世界的否定。古代哲人意识到自足的理想与乖张的现实之间的矛盾，他们不断地思索、论证精神自由如何在肯定与否定两个方面之间实现贯通与转化。在实践形态上，古代哲人自觉地将理论理想落实在德性实践当中，以德性为原则探索治道。在西方，柏拉图和亚里士多德都注目并揭示出理智与德性、理想与现实的矛盾，他们的学说体系展示出解决以上矛盾的理论路线。柏拉图在理念论中，亚里士多德在形而上学中，皆将理智的自由与德性的至善合而为一，将之命名为神。然后，他们又在灵魂学说中，说明人何以通过理智自由获得德性上的善。最后，他们都在伦理学和政治学中阐明人怎样将内在的善落实在外在的政治实践中。贯穿于两家学说的逻辑力量是辩证法。柏拉图通过型相分有说和通种论解释完满的至善与个体理智之间的关系，亚里士多德创立形式逻辑指示出个体理智把握至善实体的理论方法。然而，柏拉图分有说的困难，亚里士多德实体共性与个性的理论矛盾，又显示出其辩证法解决理论与实践、理想与现实难题的局限性。在我国，儒家精神自由的理想与现实、理论与实践的矛盾具体体现为：王道与霸道、仁与礼之间的矛盾，思孟学派主张通过心性修养（诚明、养浩然之气）来增强和扩大主体精神的力量，提高主体将理想转化为现实、将理论与实践统一起来的境界和能力。而荀子则从现实和实践的角度，主张将王道和礼乐法制化，依靠礼法的客观力量来促进儒家治道理想与现实、理论与实践的统一。贯穿于两家学说中的辩证矛盾是：富有精神自由的道德主体和压迫他人又受人压迫的等级现实何以统一？儒家局限于等级和王权观念，不能彻底地解答这一矛盾，例如，在《周易》中，乾坤二卦既讲了君子作为道德主体自我实现的基本逻辑，又强调了君臣等级之义。然后，道德主体与等级专制的矛盾在以后的卦爻中展开，值得注意的是，最后二卦分别是"既济"和"未济"，这指明了彻底解决道德主体自我实现和维护等级专制的矛盾是一个无止境和无答案的过程。

　　古代辩证法难以突破等级意识，古代人的精神自由与现实中人依赖于人的关系形成不可调和的矛盾。在西方，柏拉图和亚里士多德将辩证法理论化，形成种加属差的定义法和形式逻辑，因而产生了辩证法的思想内容与逻辑形式之间的矛盾，种加属差的定义法人为地对客观矛盾进行支解、割裂，形式逻辑限制和圈定了辩证法揭示矛盾的范围和程度，最终导致演绎逻辑不能包容新的科学知识，只能沦落为神学的附庸。在我国，儒家辩证法所关注的矛盾只是治与乱、夷与夏、君子与小人的对子，而其对矛盾的描述也只是物极必反和循环返回，在儒家辩证法的视域中没有否定之否定，没有新事物的产生，它始终在为等级制度和王权政治做注脚。道家辩证法和佛学辩证法是儒家辩证法的补充，它们注重探究人与自然的矛盾以及精神内部的矛盾，道家主张"坐忘"社会的纷争，回归到朴素的自然状态。佛学主张"一切唯心造"，一念迷则沉沦于世间的苦恼，一念悟则回归于精神的自足自满。道家和佛学都对现实中的等级专制采取了隐忍或逃避的态度，它们一致地拒绝新知识和新事物。

　　古代辩证法依附于等级意识，古代人的精神自由是对现实的专制压迫的精神胜利，主观的辩证法和自由观作为意识形态不能突破现实的历史矛盾，反而是客观的历史矛盾运动率先突破了主观的意识形态。历史的矛盾运动是一个自然历史过程，古代社会等级制度的自我否定运动必然发展到向对立面转化的阶段。在古代社会的等级结构中，人是没有自由可言的。等而上的统治阶级依附于被统治阶级，他们是政治上的绝对自由者，而在经济上则是绝对依附者。等而下的被统治阶级同样依附于统治阶级，他们要维持生产的自给自足和有限经济的联系，必须付出高昂的代价——成为政治上的被压迫者。生存于等级结构中的人从属于等级共同体之中，个人不是社会的主体而是等级的附庸。自由首先是个人的自由，自由的前提是个人摆脱人身依附关系，凭借公民的权利和义务成为社会的主体。古代社会末期，随着商品经济的普遍化，商品货币之间的平等交换不断瓦解着不平等的等级制社会结构，个人作为商品生产者和交换者逐渐从等级共同体中独立出来，社会逐渐呈现出在金钱面前人人平等的新面貌。这个时候，商品货币关系逐渐取代等级制结构成为将社会经济联系成为有机整体的纽带，等级制结构日益成为社会的赘物，它的自足性已经不可能维持下去了。现实中的历史变革促使人们开始对等级制度和等级意识进行反思和批判。在西方，邓·司各脱和威廉·奥康在古代社会的末期，呐喊出人的个性决定自身，上帝之下万物平等，展现出个人不再自满自足于等级制的社会现实和意识形态，即将从中挣脱而出，去发现和建设一个新世界。在我国，黄宗羲和王夫之都提出了"公天下"的主张，反对君主将天下视为私产。黄宗羲力图将君臣等级关系改造成师友、同志的关系，倡导将学校改造成为议政和监督机关，充分尊重民意。司各脱和奥康反对等级专制的思想在文艺复兴中发扬光大，最终形成个性解放的文化洪流。而在我国，黄宗羲所主张的民主政治仅限于统治等级内部，对于等而下之的被统治等级，他还只是主张轻赋薄敛、可持续剥削，他并没有以平等取代等级的决心和意识。即便如此，在相当长的时间内，黄宗羲的思想是中国古代社会民主思想的绝唱，直到民主主义革命时期，他的思想才为资产阶级所重新发现。

等级制度和等级意识是古代社会治道的极限，古代西方的自由观和辩证法的发展突破了这一极限，古代的自足精神转变为现代自由精神，古代辩证法开始向现代辩证法转变。而在我国，由于等级专制制度及其意识形态极其强大和稳固，我国古代自由观和辩证法向现代转变的过程呈现出曲折而漫长的历史过程。

第二节　现代社会发展辩证法

在现代社会中，人类自由史的发展突破精神的自足，自由从理想转变为现实。自由成为现实，意味着自由的内在矛盾成为现实的矛盾。自从资本主义制度开辟现代社会以来，人类认识和实现自由，面临着自由与必然、道德自由的理想与现实的政治自由的矛盾。与现代自由论相匹配的现代辩证法，其理论核心是对自由之矛盾的探索和揭示。现代辩证法自身也具有内在的矛盾，即理论与实践、思维与存在、主体与客体的矛盾，这之中，理论与实践的矛盾涵盖和包容了思维与存在、主体与客体的矛盾。现代辩证法的矛盾性与现代自由的矛盾性是同构的，现代人如果不能解答辩证法中理论与实践何以统一的问题，就不能解决自由与必然、自由的理想与现实的矛盾。自由与必然、自由的理想与现实何以统一，归根结底是理论与实践如何实现统一。现代自由论与辩证法形成内容与方法、问题域与理论核心的综合统一，这一综合结构就是现代社会发展辩证法。现代社会发展辩证法展现出双层结构，即在理论逻辑上揭示和叙述人类认识和实现自由的矛盾运动，而在实践逻辑上则制定和检验人类解决自由之矛盾的方略和策略。现代社会治理以实现自由为理论和实践的指南，社会发展辩证法是现代社会治理的科学形态。然而，现代社会发展辩证法在黑格尔那里显示出理论逻辑与实践逻辑不可调和的矛盾，这成为现代社会治理的头等理论难题，现代社会发展辩证法产生了"黑格尔难题"。

一　自由与异化的矛盾

现代社会是由资本和资本主义制度开辟和建立的，现代社会发生的每一次具有历史意义的社会或思想事件都以自由为旗帜。自由精神是现代社会的时代精神。在现代社会，自由表现为人在自然和社会两个领域中的两种自由。在自然领域，人在自然中的自由蕴含着自由与必然的辩证矛盾，现代人通过科学知识认识和解决自由与必然的矛盾。在社会领域，人在社会中的自由包含着道德自由与政治自由的对立统一，现代人以民主认识和解决道德自由与政治自由的矛盾。在现代社会，自由的对立物是异化，自由与必然的矛盾、道德自由与政治自由的矛盾可以归结为自由与异化的矛盾。现代自由思想史大致呈现出的面貌是：经验论和唯理论哲学探寻和发现现代人认识和实现自由的基本问题域，法国的启蒙主义者指出什么样的人能够解答关于自由的历史提问，康德系统反思并正确提出现代人认识和实现自由的系列命题，黑格尔哲学是第一个全面回答"人何以认识和实现自由"历史提问的思想方案，康德与黑格尔之间的一问一答，集中反映出现代社会的自由难题。

以哲学的眼光审视历史，现代社会取代古代社会表现为世界观的变革，现代人的世界观以科学和民主为主题，古代人的世界观以自足和秩序为目的，从自满于自足和秩序，到追求科学和民主，世界观的变革反映出新人的产生。还在文艺复兴当中，人本主义者在颂扬人的自由精神的时候，已经指明富有自由精神的新人必定重新认识世界和自身，像上帝一样创造一个新世界。向科学进军、打开自然之书，是从神学世界观中挣脱而出的新人破坏旧世界、创造新世界的第一步骤。人们要在科学中寻找和锻造认识和改变世界的武器。早在现代社会到来之初，牛顿力学就成为科学的典范，它的典范意义在于：指明人类掌握科学的职责在于发现新问题、给出新答案。科学的起点是广泛的现象世界，实验和归纳法是人类把握现象世界的正确途径，数学分析是理性整理感性材料的可靠方法。人类获得新知的标准在于，从世界和事物内部发现机械的因果关系系列，凡是能够被因果关系说明的东西就是被科学掌握的东西。牛顿还给现代人重新勾画了世界图式：世界不是按照本质区分的从上到下的等级，在机械因果关系的世界中，只有推动与被推动的因果链，事物之间不存在上下高低。上帝是世界这部机器的设计者和机械运动的第一推动者。

培根是突破神学世界观创立新世界观的先行者。他为现代人指明，科学能够为人类带来自由，人类通过科学掌握新知就意味着获得自由。他对自由的描摹是："人类知识和人类权力归于为一；因为凡不知原因时即不能产生结果。要支配自然就须服从自然；而凡在思辨中为原因者在动作中则为法则。"① 培根彻底批判亚里士多德哲学，他创作《新工具》取代《工具篇》，为科学取代神学和亚里士多德形而上学鸣锣开道。培根指出，亚里士多德将逻辑与科学混为一体，这是谬种。他宣布亚里士多德的形式逻辑不能产生新知，以演绎逻辑作为知识内容的形式已无必要，人类探索新知应当建立和使用归纳逻辑。培根开创归纳逻辑，这是对古代辩证法以思维形式压制思维内容传统的反叛。培根开创归纳逻辑其根据在于：人类认识自然就是掌握自然的因果规律，他依旧用"形式"来表述规律，但他重新定义了"形式"的内涵：形式是事物的简单性质。他指出，人类可以循序渐进地通过经验一种一种地发现事物性质，最后达到对事物的全面了解，非但如此，人还可以通过实验对事物的性质进行取舍，甚至可以在一个物体上加上新的性质。归纳法就是对事物性质从少到多、从不全面到全面的认识方法和检验方法。

霍布斯是用机械因果世界观观察整个世界的第一人。他指出，世界只有物体存在，物体由因果关系链联结成世界。世界和人都是机器，人是最精巧的机器，人的生命运动也是机械运动。国家亦是机器，人制造了国家机器，国家反过来又把人制造成机器。物体作为世界的唯一存在，它的唯一性质是广延。"物体是不依赖于我们思想的东西，与空间的某个部分相合或具有同样的广延。"② 世界没有虚空，因而空间和时间都是想象的影像。物体在"填实"的世界中因为推动与被推动的作用而发生运动。霍布斯认为，人的感觉也来自机械运动。他指出，感觉的对象是可感性质，与广延的必然性不同，一切可感性质都是偶性。感觉和偶性的关系是：物体对感官产生作用，感官对物体反作用产生偶性，偶性是对物体的变形，因而感觉并不可靠。

---

① ［英］培根：《新工具》，许宝骙译，商务印书馆1984年版，第8页。
② 《西方哲学原著选读》上册，商务印书馆1982年版，第386页。

霍布斯还指出，哲学所从事的工作是"加减法"，因为哲学的功用在于发现和说明事物之间的因果链条。哲学由因推果，或由果推因，从事着推理的加减法。霍布斯是社会契约论的奠基人。他把机械论运用到国家学说之中。他指出，国家中的人首先是自然人，自然人是自然物体，服从趋利避害的自然律。人总是利用一切手段，最大限度地维护自身的利益，人对人是狼。但人不能像狼对狼那样相互侵害，否则就违背了利益最大化的自然律，所以才要达成契约、建立国家。国家契约的核心内容是：人们最大限度地维护自己的利益，在必要时放弃别人也同意放弃的权利。每个人都同意放弃和别人一样多的权利，并因此而享受到和别人一样多的利益。国家必须足够强大才能威慑人对人的相互侵害，因而公民必须把除生命权以外的所有权利转让给国家，统治者的权力不可剥夺、分割，他不是契约一方。我们看到，霍布斯将机械论的世界观贯彻到底得出如下结论：人在自然中被必然的机械因果关系决定，在社会国家中被绝对的国家机器决定。那么人还能是自由的吗？也许在霍布斯看来，人能够按照机械因果关系读懂自然之书，按照契约建立国家打破等级制度，这本身就是自由的实现。霍布斯的学说中已经蕴含着自由与必然的矛盾。

笛卡儿与培根一样力图为科学确立统一的方法论基础，而他选择的科学范型是数学。他所做的工作是对数学方法进行哲学反思，从而将之概括提升为普遍数学。他指出，普遍数学的科学性一方面体现在它对同质事物进行严格的量化比较，另一方面体现在它能够揭示异质事物之间的因果关系，而后者尤其重要。普遍数学确证因果关系的步骤是：它运用分析方法找到知识的确定为真的最简单的点，然后从这里出发，再运用综合方法发现和揭示因果关系的链条。笛卡儿首先运用分析方法，寻找知识的确定为真的起点。他的所谓分析是对人们的既定意见所依据的所有原则进行普遍怀疑，最后剩下一条不可怀疑的确定原则：我思故我在。他确认在我们的认识过程中，只有自我意识本身是不可怀疑的。笛卡儿把不可置疑的自我意识称为实体。"这个实体的全部本质或本性只是思想。"① 在分析之后，笛卡儿开始了他的综合过程。他的思路是：自我意识作为思想实体是怎么获得思想内容的呢？自我意识是自我对意识的反思，它是纯观念，他的思想对象就在思想自身之内。但是，意识是对思想之外的实在领域的认识。笛卡儿认为意识之外的实在领域是广延，广延与自我意识相对，亦是独立的实体。广延严格遵循机械因果规律存在、运动，思想能够发现和揭示广延的机械因果规律。那么，思想与广延的统一是如何达到的呢？笛卡儿认为，思想之所以能够如实地认识广延，原因在于高于思想和广延的更高实体——上帝。他对上帝存在的推演是严格按照机械因果规律进行的，思想和广延都是有限的实体，它们自身都不是二者相互统一的原因，"原因的现实性不能小于结果的现实性"②，因而必须设定上帝是思维与广延相统一的完满原因。笛卡儿确信，思想与广延相统一，统一的方向不是广延而是思想，上帝将思想与广延相统一的观念先天地赋予人的思想之中。笛卡儿以他关于思想与广延关系的论点考察人本身，就产生了身心二元如何统一的追问，此时如果他僵化地坚持认为心灵和身体是两个对立而无相互作用的实体，那么他就无法解释人的思想和生命活动的丰富性。但是，他指出，"意志比理智广阔得多"，意志是绝对自由的。笛卡儿比霍布斯更深刻，他在机械因果的世界图式中，揭示出自由与必然对立统一的具体内容：思维与存在、心灵与身体、理智与意志的矛盾对立。对于以上矛盾关系，他的基本立场是存在统一于思维、身体统一于心灵、理智统一于意志，他所坚持的是：自由是主体的自由，主体是自明自觉的主体。

在斯宾诺莎那里，自由鲜明地成为哲学的主题。斯宾诺莎所憧憬的人类获得自由后的精神状态是实现或接近至善的幸福和快乐。至善

---

① 《西方哲学原著选读》上册，商务印书馆1982年版，第369页。还有另外一种翻译："我认识了我是一个本体，它的全部本质或本性只是思想。"——[法] 笛卡儿：《谈谈方法》，王太庆译，商务印书馆2000年版，第28页。

② 参阅赵敦华《西方哲学简史》，北京大学出版社2000年版，第299页。

乃是"人的心灵与整个自然相一致的知识"。① 这样的境界一经发现和获得之后，人便可以连续地永远享受无上的快乐。斯宾诺莎认为，人们要达到心灵与自然相一致，正确的途径是理智和科学，因而方法论的问题至关重要。他批判培根和笛卡儿，将方法论的证明当作知识探索的前提，他认为方法论是不可证明的，因为它是反思而后所得的东西，"方法不是别的，只是反思的知识或观念的观念"。② 斯宾诺莎赞同笛卡儿的天赋观念论，因而他的方法论来自对天赋观念论的反思。他认为，天赋观念运用于知识探索之中，它就转化为真观念。真观念是对思想内容的反思，同时也是判断思想内容真假的标准。真观念就是思想内容与实际存在之间的符合，"真观念必定符合它的对象"③。他指出，我们没有必要像笛卡儿那样，为强调思想与存在的符合而将意识再加抽象成为自我意识。真观念是真理自身的确定性所在。"要知道一件事物，无须知道我知道，更无须知道我知道我知道它。"④ 斯宾诺莎的方法是："正确的方法就在于认识什么是真观念。"⑤ 即从思想与存在相统一的符合论出发，按照从原因到结果的必然逻辑，不断扩展符合论的推理过程，"真理是自明的，而且一切别的观念都会自然地汇归到它那里去"。⑥ 斯宾诺莎在他的哲学体系中贯彻了他的方法。"实体"是斯宾诺莎哲学的第一个真观念，其含义是："在自身内并通过自身而被认识的东西。"⑦ 实体是自因的，且它自身认识到自因所包含的本质与存在的统一。实体是无限的，因为它是自因的。实体是唯一的，因为它是无限的。斯宾诺莎的第二个真观念是"属性"，即人的有限理智所能把握到的"实体"——广延和思想。第三个真观念是"样式"，也即个别事物，个别事物是"实体

---

① [荷]斯宾诺莎:《知性改进论》，贺麟译，商务印书馆1960年版，第23页。
② 同上书，第33页。
③ [荷]斯宾诺莎:《伦理学》，贺麟译，商务印书馆1958年版，第3页。
④ [荷]斯宾诺莎:《知性改进论》，贺麟译，商务印书馆1960年版，第32页。
⑤ 同上书，第33页。
⑥ 同上书，第35页。
⑦ [荷]斯宾诺莎:《伦理学》，贺麟译，商务印书馆1958年版，第1页。

的分殊,亦即在他物内通过他物而被认识的东西"①。"样式"与"属性"之间的关系表现为个体从属于机械因果的链条。思想属性与广延属性各自分属不同的因果链条,二者之间不发生相互作用。然而,思想与广延之间的统一是必然的,这是由绝对的实体——神的自因性决定的。斯宾诺莎把自然描述为神,自然的神性就是它的必然性。自然中的一切事物无不在因果链条之中,自然中没有偶然性,绝对必然的自然就是绝对自由的神,因为自然的必然就是它的自因,自由的含义是:"凡是仅仅由自身本性的必然性而存在、其行为仅仅由它自身决定的东西叫作自由。"② 斯宾诺莎指出,人的自由在于认识并顺应必然。奴役是自由的对立面。人的首要任务是认识自身的自然,人的自然是他的道德伦理活动,人的自然本性是在道德伦理生活中自我保存、自我完善,正确地认识自己的本性,人就能够自觉地生活,获得与神一样的自由,反之就要背离本性,接受自己对自己的奴役。斯宾诺莎的自由是自由与必然的统一,但是二者统一的方向却是必然,而他的"必然"依旧是自然的机械因果关系。

莱布尼茨哲学的主题亦是自由。他的根本提问是:"我们的理性常常陷入两个著名的迷宫。一个是关于自由和必然的大问题,特别是关于恶的产生和起源的问题;另一个问题在于有关连续性和看起来是它的要素的不可分的点的争论。"③ 在这两个提问中,差别性与连续性的矛盾是对思想与广延、身与心二元论的批判反思,而正式提出自由与必然的矛盾则蕴含着莱布尼茨对机械因果世界观的批判反思。为解答以上问题,莱布尼茨改变了一个思路,他把思想与存在何以统一的问题转换为逻辑与事实何以统一的命题。他的基本观点是:事实之间的因果关系与逻辑规律是同一的,逻辑规律尤其是充足理由律就是事实的根本规律。事实的必然理由服从矛盾律,而事实的充足理由则符合充足理由律。矛盾律规定"推理的真理",充足理由律规定"事

---

① [荷]斯宾诺莎:《伦理学》,贺麟译,商务印书馆1958年版,第1页。
② 同上书,第2页。
③ 转引自赵敦华《西方哲学简史》,北京大学出版社2000年版,第320—321页。

实的真理"。推理的真理是必然真理,事实的真理是偶然真理。必然真理运用分析法确定天赋观念或真观念。而事实真理则运用综合法发现和揭示因果关系的系列。因为人类理智的有限性,他们对因果关系的揭示是局部的、相对的,因而事实真理是偶然的。"充足的理由或最后的理由应当存在于这个偶然事物的系列之外。"① 这就是上帝。从上帝这个完满的始因出发,由因及果,这才是严格意义上的综合法。上帝存在是充足理由律的逻辑前提。莱布尼茨为他的逻辑学构造了本体论基础,这就是单子论。他指出:单子不是物质实体而是精神实体,但我们不能把它归结为单一的人的心灵实体。单子不是唯一实体,而是多元的、相互间有质的差别的精神实体。单子是不可分割的统一,由它组成复合事物。单子产生于上帝从无到有的创造,它的灭亡是上帝使之归于无,它的产生和灭亡不受他物影响,单子与单子之间没有"窗户"。上帝为单子安排了一切,单子组成万物、万物共生相连是"预定的和谐"。"上帝对于精神,不仅是发明家和机器,而且是君主和臣民,父亲和子女的关系。"② 莱布尼茨凭借他的逻辑学和本体论,首先研究了连续性与差别性矛盾。他的观点是,世界是连续的,自然没有飞跃。他指出,世界的连续性根源于单子的活动,这种活动是"隐德莱希",是世界能动性的根源。单子的活动是表象活动,人的自我意识是最高级的表象活动。每一个单子都以自己的方式表象整个世界,"每一个单子具有表现其他一切事物的关系,因而成为宇宙的一面永恒的活镜子"。③ 不同的单子表象世界的清晰程度不同,但是单子之间是连续的,不存在物种的飞跃,即使同一种单子不同个体之间也是连续的。单子的连续性决定运动的连续性,运动的连续性又决定时空的连续性。时空不是绝对的物质时空,而是单子对世界的表象。由世界的连续性可以推论人的身心的连续性,心灵由高级原子复合,身体由低级原子组成,两种单子密切互存,心灵自觉支配

---

① 《西方哲学原著选读》上册,商务印书馆1982年版,第483页。
② 同上书,第491页。
③ 同上书,第486页。

着身体，身体自发接受心灵的支配。莱布尼茨的世界观充满生机，他对自由与必然之间关系的认识一定程度上超出了机械因果论。在莱布尼茨那里，上帝是自由的代名词，他对上帝存在的证明也是对自由之可能性的证明。他用矛盾律证明上帝是必然的存在，其内容是：必然性是可能性的总和，上帝是一切可能的必然理由，因而上帝是必然存在。上帝的自由是：凡是可能的，都必然存在。他又用充足理由律证明上帝的必然存在，其内容是：一切事物的存在都有充足理由，偶然事物的充足理由不在其自身之内，也不在它所属的事物系列之中，上帝是有限事物系列之外的完满理由，因而上帝是必然的存在。上帝的自由是：绝对的自由意志。莱布尼茨分析了自由与必然之间的逻辑关系：必然等于必然理由，自由等于充足理由。必然和自由分属于被造物和造物主两个层次。上帝按照必然理由律创造出无数的可能世界，它们彼此和谐，没有任何矛盾。凡是可能的，都可能存在。上帝又按照充足理由律选择了一个现实世界，其选择的依据是自由意志，上帝的意志是全善的，现实世界是一切可能中最好的。[①] 上帝的自由是逻辑必然与自由意志的统一，是真与善的统一。莱布尼茨借上帝概念把他所想望的完美的自由境界描画出来了，他最后指出，人与完美的自由之间的障碍是恶，恶的存在，皆由人的有限性所致，然而它反而成全了上帝的真、善、美。莱布尼茨指出，人的恶亦有充足理由，人有自由意志却不完善，自由意志的不适当的选择造成恶，但恶是上帝创造的和谐秩序中的应有之义，人自由选择善恶，上帝因之扬善和罚恶。莱布尼茨对人的自由意志的论述没有超越奥古斯丁，在他的眼里，人作为偶然事物自身没有认识和实现自由的"充足理由"，他终究受到因果必然性的支配，自由对于人来说是一种信仰。

洛克站在经验论的立场批判了莱布尼茨的哲学根基和自由观。洛克认为，唯理论者皆以天赋观念作为思辨的前提，天赋观念也是莱布尼茨哲学的根基，然而，天赋观念是无用的理论假设。他指出，知识

[①] 参阅赵敦华《西方哲学简史》，北京大学出版社2000年版，第331页。

第一章 社会发展辩证法的生成史

的起点不是天赋观念,不是为获得天赋观念而进行的观念分析。知识的起点在于探寻如何获得观念,感觉才是观念的来源。在洛克看来,观念是心灵所感知和思维的一切内容。心灵获得观念的过程是:心灵犹如一块白板,外部事物刺激心灵产生感觉,感觉取得观念,这一过程就像在白板上刻下印迹,然后,心灵的反省活动会自发地对观念进行反思,反省活动也会反思自身,因而得出新的观念。洛克对观念做出简单与复杂的区分。简单观念是构成知识的最基本要素。复杂观念是对简单观念的"加减"。对简单观念"相加"形成复合观念。"实体"概念,是我们将简单观念的集合加在一个假定的支撑物上而产生的复杂观念,实体概念包括上帝、物质和精神三种。因果观念亦是复杂观念,它是指两个观念之间前后相继的关系。洛克还区分出观念中的"第一性的质"和"第二性的质"。第一性的质是物体固有的性质,不以人的感觉为转移。第二性的质是依附于物体第一性的质在人的心灵中引起观念的能力。洛克认为第二性的质并不可靠,因为它不是事物自身的固有性质。我们看到,在洛克那里,理智活动统统被归结为感觉过程,而感觉经验本身也并不是完全可靠的。他相信,经过人们思维加工过的观念,都不如外物对感官的刺激真实,但是外物的刺激如何引发感觉,又是他不能解释的。对于认识的真理性,洛克指出,判断观念真假的标准在于比较观念与观念是否符合,即在语词上比较观念的同异、关联、并存、存在,而无关观念与外物的关系。洛克批判天赋观念,但他恰恰忽略了思想内部的逻辑必然性,他所强调的重感觉轻思辨的认知路线,是归纳逻辑批判演绎逻辑的矫枉过止。虽则如此,洛克的经验主义知识论运用于对自由的认知中,却获得破天荒的历史进步。洛克开创了政治自由的思想范式。他从社会契约论的立场出发,坚信民主政治是现代社会的理想政治。他的根据是:从感觉对自身的反思中,人们能够直观到,在自然状态中人对人的伤害,与由社会契约形成的政府专制,二者相比较,后者的伤害远远大于前者。人怎么能够违背感觉经验去选择专制压迫呢?在真实的自然状态下,人们平等地享受生命、自由、追求幸福和拥有财产的天赋人权。财产权是最神圣的人权，人与人之间的斗争归根结底是财产权的纷争，国家是为解决财产权纷争而建立起来的。人们通过契约建立国家，只是把财产权的仲裁和执行权转让给国家，此外的权力皆不可转让，并且人们有权推翻不履行契约的统治者。洛克的政治自由是对意志自由的突破，政治自由已然不是对自由的遥想，它是一种介入，标志着现代社会的主体对社会制度的创造和改造。

贝克莱哲学和休谟哲学是经验论内部的自我否定。贝克莱彻底地发挥经验论从而否定了经验论的唯物主义倾向。他赞同洛克的基本观点：知识的对象只能是观念，而观念的来源是感觉。然而他倒果为因，提出："一个观念的存在，正在于其被感知。"[1] 洛克追问观念的来源，意在肯定感觉经验的本源性；而贝克莱肯定观念的存在，却是为了否定感觉的客观性。贝克莱说："我们借感官所感知的东西，而我们所感知的又只有我们的观念或感觉；既然如此，那么你要说这些观念之一，或其组合体，会离开感知而存在了，那不是矛盾么？"[2] 他把存在缩小为意识对象，又把意识对象缩小为感觉对象，只是把感觉获取的观念当作真正的存在，此外的一切他都拒不承认。他认为"物质是虚无"，因为观念只能知道观念，观念不知道它与事物的关系。他还否认洛克提出的"第一性的质"，因为这种性质就是观念与外物的关系，物质尚且是无，物质的性质亦无从谈起。他进而否认洛克的实体概念，因为所谓性质的"支撑点"，因为不可感，所以应当排除。需要我们注意的是，贝克莱在否认洛克划分外感觉与内感觉（反省）观点的时候，暴露了自己的哲学意图，他强调心灵是观念的来源。他的根据是对感觉过程的分析，这个过程是：视觉"图像"引起触觉判断，从而形成"印迹"，"印迹"印留在心灵之中，不仅成为心灵接受新"图像"形成新观念的前提，而且发挥着联系观念与观念的符号作用。贝克莱最后指出，心灵必有主体，自我和上帝分

---

[1] ［英］贝克莱：《人类知识原理》，关文运译，商务印书馆2010年版，第23页。
[2] 同上书，第24页。

别是有限心灵和无限心灵的主体。他的依据是：观念不能产生观念，亦不由机械运动产生，只能从心灵的主体产生。他的推论是：人的感觉只能是个人的自我感觉，人与人达成的共同感觉具有普遍有效性。虽然如此，人类的感觉亦是有限的，人不可能全面认识世界的丰富性、连续性和永恒性，但是必定有一个具有无限感知的心灵主体，那就是上帝。并且，人并不因为自身感觉的有限性，而抛弃对真理的追求，上帝是真理的源泉。贝克莱否认物质实体、肯定心灵实体运用了双重标准，他不因感觉不到心灵的存在而否认心灵，却按照因果必然推理论证心灵和上帝的存在。但是，他还是曲折地发展了自由论，他洞察到观念从属于人的主体性，人的主体性不是由机械运动决定的，并且人作为主体首先是个体的人。

休谟试图将经验论贯彻到底，为理智和道德建立科学的基础，而结果却是他动摇了机械因果世界观的根基。休谟修正了洛克经验论的基本概念，从而使之表述精确化。他指出：知识的对象是知觉，知觉由印象和观念组成。印象又分为感觉印象和反省印象。人对造成感觉印象的原因无法确知，所能知道的只是感觉印象包含对"第一性的质"和"第二性的质"的感觉，以及快乐和痛苦的感觉。反省印象是对感觉印象的反思，这与洛克的认识相同。休谟的"观念"是思维对印象施加摹写、想象和回忆之后的印象发生的变形，它是"我们的感觉、情感和情绪在思维的推理中的微弱的意象"。① 休谟强调，感觉印象是知觉的基石，"我们的全部简单观念在初出现时都是来自简单印象，这种简单印象和简单观念相应，而且为简单观念所精确地复现"。② 休谟指明：经验论强调"一切认识都来源于印象"，人类的知识必定会因之被限制在一个范围之内。休谟对知识做出划分：有关于观念关系的知识，有关于事实的知识。关于观念关系的知识，其形式是分析命题，即对语句进行意义分析的命题。关于事实的知识由综

---

① ［英］休谟：《人性论》，关文运译，商务印书馆1980年版，第1页。
② 同上书，第16页。

合命题构成，即通过新的知觉将观念联结起来。分析命题是必然真理，综合命题是偶然真理。分析命题和综合命题划定出知识的范围。休谟以他的知识论为依据，否定实体在知识中的地位。他指出，物质实体不可知觉，因而它不在知识范围之内；知觉主体亦难以知觉，所谓主体"都只是那些以不能想象的速度互相连续着、并处于永远流动之中的知觉的集合体，或一束知觉"。① 而关于上帝存在的证明亦应须排除在知识之外，以往关于上帝存在的本体论证明、知识论证明、后天证明等都是以必然推理证明"存在"，而"存在"是需要关于事实的知识予以验证的。休谟甚至怀疑机械论世界观的逻辑基础——因果关系。他指出，人们形成因果观念是因为知觉到两个观念在空间相继出现并重复出现，那么就把先发生的称为原因，把后出现的称为结果。因果观念只是习惯的产物。"凡不经任何新的推理或结论而单是由过去的重复所产生的一切，我们都称之为习惯，所以我们可以把下面一种说法立为一条确定的真理，即凡是由现前印象而来的信念，都只是由习惯那个根源来的。"② 但是，休谟的怀疑仅仅针对着理智的局限，在道德实践中，他主张以常识为指南、以情感为基础。休谟用划定知识范围的方式，消极地批判形而上学独断论和机械论世界观。他限定了机械因果的必然领域，这给予人的自由意志以更大的选择空间，这一点他超越了斯宾诺莎；但他又以情感和常识作为人们自由选择的指南，这一点他又低于斯宾诺莎。

由经验论和唯理论孕育的现代科学精神和民主精神，发展到启蒙主义的时候，达到了精神自觉的高度，启蒙主义标榜理性和自由，代表着现代社会的时代精神。启蒙主义对于自由的最大贡献是发现和确定了现代社会的自由人格。

首先，启蒙主义者不仅光大了政治自由，而且发现了道德自由与政治自由的矛盾对立。孟德斯鸠的杰作——《论法的精神》被称为

---

① ［英］休谟：《人性论》，关文运译，商务印书馆1980年版，第282—283页。
② 同上书，第122页。

第一章 社会发展辩证法的生成史

"理性和自由的法典"。孟德斯鸠指出,一切实体皆以法行事,他全面考察了法得以生成的各种因素。他指出,理性是立法的根本原则,理性的法即自然法,自然法是"源于事物本性的必然关系"[①],自然法确定不移、永恒普遍,因而是立法的基础。人为的法难以摆脱人的有限性对自然法的割裂和扭曲,因而人自身不是立法的基础。自然法揭示出人生存于世的理性法则:和平、自养、互爱和社会生活。立法是自然法与一国地理环境和文化风俗的高度统一,法律解决的核心问题是人与人之间的战争状态。孟德斯鸠的立场是:理性是人性的依据和保障,人通过法达到理性状态。卢梭呼唤出启蒙主义人学的最强音:"人生而自由",他所正视的是人在社会中如何失去自由和平等。他透过"自然状态"刻画了人的自由本性,人的自然状态是人的本性不受社会桎梏束缚的自由原型,它是思维抽象的产物。卢梭认为,人性本善,邪恶不出自人的本性。如果人没有交往、语言、家庭、住所和技能,人就不会有理性,他的欲望只是肉体的欲望,因而不会产生私有的观念,这样的人具有自我保存和怜悯同情的良知和良能。然而,自然状态并不是完美的、静止的,人在生理上的差异会导致能力不等及分配不均,这种不平等扩大为产权的分化,最终产生私有制。私有制产生后,人们通过契约建立社会制度,由私有制派生出的社会制度其实质是:私有制是法权的根源,法权产生国家,国家掌握权力。人们最初的契约是在不平等的条件下达成的,其后果是权力的异化,即权力蜕变为专制,产生贫富、强弱、主奴的分化和对立。卢梭指明,社会不平等发展到极点,必然导致人民用暴力推翻暴君,社会平等开始更生,此时人民将在平等的条件下重新达成契约,新的契约以建立保障人民自由和平等的国家政权为宗旨。卢梭设想,保障人民自由和平等的契约其灵魂是,一切人把一切权利转让给一切人。"每个人既然是向全体奉献出自己,他就并没有向任何人奉献出自己;而且既然从任何一个结合者那里,人们都可以获得自己本身所让渡的给

---

① [法]孟德斯鸠:《论法的精神》,许明龙译,商务印书馆2012年版,第9页。

他的同样的权利,所以人们就都得到了自己所丧失的一切东西的等价物以及更大的力量来保全自己的所有。"① 契约形成了强制的权力和自由的权利的同一——公意,公意既是共同体又是共同人格,它辩证综合了集体与个人的关系——"每个结合者及其自身的一切权利全部都转让给整个集体。因为,首先,每个人都把自己全部地奉献出来,所以对于所有的人条件便都是同等的,而条件对于所有的人既都是平等的,便没有人想要使它成为别人的负担了。"② 每个人在公意面前,在大公无私的付出面前平等无异,因而人人都成为自由的主体,同时也担当着他人自由的受体。卢梭强调:人"惟有服从人们自己为自己所规定的法律,才是自由"。③ 在系统论证了政治自由之后,卢梭又深入地反思了道德自由与政治自由的关系。他指出,人之高于禽兽,不在理性,而在良心。无论在自然状态还是契约状态,人都有良心,以良心为指南展开自己的理智和意志活动。良心是判断理智真假、意志善恶的标准。"凡是凭着良心不能加以拒绝的知识都是明确的,凡是我觉得这些知识有必然联系的知识,都是真实的,而对于其余的一切都存疑,既不拒绝也不承认。"④ 卢梭认为良心自觉的人才是真正自由的人,他相信从自然状态到社会状态,人都是有良心的人,人有道德上的自觉和自由,才能真正形成公意,而他们所达成的契约才能够真正保证人民的自由与平等。卢梭为人类对自由的追问,正式提出一个基本命题:道德自由与政治自由何以一致。

其次,启蒙主义者不仅高度强调了自由与必然的矛盾,而且将这一矛盾在社会中的体现——人与环境的矛盾揭示出来。百科全书派将机械唯物主义世界观贯彻到底,用此世界观重新解释了整个世界。他

---

① [法]卢梭:《社会契约论》,何兆武译,商务印书馆1980年版,第20页。
② 同上书,第19—20页。
③ 同上书,第26页。
④ 《西方哲学原著选读》下册,商务印书馆1982年版,第79页。另一种翻译是:"我决定把我不能不真心实意地接受的种种知识看作不言而喻的,把同它们似乎是有必然联系的知识则看作真实的;至于其余的知识,我对它们则保持怀疑,既不否定也不接受"。引自——[法]卢梭:《爱弥儿》,李平沤译,商务印书馆1978年版,第382页。

们将世界的客观必然性定义为"物质"。孔狄亚克指出：观念能够与外物完全符合，因为观念的对象是事物的性质集合，观念是对外物的反映。感觉是观念的唯一来源，感觉来源于外物的刺激，人的感觉是用形体认识形体、用广袤认识广袤，触觉的真实性是不可否认的，外物的客观存在亦是不可否认的。拉·美特里的著名观点是"人是机器"。他认为，世界的机能就是机器的机能，世界万物是大大小小的机器，万物由同种材料构成，人和人的心灵都是物质构成，"心灵只是一个毫无意义的空洞的名词"①。狄德罗反对拉·美特里把物质归结为一种材质，他指出，物质的本性是广延，物质的形态是异质的刚体。他意识到仅仅用机械运动不能说明世界的丰富性和有机性。他猜测，"物质大块"中一定包含着动物性的元素，而该元素又有着高低不同的机能，成为物质能动性的根源。百科全书派还描述出机械论世界图式中人的形象。爱尔维修指出，哲学对人的研究应以感觉论为基础，道德科学应归结为肉身感受性这一基本事实，快乐和痛苦是人的最真实的肉身感受性，自爱是从快乐和痛苦中概括出的基本事实，自爱原则支配人的一切行动。"利益支配着我们的一切判断"②，公众利益是一切个人利益的集合和目标。③ 爱尔维修致力于探索在自爱原则的基础上实现公共福利，为解决个人利益与公共利益的矛盾，他提出环境决定论。他认为，个人利益的差别和冲突是由社会环境造成的，只有我们创造出一种能使个人利益达成一致的社会环境，就能消除人们之间的利益冲突。霍尔巴赫强调人被自然因果规律决定，"人是自然的产物，存在于自然之中，服从自然的法则，不能超出自然，就是在思维中也不能走出自然。人的精神想冲到有形世界范围之前，乃是徒然的空想，它是永远被迫要回到这个世界来的"。④ 他指出，人没

---

① ［法］拉·美特里：《人是机器》，顾寿观译，商务印书馆1959年版，第53页。
② 《西方哲学原著选读》下册，商务印书馆1982年版，第182页。
③ 参阅《西方哲学原著选读》下册，商务印书馆1982年版，第183页。
④ ［法］霍尔巴赫：《自然体系》上册，管士滨译，商务印书馆2011年版，第3页。

有自由意志,"人们的一切错误都是关于物理学方面的错误"。① 他的推论是,人的本性是外部环境造就的,而人的行为又造成外部环境。"我们行为的好或坏,永远取决于那些由我们造成的或别人给予我们的观念的真或假。"② 他陷入到环境决定思想、思想决定环境的悖论。我们看到,法国唯物主义启蒙思想家们充分强调了自然必然性,而当他们用自然必然性说明人的时候,却陷入到"必然"不能说明"自由"的困境。

康德是现代自由精神的系统总结者,他总结经验论与唯理论在知识论上的得失,反思启蒙主义思想家将现代知识运用于对人的研究的利弊,全面地提出了现代自由精神所包含的基本命题:必然与自由何以统一,道德自由与政治自由何以统一。在康德看来,活的理性是批判,而批判的目的则是自由,康德哲学正因为是批判哲学,所以它才是真正的以自由为主题的哲学。康德的批判是有针对性的,他的批判是对知识的前提进行批判性反思,他的批判对象是唯理论和经验论。康德认为沃尔夫的形而上学以物质、灵魂和上帝为思辨对象,这些思辨皆超越了人的经验,因而休谟怀疑形而上学的独断有理,但是经验论并不能克服形而上学的独断,因为独断论的原则是纯粹理性,而经验论不能检验超出经验的理性原则。康德的使命是为知识确立检验理性运用正误的标准。他继承休谟关于知识和命题分类的思想,提出先天综合判断是科学知识的哲学命题。康德批评休谟只是在判断的逻辑形式上区分出分析和综合命题,却忽略了判断的内容和性质。从内容和性质上看,无论是经验论者还是唯理论者都承认逻辑和数学命题是先天的必然真理,二者之间的差异是对待天赋观念的态度,唯理论者用天赋观念来表述和保障数学和逻辑的命题的先天必然性,却对天赋观念的来源不加批判,因而具有独断性。经验论者将通过经验检验而获知因果关系的命题称之为综合命题,并确信它的真理性。康德的先

---

① [法]霍尔巴赫:《自然体系》上册,管士滨译,商务印书馆2011年版,第6页。
② 《西方哲学原著选读》下册,商务印书馆1982年版,第229页。

天综合判断则是要将逻辑和数学知识的必然性与经验验证的事实真理结合起来，形成知识的典范。康德在《纯粹理性批判》中论证了先天综合判断何以可能，并运用先天综合判断对人类知识的合法性进行批判。他指出，人类知识的发生过程是从感性到知性，再从知性到理性。他首先考察了感性认识，他认为，人的感性是对物自体刺激感官而接受表象的能力，感性接受的表象是感性直观，感性对物自体的刺激做出反应是直观形式。感性接受表象的能力，具体表现为感性直观形式积极地对被给予的感觉材料进行组织。人通过空间和时间这两个感性直观形式对感觉材料进行有条理的组织，使之成为经验。康德接着考察了知性，他指出，知性的质料是感性直观，形式是先天的范畴。康德从形式逻辑的判断方式中概括归纳出先验范畴表，他的根据是逻辑判断的形式与知性的形式之间一一对应，人类思维的形式和规律决定了范畴的数量和结构。形式逻辑的判断形式包括：量的判断（全称判断、特称判断、单称判断），质的判断（肯定判断、否定判断、不定判断），关系的判断（直言判断、假言判断、选言判断），样式的判断（或然判断、实然判断、必然判断）。与之相对应，康德的先验范畴表包括：量的范畴（统一、多样、整体），质的范畴（实在、否定、限制），关系的范畴（实体与属性、原因与结果、作用与反作用），样式的范畴（可能或不可能、存在或非存在、必然或偶然）。康德指出，知性运用范畴对感性直观加以综合，综合表现为领悟直观的综合、想象再现的综合和概念认识的过程。在这个过程中，认识的主体（"先验自我"）与认识的对象（"先验对象"）形成主体—客体关系，二者对应的中介是先验自我通过范畴对感性直观进行综合统摄的能力。康德强调人作为认识的主体在认识过程中的决定性作用，他说道："所有范畴都是对出现验前地规定其规律的概念，因而也就是对自然，即一切出现的总和（物质方面看的自然）规定其规律的概念。"①"自然的最高立法必然存在于我们里面，亦即存在于

---

① ［德］康德：《纯粹理性批判》，韦卓民译，华中师范大学出版社2000年版，第177页。

我们的知性里面。"① "我们必须尝试一下，如果我们认定对象必须符合我们的知识，看看在形而上学中这样做，我们会不会有更多的成就。"② 在康德看来，人有能力将直观到的现象综合到自己的范畴体系中去，使其成为具有普遍性的知识，因而这些知识就是人所把握到的自然规律。最后康德又考察了人的理性。康德指出，与知性以判断为逻辑形式不同，理性的逻辑形式是推理，推理有三种形式：直言三段论、假言三段论、选言三段论。每种三段论都分别蕴含着一个理性的最高概念。直言三段论指向"自身不再是宾词的主词"——灵魂。假言三段论指向"不再以任何事物为条件的前提"——世界。选言三段论指向"自身不再是部分的整体"——上帝。康德将这些最高概念定义为先验理念，他指出，先验理念不是知识的对象，人不能对这些理念形成感性直观，如果人们将先验范畴超验地运用于先验理念，就会形成先验幻相。康德对于先验幻相一一给予批判。理性心理学证明灵魂实体的推论是：实体是只能作为主体而被理解的东西；灵魂是一种只作为主体而被理解的东西；因此，灵魂是实体。康德指出，这个推论犯了"四名词"错误。因为，大前提中的"主体"是指事物的独立存在，小前提中的"主体"是指认识主体，不可将二者混淆。康德对理性宇宙论的批判，是指出它的四对二律背反。第一对：世界在时间上和空间上是有限的；世界在时间上和空间上是无限的。第二对：世界上一切事物都是由单一的东西构成的；没有单一的东西，世界上一切事物都是由复合的东西构成的。第三对：世界有处于自由的原因；没有自由，世界的一切都是被决定的。第四对：世界的因果系列以一个必然存在者为第一因；没有绝对的必然存在者，世界的最初原因是偶然的。对于理性神学，康德批判了历史上各种版本的关于上帝存在的证明。他指出，人们对上帝存在的证明，是从外部事物和人

---

① ［德］康德：《未来形而上学导论》，李秋零译，中国人民大学出版社2013年版，第60页。

② ［德］康德：《纯粹理性批判》，韦卓民译，华中师范大学出版社2000年版，第17页。

的思维中概括出来的理想，是人性自我完善的产物，然而，理想没有客观现实性。康德对理性的批判，其结论是理性对科学的超验使用将产生教条，而其作为假定或道德预设则具有自然的合理性。

康德在《实践理性批判》中专门研究了自由。康德所论的实践是道德实践，而他所研究的自由是基于道德自由的人类自由。他的立场是：道德实践的基础是纯粹理性，而不是感觉和情感。康德指出，纯粹的理性就是理性的自由，自由是不受外在决定的存在，人是理性存在者，他不受感性因素决定，人是自由的。自由是道德的前提，人只有是自由的，他才能自主自觉地去实行道德。善良意志是自由在道德中的体现。自由以自身为目的，善良意志是以自身为目的的意志，自由的意志以善良自身为目的。康德区分了肯定意义的自由与否定意义的自由：肯定意义的自由是以自由本身为目的的自由；否定意义的自由是摆脱了感性约束的自由。善良意志以自身为目的，具体表现就是自己为自己立法，制定道德自律。"只有在人之中，在道德律能够适用的个体的人之中，我们才能发现关于目的的无条件的立法。因此，正是这种立法，才使得人能够成为整个自然界都合目的地服从的终结目的。"[1] 康德指明人的道德自律应当具有以下特征：一切以自身为目的的合理要求，都有这样的普遍形式，即"只照你能够立志要它成为普遍规律的那个格准去行为"。[2] 道德自律因其绝对的自由性和普遍性而成为绝对律令，它是区分道德与不道德的标准。康德从绝对命令的一般形式又引出一般内容："你始终把人当目的，而不把他只当做工具。"[3] "个个有理性者的意志都是颁布普遍律的意志。"[4] 康德为了鼓励人们实行道德律令的决心和勇气，又附加了道德公设：意志自由、灵魂不朽、上帝存在。与休谟相似，康德也为知识划定范围，也即为必然划定疆域，但不同的是，即使是在因果必然的领域之内，康

---

[1] 转引自赵敦华《西方哲学简史》，北京大学出版社 2000 年版，第 455 页。
[2] [德] 康德：《道德形上学探本》，唐钺译，商务印书馆 2012 年版，第 38 页。
[3] 同上书，第 46 页。
[4] 同上书，第 49 页。

德也强调人作为认识的主体"为自然立法"。此外,康德宣布,人的实践理性是绝对自由的,人为自己制定绝对律令。康德完整地描述出自由与必然的矛盾。在康德对自由的论述中,还深刻地包含着道德自由与政治自由的矛盾。在康德之前,政治自由的哲学思考出自经验论传统,而道德自由的思辨则出自唯理论的传统,康德把前者概括为否定的自由,而把后者概括为肯定的自由,他看重的是肯定的自由。在康德的思想深处,他更接受的是卢梭的道德自由论。康德的绝对律令说是对卢梭良心论的哲学论证。这里表明了康德对道德自由与政治自由之间关系的态度:他期望政治自由趋向并统一于道德自由。然而,康德的学说本身就充满矛盾,他为知识划定了范围,把道德领域排除在知识范围之外,两个领域是割裂的,认识的主体与道德的自我是分裂的。知性与理性的矛盾是横亘在康德知识论与道德论之间的鸿沟,而知性与理性的矛盾归根结底是形式逻辑与辩证法之间的矛盾,康德是无力解决这一矛盾的。

　　康德哲学内在的困难不属于康德自己,它以自身的理论难题客观地展现出自由的内在矛盾,这激励着后学前赴后继地为人类认识和实现自由深入探索。费希特在他的知识学中,继续对知识的前提进行批判反思。与康德不同,他认为必须抛弃"物自体"的概念,因为这一概念阻碍人为知识确立第一原则,从而实现"人为自然立法"。费希特指出,在人类认识中,真正与认识的主体相对应的是客体,主体与客体之间是思维与存在的关系,哲学在思维与存在之间必须做出选择,任何逃避和折中的立场都是不彻底的,康德的"物自体"概念是对客体概念的逃避,经验论者的"观念"概念则是主体与客体之间的折中。费希特的选择是将主体或思维确立为知识的第一原则,他的理由是主体和思维是自由的根源。费希特将主体概括为"自我",他要以"自我"的统一性解决康德自由观中主体分裂的问题。费希特对"自我"的叙述与形式逻辑三大规律相对应,其主旨是:"自我设定自身"与逻辑同一律相对应,可概括为"$A = A$";"自我设定非我"与矛盾律相对应,可概括为"$A \neq A$";"自我与非我的统一"与排中律相对应，可概括为"自我＝非我，非我＝自我"。"自我"的理论内容是，自我设定自身的内涵是：自我作为纯粹的主体是纯粹的行动，一切都因自我的活动而发生和存在；自我设定非我的含义是：自我无条件地设定非我作为自己的对立面，自我以自身为对象，它是绝对自由的活动，它只有设定非我，才能在世界中展开自身；自我与非我的统一，其内容是：自我设定自我是纯粹的意识活动，自我设定非我是意识活动的对象和内容，自我和非我的统一是意识活动的目标。"自我"的实践内容是，自我设定自身的自由，自我设定与他人之间的社会关系和自己的义务，自我在社会中达到绝对自由与相对自由、自身与他人的统一。费希特洞悉到自由主体自身内理论与实践的关系，虽然他所谓的实践依然是伦理和政治，但是，他致力于探究理论与实践的统一，力图勾画出一个完整的自由人格。

早年的谢林与费希特旨趣相同，志在探寻完整的自由人格以及自由的完整内涵。谢林看到费希特因为轻视自然研究，不能透彻地探索自我意识与自然必然性之间的矛盾，从而导致他对自由的研究抽象而干瘪。谢林指出，自然的整体是能动的"世界精神"，自然中力和运动从低级到高级的发展，最后产生有机体，自然拥有实现自身的精神属性。他强调，自然与自我具有同样性质，自我是人的自我意识，自然是客观的精神，二者都是精神。谢林发现了自由的历史属性，他的先验哲学是对自我意识的历史考察，其自然哲学则是对自然史的叙述，他还认识到意识的历史发展与自然的发展史相互对应、殊途同归，那个归宿就是自由的实现。"使客观的东西成为第一位的东西，从中引出主观的东西来，这如同我们刚才说过的那样，是自然哲学的课题。因此，如果说有一种先验哲学，那么留给它的就只能是相反的方向，即把主观的东西作为第一位的和绝对的东西，从主观的东西出发，使客观的东西从主观的东西里面产生出来。"① 谢林指出，实践

---

① ［德］谢林：《先验唯心论体系》，梁志学、石泉译，商务印书馆1976年版，第9页。

是自我意识发展的高级阶段，自由是实践的目的也是历史的目的。他反对费希特所持的"自由的实现是一个无限的过程"的观点，认为自由可以在自我意识发展的最高阶段——理智直观中达到，在理智直观中，主观和客观、自由与必然实现了完全的同一，这种境界就是艺术审美的境界。最后，他又在"天启哲学"中宣布：哲学的绝对同一就是上帝。谢林探索到自由与必然的统一是一个历史过程，他试图将自然和精神的历史贯通起来，去说明自由主体的生成，以及自由主体认识自由、实现自由的历史过程。因为有了历史感，所以他对自由与必然矛盾的认识更为深刻了，他说道："内在的必然性就是自由本身。人的本质就是他自己的行动。自由和必然是内在的统一，正如同一个实在看起来有不同方面。"①

黑格尔哲学是自由理论的大全，它不仅完整地描述出自由的完整面貌，还叙述出自由发展的历史。黑格尔叙述自由史的过程，包含着他对自由与必然、道德自由和政治自由矛盾的认识和解决，更为关键的是他将以上两对矛盾归结为自由与异化的矛盾，直指资本主义自由的历史极限。历史辩证法是黑格尔掌握的进入自由理论大厦的锁钥，运用历史辩证法研究自由史的实质，是贯通自由的整体性和自由史的发展性。为达到这一贯通，黑格尔是这样做的：他认为，真理只有一个，但这一个真理是全体，而不是任何一部分，真理是历史发展的全过程，真理的全体是在它的历史发展过程中自我实现的，因而真理是绝对的自由精神，辩证法揭示出自由精神自在自为的历史过程。在黑格尔那里，哲学体系、辩证法和逻辑学是同一的，哲学体系是自由史的内容，逻辑学是揭示自由史内容的方法论，辩证法是二者的统一。黑格尔研究自由史的前提是确定自由的主体，他的观点"实体就是主体"。他把康德、费希特和谢林的"自我意识"范畴与斯宾诺莎的"实体"范畴综合起来，确立"绝对精神"是实体性的、自在自为的主体。绝对精神经历自我认识、自我实现的发展全过程，把所有环节

---

① 转引自赵敦华《西方哲学简史》，北京大学出版社2000年版，第469页。

都包含于自身,它自己成为包容主观精神与客观精神、自然与历史、理论与实践以及真善美的大全。黑格尔的自由理论体现在他的著作的整体结构之中。他的《逻辑学》从本体论角度叙述绝对精神的辩证运动,《精神现象学》从认识论角度讲述人认识绝对精神辩证运动的过程,《自然哲学》阐述绝对精神在自然界的异化,《精神哲学》阐释绝对精神扬弃异化、自我实现的过程。《逻辑学》和《精神现象学》是绝对精神自在自为的"体",其中包含着绝对精神与人之间的关系。《自然哲学》和《精神哲学》是绝对精神自在自为的"用",其中包含着理论与实践、自然与历史的关系。在《精神现象学》中,黑格尔不仅讲述了人如何认识绝对精神,还对近代哲学的知识论做出总结性批判。他批判传统知识论只是研究知识的前提,或者只是研究壁垒森严的自然科学和道德科学,他指明,应对人的全部知识、道德、劳动、社会关系、意识形态的历史进行研究,亦即对全部人类文化史进行研究,否则人的研究视野和能力不能与绝对精神的完整性和历史性相匹配。人类知识发展的第一个阶段是意识,这个阶段经历感性确定性、知觉和知性三个步骤。第二个阶段是自我意识,经历欲望、主奴关系、自由意识三个步骤。第三个阶段是理性,经历理性知识、道德的理性、自律的理性三个步骤。第四个阶段是精神,经历伦理、教化和道德三个步骤。最后是宗教和绝对知识阶段。黑格尔认为,人的自由在对世界的感性和知性认识中萌芽,在劳动和社会关系中觉醒,在社会文化中发展,在宗教和辩证法中达到自觉,绝对精神是自由的本体,它在历史中的自我实现不因个人生命和意识的有限性而受到限制,它对自我实现的自我意识是绝对知识。黑格尔在他的《逻辑学》中陈述了绝对知识的内容。绝对精神自我实现的第一个步骤是存在论阶段,该阶段由直接性概念组成,概念之间的关系是推演关系,包括:质、量、度三个基本概念,其中蕴含的辩证法规律是质量互变规律。第二个步骤是本质论阶段,该阶段由反思性概念组成。反思的概念皆是对子、是对立面的统一,包括:本质、现象、现实三个基本概念,其中包含的辩证规律是对立统一规律。第三个步骤是概念论阶段，该阶段是"思辨着的存在"，包括：主观概念、客观概念、理念三个基本概念，它们之间体现出否定之否定的辩证法规律。黑格尔在他的逻辑学中阐释了自由的内涵。自由是绝对精神从内到外、从本质到现实的自我实现过程，绝对精神在自我实现的过程中达到主观精神与客观精神的统一，并将自然世界升华为文化世界。绝对精神穷尽了纯范畴，接着它要自由地出入于世界和自身，它在自然中异化自身，在精神中扬弃异化。黑格尔在他的自然哲学和精神哲学中研究了自由与异化的矛盾。"自然界是自我异化的精神。"① 黑格尔对异化的理解是：绝对精神背弃自身、转变为异己的东西。与之相对，他对自由的理解是：绝对精神"它能在这个否定性中保持自己为肯定的，而具有它自己的同一性"。② 绝对精神在认识自己、创造世界的过程中实现自由。黑格尔在他的精神哲学中特别研究了法哲学，在这里他考察了道德自由与政治自由的矛盾、自由的理想与现实的矛盾。黑格尔法哲学的基本概念是：抽象法，即自由意志的抽象人格，表现为对外物的占有权和财产权；道德，即自由意志通过内在意识实现自身，是自我的道德意识，是意识到但尚未实现的自由；伦理，即抽象法和道德的统一，自由意志表现为社会实体。黑格尔十分强调伦理世界的秩序：家庭、市民社会和国家依据绝对精神从低到高的发展而呈现出不同的完满性，他指出，国家是主观自由与客观自由的统一，至高无上的伦理实体，国家不是保障个人幸福的手段，而是目的本身。"国家是神的意志，也就是当前的、开展成为世界的现实形态和组织上的地上的精神。"③ 黑格尔对待道德自由与政治自由的立场是：道德自由低于政治自由，道德自由的主观性只有在市民社会和国家的现实结构中才能实现，否则只是抽象的"应该"。但是，他又把国家绝对化，使之成为现实的市民社会之上的道义力量。黑格尔回顾了绝对

---

① ［德］黑格尔：《自然哲学》，梁志学、薛华译，商务印书馆1980年版，第21页。
② ［德］黑格尔：《精神哲学》，韦卓民译，华中师范大学出版社2006年版，第4页。
③ ［德］黑格尔：《法哲学原理》，范扬、张企泰译，商务印书馆1961年版，第271页。

精神在世界历史中的运动，结论是普鲁士王国是国家的最高形式，黑格尔对完满的道义上的国家的理想最终陷入对普鲁士专制制度的庸俗论证中去。黑格尔的精神哲学最后达到的绝对精神的完全自我实现，一是基督教，二是黑格尔自己的哲学体系。黑格尔的自由理想最后完全回归到现实的原点，而不能再超越半步。总的来看，黑格尔将自由与必然的矛盾归结为自由与异化的矛盾是正确的，异化的产生与扬弃正是自由与必然实现统一的路径。但是，黑格尔只是认定绝对精神在自然中的异化，而在矛盾更为复杂的社会领域，绝对精神则处于自我实现的状态之中。不仅如此，黑格尔还把国家对市民社会的异化、市民社会对个人的异化当作自在。黑格尔哲学暴露出资本主义自由难以突破异化的境遇。

二 理论理性与实践理性的矛盾

古代哲学的最高主题是本原，古代辩证法是探索和论证本原的方法论。人类进入现代社会，自由成为时代精神，亦成为哲学的最高主题，辩证法发展成为研究自由问题的哲学方法论。现代自由蕴含的内在矛盾是自由与必然、道德自由与政治自由的对立统一，辩证法在探寻和解答这两对矛盾的过程中，自身也获得长足发展，辩证法自身的内在矛盾——理论与实践的矛盾也显现出来。辩证法的矛盾性与自由的矛盾性交织起来，成为近代哲学的复杂结构。我们应在辩证法与自由的对应性中认识辩证法自身的发展史。

近代哲学从培根、笛卡儿到黑格尔，其自由理论和辩证法相互对应的发展脉络大致如下：培根和霍布斯沿着前辈哲学家指明的辩证法发展方向，着手解决辩证法（以形式逻辑为表现形式）的内容与形式的矛盾，培根在演绎逻辑之外另立归纳逻辑，霍布斯则志在将机械因果世界观彻底化，以机械论的世界图式充实辩证法的内容。与他们的辩证法相对应，其自由观的基本立场是：人们彻底批判神学世界观，用自己的理智去重新发现和说明世界，这就是自由。笛卡儿力图重建演绎逻辑的自明前提，从而批判改造形式逻辑。他指出，人的自我意识是知识和逻辑的自明前提，也是人具有理智自由的根据。斯宾诺莎哲学和莱布尼茨哲学的主题皆是自由，二者都发现和阐释了自由与必然的矛盾。斯宾诺莎提出"自由是对必然的认识"的命题，这一命题为辩证法提出"自由与必然何以统一"的问题，并指出解决问题的路径：人只能在认识和知识领域探索自由与必然的矛盾。斯宾诺莎视域中的知识依然是以由形式逻辑规定的机械因果决定论。莱布尼茨提出了斯宾诺莎自由命题的"反题"，他反对斯宾诺莎将自由归结为必然，并强调自由是自由意志的自由选择。因而，他在一定程度上反思和批判机械因果论，并探索生机论得以确立的可能性。洛克坚持归纳逻辑，反对演绎逻辑，他集中批判演绎逻辑的逻辑前提——天赋观念论。他主张运用经验论认识人与社会，他对自由的主张是政治自由。洛克与莱布尼茨之间的理论争论，反映出经验论与唯理论、归纳逻辑与演绎逻辑、政治自由与道德自由的矛盾。贝克莱哲学和休谟哲学反映出经验论内部的自我否定，前者用"唯我论"，后者用怀疑论，为归纳逻辑和它的认识论基础——观念论划定真理的范围。法国启蒙主义者是自由精神的实践者，他们在思想和社会实践中贯彻机械因果世界观，从中体会到并呐喊出现代人认识和实现自由的矛盾：道德自由与政治自由的矛盾、人与环境的矛盾。卢梭通过朴素的辩证逻辑描述契约、公意和良心，洞悉到实现道德自由与政治自由辩证统一的理论路径。德国古典哲学是启蒙主义的理论总结。康德全面提出现代自由精神的理论难题：自由与必然的矛盾、道德自由与政治自由的矛盾，更重要的是，他全面分析了以形式逻辑为形式、以机械论为内容的辩证法难以解答自由难题的理论根源。康德辩证法的秘密在他的先验范畴表，以及对理性宇宙论二律背反的批判中。此外，康德还论证了卢梭将道德自由与政治自由统一于良心的理论主张，提出自由与自觉统一——道德律令。康德的哲学体系展现出现代自由精神的内在难题，但是该体系局限于形式逻辑和机械论之中，难以解答这些难题，康德自由理论的最大困难是自由主体在理智和意志两个领域的分裂。康德哲学展现出辩证法自身的内在矛盾——理论与实践的矛盾。

康德之后，费希特、谢林和黑格尔都致力于解决理论与实践何以统一的难题，以此锤炼辩证法的科学性，并运用辩证法的武器有力地解答自由理论的命题。费希特直面康德哲学中主体自我分裂的问题，他对辩证法的创见是，通过贯通形式逻辑三大规律，突破康德先验范畴表，发现矛盾运动"正—反—合"的规律，以此揭示自由的主体——"自我"的辩证本性，从而弥合自我在理论和实践两个领域的分裂。谢林哲学在费希特哲学的基础上，进一步指出："正—反—合"是具体的历史过程，体现在自然史与精神史的对立统一中，理论与实践的统一亦是一个历史过程，自由的主体——自我在经历自然与精神相统一、理论与实践相统一的全过程后，达到自由与必然的统一，最终实现自由。黑格尔将费希特和谢林对辩证法的科学发现彻底化、系统化，他完成了对形式逻辑和机械因果世界观的批判，建立起辩证逻辑，辩证法的科学形式最终产生了。黑格尔运用辩证法叙述出自由的历史和谱系。但是，黑格尔哲学并没有彻底解决辩证法自身理论与实践的矛盾，这一局限又导致"自由难以突破异化"的自由论难题。

我们可以看到，在现代辩证法与自由理论相对应的哲学发展史中，哲学家们运用辩证法研究自由，在深入研究"自由与必然何以统一""道德自由与政治自由何以统一"两个基本命题之后，揭示出"自由的主体如何达到理论和实践的统一"这一根本矛盾，而这一矛盾恰恰就是辩证法自身的内在矛盾。自由内在矛盾与辩证法内在矛盾的同一性说明了自由与辩证法的同一性。自由是主体性的充分实现，人作为自由主体，其主体性的充分实现表现为理论与实践的统一。自由主体达到理论与实践的统一意味着，人以主体性的充分实现，促进主观见之于客观，以自身为目的改变世界，将必然转化为自由，并将人格的自由贯通在道德精神和法的精神两个领域，实现人格的内外一致。自由的主体就是辩证法的主体，辩证法是自由主体实现自由的规律、路径和方法，自由的主体通过掌握辩证法这门科学，专门培养加强自身理论与实践相统一的能力。在近代哲学中，形式逻辑和机械因果世界观造成自由人格在理论和实践两个领域的分裂，辩证法自身的理论演进体现出这样一条线索,即辩证法如何突破形式逻辑的形式和机械论因果世界观的内容,最终达到理论与实践的统一。

在中世纪后期,罗吉尔·培根和威廉·奥康向后来的哲学家和科学家指明,哲学和科学的任务是批判神学世界观,突破辩证法的僵化形式,用科学研究为之补充新的内容。文艺复兴时代的人本主义者鼓励新时代的富有自由精神的人们,应当打开自然这部大书,去认识和创造一个新世界。培根、霍布斯和笛卡儿都是人本主义孕育出的新人。他们都一致地批判神学世界观、高扬科学精神。在他们的视域中,牛顿力学是科学的典范。三位哲学家的任务是将牛顿力学扩展、升华为世界观和哲学方法论。培根发扬和总结了牛顿力学的归纳法使之成为归纳逻辑,笛卡儿将牛顿所强调的数学方法提升为"普遍数学"。而霍布斯则尝试用牛顿的世界图式解释整个世界。三位哲学家都坚信并维护机械因果决定论,他们完成了罗吉尔·培根和威廉·奥康所梦想的工作,用科学知识充实辩证法的内容,并革新辩证法的形式——形式逻辑。事实上,在三位哲学家那里,形式逻辑已经转变为机械因果决定论的表达形式,辩证法的革新工作已经基本完成。

笛卡儿和斯宾诺莎乐观地用机械论和它的逻辑形式研究人本身,结果陷入"身心二元论"的理论难题。笛卡儿不得不借助上帝来弥合身心的分裂,斯宾诺莎也只是把上帝替换成自然"实体"。笛卡儿和斯宾诺莎都高度礼赞人的自由本性。笛卡儿说:"我思故我在。"斯宾诺莎的哲学则以自由为目的。然而,他们的哲学都展现出机械因果论不能说明人的自由的局限,斯宾诺莎的命题——"自由是对必然的认识",与其说是找到人类实现自由之道,不如说揭示出机械因果的必然与人的自由本性的矛盾。莱布尼茨意识到机械因果论的局限性,因而他尝试放弃用这一理论说明精神和人的可能性。他用单子论来说明人的理智和意志自由性,并试图在形式逻辑之中增加充足理由律为单子论的合理性做出逻辑学的说明。但是,他最终不能说明充足理由律与矛盾律如何达到充足与必要的统一,他只是用神秘的上帝来预设两种逻辑规律的和谐,乃至他又回到上帝赐予人自由意志的老路上去证明人的自由性。

经验论者反对用天赋观念来论证知识和自由的自明性，他们主张从可感的现象中去获得知识、认识自由，因而他们的知识论和自由论的逻辑基础是归纳逻辑。他们对自由的认识是从社会现实中归纳而出的，随着资本主义社会的建立，经验论者所研究和反思的自由是资本主义的政治自由。这种自由被康德称为消极的自由或否定意义的自由，在康德看来，经验论所论的自由是用来"防恶"的，还达不到"扬善"的彻底性，政治自由还没有完全摆脱感觉性对理性的束缚。而经验论者自身也意识到经验得来的知识是有限的、偶然的。洛克专门区分了"第一性的质"和"第二性的质"，他否认"第二性的质"的确定性，对"第一性的质"何以为人所感觉亦不能给予揭示。而到贝克莱那里，就干脆取消了"第一性的质"，只承认感觉形成观念的主观唯我性。休谟对经验论的逻辑基础给予了反思，他区分出分析命题和综合命题，并指出综合命题作为经验论的判断形式是偶然真理，他给予演绎逻辑的分析命题以必然真理的地位，但是，在揭示演绎逻辑所依据和反映的因果观念时，他又指出，人的因果观念是从习惯中得出的。休谟无可奈何地将机械因果论认定为习惯，这反映出他不满于机械决定论，而又不能超越它的思想处境。

法国启蒙主义者将机械因果论运用于研究社会与人。战斗的无神论者直接用机械决定论来说明人与社会。为反对等级专制和宗教迷信，他们用"人是机器""思维是物质"的观点来批判不平等的社会关系和虚假的社会意识。但是，在瞻望社会革新和革命时，他们又局限于机械论不能说明人的自觉精神和创造精神，因而陷入"人决定环境、环境决定人"的悖论之中。卢梭独自抛弃了机械因果决定论，尝试用辩证思维揭示道德自由与政治自由的关系，他的创见是：把道德自由概括为良心，将良心论确立为检验道德和政治的统一标准。以此观点为根据，理想的政治自由应当是："一切人把一切权利转让给一切人。"在卢梭之前，唯理论者固守着道德自由，经验论者以政治自由为壁垒，二者之间的差异和争论体现出道德理想与政治现实之间的矛盾。唯理论者的道德自由其内涵是个体自觉自由地向无限和整体融归。经验论者的政治自由则意味着整体不得过多干预、替代个体，自由只能是个体的自由。卢梭主张一切人把一切权利转让给一切人，打破了道德自由与政治自由在个人与集体之间的机械对立，而把握到了二者之间的贯通和转化：个人通过彻底的放弃达到彻底的获得，形成公共人格，公共人格既超越了个人的有限性又全面保留了个人的权利。卢梭对道德自由与政治自由相互统一的研究显示出辩证逻辑的优越性。

康德哲学系统反思近代哲学自由论的内容与方法。他在《纯粹理性批判》中指明：运用机械因果论和它的逻辑形式——形式逻辑只能将知识限定在知性的范围之中，人作为理智的主体只能是知性的人，人一旦超越知性规则进入到理性领域去把握自由，就超越了知识的范围，陷入二律背反，从而不能对自由形成确定的知识。而他在《实践理性批判》中又指出：人作为意志的主体，在其道德实践中是绝对自由的，他应当超越感性和知性对他的束缚，自己为自己立法，确立道德律令，实现自我。康德高度赞扬卢梭将政治自由统一于道德自由的立场，他站在卢梭的立场上，从理论上强调人是绝对的自觉自由的道德主体。但是，他对人作为理智的主体能否认识自由却表示怀疑，之所以如此，是因为他难以解决唯理论和经验论共同面对的知识论困境。唯理论和经验论虽然对知识的来源和前提的认识各不相同，并为此长期争论。但是二者都共同维护着机械因果论和它的逻辑形式——形式逻辑。康德看到了这一点，但他的立场是不放弃机械因果论和形式逻辑，其理由是，虽然机械因果论和形式逻辑带给人们的知识是有限的，但是人们如果放弃它们，却没有发现和创制替代它们的新的科学内容和逻辑，那么人类的知识将会丧失确定性的基础。与卢梭不同，康德维护形式逻辑的合法性，对辩证理性持怀疑态度。康德对辩证法的态度集中体现在他的先验范畴表和他对理性宇宙论二律背反的批判中。

康德的先验范畴表是从形式逻辑的判断形式中概括出来的，他确信形式逻辑的判断形式是知识的样板,因而推断出,人类就是用包含于这些判断形式中的普遍性的范畴统摄感性材料,而获得确定的知识的。我们集中分析康德先验范畴表中的样式范畴(可能或不可能、存在或非存在、必然或偶然)。之所以如此选择是因为,黑格尔在可能、现实和必然的辩证矛盾中发现并确证辩证法的对象——矛盾。不承认矛盾的现实性和普遍性就不能承认辩证法的存在和意义。在康德那里,可能性被理解为实在对象的经验可能性;现实性就是经验的实现;必然性是指现象变化状态符合于先验逻辑。"可能性是同一时间内对不可能是什么的排除,现实性就是在时间上确定的存在,必然性是在时间中的始终存在。但是,康德对时间的认识只局限于数学和物理学的范围,他只看到机械运动在时间中的表现——量的增减、强弱的等级、因果次序,等等。在先验范畴表中,量的范畴是机械运动之量的增减概念的先验化、质的范畴是机械运动之强弱等级概念的先验化、关系范畴是机械运动之因果次序概念的先验化。样式范畴包含着对以上三组范畴的综合,它体现了认识的主体对认识条件的掌握情形。而所谓认识的条件,在康德看来无非是感性材料与先验范畴(质、量、关系)两种要素。作为认识主体的自我意识在对两种认识要素的综合中,表现为三种样态:感性材料被先验范畴统摄的排他性(可能)、形成先天综合判断(现实)、知性法则的可验证性(必然)。可见,在康德那里,可能、现实和必然是从属于知性认识法则在现象世界的绝对性的,而这种绝对性归根到底是机械因果律的绝对性。"[①]在康德的先验范畴表中,前两组范畴分别是质和量的范畴,这只是对事物的直接认识,还没有反思到本质层面,后两组关系和样式,貌似要切入到本质之中,但是我们看到,在样式范畴中,康德的可能、现实和必然,不过是知性经验形成的可能、现实和必然,是形式逻辑的先验范畴统摄综合感性材料的可能、现实和必然,而不是矛盾发展的可能、现实和必然,康德局限在现象领域没有触及到事物内在的矛盾

[①] 刘伟:《马克思的自由理论》,中国社会科学出版社2012年版,第49—50页。

性。而在康德关于理性宇宙论二律背反的批判中，他明确反对"既是，又不是"的辩证理性，他指出，这种再现事物内部矛盾的思维内容是先验幻相。例如，在关于自由的"二律背反"中，康德指出以辩证理性论证"世界有处于自由的原因"最后可以得出世界是被决定的结论，而论证"没有自由，世界的一切都是被决定的"却得出世界有自由原因的结论，这违背了形式逻辑的矛盾律，因而都是思维的幻相。面对矛盾本身，康德用形式逻辑将其客观性否定掉了。

费希特看到康德哲学的自由主体——自我在理论理性和实践理性两个领域中的分裂，这意味着人作为自由的主体，其认识自由的能力与实现自由的能力不是统一的，二者之间有一条难以弥合的鸿沟。费希特重新审视形式逻辑，他认为应当超越对形式逻辑判断形式的教条式认识，应看到范畴或判断形式之间的贯通和相互转化，他看到形式逻辑的三大规律（同一律、矛盾律和派中律）之间具有正、反、合的对立统一关系，而这一关系恰恰反映出自由的主体具有自我意识、自我实现的逻辑必然性。他就是通过"正—反—合"的矛盾运动将自由主体的自我意识和自我实现叙述成一个过程，从而弥合了二者之间的割裂。谢林不满意费希特依然运用形式逻辑的规律阐述自由主体自我意识、自我实现的过程，他意识到康德自由论的真正问题是自由主体在理论和实践两个领域中的内容的割裂，而不是逻辑形式上的不透彻。他指明，要弥合理论和实践两个领域间的鸿沟，不能只是通过逻辑形式思辨地考察二者的统一性，理论和实践不是形式而是内容，哲学家应在自然史和精神史的连贯统一中考察自由主体自我意识、自我实现的具体过程。

黑格尔突破形式逻辑和机械决定论的樊篱，创立了科学形态的辩证法，其特征是：通过从抽象上升到具体的辩证逻辑，揭示和叙述矛盾的历史运动。黑格尔辩证法的内容集中体现在他的逻辑学中。其逻辑学包含三个部分：存在论、本质论和概念论。三个部分之间的关系是：存在和本质是概念的对象，概念是对存在和本质的揭示和叙述。在存在论和本质论中，黑格尔向我们阐明辩证法的对象——矛盾的客观存在。而在概念论中他讲述了概念之所以能够把握矛盾的根源，以及概念把握和叙述世界矛盾运动的理论成果。黑格尔辩证法所揭示和叙述的内容是绝对精神自我意识、自我实现的完整历史过程，如果我们将辩证法的主语或主体置换成人类，那么黑格尔的辩证法就是完全正确的。我们首先来看，辩证法的对象——矛盾。黑格尔在他的逻辑学中说明，矛盾是蕴含在存在之中的本质，在存在的层次，我们对它的直接认识，最多达到对质量互变的辩证把握。但是，存在作为实存，其根据在于其内在的矛盾，这就是它的本质。事物的内在矛盾，是其自我肯定和自我否定两个方面的对立统一。黑格尔指出，事物的自我否定性决定事物运动变化的方向——向他物转化。我们要把握事物的内在矛盾，需要一个前提条件，这就是：事物要显示出它的内在矛盾，将矛盾呈现在我们眼前，否则我们就不能感受到矛盾的存在。黑格尔辩证法中最具有革命性的部分，是他在本质论中论述可能、现实和必然的篇章。上面我们已经说到，康德在他论述可能、现实和必然的范畴时，否认了矛盾的存在。黑格尔则在这里揭示出矛盾的客观存在。黑格尔指出，构成现实的三个逻辑环节分别是——可能性、现实性和必然性。"在黑格尔看来，可能性就是抽象的现实性。可能性与偶然性是现实性的两个环节，可能性作为一种抽象的现实性往往是通过偶然性这种片面的现实化途径而成为直接的现实性，但偶然性恰恰是为现实性的真正实现创造着条件。当一切条件均齐备时，现实必定实现。现实是一个不断实现的过程，作为发展了的现实性就是必然性，因此必然性是可能性与现实性的综合。黑格尔特别指出，必然性具有三个环节——条件、实质和活动。条件是必然性的外部设定、实质是必然性的内部设定，而活动是一种将条件转变成实质、将实质转变成条件的运动。活动作为条件和实质的统一，是一种现实性，同时也是一种主动性，现实的主动性中蕴含着自由性。可见，矛盾只有进入现实才能充分显示出它的辩证本性，同样只有发现现实的矛盾根源，才能揭示现实的发展性——必然性，必然性是对历史性的最抽的概括。"① 黑格尔在他对可能、现实和必然的分析中叙述了内在矛盾外化自身的过程：矛盾从本质到现实，是其自我实现的过程，可能、现实和必然是矛盾现实化的历史内涵，在这个过程中矛盾主体的主动的活动，是将内在可能性和外在条件结合起来，促使可能转变为现实、现实发展成为必然的关键，矛盾的主体具有主动的自由精神。如果我们把此处矛盾的主体明白地说出它就是自由的主体，那么黑格尔对可能、现实和必然的矛盾叙述又是对自由主体自由本性的阐释，其中还包含着他对自由具有历史性的证明。

　　黑格尔在他的概念论中说明了辩证法通过概念把握矛盾的机制和成果。黑格尔认为，矛盾是概念的对象，概念是对矛盾的反映和描述。矛盾普遍存在，因此概念或范畴的数量不仅仅局限于康德先验范畴表所罗列的四组十二个，概念所面对和把握的矛盾也绝不仅仅局限于康德所概括的四对"二律背反"。概念是逻辑学的主体，判断和推理皆是概念的逻辑演进，概念从抽象上升到具体的逻辑运动能够反映矛盾从简单到复杂的历史运动。接着，黑格尔就运用从抽象上升到具体的概念逻辑叙述了自然的矛盾运动——客观概念，以及精神的矛盾运动——理念，他将自然与精神叙述成一个完整的历史过程，自然史是精神史的前史，人对自然的科学认知是其在精神和社会领域实现自由的前提，自然是人类主体活动所面对的客体，人对客体的认识和改造与其主体性的生成和发展是同一个过程。但是，在其概念论进展到"认识"阶段，正当黑格尔要对人的理论与实践的矛盾予以研究和揭示时，他的理论局限就展现出来了。黑格尔将"意志"作为认识的发展阶段包含在"认识"范畴之中，他所理解的实践还是道德意志，他没有突破传统哲学的视域，即使如此他也只是把道德意志看作实践理性，将实践归结为理论。最后，在绝对精神阶段，理论与实践的统一展现为绝对精神在文化和意识形态领域中达到自我实现。黑格尔的结论是：实践统一于理论、理论统一于文化传统和现有的意识形态。

---

① 刘伟：《马克思的自由理论》，中国社会科学出版社2012年版，第52页。

黑格尔辩证法不能说明现实的实践，只能附庸于既定的资本主义异化，为其充当注脚。

三　黑格尔难题

现代自由论和辩证法的发展经历了长期的过程，但是，如果我们直指问题，集中关注问题的完整提出，以及解答问题的典型答案，那么，我们将会注目卢梭、康德与黑格尔三家对现代社会发展辩证法的研究和探索。卢梭开创了启蒙主义社会发展辩证法，康德从理论上勾勒出卢梭的理论问题域，而启蒙主义社会发展辩证法在黑格尔那里最终形成。

现代社会发展辩证法的理论命题是：人类何以认识和实现自由；其研究以上命题的理论方法是：运用辩证法揭示和叙述自由的矛盾运动；其方法论的理论逻辑是：突破形式逻辑，建立辩证逻辑，以此发现和考察自由的矛盾运动；其方法论的实践逻辑是：确证自由的主体生成的历史过程，解决自由主体生成过程中理论与实践的矛盾，制定解决自由难题的方略和策略。卢梭朴素地抛开形式逻辑，运用辩证逻辑研究和探索了自由的矛盾性，并抽象地解答了自由难题。康德详细考察了形式逻辑与辩证逻辑的区别及适用范围，并在实践逻辑范围内肯定了卢梭自由论的真理性。黑格尔彻底批判形式逻辑，创立辩证逻辑，他试图贯通辩证法的理论逻辑和实践逻辑，从根本上全面解答自由难题，但是他又陷落到自由与异化的矛盾之中不能自拔。自由是现代社会治理的目的和原则，现代社会发展辩证法为现代社会治理树立自由的理想和范型。现代社会发展辩证法的理论逻辑应说明自由史，它的实践逻辑则须指明实现自由的主体及其方略。自由史、实现自由的主体、主体实现自由的方略，这是现代社会发展辩证法阐明现代社会治道的核心命题，康德分析了这三个核心命题的理论脉络，以及贯通这三个命题的理论障碍。黑格尔则第一次全面揭示克服理论障碍，贯通三个核心命题的思想路线。

卢梭的自由论和辩证法直接面对现代社会治理这一根本问题，他的学说是现代社会发展辩证法的雏形。卢梭鲜明地揭示出自由的理想与现实的矛盾，在他看来，人生来自由，这种自由是道德上良知良能的自由，道德自由是社会平等和正义的前提和基础。卢梭发现，现实的历史运动与人的自由本性形成矛盾，人不可能恪守于自由本性的原始状态而拒绝生产范围的扩大及国家社会的形成，因而人的自由受契约和制度的约束具有历史必然性，人不得不在契约和制度中异化自身，但是天生自由的人所能够承受的异化程度是由人性决定的，在等级专制社会中，广大的被压迫者处于绝对地丧失自由的境地，这个时候被压迫者就被现实的压迫造就成为重新制定契约、创制制度的社会主体，他们要用暴力推翻统治者的暴力统治，按照自由原则重新建立新的国家和社会。卢梭认为，创立符合人的自由本性的社会制度，应当解决单个人与一切人、权利与义务、道德精神与法的精神的矛盾。卢梭的主张是：单个人把所有权利交给一切人，那么单个人就能真正获得所有权利。私利和私权产生人对他人的剥夺和压迫，而剥夺者和压迫者也因此丧失掉不被他人剥夺和压迫的权利。一切人拥有一切权利能够形成公意和公共人格，这不仅铲除了剥夺和压迫的社会根源，而且还将分散地维护个人利益的权利合一成维护公意和公权的义务，人因为拥有所有权利而实现了法的精神，人因为遵守义务维护公意和公权而成全了自身的道德精神，道德精神与法的精神达成一致。在这里，卢梭把握到了社会发展辩证法，这之中蕴含着历史论、自由论和辩证法的统一。自由是卢梭学说的最高主题，他对自由的认识同时也是对历史的认识。卢梭认识到，自由是人的本性，更是历史的产物，人实现自由的主体性是在历史中锻造出来的，如果人不经历专制等级制度就不会真正理解平等和正义，就不会站在专制和奴役的对立面重新设立新的国家社会制度。卢梭在人认识和实现自由的历史中，洞悉到了辩证法，他运用辩证法的理论逻辑阐明单个人与一切人、权利与义务、道德精神与法的精神的对立统一关系，他还用辩证法的实践逻辑发现了公意和公权，将之确立为立法行政的真理标准。然而，卢梭的社会发展辩证法难以摆脱过于抽象的弊病。如果说，卢梭在他的理论逻辑中闪烁着辩证逻辑的智慧之光的话，那么在实践逻辑中他并没有因为确立了公意和公权的标准，而形成方略和策略的科学体系。他没有将公意和公权现实化为立法权和行政权，反而将立法和行政抽象化为公意和公权，而一旦抽象难以进行下去时，他就宣称立法和行政天生对公意和公权进行着人为割裂，他不得不求助自然宗教的力量来教育立法者和行政者树立和养成遵守公意和公权的自觉。

康德对卢梭的自由思想进行了全面的论证。康德认识到形式逻辑不能论证和说明卢梭所主张的绝对自由。近代形式逻辑是机械因果决定论知识体系的逻辑基础，在机械因果论的视域中，自然领域是一个必然王国，自然必然性是自由的对立面，人在自然领域是无自由可言的。人可以通过科学知识认识自然，但是人认识自然的结果是服从自然的因果必然性。近代科学与形式逻辑是内容与方法的统一，二者共同勾勒出近代知识的疆域。康德发现，近代科学知识与人的感性和知性认识能力相互对应，人在感性领域中以时空的直观纯形式建构数学科学，在知性领域中通过形式逻辑所蕴含的先验范畴统摄感性材料而形成物理科学。人对自由的认知，长期以来一直是形而上学的研究内容，然而，形而上学思维已经超越感性和知性，进入理性领域，由于理性思维没有形式逻辑为之制定规范，因而理性思维没有科学保障，它所研究的内容属于科学范围之外的东西。康德指出，卢梭所指明的道德自由不是科学所划定的理论思维的研究对象，它是实践理性的主题和目的。康德在实践理性的疆域中，考察了道德自由何以超越感性和知性的有限性达到德性的纯粹。他用道德律令表述道德自由的绝对性，他强调：人具备道德自由，这表现为他能够自觉地为自己的德性活动制定绝对的、普遍的律法。康德为人类代言的道德律令是：把人当作目的，而不把人当作手段；己所不欲，勿施于人。这是康德为卢梭的公意概念所下的定义。康德指出，政治自由必须经受道德自由的律令评判和检验，政治自由是消极的、低级的自由，道德自由是积极的、终极的自由，政治自由必须也必然要上升到道德自由的境界上来。康德为卢梭自由论建树起知识论、道德论、逻辑学、伦理学的论证体系，但是他把卢梭自由思想朴素的统一性瓦解了，在康德那里，赫然存在着理论逻辑与实践逻辑的分裂。卢梭朴素地发现自由与历史的统一性，他指示出认识自由的途径是认识历史，然而，康德却从自然科学中探寻自由，从非人的东西中去发现人，从人的物化意识中去解读人的意识，因而，他在理论思维的界域内看到的只是物，而不是人。在实践理性中，康德对自由的认识依然是抽象的，虽然他将公意概念定义为道德律令，但是他所概括的道德律令还只是一种"应当"，他依然没有寻找到将道德自由现实化为政治自由的道路。康德没有解决卢梭的自由理论难题，反而陷入到机械论的物化意识当中。他反对辩证逻辑对形式逻辑的"超越"，认为辩证矛盾是超验的理性幻相，是对科学的违背。既然康德的自由原则是抽象的"应当"，而他又恪守着机械论的知识原则，那么，在现实中，他只能用机械论的物化意识来面对各种沉沦于感性束缚中的肤浅的消极自由了。

黑格尔不满意卢梭和康德的抽象自由，他认为自由的主体自觉地实现自由，如果这只是一个"应当"，而不是具体的自我意识和自我实现的历史过程，那么自由就是最肤浅、最空洞的东西。黑格尔继承了卢梭在历史中认识自由的思维路线，他力图从人类文化史中发现人类认识自由、实现自由的完整过程，他的整个哲学体系就是对自由史的叙述，而他的辩证法就是他所发现的自由史的发展规律。黑格尔赞同费希特和谢林的观点，反对康德将自由和必然绝对的对立，看不到自由与必然之间的贯通和转化。费希特和谢林都看到，康德之所以机械地看待自由和必然的关系，是因为他没有清晰的自由主体概念，他没有认识到自由是主体的自我意识和自我实现。在康德那里，作为意识主体的自我与作为意志主体的自我是分裂的，正是因为这一分裂，他看不到具体的、完整的人，而只能形成抽象的人的概念。黑格尔特别强调主体的具体性、历史性和完整性，为此他不惜矫枉过正，将主体实体化，把自由的主体命名为绝对精神，绝对的自由主体产生了，但它已经不再是人。黑格尔认为绝对精神自我意识、自我实现的历史规律就是辩证法。辩证法的基本形式是"正—反—合"，其内涵是自由的主体亦是矛盾的主体，它是自我肯定和自我否定两方面的对立统一，然而，自由的自我否定性是决定其矛盾运动方向的枢纽。这一点是黑格尔最伟大的理论发现。辩证矛盾"正—反—合"的运动轨迹曾为费希特发现，为谢林所秉承，但是这两位哲学家都认为在矛盾内部，肯定性或者说同一性是矛盾运动的决定方面，而黑格尔正与他们相反，发现了事物的自我否定性决定着其矛盾运动的方向。不仅如此，黑格尔还创立了辩证法的逻辑形式，即用概念从抽象上升到具体叙述矛盾运动的历史过程，他发现了逻辑与历史之间的统一性。黑格尔运用从抽象上升到具体叙述了绝对精神自在自为的发展过程，他成功地阐释出自由思想史或者说自由理论的发展历史。但是，黑格尔辩证法的最大局限也恰恰蕴含在他对事物自我否定性的理解之中。黑格尔用"异化"范畴表述绝对精神对自我的否定，用"扬弃"范畴描述绝对精神对自我否定的否定。黑格尔指出，绝对精神在主观精神领域达到自我意识的境界，但是这还不够，主观精神还要进一步演化为客观精神，绝对精神要在自然领域中将自身异化，穿越过自然领域和自然科学，进而上升到精神领域和文化科学，最终包容所有发展环节，回归自身成为科学和文化的大全。黑格尔将康德所执着的自然科学领域视作精神物化自身、异化自身的领域，这一点他超越了康德，他在一定程度上批判了康德的物化和异化意识。但是，在黑格尔的视域中，绝对精神一旦进入到精神和文化领域，它就扬弃了物化和异化，开始自由自觉地实现自我，最终达到绝对的、完满的大全状态。这样，黑格尔忽略了物化和异化的真正根源——精神文化领域所包裹的社会关系，他将社会关系中的物化和异化当作自在和应然。最终，他在他的描述社会关系和社会现实的著作——《法哲学原理》中陷入到不可自拔的自由与异化的矛盾之中。在这部著作中，黑格尔修正了卢梭的自由观。他指出，人生而自由是内容极其空洞的抽象原则，人的自由必须通过外化为私有产权方能成为自由的定在，法的关系不是起源于公意，而是由私有产权之间的关系派生而出。黑格尔直接否定了卢梭关于公意和公权的理想原则，他强调所谓道德自由并不是绝对律令，它只不过是法权观念的内化，道德自由是自身从自觉执行法权精神升华而出无私的善良意志，但是善良意志绝不是完满绝对的，它作为封闭于人内心中的抽象原则本身就是欠缺，它必须进行自我否定将自身外化在伦理关系中，在家庭关系中体现为亲情美德，在市民社会中转变为权利和义务，在国家中表现为民族精神。值得注意的是，黑格尔认为，个人必然从家庭中独立而出，成为市民社会中的独立主体，在市民社会中展开生产、交换、分配和消费的经济活动，在这个过程中，他吸收古典政治经济学的研究成果，他提到了经济活动主体的物化和异化，他看到了经济关系中蕴藏着阶级剥削和压迫。但是，他将解决市民社会经济矛盾的希望寄托于国家，而他对国家机器的设想，一是突出君主立宪，二是突出等级官僚制度，他要用当时欧洲最为落后的政治制度——普鲁士王权制度来解决资本主义异化的难题。我们看到，黑格尔不是从理想原则，而是从现实原则来认识现实社会的，与卢梭相比，他进一步看到资本主义社会内在矛盾的展开，但是他仍然落后于卢梭，因为他放弃了理想的彻底性和纯粹性，而是用庸俗的、附庸的立场解决现实问题，这是一种倒退。

黑格尔力图扬弃卢梭和康德的抽象自由，从而使得自由现实化、具体化，但是他自己却陷入自由与异化的矛盾中，他自身的理论困难展现出现代社会发展辩证法的理论难题。黑格尔哲学并没有根本弥补康德哲学遗留的自由主体在理论与实践两个领域的分裂，其根本原因在于他依旧在理论领域中考察自由，他并没有真正地发现实践领域，他所理解的实践依旧没有突破德性实践的传统窠臼，即使他在法哲学中研究了市民社会中人与人的交往关系，但他依旧是在"伦理"的框架之下来考察以上关系的。黑格尔辩证法没有完整地反映和描述理论与实践的矛盾关系，所以它不能说明人作为自由主体何以实现理论与实践的统一，也不能解答卢梭的理论命题——道德自由的理想何以贯彻到现实的政治自由之中，它只能取消理想而迁就庸俗的实际。黑格尔社会发展辩证法的理论难题是：理论理性不能说明实践理性，理想原则与现实原则严重脱离，逻辑与历史相互分裂。

从卢梭到康德，从康德到黑格尔，启蒙主义社会发展辩证法的嬗变经历了三部曲。卢梭高举自由的旗帜，引导资产阶级推翻封建等级专制制度。康德总结了资产阶级大革命，他尤其反思了资产阶级社会一经诞生而出现的理论与现实、理论与实践的尖锐矛盾。康德的理论困境是：资产阶级物化的、机械论的、形式逻辑的世界观与自由的理想之间存在着鸿沟，但是，人们试图摆脱物化世界观则又是不可能的。黑格尔力图弥合康德自由理论中的"鸿沟"，他用自由观念史的事实，说明自由的理想转变为实践的可能、现实和必然。黑格尔超越了康德为自然的异化所束缚的局限，他发现了从自然世界到文化世界产生异化继之扬弃异化的世界历史，但他又陷入社会物化和异化的泥潭而不能自拔。物化和异化是现代社会治理所面对的历史难题，康德哲学和黑格尔哲学不能解决这一难题，反而沦落为资本主义异化的哲学根据。人们要重新说明自身生活于其中的现实，就不得不批判或抛弃黑格尔哲学，后黑格尔哲学展现出批判或抛弃黑格尔哲学之后，哲学重新建立社会发展辩证法的路径。

第三节　现代西方哲学解答黑格尔难题

现代西方哲学家在黑格尔之后，全盘抛弃了黑格尔的自由观和辩证法。他们反对黑格尔自由观，归根结底是反对启蒙主义的理性自由观。资本主义制度从建立步入成熟之后，其内在的矛盾充分展现出来，并显示出尖锐的矛盾冲突和斗争。帝国主义瓜分全球的世界大战给人类带来了空前的劫难，残酷的历史现实将启蒙主义的理想原则完全打碎，支撑启蒙主义理想的自由观和辩证法首当其冲，被哲学列入全面质疑和否定的对象。现代西方哲学力图用非理性的自由观替代理性主义自由观。而在哲学方法论上，分析哲学怀疑辩证法，保守地为形式逻辑更张，现象学力图在非理性的基础上重建哲学方法论。但是分析哲学和现象学都不能有效地揭示和说明人和社会，都没有达到社会发展辩证法的高度。只有美国的实用主义，用实用范畴解释实践，集中关注了理论与实践的矛盾,以折中的立场在一定范围和程度上解答了黑格尔社会发展辩证法的难题。后现代主义者并不满足于实用主义的折中,他们将现代哲学对理性主义的怀疑和否定贯彻到底,最后陷入到取消理论与实践、思维与存在、主体与客体的虚无主义状态。实用主义者和虚无主义者在现代社会发展与人自身发展相异化的历史矛盾面前,或者庸俗自在,或者六神无主,对解决现代社会发展中的"黑格尔难题"缺乏革命的批判精神,不能从根本上为现代社会的科学发展指明方向。

一 走下圣坛的自由精神

现代自由理论在形式上体现为欧陆自由论和英美自由论两个传统,欧陆自由理论以探讨自由的本体或根据为理路,英美自由论侧重于在政治现实中发现和归纳自由的规律和原则。两个自由的传统综合起来展示出道德自由与政治自由的矛盾,这对矛盾在黑格尔哲学之后又有了新的表现形式,即非理性的意志自由与理性的政治自由的矛盾。

黑格尔是近代自由理论的集大成者,他运用辩证法叙述出绝对精神自我意识和自我实现的历史过程,但是19世纪后期到20世纪中期,人类历史经历过两次世界大战,全人类的劫难将资本主义理性自由的梦想彻底击碎,社会现实与黑格尔所描绘的绝对精神的自我实现背道而驰,人们体会到黑格尔自由理论所代言的启蒙主义和理性主义本身已蜕变为压迫人和束缚人的思想枷锁。黑格尔之后,哲学自由论体现出反抗与不合作的时代精神,表现为非理性自由观对理性自由观的批判和修正。

叔本华、尼采、祁克果、柏格森站在非理性主义的立场,力图为自由确立新的思想基础。叔本华强调意志自由,为此他建立起意志主义本体论,以图取代理性主义本体论的传统,从而推翻黑格尔理性自由观。他的立场是:"世界是我的意志"①"世界是我的表象。"② 他认为,人与世界之间的关系是主体与客体的关系,自由意味着客体统一于主体。"一切的一切,凡已属于和能属于这世界的一切,都无可避免地带有以主体为条件的性质,并且也仅仅只是为主体而存在。"③"主体就是世界的支柱,是一切现象,一切客体的一贯的、经常性的前提条件,原来凡是存在着的东西,都只是对于主体的存在。"④ 然而,他强调,人作为自由的主体,不是理性的主体,而是意志的主体、行动的主体。意志支配人的意识和身体,甚至支配整个世界。叔本华仿效笛卡儿和黑格尔的自我意识概念提出,当意志对自身的活动进行直观时,意志就成了表象,他要用表象概念代替自我意识概念,使之成为自由的基石。他指出,意志对自己的表象,绝不是自在自为的自我实现,而是摆脱理智束缚后的无目的的盲目状态。意志是绝对自由的,它不受理智驾驭,超越善恶。人不是无个性的理性动物,而是有意志、有欲望的活生生的人。但是,人是意志的工具,人的性格被意志决定,性格是人的宿命。人的永恒解脱之道是忘记个性,彻底否认生命意志,因此解脱高于自由。

尼采彻底否定理性主义传统,他对逻各斯传统、基督教道德和启蒙主义皆给予全面批判。尼采批判理性主义传统的立场也是意志主义,但是他不赞同叔本华的悲观主义意志论,他主张激情蓬勃的强力意志论。尼采的强力意志,就是生命对自身的绝对肯定,它是真理的标准,世界和生命是强力意志自我创造、自我毁灭的永恒流转过程。尼采否定整个西方文明的价值标准——真善美,他要按照强力意志的生命本能为标准重估一切价值。"我制定一条原则。道德中的每一种自然主义,就是说每一种健康的道德都是受一种生命本能支配的——

---

① [德]叔本华:《作为意志和表象的世界》,石冲白译,商务印书馆1982年版,第27页。
② 同上书,第25页。
③ 同上书,第26页。
④ 同上书,第28页。

任何一种生命需要都是通过某种确定的'应当'和'不应当'的准则加以实现的,生命道路上的任何一种阻碍和敌对行为都是借此加以清除的。"① 尼采批判道:苏格拉底的辩证法信奉"德性即知识"的信条,它限制、羁绊了人的生命本能和冲动,阻抑了人在无畏的破坏中无拘无束地实行创造的强力意志。基督教道德是奴隶的道德,它用良心和禁欲禁锢强力意志,把强者降低为弱者,所以应当废弃基督教道德,解放人的强力意志,使人从奴隶上升为主人,"生命本质上就是掠夺、伤害,对陌生者和弱者的压迫、压制、严酷,把自己的倾向加于人,吞并和剥削"。② 启蒙主义以自由、平等和博爱的原则扼杀强力意志,真正的自由是强力意志的自由,这种自由反对平等和博爱,自由的人应是超人,超人完全按照强力意志行动,超人作为理想人格,是有着耶稣灵魂的恺撒,是拿破仑和歌德的结合。

祁克果反对黑格尔的理性主义自由观,他主张人的自由是非理性的自由。祁克果对自由的基本观点是:自由是个人的自由,它显现在个人的存在过程中,自由是显现在个人存在过程中的自我参与、自由选择和自我实现。他指出,个人自主地参与存在全过程,然而,人不是理性动物,人的自由选择无所依据、亦无确定性,因而人是非理性的动物。虽然如此,人的自由选择不是向下的自甘堕落,那样的选择是不自由的,人的自由选择是一种向上的飞跃,上帝是人性自由飞跃的方向。人就是在面向上帝的飞跃中达到自我实现的。在感性阶段,人按照感性自由选择,但究竟难以摆脱感觉对自身的支配,因而在心理上陷入绝望,他选择向伦理阶段飞跃,依照道德原则超越感性的束缚。在伦理阶段,人按照道德自由的法则自由选择,但又受到道德法则的支配,陷入理想与现实的矛盾,人最终向理想王国——宗教世界飞跃,在对上帝的信仰中获得真理、实现自由。

柏格森则将富有创造活力的非理性的自由归属于生命的本质。他

---

① [德]尼采:《偶像的黄昏》,李超杰译,商务印书馆2009年版,第35页。
② 转引自赵敦华《现代西方哲学新编》,北京大学出版社2001年版,第18页。

对生命的描述是：生命既不是物质亦不是精神，它是流动和变化本身。"我很确定地说我在改变，但改变对我来说似乎隐藏在从一个状态到另一个状态的通道上：当我分开来看待这些状态的时候，我更倾向于认为他们各自在生效的时间段内都不会发生变化。然而，我很容易就会意识到感觉、思想和意志都是无时无刻不在变化的：如果精神状态不再发生改变，那么它的绵延将会停止流动。变化存在，但不是变化的事物在变化中存在；变化无须载体；运动存在，但不是惰性的、不变的物质在运动，运动并不蕴涵着运动之物。对有意识的存在者来说，事物不是存在，存在的只是活动。"①柏格森把精神生命的变化流动表述为"绵延"，并指出，人只有通过非理性才能把握到"绵延"。因为，理性局限于量化的、空间的、目的论的和决定论的思维模式，将"绵延"在时间中的无限流动分割成物理时间中的事物，只有非理性的直觉能够透过内心的直观体悟到"延绵"本身，因而把握到生命之流在纯粹时间中的自由流动。

海德格尔指明新的自由观应直面和反思现代人不自由的生存境遇，他在他的存在论中用现象学方法描述出现代人不自由的生存境遇。他认为，所谓现象学方法，是在解释和理解的过程中，让存在显示自身。人是解释和理解自身存在的主体，人不只是在意识中，更重要的是在行动中，理解自身存在的意义。海德格尔反对形而上学将存在论归结为本体论，本体论所反映的人的存在是人在等级制中的存在，神居于等级的最高端，因而成为存在的终极原因，人本身是被忽略和歪曲的。近代哲学虽然否定了等级观念，但是在机械决定论的世界图式中，哲学家们用"数学化共相"来描述人本身，因而人的存在还是不能自我显示。海德格尔主张应对传统哲学的本体论——神学模式，以及机械绝对论的存在图式实行"解构"，然后直面现实中的存在物，"要从存在者身上逼问出它的存在来"②。他确信，人的存在

---

① ［法］柏格森：《创造进化论》，李离译，新星出版社2013年版，第7页。
② ［德］海德格尔：《存在与时间》，陈嘉映、王庆节译，生活·读书·新知三联书店1987年版，第8页。

是完整意义上的存在，是一切存在物存在的前提，只有人在追问着自身存在的意义，因而他特别将人的存在定名为"此在"。"此在"的存在境遇和意义是什么？这是海德格尔存在论的核心问题。他指出，人的存在决定他的本质，人的存在是自我显示的过程，人的本质就是其存在显示出的内容。人不是类存在物，每一个人都是一个独立的存在。"此在"的境遇有两种：本真的存在和非本真的存在。海德格尔通过描述存在的非本真状态，揭示出现代人不自由的境遇。他认为，所谓非本真状态，归根结底是个人被公众生活湮灭个人存在的状态。人是有所作为的存在，个人在公众生活中变得无所作为，他就陷入到非本真的存在状态。人在作为中，显示出他与世界的关系。海德格尔称人与世界遭遇并与之"打交道"的过程是"烦忙"，所有"打交道"的对象都是"器具"，器具与人相对而成为认识的客观对象，人认识和掌握器具，可以将器具从"应手之物"改造成"现成在手之物"，从而借助于工具系统在世界中有所作为。人在有所作为中必然遭遇他人，"他人"是自我的另一半，此在与让人共在，个人在于他人的关系中"烦神"，个人如何面对和处理与他人的关系是决定此在处于本真或非本真状态的根本原因。海德格尔指出此在处于非本真状态的表现主要有两种：自我消失在他人之中，用自我代替他人。而本真状态则是对两种非本真状态的超越。海德格尔按照此在在时间中的显示，描述了此在处于本真和非本真状态的谱系。他指出：此在在过去的存在状态是沉沦，即此在的存在状态被一直存在的状态所决定，其本真态是焦虑，非本真态是恐惧，这些状态被保留在"心态"中。此在在现在的存在状态是抛置，即此在被抛置在一个正在进行中的生活过程中，此在的状态反映在语言中，其本真态是言谈，非本真态是闲谈、好奇、含混。此在在将来的存在状态是生存，即此在规划并实现自己未来的可能的生活状态，其本真态是设计，非本真态是等待、观望和忘记，这些状态体现在"理解"中。海德格尔综合过去、将来和现在，将此在显示自身的时间结构描述为："先行于自身的——已经寓于的——在世之在"，他指出，贯穿整个时间结构，此在的完整存在状态是"烦"——烦忙和烦神。"畏"是"烦"的非本真状态,"死"才是"烦"的本真状态,人只有向死而生才有勇气超越所有的非本真状态,本真地存在着。

存在主义的哲学主题是自由。萨特指出,人类自由的根据不是自我意识而是意识,而意识不是胡塞尔的以自我为核心的意向性,意识在与外物的关系中表现出自身的自由特性。"如胡塞尔所说,所有的意识都是对某种东西的意识,这就是说,意识都要设定一个超越的事物,或者人们可以这样说,意识没有'内容'。意识内容是内在于意识的,意向的事物则超越了内在的意识内容,是外在于意识的东西。意识的意向性就是对自身的超越性。"[1] 萨特认为,自我意识只是一种反思,意识指向和选择外物则超越了自我意识内在的反思。意识是能够自由地设定对象的自为活动,意识的本性是自由,它不受自我意识的限制,只是由于他人的意识的出现,自我意识才会发生,然而,"他人是地狱",他人意识与自我意识的矛盾是对意识自由的束缚。意识的自由性体现在它与世界的关系之中,世界是自在的,它的自在性仅仅体现在"自在是,自在是自身,自在是其所是"[2],而意识则是自为的,意识活动自为地否定着世界的自在性,萨特将这一过程称为"虚无"。"把世界理解为世界,这是一种虚无化。"[3] 即将混沌般的、自在的世界的一部分轮廓虚空掉,使之成为有分别的、相互间发生联系和运动的各个事物。人实现自由,也是将自身从世界中虚无而出的过程,向着无限的可能性自我虚无化。萨特强调,自由不是人的本质,人的自由是由他作为有意识的存在先定的,人类的自由先于人的本质,存在先于本质。人是绝对自由的,但是绝对的自由意味着绝对责任,人命定自由,因而人命定须承担责任。"存在主义的核心思

---

[1] [法]萨特:《存在与虚无》,陈宣良等译,生活·读书·新知三联书店1987年版,第345页。

[2] 同上书,第27页。

[3] 同上书,第47页。

想是什么呢？是自由承担责任的绝对性质，通过自由承担责任。"①萨特依据他的自由观考察了人类的历史。他指出，研究历史不能使用还原分析法，因为历史是不可还原的，我们只能运用辩证法把握历史的矛盾，以此认识历史。然而，传统辩证法却忽略了辩证法的真正出发点，历史的根本矛盾在于：人创造历史和社会，同时，人又生活在一定社会环境中，在一定的先决条件下创造历史。传统辩证法对这矛盾的揭示或者通过精神历史，或者是通过经济关系，都忽略了人本身。辩证法的出发点是个人实践。人的实践是人的存在对自然的虚无，但自然也对人造成否定，需求与匮乏、人与自然形成对立，人在生产活动中与自然互为中介，以此解决需求与匮乏的矛盾，这是辩证法的第一个圆圈。在生产活动的循环中，生产实践异化出实践惰性，个人异化在群集之中，这种境遇促使集团建立，集团打破实践惰性，恢复了个人实践的自由本性，这是辩证法的第二个圆圈。然而，集团又会蜕化为官僚国家，又产生了新的异化，异化引起革命。在萨特的视域中，个人是绝对自由的，但是个人在集体之中必然要遭遇实践——异化——革命——再异化的处境，他处于自由与不自由的尖锐对立之中。

伽缪与萨特一样强调世界的虚无性，但是他们对虚无的认识有很大不同，在萨特那里，世界的虚无化是人指向和介入世界，而在伽缪这里，世界的虚无性是指它的荒谬性。萨特虽然强调个人的绝对自由，可是一旦涉及个人与社会的关系，他就认定社会异化是个人难以摆脱的历史必然。伽缪悲观地认为，世界没有目的和意义，人对世界的期望与世界的存在和运行并没有合理的对应关系。萨特和伽缪对世界和社会违背自由的消极认识是殊途同归的。伽缪指出，面对荒谬的世界，人有选择意义的自由，这种自由有理性和非理性两种。理性主义用理性的"小"来遮盖荒谬世界的"大"，而眼见着无边的荒谬无

---

① [法]萨特：《存在主义是一种人道主义》，周煦良、汤永宽译，上海译文出版社1988年版，第23页。

情地吞噬着人类有限的自由，理性却无能无力。正确的态度应是非理性地反抗，即"目的是没有的，过程就是一切"，在过程中，藐视命定的荒谬，从无到有地创造意义和价值。存在主义者把自由观建立在非理性的意识之上，他们断定世界也是非理性的，以非理性的观点看待和进入非理性的世界，最后得出虚无和失望的结论。

　　法兰克福学派的社会批判理论，其批判对象是资本主义社会的普遍异化，该理论的基本立场是：启蒙主义的理性主义传统已经发展成为工具理性，工具理性成为资本主义的意识形态，而资本主义意识形态是造成现代社会普遍异化的根源。在现代社会中，工具理性的典型表现是形形色色的实证主义，为了对抗实证主义继续使用机械因果决定论束缚、压迫人性的理论反动，社会批判理论者力图另起炉灶重新建立人学，寻求人性解放的途径。马尔库塞吸收海德格尔和弗洛伊德的学说，试图改造黑格尔辩证法，将之建立在人学的基础之上。他指出，辩证法的本质是否定，否定是一切批判的根源。"否定不是肯定的附庸，不是过渡和扭曲，它就是本质自身。"[1] 辩证法与人的发展相一致。辩证法的主体是人的理性，理性通过自我异化——扬弃异化实现自身。"理性是颠覆性的力量，是'否定的力量'；作为理论理性和实践理性而确立人和事物的真理。"[2] 马尔库塞修正了理性的哲学内涵，他认为理性是个体化的感情化的东西，是自由与情感的合一。在现代社会中，理性的自我异化表现为理性接受现代科学的适度限制和控制，但是当科学技术异化成为工具理性时，知识的整体性和一体化造成对理性的自由个性的扼杀，这时，理性扬弃科学的时刻就要到来了。马尔库塞在《单向度的人》一书中描述了工具理性怎样造成了发达工业社会的普遍异化。他用"单面"来形容异化，单面就是对于辩证的两面的异化，现代社会的异化表现为人的辩证本性被施加扭曲和割裂。马尔库塞指出：单面性的哲学不承认或取消辩证矛

---

[1] 赵敦华：《现代西方哲学新编》，北京大学出版社2001年版，第153页。
[2] ［美］马尔库塞：《单向度的人》，刘继译，上海译文出版社2006年版，第113页。

盾，以追求精确和明晰为幌子，把哲学限制在形式逻辑和语言分析的狭隘结构中。单面哲学是资本主义意识形态的产物，它反过来又成为这种意识形态的基础。资本主义意识形态渗透到从上层建筑到经济基础各个领域。在精神领域，人们的思维方式从否定思维异化为肯定思维，局限于操作主义和量化—数学化思维，以这种思维方式支解理性对技术、伦理、审美、政治的兼容并包，将完整的理性齐一化为工具理性。在经济领域，生产过程的异化表现为人成为工具理性的人格化，人成为工具，人不能在劳动中释放"爱欲"，劳动成为绝对的压抑。在政治和社会领域，爱欲的普遍压抑造成攻击性社会、一体化社会、福利社会和战争社会，最终形成新的集权社会，人们有民主却不自由，生活富裕却不幸福，被压迫者丧失了独立的反抗意识，社会的凝聚力被瓦解殆尽。针对以上的异化境遇，马尔库塞为人们指出的扬弃异化的途径是：理性的自由本质要超越以控制为目的的科学技术，在以个人快乐为目的的爱欲中实现自身。爱欲是对工具理性的否定，它是自由理性通过个体化、感性化的自我复归。爱欲，是生命、自由和美的三位一体。"随着性欲转变为爱欲，生命本能也发展了自己的感性秩序，而理性就其为保护和丰富生命本能而理解和组织必然性而言，也变得感性化了。于是审美经验的基础再次出现了，而且不只是在艺术家的文化中，还在生存斗争本身中。它具有了一种新的合理性。为操作原则的统治所特有的理性的压抑性并不属于必然王国本身。"[①] 马尔库塞企盼自由王国能够从必然王国中超拔而出，但他的悖论是，人们通过爱欲的解放从资本主义意识形态的泥潭中挣扎而出获得自由，但是资本主义意识形态却是无时无处不在的普遍存在。

政治自由的传统仍然在英美哲学中流传，与欧陆哲学不懈地追问自由的思想根源根本不同，这一传统要在政治现象中归纳总结自由的实在意义。现代政治自由理论展现出个体与整体、自由至上与平等至

---

① ［美］马尔库塞：《爱欲与文明》，黄勇、薛民译，上海译文出版社2005年版，第172—173页。

上的矛盾。功利主义者放弃了社会契约论对自由的论证，用感性的情感原则来说明自由的基础。边沁指出：人的一切社会活动都建立在快乐和痛苦的感情基础之上，快乐即是自由和幸福，反之则是奴役和不幸，社会的正义在于能最大限度增加绝大多数人的幸福。衡量大多数人是否幸福的方法是对每个人的快乐实行加总，计算快乐的强度、延续时间、发生概率、发生的时间、产生有益后果的概率以及产生有害后果的概率和发生范围。密尔对以上原则又做了一定补充，他指出，快乐除量的规定性外，更重要的是还有质的规定性，自由的定义是："唯一实称其名的自由，乃是按照我们自己的道路去追求我们自己的好处的自由，只要我们不试图剥夺他人的这种自由，不试图阻碍他们取得这种自由的努力。"① 波普站在经验主义的立场上，将实证主义变革为证伪主义，他以此为根据分析了主权、民主、自由和宽容的悖论，尤其值得关注的是他提出的自由悖论。波普指出，自由如果意味着个人能够不受任何限制而随心所欲，那么就会出现个人"自由"地统治和奴役他人的现象。"在不受任何约束控制这个意义上的自由必定导致极端严厉的约束，因为它使恶霸得以任意奴役顺从的人。"② 在现实中，自由悖论主要体现在资本的自由竞争中，自由竞争会产生侵吞和剥夺现象，因而对于自由竞争应实行适度干预和限制，波普提出经济干预的原则是：不能以损害自由获取平等。"自由比平等更重要，……假如自由失去了，那么在没有自由的社会中也不会有平等。"③ 罗尔斯既反对功利主义重整体而忽视个体的做法，也不赞同波普的自由至上原则。他重建社会契约论，主张平等至上的原则，他指出："每个人都拥有一种基于正义的不可侵犯性，这种不可侵犯性即使以社会整体利益之名也不能逾越。"④ 他认为，一个社会应按正

---

① ［英］密尔：《论自由》，许宝骙译，商务印书馆1959年版，第14页。
② ［英］波普：《开放社会及其敌人》，第1卷，陆衡等译，中国社会科学出版社1999年版，第232页脚注。
③ 转引自赵敦华《现代西方哲学新编》，北京大学出版社2001年版，第220页。
④ ［美］罗尔斯：《正义论》，何怀宏等译，中国社会科学出版社1988年版，第3页。

义原则予以分配的对象是：权利和自由、权力和机会、收入和财富。他对分配的前提——"最初状况"的假定是：无知的面纱、互不关心和最低的最大限度原则。即人们不能确切知道自己的能力、身份及由此派生的优势权利和地位，而对于他人是否知道自己的权利和地位亦不加关心，但他们能够确切地按照最低的最大化原则，首先保障弱势的群体亦能获得他所应当获得的利益，在此平等权利的基础上，有限度地实行差别原则。正义的原则是："第一个原则：每个人对其他人所拥有的最广泛的最基本自由体系相容的类似自由体系都应有一种平等的权利。第二个原则：社会的和经济的不平等应这样安排，使它们①被合理地期望适合于每一个人的利益；并且②依系于地位和职务向所有人开放。"① 罗尔斯对自由权的定义是：自由权主要是政治权利，选举和被选举的权利、言论和集会自由、信仰自由和思想自由、个人自由和拥有私人财产的权利，受法律条款所规定的免遭任意逮捕和劫持的权利。诺塞克反对罗尔斯的平等至上原则，他为自由至上原则又做出更为深入的论证。他指出，权利只能是个人的权利，不能对个人权利进行分配。国家的功能只限于保护个人业已获得的权利，而不能对个人权利进行再分配。他提出分配的资格理论以此论证自由至上原则，他说道："关于分配中正义的资格理论是历史的：一种分配是否正义取决于它是如何发生的。与此相对，只顾最终结果的原则主张，分配中的正义视如何分配（谁占什么）而定，并由一些关于正义分配的结构性原则来判定。"② 他的观点是：正义不是局限于结果的抽象原则，而是在过程中形成的获得分配分额的资格。"一个关于分配中的正义的完整的原则只是认为，如果每个在分配中取得财产的人都拥有这样的资格，那么这一分配就是正义的。"③ 哈贝马斯虽然不是英美哲学传统中人，但他对政治自由的论述是对政治自由理论的重要

---

① [美] 罗尔斯：《正义论》，何怀宏等译，中国社会科学出版社1988年版，第59—60页。
② 转引自赵敦华《现代西方哲学新编》，北京大学出版社2001年版，第228页。
③ 同上书，第229页。

补充。他指出，资本主义社会的异化体现为社会危机，包括：经济危机、理性危机、合法性危机和信仰危机。异化批判的重点是行政官僚机构以及社会各阶层、集团为维护各自利益而设置的文化防御系统。批判的目的是拆除思想壁垒，在思想上摆脱强制，在合理的社会交往中互相理解，达到和谐一致。合理的社会交往必须遵循如下规则："与客观世界相联系以认识真实性为标准"，即"真"的原则；"与社会伦理相联系以共同价值的正当性为标准"，即"善"的原则；"与个人的逐个世界相联系以个人在公众面前的真诚性为标准"，即"诚"的原则。[①] 社会交往行为通过语言达成交流和理解。说者和听者之间的语言使用必须遵循语用学的普遍规则。社会交往的合理性体现为没有任何强制条件下的平等、自由的对话。

现代哲学自由观反对黑格尔的理性自由观，以非理性为根基试图反拨黑格尔自由观沦为资本主义异化注脚的宿命，但是非理性的自由观最终或者陷入虚无和失望的情绪，或者得出反抗意识形态而意识形态却普遍存在的悖论，由此使人们感觉到自由是没有指望的，我们对自由的追求竟然是不自由的。现代人不得不把对自由的终极追求拉回到现实当中，将对自由的思索缩小到分配原则的讨论之中。自由已经走下圣坛，成为一种情绪，一种对话。

二 反辩证法的失败尝试

黑格尔的辩证法没有根本解答康德哲学的自由难题，反而在知识论上出现了非科学的倾向，这导致黑格尔哲学体系的崩溃。新康德主义者批判黑格尔体系，主张"回到康德去"，重新审视康德哲学所开辟的理论问题域，并尝试重新解答康德哲学的难题。该学派较为集中的立场和观点是：其一，改造"物自体"概念。西南学派将物自体转化为自在价值，自在价值是事物之间相互联系的总和、形式与秩序。生理学派将物自体解释为心理和生理结构。马堡学派则认为物自

[①] 参阅赵敦华《现代西方哲学新编》，北京大学出版社2001年版，第159—160页。

体是纯粹的逻辑结构。其二，继续分析和贯通理论理性与实践理性。西南学派认为价值论是理论与实践之间的统一原则。价值论统括逻辑学、伦理学、美学和宗教学。文德尔班和李凯尔特从价值论立场出发，做出历史科学与自然科学的划分。他们强调历史的特点是不可重复、无普遍规律、有自身独特价值。历史科学是价值科学，其研究方法是价值联系法。值得关注的是卡西尔开辟的方法论。他指出，认识的依据——物自体是动态发展的符号，符号系统构成文化世界。符号给予外界普遍的指称意义，给予感性对象以普遍联系和结构形式。人在符号中认识世界和自身，人是符号动物，符号是人的理论空间和构造性时间。人在符号的时空中，组合过去、规定现在、勾画未来，形成理想观念和现实观念。卡西尔描述了符号构成的文化世界的面貌，文化世界由语言、神话、宗教、艺术、科学、历史组成。语言将主观世界确定化，语言是人的世界观。神话将客观世界生命化，宗教把生命意识引向个体意识，艺术直观到变动不居的世界结构，科学发现世界的内在的基本结构，历史对人本身加以反思。从语言到科学是人在文化世界中不断自我解放的过程。卡西尔的符号论，既改造了康德的物自体概念，描述出文化世界的客观普遍性，又吸取黑格尔精神历史研究的成果，通过将文化世界叙述成一个完成历史，尤其是揭示出人自我解放的过程，有效地解决了康德自由观中理论与实践相割裂的难题。但是卡西尔的重要观点随着新康德主义的衰落，没有在现代哲学史中引起足够的关注和发扬。

实用主义者不满意传统哲学对理论与实践关系的研究，他们开辟出新的理论视域，独立地提出了解决理论与实践矛盾的思想方案。皮尔士提出实用主义的翻译原则，即将抽象的、模糊的观念翻译成人的具体活动和可验证的结果。他认为，人的有意识的活动与活动结果之间的关系是一种逻辑联系，这种逻辑具有必然性，因为任何人只要给予他充要的条件，那么一定事件作为目的必将会出现。詹姆士指出，在感性和理性之外，情感更为重要，情感中的稳定结构是气质，人的气质决定他的世界观和方法论的选择，情感是实用主义的基础和标准。在人依据情感自由选择的基础上，真理是在某个事件持续的过程中，人们寻找到适合的工具和方法，并最终解决了实在的问题。"如果有一个概念我们能驾驭，如果一个概念能够很顺利地从我们的一部分经验转移到另一部分经验，将事物完满地联系起来，很稳定地工作起来而且能够简化劳动，节省劳动，那末，这个概念就是真的，真到这样多，真到这种地步：从工具的意义来讲，它是真的。"① 詹姆士对真理的概括是：观念之为真，因为它有用；观念之有用，因为它为真。他还强调真理具有兑换价值，真理有用是它具有兑换价值的"信用基础"。杜威指出理论与实践的对立，是二元思维的产物，是思维不民主、不科学的产物，解决该矛盾的路径是用人类知识的连续综合性来改造这种传统思维。知识是对某一对象施加活动，并产生一个经验的后果。"知识的对象是一个事件，它是有指导的实验活动的结果，而不是什么在知识活动之前就已自足地存在的东西。"② 实验是"知"与"被知"的决定性因素，所谓"研究的连续性原则"是指：将实验贯穿到从感觉到理性，从科学、逻辑学到道德伦理的无界限的连续过程。实用主义者认为解决理论与实践矛盾的结果就是某一事件的成功解决，而验证其成功与否的标准，一是当事者内心的情感，二是从感觉到伦理所有"有用性"的总和。

分析哲学家反对辩证逻辑批判、取代形式逻辑，他们所做的工作是论证形式逻辑的逻辑基础具有真理性。分析哲学家认为，逻辑的基础是语言的意义，因为逻辑在语言中体现，语言的意义与逻辑规则相互对应、相辅相成。语言的意义包含着事实、思想和语言之间的关系，语言分析为探寻逻辑基础提供了广阔的理论空间。弗雷格是分析哲学的奠基人。他尝试用数理逻辑改造、完善形式逻辑，将主谓逻辑转化为命题函项式，使形式逻辑成为能够推演演算的逻辑系统。他还提出逻辑本体论，指出逻辑作为客观的思想是世界中的客观存在，它

---

① ［美］詹姆士：《实用主义》，陈羽纶、孙瑞禾译，商务印书馆1979年版，第32—33页。

② 转引自赵敦华《现代西方哲学新编》，北京大学出版社2001年版，第52页。

的存在不以人的主观意志为转移。弗雷格还开辟出分析哲学的分析范式。他对自然语言的意义进行逻辑分析。分析的途径是区分词和句的含义和指称。他指出，一切表示客体的指示性名词和描述性词组都是名称。名称的指称是与之相对应的客体，含义是其表述的内容。语言分析的框架是研究客体、语言、思想和真值之间的关系。

　　罗素致力于研究逻辑基础的真理性。他的基本立场是：传统的形式逻辑服务于形而上学实体—属性思想，把客观的、外在于实体的关系范畴，错误地归属于实体属性之内。改造形式逻辑，应从确立"关系"范畴的客观本体地位开始。罗素将"关系"范畴从实体范畴中解放出来，成功地解决了形式逻辑的传统悖论："如果A是A，则A是非A；如果A是非A，则A是A。"他指出，这一悖论的实质是：一切与自身不相等同的集合组成的集合。这里的错误是用已经蕴含着整体规定性的个体定义反过来规定整体，这一错误源自对整体与个体的关系的混淆。为规范解决整体与个体的逻辑关系，罗素建立摹状词理论。他指出：一切名称都是摹状词。专名是限定摹状词，通名是非限定摹状词。每个限定摹状词都蕴含着一个存在命题。[①] 罗素认为，摹状词组成了一个共相世界，这个世界是存有（having）的世界，与物理与心理的实存（exist）世界相对应。"每个词项都是存有，就是说，都在某种意义上'是'。"[②] "世界是感觉材料的逻辑构造。"[③] 摹状词作为逻辑专名构成原子命题，原子命题指称的含义就是感性材料的性质或关系，原子命题又组成分子命题。罗素试图用摹状词为形式逻辑建立经验论的真理基础，还搬出共相理论来论证形式逻辑的本体地位，可是当他试图说明原子命题何以组成分子命题时，遇到了说明意向句何以产生的困难，他无法说明逻辑的真理性与人的主观意向之间的矛盾，他把这一难题称为"动物园里突然出现的不知名的怪兽"。

[①] 参阅赵敦华《现代西方哲学新编》，北京大学出版社2001年版，第70页。
[②] 转引自赵敦华《现代西方哲学新编》，北京大学出版社2001年版，第71—72页。
[③] 同上书，第73页。

第一章 社会发展辩证法的生成史 127

维特根斯坦指出,"逻辑是世界的一面镜子"。他赞同罗素的观点,逻辑所反映的不是事物的属性,而是事物之间的必然联系。世界的逻辑结构就是所有事物必然联系的总和。他认为逻辑规律要比自然规律更具有普遍性,因为自然规律所揭示出的是事物间的因果关系,而因果关系是偶然关系,逻辑关系是必然关系,因为逻辑规律中不包含必然的例外,因而逻辑规律是先天的。逻辑规律的必然性体现在:世界是事件的总和,事件是原子事件的总和,原子事件可分析为简单对象的系列。而在逻辑的"镜子"对世界的反映是:世界是事实的总和,所谓事实,就是把日常名称归结为摹状词。事实是事态的组合。事态是简单对象的组合。简单对象具有不可分性。现象世界与逻辑世界统一于可感的简单对象。维特根斯坦又阐述了逻辑与语言的关系,他指出,语言是世界的图式。语言的每一命题都是描述一个事实的图式,语言是由无数小图式按照逻辑结构组成的大图式。图式的每个组成部分与外界现象的每一组成部分一一对应,①"图式关系即存在于图式的要素与事物的对应之中"。②并且,联结图式各个组成部分的结构方式也与联结被描绘的现象的结构同构。维特根斯坦强调:图式的本质特征是逻辑特征。维特根斯坦还反思了语言的主体——自我。他指出,自我作为语言的主体是世界的界限。"世界是我的世界,这点显示自身于如下事实之中:这个语言(我所理解的那个唯一的语言)的诸界限意味着我的世界的界限。"③自我为世界划定界限,逻辑为自我划定了界限,逻辑、自然科学皆与常识相对应,那么自我则是由自然科学和常识规定了的自我。维特根斯坦承认逻辑不能说明人的自由意志,"作为伦理的事项的承受者的意志是不可言说的。而作

---

① 参阅赵敦华《现代西方哲学新编》,北京大学出版社2001年版,第78页。
② 转引自赵敦华《现代西方哲学新编》,北京大学出版社2001年版,第78页。另一种翻译是:"描画关系是由一幅图像的诸元素与诸物件之间的配合构成的。"——[奥]维特根斯坦《逻辑哲学论》,韩合林译,商务印书馆2013年版,第12页。
③ [奥]维特根斯坦:《逻辑哲学论》,韩合林译,商务印书馆2013年版,第92—93页。

为一种现象的意志只会引起心理学的兴趣"。① 他只是说，"世界和那个生命是一个东西"。② "世界的意义必然位于世界之外。在世界之内，一切都是其事实上所是的那样，一切都如其所发生的那样发生着；在其内不存在任何价值——如果存在着什么价值的话，那么，它没有任何价值。"③ 我们看到，维特根斯坦依然把形式逻辑当作机械因果决定论的逻辑形式，依然用感觉经验来说明逻辑的基础，依然用自由意志来说明人的自由性。只不过，他宣布新的本体是逻辑，而逻辑与世界的同一性是必然的，他承认理智的自我与道德的自由依然是分裂的，逻辑不能说明人的生活实践。

维也纳学派执着地探寻通过经验感觉实证逻辑基础的真理性。石里克声称："理解一个陈述和知道它的证实方法是一回事……为了理解它的意义，我们必须看一下它是如何被证实的和如何被否证的。"④ 他认为检验逻辑基础的终极尺度是终极的经验，即个人的直接感觉状态。纽拉特主张用物理语言代替现象语言，以此精确地表达出个人直接感觉的状态。卡尔纳普则试验用普遍的经验语言符号按照类型学说分为不同层次，由低到高建构句子，试图建立人工的形式化语言。他在《语言的逻辑句法》中尝试将逻辑语言转化为普遍的物理语言，命题函项的变元相当于坐标，变元的值相当于坐标参数，可以用包括4个变元的命题函项表示时空坐标，用其他一些命题函项表示物理性质，这样就可以得到用逻辑命题表达的形式化物理语言。卡尔纳普力图用物理语言来翻译、消解形而上学命题，他认为形而上学的命题使用了错误的说话方式，它是用内容的说话方式来表达形式的说话方式所要表达的意思，因而发生了意义的模糊和混乱，而一旦用物理语言对之进行翻译，那么哲学可以被消解为句法问题。可是，物理语言如何翻译、消解伦理命题呢？艾耶尔宣称：伦理学命题无意义。后来，

---

① [奥] 维特根斯坦：《逻辑哲学论》，韩合林译，商务印书馆2013年版，第117页。
② 同上书，第93页。
③ 同上书，第115页。
④ 转引自赵敦华《现代西方哲学新编》，北京大学出版社2001年版，第84页。

蒯因指出维也纳学派的逻辑经验主义证实原则有两个教条：一是分析命题与综合命题的区分。逻辑经验主义者认定科学逻辑是分析命题，具有必然性。他们定义分析命题的标准或是同义性、或是必然性、或是语义规则，而三者都要通过经验事实，因此，分析命题与综合命题的区分是相对的，相对程度取决于获得经验范围的大小，"要划出一条分界线的想法，只是经验主义者的一个非经验的教条，一个形而上学的教条"。① 二是还原论，逻辑经验主义者用事实命题验证逻辑最小单元，以证明逻辑基础的真理性，但是，他们所说的事实命题是偶然命题，并且此类命题不只是与个别的直接经验发生联系，单个的经验不能起检验作用。面对不利经验，命题体系内部可做必要调整，总是可以使该命题与经验相符合。命题组成体系，只是在边缘部分才和经验接触，其核心是逻辑，经验命题的意义取决于命题体系，而不能被还原为记录直接经验的单独命题。面对蒯因的诘难，卡尔纳普放弃了逻辑经验主义的立场。他说道："逻辑中没有道义，每一个人都可以按照自己的意愿自由地建立自己的逻辑，自己的语言形式。"②

早期分析哲学对逻辑本体论的论证表现出思想上的独断，而其所建立的理论框架竟然无法说明人的活动，因而它自然会被活泼泼的人类世界所摒弃。后期维特根斯坦放弃早年以逻辑规则为意义标准的思想，转向以日常语义规则为意义的标准。他提出的新问题是：语言的本质是什么？他认为，传统的哲学对语言的基本认识是："每个词都有一个意义。这一意义与该词相关联。词所代表的乃是对象。"③ 这种词与物绝对相符合的语言观是禁锢思想的枷锁。他主张语言的本质是语言"游戏"。其根据是：语言的用法不是僵化不变的，而是多样的、变动的，具有伸缩性和实践性。人们对词的不同意义的理解是和不同的行为联系在一起的。"我也将把由语言和行动（指与语言交织

---

① 转引自赵敦华《现代西方哲学新编》，北京大学出版社 2001 年版，第 89 页。
② 同上书，第 90 页。
③ ［奥］维特根斯坦：《哲学研究》，李步楼译，商务印书馆 1996 年版，第 3 页。

在一起的那些行动）所组成的整体叫作'语言游戏'。"① 人们运用语言是一种活动，是一种生活方式。语言行为的多样性就像是一个工具箱。人们怎样运用语言，怎样理解词在语言中的意义，广义上是由他的文化背景、生活和思维方式决定的，狭义上则是由某种特殊的语用法则所决定。不同语言规则的差异最多只能是"家族相似"，而不可能绝对同一。维特根斯坦反对将语言规则绝对化的同时，也反对用相对主义的观点看待语言规则。他批判了"规则悖论"的观点。这一"悖论"的内容是："没有什么行为方式能够由一条规则来决定，因为每一种行为方式都可以被搞得符合于规则。答案是，如果一切事物都能被搞得符合于规则，那么一切事物也就都能被搞得与规则相冲突。因而在这里既没有什么符合也没有冲突。"② 他指出，这一"悖论"产生的根源是用理论解释代替了实践规则。规则本质上是实践性的，解释是一种个人的理论行为。人们不可能"私自"地解释和遵守规则。"当我遵守规则时，我并不选择。我盲目地遵守规则。"③ 维特根斯坦以此观点反思哲学，他认为哲学的困境就在于私人语言和私人规则的滥用，因而哲学的问题和争论是"理智的蛊惑"，哲学家们就像困在瓶子中的苍蝇。"哲学问题具有的形式是：我不知道出路何在。"④ 晚年的维特根斯坦依然坚持用逻辑的规则"治疗"哲学对语言的滥用，但是他已经无法再对"逻辑规律是必然规律"的观点抱有理论自信。

在维特根斯坦的影响下，分析哲学家们转向日常语言分析，然而在他们用语义分析"治疗"哲学对理智的蛊惑的过程中，却走向了自己的反面——否定分析哲学自身。赖尔指出，"身心二元论"的实质不是区分而是混淆，该理论把原来不属于机械论范畴的心灵概念放在其中，用因果关系的语言来描述心灵活动。心灵概念所指示的事实

---

① ［奥］维特根斯坦：《哲学研究》，李步楼译，商务印书馆1996年版，第7页。
② 同上书，第121页。
③ 同上书，第218页。
④ 同上书，第75页。

是语言与行为的关系,它不能被还原为物理活动和物理语言。斯特劳森批判了罗素的摹状词理论,他指出逻辑与语言不可分割。日常语言是人的实际思维结构,形式逻辑是对思维结构进行反思后的抽象。形式逻辑不可能穷尽日常语言的一切逻辑问题。真理不是一种逻辑上的真假。某句子是真,意味着人在执行同意、接受、承认或担保行为;它为假时,执行相反行为。戴维森试图解决罗素关于意向句的难题,他指出,意向句和非意向句没有本体论上的区分。本体论上,只存在物理事件和状态,世界上只存在着物理规律,不存在心理规律,只不过心理事件包含信仰与欲望的参与,任何意向句都涉及心理上的整体解释,与意向者的欲望和信念体系相关。意向句的真假归根结底取决于意向者的信念体系是否正确。判断信念体系是否正确应坚持"好意原则",即"真理不是句子的性质,而是句子、说话者和时间之间的一种关系"。[1] 蒯因站在实用主义立场强调语言的意义主要是行为的特征。语言最初的意义是"刺激意义",即语言行为因刺激而生,根据"刺激"的程度不同,和语言行为对刺激反应的级别不同,语言可以区分为:场合句、观察句、固定句和恒久句,这些句子组成语言的概念系统,单个句子的意义由概念系统决定。概念系统形成之后,直接刺激不一定引起直接的语言反应,刺激所带来的意义要通过概念系统才能被理解。概念系统不同的两种语言相互不能彻底翻译,这就是"译不准定理"。"译不准定理"和"好意原则"都是维特根斯坦语言—游戏说的翻版,然而,两家观点将语义分析的相对性扩大了。罗蒂用实用主义否定了分析哲学。他指出,从笛卡儿到康德,哲学以认识论为中心,其特征是:本体论上的实在论,认识论上的基础论,心理学上的"心灵""自我"学说,哲学的理论信念是"心灵是世界的镜子",哲学真理观以主观和客观相符为标准,而"符合说"的前提则是观念与事物、心理与物理、理论与实践的二元对立。罗蒂认为这一前提是哲学的虚构。他认为,知识的效用就是对其正确性的证

---

[1] 转引自赵敦华《现代西方哲学新编》,北京大学出版社2001年版,第189页。

明。知识所需要的是描述具体行为,发现历史性概念,修订或然性的规则。哲学概念不能扩展知识领域,也不能对知识的实际功能进行反思,没有完全与主观条件相分离的客观现实。人们在语言行为中直接与自然打交道,没有心灵之镜。分析哲学用语言分析方法代替认识论的综合和分析方法,分析的主题没变,用语言充当联系主观和客观的中介,与把心灵比作自然的镜子本质无不同。分析哲学对解答理论与实践何以统一的理论难题是"无用"的,它割裂理论与实践,否定辩证法综合理论与实践的可能性,从而彻底取消了辩证法与自由论的相互匹配性,把人认识自由、实现自由的本质抛到九霄云外了。对于这一点,甚至实用主义者都难以容忍,因而他们不再信任分析哲学,不得不按照实用主义的原则对它进行修正。

胡塞尔立足于非理性主义反对辩证法,试图以现象学取代辩证法为哲学重建方法论。现象学的口号是"回到事物本身"。胡塞尔反对本质主义,认为本质主义是旧形而上学二元对立认知路线的必然结果。认识的过程,不是意识向事物拷问本质,而是事物向意识的显示。现象学就是事物向意识的自我显现,意识与事物之间不是主客关系,现象是显现的场所、过程和对象,现象在意识中发生。一言以概之,在意识中,事物的显现与自我意识是不可分别的同一。现象学作为方法论,它的内涵在认识的全过程中展开:第一,意识以现象学直观、现象学分析和现象学描述考察个别对象。现象学直观,就是从专注于现象一点自由联想,直到对这一现象的一切可能的方面、性质和形态都获得清晰观念;现象学分析,就是对呈现于直观中的观念从个别到一般进行分类,分类需要用到概念名称;现象学描述,就是使用分析中获得的概念,对直观内容进行描述,在语言中把思想观念明确化、固定化。第二,通过理想化直观考察一般本质,即以现象学描述使用的概念和语言为对象,理解其意义。意义是一般性的本质,对于意义的理解也是直观。把呈现于个别事物的感性直观中的材料加以理想化。本质直观使个别现象获得一般意义。第三,通过范畴直观理解本质联系即概念间联系。第四,反思事物在意识中显示的过程和方式，以上的系列直观呈现出事物从侧面到整体，又通过淡化整体边缘，集中关注核心这样一个显示过程，现象学方法强调显示过程对显示内容的决定作用。第五，现象在意识中把知觉内容联结为一个整体的构造。第六，悬搁对现实性的信念。处理的是所有直观材料，不管它们是现实的还是非现实的，是具体的或抽象的，不做本体论上区分，将对它们存在不存在的判断悬搁起来。第七，揭示被蒙蔽了的意义，还事物以本来面目。现象的自我显示不意味着自明，现象会受到各种偏见尤其是语言歧义的干扰和蒙蔽，对概念做解释学考察，恢复其本意。① 现象学方法七个步骤，其要旨在于防范主观意识对事物本身先入为主，前三个步骤皆是直观，第四个步骤是意识对直观的整体反思，第五个步骤类似知识的构造，第六个步骤拒绝独断地对知识下判断，最后一个步骤用解释学解蔽。现象学方法的每一个步骤都用非理性来对理性实施"监督"，非理性要把理性关在"笼子"里。

现象学方法的前提和核心是意向性。胡塞尔的根本提问是：事物对意识显示的内容是否纯粹？他的信念是：意向性是纯粹的意识结构。他认为，意识具有"指向"某物的自身完满性与自主性，意向性就是这种"指向"。意识活动具有"性质"和"材料"两个方面。性质是意识活动的内在规定性，材料是意识活动的确定内容，性质规定着材料。在意向性的结构中，性质是"理想的"，材料是"实在的"。"理想"就是必然存在的本质，"实在"是一种纯粹的心理的实在。理想的意向活动是意义活动，与之相应的意识材料是概念，概念是意义活动所建立的。理想的意向活动将意义给予概念，概念将意义充实。概念所指示的本质与知觉到的事物无关，对事物的认识开始于指向本质的意义活动。意向活动将意义给予概念之后，概念还需要用具体的感觉材料"刻画"自身，感觉材料被吸收进意向活动。给予感觉材料以形式的意向活动是知觉活动。在知觉活动中，意义被具体化，感觉材料被客观化，两者结合成为对某一事物的知觉内容。知觉

---

① 参阅赵敦华《现代西方哲学新编》，北京大学出版社2001年版，第93—94页。

内容形成后，判断将会把它联结起来，形成知识。判断也是意向活动，判断所意向的对象是被表达为判断的主词，判断的意识内容被表达为谓词，两部分不可分割，靠系动词"是"来联结。主词和谓词所对应的是实在的活动，与系动词和其他逻辑连词相对应的是理想活动，即范畴直观或本质直观。这样，意识通过意向性结构达到了意义、知觉、判断和本质直观的统一。那么，作为现象学方法前提和核心的意向性又是怎么获得的呢？胡塞尔指出，把具体事实还原为一般本质，即把现实中存在的事物还原为意向的本质，继之"悬搁"一切存在的事实，以达到一个绝对的、纯粹的、自明的意识领域。悬搁排除意识的实际内容，只剩下纯粹自我。自我的纯粹性在于它的自我显示，它不是存在着的精神实体，而是意识之流。接下来的问题是，纯粹的无内容的自我意识是怎样构造出意识的呢？胡塞尔指出，自我意识的流动过程是一个显现和构造的过程。自我意识的构造是一种综合活动，即自我意识对给予的材料进行综合，自我意识本身是流动中形成的思想型相。纯粹自我的意识流是时间意识，现在的状态环绕着一个边缘域，其中既有对过去的保存，又有向未来的伸展。关于事物的意识，是时间的沉淀。从自我的时间意识，到意向活动和意向事物的构造过程被称为自我、我思、我思对象。胡塞尔的第一个理论困难是"他人"。"他人"在获得意向性——纯粹的自我意识时被悬搁，但是"他人"的自我也是"纯粹"的自我，胡塞尔不得不用"交互主体性"的概念说明自我与他人的共在。胡塞尔的第二个理论困难是不能说明纯粹自我怎样从无到有创造出意义并将之给予意识材料。他不得不借助"生活世界"的概念解答这一难题。"科学的世界，科学家的世界，它仅仅是由科学真理构成的合目的的领域，具有科学上的真的存在；而生活世界，则是这些目的与行动以及所有其他东西注入其中的领域。"[①] 胡塞尔所设想的生活世界是先验存在的世界，它先

[①] ［德］胡塞尔：《欧洲科学的危机与超越论的现象学》，王炳文译，商务印书馆2011年版，第587页。

于现存世界内的一切目标,是无前提的"生活经验",它排除掉了自然的客观存在,排除掉了精神中的一切理论和概念,排除掉了一切传统和习惯,它超越了特殊的现有世界,面向无限可能的世界。"我——按以前的自然的方式在世界中生成的我——总是已有过作为有效世界的世界;而这个我——有过作为存在着的世界的世界的我,由于这种存在有效性,世界曾为我存在——仍然始终是匿名的。"①胡塞尔所描绘的生活世界是不可言状的原初的主观现象领域,人悬搁生活世界的客观性,但却可以直观到它,并对这种直观不言自明。胡塞尔不知道说明生活世界的途径,而只能把它当作一个理论的预设。

梅洛—庞蒂试图解决胡塞尔现象学中的理论难题,尤其是生活世界的难题。他将意向性概念改造为"身体—主体"的概念。他认为现象不是显现在意识中,而是显现在身体—主体中。身体—主体中所显示的现象就是他自身。世界的基质是"肉体",即有生命的身体,由"肉体"组成的世界是知觉世界。他指出,知觉世界就是生活世界。在知觉世界中,身体—主体通过知觉与世界"对话",对话不是认知。身体—主体在与世界的对话中,将世界肉身化。与知觉对应的不是个别对象,而是整个世界,知觉虽从单个事物开始,但这是暂时的,知觉具有超越性,它可将知觉内容融合为区域背景,形成"自然世界",它还能将他人的知觉乃至整个文化世界融合在对自然世界的知觉中,形成大背景和整体结构。"知觉世界始终是一切理性、价值和存在的先行的基础。"②知觉世界的整体性包含着我与他人之间的可逆性,而这就是交互主体性。

对于"生活世界",伽达默尔力图运用胡塞尔提出的解释学发现和理解人与生活经验的关系。他接受海德格尔的基本观点,认为现象学是人作为存在的自我显示,而人是历史性的此在。他指出,解释学发现和理解人与生活经验的关系,就是理解人在历史中的活动。他在

---

① [德] 胡塞尔:《欧洲科学的危机与超越论的现象学》,王炳文译,商务印书馆2011年版,第576页。
② 转引自赵敦华《现代西方哲学新编》,北京大学出版社2001年版,第134页。

《真理与方法》一书中指出,"理解不属于主体的行为方式,而是此在本身的存在方式。本书中的'诠释学'(解释学——引者注)概念正是在这个意义上使用的。它标志着此在的根本运动性,这种运动性构成此在的有限性和历史性,因而也包括此在的全部世界经验"。① 他认为,历史是"效果的历史",人在历史中的活动体现出主体与客体的相互融通,人对历史的解释则体现出主观理解与客观效果的同一。人对历史的理解是"界域的融合"。"在我所使用的效果历史意识这个概念中合理地存在着某种两重性,这种两重性在于:它一方面用来指在历史进程中获得并被历史所规定的意识,另一方面又用来指对这种获得和规定本身的意识。显然,我的论证的意义是:效果历史的规定性也仍然支配着现代的、历史的和科学的意识——并且超出了对这种支配活动的任何一种可能的认识。效果历史意识在一个如此彻底的意义上是终究的,以致我们在自己整个命运中所获得的存在在本质上也超越了这种存在对其自身的认识。"② "理解甚至根本不能被认为是一种主体性的行为,而要被认为是一种置身于传统过程中的行动,在这过程中过去和现在经常地得以中介。"③ 历史的理解之所以可能,是因为文本读者与作者的界域的融合。理解是一种创造性过程,读者和作者都参与创造。对文本的研究既是历史性研究,又是理论性研究,研究遵循问答逻辑。理解是问答的过程,读者与作者处于同等地位,二者之间互相倾听,问答反复进行。伽达默尔对于生活世界的答案是:经验包括人的存在于他的世界的全部关系,历史内在于经验,人对世界的经验随历史而变化。

从胡塞尔到伽达默尔,现象学运动反对辩证法的方式是另起炉灶,在非理性的基础上重建研究人的自由本质的哲学方法论,相较于黑格尔辩证法系统、一贯地叙述人类自由史,尤其是自由观点史,现象学不能确证自由的主体,不能正视自由主体与客体的矛盾。在胡塞

---

① [德] 伽达默尔:《真理与方法》,洪汉鼎译,上海译文出版社 2004 年版,第 4 页。
② 同上书,第 9 页。
③ 同上书,第 375 页。

尔那里，自由主体陷入意向性与"生活世界"的矛盾，这对矛盾是主体与客体矛盾的片面表达，主体被抽象成单纯的意向性，客体被扭曲为个体意向性生成的经验过程，而这一过程则是无法解释的。梅洛—庞蒂把意向性肉身化为身体—主体，然后继续用肉身化来比喻主体与作为客体的"生活世界"的关系，然而这种关系是模糊的。伽达默尔把"生活世界"解释成为"效果历史"，用"效果历史"来包容主体与客体的对立统一关系。但他不敢承认主体与客体的矛盾，而将之比喻、改装成为读者与作者的关系，用读者与作者之间的问答逻辑说明胡塞尔不能说明的经验，但是，他的说明难道不是又回到实用主义者的老路上去了吗？

现代辩证法的难题集中体现在"理论与实践何以统一"这一命题之中。实用主义者直面这一命题，给予了一个粗糙、肤浅的答案——真理即有用。分析哲学家和现象学家则在理论的深谷中艰辛探索，分析哲学家保守地维护形式逻辑，现象学家则力图重建第一哲学，他们都一致地反对辩证法。分析哲学一开始就不能说明人和人的活动，即使它发生了语义和语用的转向，仍然难以摆脱用支离破碎的眼光看待复杂的人的思维和行为，结果被实用主义无情地宣判为无用。现象学站在非理性主义的阵营中，将辩证法连同理性主义一起予以摒弃，它的第一哲学前提是"生活世界"，然而它却不能说明生活世界。梅洛—庞蒂和伽达默尔试图说明生活世界，但是他们一致拒绝所谓二元对立的辩证思维，用模糊和折中的观点调和主体与客体、思维与存在、人与历史的矛盾，这样他们就只能描述主体与客体、思维与存在、人与历史的同一，却不能说明其中的差别和矛盾。现代哲学否定辩证的结果是，具有深刻理论传统的分析哲学和现象学要么背离于人，要么只能说明世界的模糊状态，而肤浅的实用主义反而成为正视理论与实践矛盾的世界哲学。

三 解构的恶果

在现代社会中，社会发展辩证法解决的核心问题是社会发展与人自身发展相异化。近代哲学的自由理论和辩证法共同勾勒而出的现代社会治道因为不能解决自由与异化、理论与实践的矛盾，而沦为资本主义异化的注脚。黑格尔哲学之后，现代哲学以解答"黑格尔难题"为诉求。分析哲学和现象学试图解决辩证法难题，唯意志论、生命哲学、存在主义和社会批判理论旨在破解自由难题，尤其是现象学运动更是谋求一揽子解决辩证法和自由论的难题，然而，以上哲学流派都陷入到理论困境之中而难以解脱。最后，只有实用主义者重新厘定了理论与实践的矛盾，对分析哲学和现象学（现代自由论的哲学根基）曲解理论与实践矛盾的理论错误实行釜底抽薪，正式提出解决该矛盾的思想路线：理论与实践之间的批判和扬弃被折中为有用，有用性成为二者相统一的中介。这一思想路线一旦转变为社会治理的理想，它就不可避免地将资本主义的异化继续扩张。须知异化自身亦是"有用"的，对于资产阶级的剥削和统治而言，异化是绝对有用的。实用主义逐步成为美国意识形态之后，它也随之成为美国主导的全球化的意识形态，成为新殖民主义和霸权主义的注脚。实用主义的意识形态又成为后现代哲学的批判对象，后现代哲学家怀疑、否定一切既定的资本主义社会治理模式，但他们不能知道能够真正实现自由的社会治理模式是何种面貌，他们决心对一切既定的模式都给予釜底抽薪，使之难以为继。在后现代哲学思潮中，我们选取三个主要代表性人物：阿尔都塞（结构主义哲学）、福柯和德里达。阿尔都塞虽不是后现代主义者，但他开辟了后现代主义的问题域，即无情地与资本主义意识形态实行决裂，以一种新的科学结构全盘取代资本主义意识形态。福柯将既定的资本主义统治秩序所得以生成的整个文化传统皆纳入到否定之列，他尤其质疑启蒙主义的理性精神，他站在非理性主义的立场上，重新阐释自由的主体及主体的自由一步步沦丧的历史。德里达将阿尔都塞否定一个旧结构、建立一个新结构的理论志愿进行了转换，他要对一切旧结构实行"解构"，以此呼应福柯质疑理性主义传统的做法，对理性主义的思维形式——"逻各斯中心主义"实行"清算"。他们最终将哲学非理性主义演化为历史虚无主义，而历史虚无主义最终与实用主义成为现代资本主义治理中相反相成的"另一极"。

索绪尔在语言学研究中，开辟出结构主义的语言观，因为语言在人的思维和社会活动中普遍而基础的作用，结构主义语言观又折射出结构主义的世界观。索绪尔的基本观点是：语言是一个整体和系统，它作为具有完整结构的语法体系潜存在人们的头脑里。语言是符号表示的规则系统，它以印迹形式存在于人的机体之中，成为人的心理原型和下意识。语言是言语活动的社会部分，它是个人以外的话语主权。语言是文化的产物，它是世界的分类原则。语言是共时的、自足的、稳定的音声符号体系，音声与意义必然对应，音声不断反拨文字对所指的僭越。哲学结构主义将语言学结构主义扩张成以下原则：其一，结构先于要素；其二，结构与结构间的变化是跨越断裂的飞跃；其三，结构是人的文化特征，自然没有结构；其四，社会先于个人，社会结构是人的文化本质。其总的观点是：人的思想和行为被社会结构决定，意识被集体下意识原型决定。阿尔都塞用结构主义方法批判资本主义意识形态——人道主义，他指出，人道主义的内在结构是：哲学上尊崇自我意识，社会观上主张社会契约论，经济观上奉行自由贸易。人道主义是资产阶级意识形态，它以个人为本位，将社会归结为个人的集合，又把个人属性还原为自然属性。它一方面声称：个人拥有天赋自由，个人利益是神圣不可侵犯的；另一方面又强调不平等和不正义根源于自然的差别。资产阶级意识形态已成为深入人内心之中的权力结构，推翻资本主义制度，最根本处在于从资本主义意识形态向科学的理论飞跃。马克思主义就是超越资本主义意识形态的科学理论。马克思主义以它的结构因果决定论，超越了人道主义的线性因果决定观。阿尔都塞认为，马克思以多元论历史观取代了黑格尔一元决定论，在马克思那里，上层建筑是社会的表层结构，经济结构决定人的活动，这只是资本主义特定阶段的产物，随着资本主义一体化的出现，经济结构不再是基础结构，而是与上层建筑并列的结构要素，经济、政治和科学的共同基础是意识形态。拉康在他的精神分析学中，运用结构主义方法研究了人性。他集中考察了欲望，他认为欲望是人与外界发生联系的中介，欲望的发展取决于下意识、意识和文化的结构。人类的欲望产生于婴儿时期，早在婴儿时期，人就产生与他人同一、需要他人承认的欲望，这一欲望的发展体现在想象界、象征界和实在界的结构中。在想象界，主体与客体、自我与他人的统一以想象的方式实现。在象征界，原初的统一转化为符号的能指与想象界的所指的关系。在实在界，象征界与想象界之间能指与所指的关系，在语言中发生能指的转喻和所指的隐喻，原初的统一消失在语言中。巴尔特研究了写作和阅读之间的关系。他认为，写作由风格的结构决定，风格是语言意义本身，语言符号的意义在于统一社会对象的图式、规则和用法三者之间的结构，语言结构的水平性和风格的垂直性是作家写作的"零度状态"。在阅读过程中，读者有创造意义的自由。自由是阅读主体的活动，阅读主体把编织好的文本结构分解为意符的流动，在文本中嵌入另一个文本，跨文本的阅读在文本中展开一个新空间，打破文本结构所控制的意义。巴尔特对写作的观点是结构主义的，而他对阅读的观点则是解构主义的。他的思想中写作与阅读的矛盾反映出结构主义与解构主义的矛盾。总的看来，结构主义是一种结构决定论，它强调了意识形态结构、人性结构、文化结构、语言结构对人本身的决定性。当巴尔特将目光注视于自由本身时，他就情不自禁地抛弃了结构主义。

没有结构主义就不会有解构主义。从形式上看，解构主义是对结构主义的反思和反拨，它批判结构主义的机械决定论，对结构实行解构，为自由更张。而从其实质上看，解构主义在后现代主义中发挥着灵魂的作用，它是现代哲学反理性、反本质、反辩证法思想的合流和极端化。后现代主义者，怀疑和否认人性的解放、知识的统一等理性主义命题。他们决心彻底推翻理性主义传统，消解二元对立的思维模式。福柯的思想其中心问题是：考察和揭示现代理性和人的主体性在西方兴起的社会历史条件。在他的知识考古学中，福柯挖掘思想史的前史，以图揭示理性和现代知识结构的本原。他的考察结论是：在知识形成的历史开端没有知识本原的纯粹同一性，而是充满着偶然事件的纷争。知识的开端和中心，不是知识，而是权力；不是语言，而是身体；不是思想，而是欲望；不是宏观结构，而是微观要素。他在《癫狂与非理性》中考察了理性与非理性的关系，他否定了知识论划分理性与非理性的标准，指出："只有在癫狂与非理性的关系之中，癫狂才能得到理解，非理性是癫狂的支撑，或者说，非理性限定了癫狂可能性的范围。"[1] 对待非理性的理性态度是对理性与非理性关系的限定和束缚。理性的标准不是天然的合理性，它不来自知识论证，而是由外在的历史因素造成。在《词与物》中，福柯考察了知识和思想的界限，他反思了文艺复兴以来的各种知识分类原则——知识型的差异。知识型是决定知识的内容和方法的范型，也是判断知识真假的标准。福柯指出：人的知识归根结底是词与物的关系，人们用词语之间的关系决定事物之间的关系。在文艺复兴时代，知识型的基本特征是相似性，人们用接近、仿效、类比、感应的方法达到词与物的同一，当时的知识信念是：写作符号与事物相似，文本内容与观察到的事物皆为真实。在古典时代，心与物、主观与客观的对立形成，知识型的特征是表象，心灵如同自然的镜子，主体和客体能够互相表象，但主体不能表象自身，自然科学是此时的主要知识形式。在现代，科学研究依靠抽象力，抽象力存在于主客体双方，并控制双方。人把客体视为主体的产物，人只有通过对自身的表象才能反映外物。自我表象是现代知识型的主要特征，康德和现象学的自我意识、存在主义的自我是典型代表。在当代，在结构主义者那里，语言的意指代替自我意识成为知识型的特征，主客观的关系和人的主体性被结构消解了，人被消解了。福柯知识考古学的结论是：人被消解以后，意识所面对的是事物的"缄默的固体"和"文本的空白"，犹如密不透光的绝对存在，意识不能认识它们，意识成为无意识。福柯深入探索了人的主体性的发展史。他从历史中，梳理了人作为主体遭受压迫的类型和过

---

[1] 转引自赵敦华《现代西方哲学新编》，北京大学出版社2001年版，第261页。

程。他在《监督和惩罚》中考察了社会压迫如何体现为愈来愈普遍的惩罚和监督。他指出：在封建时代，惩罚是报复。在启蒙时代，惩罚不是报复，而是对心灵的责罚。在现代，惩罚制度化，现代监督系统对人实行普遍的监督，空间分布、行为控制、日常训练、纪律约束皆是微观的惩罚。监督和惩罚普遍化的结果却是纵容犯罪，犯罪反过来证明监督和惩罚存在和扩张的合理性，手段成了目的本身，监督和惩罚最终成为绝对的不受监督和惩罚的社会权力。福柯将人的主体性描述为"身体/力量"和"力量/知识"。身体是主体的载体，一切压迫都施加于身体，而反抗压迫的物质力量也是身体。身体之内存在着"权力"和"强力"的斗争。权力是加诸身体的政治压迫，福柯认为，政治无处不在，阶级、家庭、上下级皆是政治的关系。政治的实质是按照秩序原则将人塑造成秩序的象征，政治的手段是战略和策略。强力即是尼采所说的强力意志，强力的倾向是产生力量，促使力量增长、有序，它绝不倾向于阻挠、屈服、摧残力量的生成和发挥。身体是权力和强力对决的战场，身体内这一战争是形成经济社会关系的基础。"力量/知识"则意味着，知识对权力和强力之争的介入作用。知识是一个生产力量的有序体系，它的作用是保持权力与强力在身体内部的平衡。福柯在《性经验史》中探讨了主体性的解放。他指出，性不是人的自然本能而是文化现象。性的话语蕴含着知识的领域、正常人的标准和主体性的形式。性观念反映出权力与知识联合作用于身体，对人的欲望加以规定，塑造出正常人的形象，从而成为人的主体性的内核。在古希腊，性是美的追求，主体是控制欲望的反思的审美的主体，主体对知识的立场是静观思辨。在中世纪，性观念在忏悔中表达，性被归结原罪和邪恶，主体被塑造成摆脱肉体的灵魂，其知识形式是宗教神学。在古典时期，性话语得以公开，但公开的目的却是禁止和压抑。性观念成为身体支柱，但是性知识和性监督却由手段转变为目的。现代性观念是权力压迫我们的秘密。福柯对主体性解放的主张是：把性从压抑和监督中解放出来，成为快乐本身的手段，主体在作乐、需求、欲望、机遇、暴力、反抗中显示出自身的主体性。福柯抛弃理性传统，对知识实行解构，最后的结论是意识转变为无意识。他批判社会历史对主体性的压迫和压抑，对主体实行消解，最后给人们指出的解放道路却是虚无和纵欲。这一切皆是对主体自身的瓦解。

德里达对理性主义的否定，集中在解构二元对立的思维形式，他将二元对立的思维传统称为逻各斯中心主义。他的解构从批判胡塞尔语言观开始。胡塞尔认为，意向体现自我的意义，表达意义的符号是语音符号，语音符号沟通自我与意向，其作用在于交流，而在自我的独白中，自我和意向直接同一，并不需要语言。德里达将胡塞尔的观点命名为语音中心主义，并指出这一观点的实质是逻各斯中心主义。在传统哲学中，逻各斯是"说出来的真理"，它既是人类和自然的理性，也是语言的内在理性。逻各斯是理性主义的核心精神。逻各斯中心主义反映出，在理性与非理性的矛盾中，理性"霸居"中心地位。而逻各斯与"说出"（语音）的同一，又表现出理性主义的语言观——语音中心主义，即在语音与文字的矛盾中，语音"霸居"中心地位。语音和文字的二元对立在哲学史上演化为精神和物质、内部和外部、真理和假象、心灵和身体、主体和客体、本质和现象、自为和自在、意义和文本等诸多二元对立。理性主义的二元对立其目的是统一，但是在上述的每一个对子中，前者被放在了中心地位，而后者则是前者的附庸。德里达的解构是对"中心"与"附庸"的位置颠倒。德里达强调，在"颠倒"之后，不可再形成新的"中心"，只有这样才能彻底否定本质主义的思维方式。德里达继续思索的问题是：在否定了逻各斯—语音中心主义之后，人应当怎样思维、怎样使用语言？他的主张是：语言的意义不在于说出，而在于写作。写作是一个消解一切对立和区别的意义流动过程。即使文本的作者自持语音与文字相对立的观点，此观点亦终将被写作的意义流动所解构。德里达将文本本体化，他指出，书写的字符是真正的语言，字符是语言完全自主的形式，作者心灵并不是意义源泉，字符是纯粹的能指符号，它的能指没有心灵意向的所指与之对应，字符的流动性不形成中心或本质，它自身也不是中心。字符流动的形成文本，文本亦没有中心、结构和本质。意义只存在于文本之中，文本之外没有意义。德里达强调，文本无休止地"分延"和"撒播"意义。文本向作者和读者同时开放，读者和作者之间没有主观与客观的对立。字符在流动中撒播意义。文本的意义，其能指与所指的蕴意无穷无限，它无所滞留于任何一点，无休止地区分自身、撒播意指。撒播是意义的自我运动，其中没有主体，亦不受人的意识的控制，反而决定了人的意识的形成。意义的撒播会在文本中留下印记，印记就像蜡版上的痕迹，它是深深印在文本中的先于文字的符号，人在写作和阅读文本的过程中，印记就像蜡版向上压纸一般，在意识中留下意识的原型。印记既存在于文本之中，又存在于人的意识之中，它成为意义分延和撒播的通道。我们看到，德里达在解构二元对立思维之后，为人们指出的运用思维和语言的方式和路径是一种神秘主义的直觉体悟，我们在听过德里达对这种体悟富有诗意的描述之后，有一个反问：二元对立的思维方式与辩证法是同一的吗？辩证法对矛盾的两分法难道不是"科学上的诚实"吗？

  从阿尔都塞到福柯和德里达，资本主义意识形态所"护佑"的现代资本主义社会治理秩序被归结为一种"结构"，到这里，现代西方哲学对理性主义哲学传统的批判被替换为对"结构"的批判。理性被偷换成为"结构"，这之中包藏的事实是，理性主义传统的最伟大成果——辩证法所发现和叙述的矛盾被彻底遮蔽了。建立在机械论基础之上的"结构"把活泼泼的矛盾扼杀了。阿尔都塞和德里达在批判既存的资本主义结构的同时，又不得不承认即使建立一种新秩序，它依然是一种结构，人依然机械地受这种结构支配。在福柯那里，虽然他主张非理性的主体实现自身的自由，但他所认识和叙述的历史，是理性主义不断强化对非理性自由的统治、压迫的必然过程，他颓废地将主体的解放寄希望于性的解放。阿尔都塞和德里达遮蔽了矛盾，从而虚无了资本主义的现实。福柯用非理性主义史观颠覆理性主义史观，最终以精神颓废对应资本主义历史与现实。他们以质疑实用主义意识形态为思考的出发点，最后的归宿是对这一意识形态无可奈何。

不仅如此,他们还进一步否定了资本主义社会内部反抗资本主义异化的各种可能,成为异化的帮凶。

第四节 马克思解答黑格尔难题

与现代西方哲学家们不同,马克思解答现代社会发展辩证法的"黑格尔难题",不是抛弃理性主义传统,而是继承这一传统,不是放弃辩证法,而是批判改造黑格尔辩证法。然而,马克思却因此扬弃了启蒙主义自由观,创立了共产主义自由观,实现了社会发展辩证法的革命。科学的社会发展辩证法是在马克思这里才真正诞生的。在马克思之前,社会发展辩证法只有理论逻辑,没有实践逻辑,辩证法还没有发现和确证物质实践,还没有把历史和社会领域中的实践智慧提高升华为实践逻辑,因而还只能局限在理论领域探讨理论理性与实践理性的矛盾,这导致理论不能突破自身转化为实践,因此它不能掌握群众,不能依靠群众的物质批判去解决社会发展的理想与现实之间的矛盾。马克思社会发展辩证法的理论内容是辩证法、历史唯物论与自由论的统一,它的哲学方法论是概念辩证法与实践辩证法的统一,它的历史意义是:扬弃资本主义制度,指明社会主义社会科学发展的趋势。

一 辩证法、历史唯物论与自由论三位一体

历史唯物主义和剩余价值学说是马克思的两大科学发现,这两大科学发现之间不是分立并列的关系,它们是一块"整钢"。马克思发现和阐明了社会历史运动的规律,这构成历史唯物主义的科学内容,他揭示和叙述出资本主义社会运动的规律,这构成剩余价值学说的科学内容。历史唯物主义和剩余价值学说皆是社会发展的规律,前者是社会发展的必然规律,后者是社会发展的现实规律,二者之间体现出历史必然与社会现实的辩证关系。历史唯物主义和剩余价值学说皆是社会发展规律,其科学性在于规律的发现。社会发展是否具有科学规

律，人类能否发现并驾驭社会历史规律，这是后人承认或否认马克思科学发现的前提性思考。马克思创立并运用唯物辩证法而获得两大科学发现，承认或否认马克思的科学发现，其实质是求证唯物辩证法的科学性是否成立。我们只有全面地认识和反思唯物辩证法，才能理解和把握马克思学说的科学性、革命性和批判性。

马克思主义的唯物辩证法由自然辩证法和社会发展辩证法组成，马克思本人着力于创立科学的社会发展辩证法，他运用社会发展辩证法获得了两大科学发现。马克思的社会发展辩证法是辩证法、历史唯物论和自由论的三位一体。马克思运用社会发展辩证法研究社会历史的运动规律，这不是一般意义上的用某种方法研究某个内容，他是用内容研究内容，用历史研究历史。用历史研究历史，这是黑格尔在他的哲学体系中已经达到的理论境界。黑格尔运用辩证法论证、叙述绝对精神具有自我意识和自我实现的绝对自由，他叙述绝对精神自我意识、自我实现的历史过程同时就是他对绝对精神绝对自由的论证，绝对精神自己的历史就是对自己的证明，历史本身既是内容又是方法。马克思社会发展辩证法所蕴含的辩证法、历史唯物论和自由论的三位一体勾勒出人类历史矛盾运动的基本内容和进程，它显示出历史唯物论既是方法又是内容的理论境界。马克思认为，社会历史科学的研究对象不是单纯的社会历史现象，社会历史研究应透过全面的现象材料发现社会历史的内在矛盾，这就必须要运用研究矛盾的专有方法——辩证法。马克思发现以往的辩证法形态都不适用于社会历史研究，黑格尔创立辩证逻辑，因而确立了辩证法的科学形态，但是，黑格尔辩证法所描述的历史主体不是观念与现实合一的人，而只是绝对精神，只是用"绝对"一词粉饰过的人的观念，因而黑格尔视域中的人是片面的人。马克思在他的历史唯物论中揭示出历史的主体——从事实践活动的人，历史的内在矛盾就是人在实践活动中形成的客观矛盾。马克思分别用理论逻辑和实践逻辑说明了实践的矛盾性：在理论层面，实践的内在矛盾体现为主体与客体的对立统一；在实践层面，实践的内在矛盾展现为生产力与生产关系、经济基础与上层建筑、社会存在与社会意识之间的对立统一。马克思认为,实践必须用实践的逻辑表达,物质的实践归根结底是物质的力量,对实践的理论表述只是对物质实践的反映和概括。但是,马克思也同时强调,旧哲学之所以不能发现和认识实践,问题在于其理论逻辑不能突破物化意识和异化意识的樊篱,其实质是颠倒了历史主体与客体的关系。因而,在他的历史唯物论中,马克思始终抓住主体与客体的矛盾,对唯心史观实行彻底的理论批判。

马克思在确证历史的主体并发现历史的矛盾之后,接着展开了对历史矛盾运动过程的叙述。在叙述历史矛盾运动的过程中,马克思批判改造了黑格尔辩证法,锻造出唯物辩证法。唯物辩证法包含理论逻辑和实践逻辑两个层面:在理论逻辑层面,马克思扬弃黑格尔的从抽象上升到具体的概念逻辑,用之叙述现实的矛盾运动;在实践逻辑层面,马克思彻底批判了黑格尔自由理论,指示出人认识和实现自由的历史规律。马克思所实行的辩证法革命,其意义在于:颠倒和改造黑格尔概念辩证法,创立实践辩证法。当我们深入到马克思的实践辩证法中时,我们可以发现,马克思的实践辩证法就是他的自由论。实践辩证法与概念辩证法有着显著的区别。概念辩证法是对客观的历史矛盾的揭示和叙述,它阐释出实践主体与客体的矛盾关系史。实践辩证法是从主体的方面再次叙述历史的矛盾运动,它着重阐明主体认识和解决主体—客体矛盾的历史规律。实践辩证法说明了历史主体的生成以及主体性的充分实现,它与自由论同一。我们看到,马克思的理论志趣是运用辩证法使得历史自己说话,用历史说明历史。而他批判旧辩证法的理论基石,恰恰来自他对社会历史事实的研究,他发现了实践,并用实践范畴改造了黑格尔辩证法。这样,马克思就达到了辩证法与历史理论的合一,他在叙述历史矛盾运动史的过程中让历史自己说话,自己证明自己。马克思的辩证法革命,是在他运用辩证法叙述历史矛盾运动的过程中完成的,他创立了实践辩证法,马克思实践辩证法得以完成的标志是他开创了共产主义的自由论。马克思用唯物辩证法揭示出人认识和实现自由的历史规律,他最终创立了科学的社会发展辩证法。对于马克思的社会发展辩证法，我们还需更深入的理解。

首先，实践范畴是马克思社会发展辩证法的理论基石。马克思在创立学说之初，就洞悉到哲学的科学性、革命性和批判性应在于它能够实现理论与实践相统一，将理想转变成现实。他提出"哲学的世界化与世界的哲学化""批判的武器与武器的批判""理论掌握群众和群众掌握理论""辩证法的脑和无产阶级的心"等一系列反映理论与实践相统一的命题。在《1844年哲学—经济学手稿》中，马克思确证劳动就是实践的原型，人在劳动中展现和实现自己的类特性——自由自觉的活动，劳动是人自己解放自己、实现自由的物质根源。在《关于费尔巴哈的提纲》中马克思正式提出实践范畴，并从理论逻辑层面说明了实践，他指出实践有三层含义：其一，实践中蕴含着主体与客体的矛盾，应从主体方面认识物质实践；其二，理论与实践的统一意味着思维统一于存在；其三，实践不是一般的存在，它是能够"改变世界"的自由存在，改变世界意味着主体与客体统一于主体，主体实现自由。在《德意志意识形态》中，马克思在实践逻辑层面阐明了实践。他指出，在现实的历史中人的实践体现为物质生产活动，现实的人从事着物质生产活动，这是人类历史最大的事实。马克思指明：物质生产活动内部最基本的矛盾是生产力与生产关系的矛盾，这一矛盾是历史运动的内在动力。生产力与生产关系之间是内容与形式的关系，生产力选择适应其发展趋势的生产关系，淘汰阻碍其发展趋势的生产关系。马克思特别强调，生产力与生产关系的关系就是生产关系与劳动者个人的关系，判断生产关系是否适应生产力的标准是看生产关系是解放还是束缚劳动者个人才能的自主发挥。马克思在用实践逻辑表述实践范畴之时，依然强调实践主体性和自由性。在《资本论》中，马克思详尽地考察了资本主义社会中劳动者在资本主义生产关系和交换关系的矛盾运动中如何陷入异化，又如何扬弃异化的历史发展规律。我们看到，马克思的实践范畴是实用主义者的实用范畴不可比拟的。实践的实质是劳动者充分发展主体性，实现自由。

而实用主义者的实用范畴并没有确立自由的标准,更没有树立劳动者实现自由的立场。实践范畴和实用范畴的根本区别是:前者明确主体,即创造历史的物质生产者;后者的主体是模糊的、抽象的、偶然的人。

其次,马克思社会发展辩证法的出发点和归宿是自由。马克思的自由观有三层内涵:其一,人的本质在其可能性上是自由自觉的活动,而在其现实性上是一切社会关系的总和;其二,自由是异化的对立面,异化是主体与客体、共同体与个人之间关系的颠倒,与异化根本不同,自由是自由人的联合体,是自由个性的充分发展;其三,人的自由个性的充分发展将在自由王国——文化领域最终实现,而与之相对的必然王国——政治经济领域中的自由则意味着将剩余劳动时间转变为自由时间,后者是前者的物质基础。马克思的自由论揭示出社会发展与人的发展的辩证矛盾,这一矛盾正是社会发展辩证法的内在矛盾。马克思批判超越传统哲学或者是以自我意识、或者以意志自由来论证自由的狭隘观点,他指明人的自由本质,其根源不在于自由的意识或意志,而在于自由的实践。实践不是一般的人类活动,它是人改变世界、实现自由的活动,它是自由自觉的活动。海德格尔所叙说的此在的"烦忙"和"烦神"貌似实践,他既以"烦忙"描述出人掌握工具改变对象的活动,又用"烦神"来形容人在活动中结合而成的社会关系,但是,他否认了人在生产和交往活动中自由自觉的精神,他认为人在过去、现在和将来的生产和交往活动中,难以从"烦"和"畏"的异化状态中自拔,只有"死"和"神"给予人回归本真的契机。马克思认为,人的自由解放就是对异化的扬弃,而人扬弃异化根本不是精神的自我超越,更不是向神的皈依,人"只有在现实的世界中并使用现实的手段才能实现真正的解放。"[①] 与海德格尔根本不同,马克思不是将人的生产和交往活动看作是"烦",而是看作自由的条件和形式。"生产力和社会关系——这二者是社会的个

[①] 马克思、恩格斯:《马克思恩格斯选集》第1卷,人民出版社1995年版,第74页。

人发展的不同方面。"① 马克思指出，人的本质在其现实性上是一切社会关系的总和②，人改变世界的杠杆就是他身处于其中的社会关系，人协调和改变社会关系归根结底是解放自身的生产能力。现实的资本主义制度造成了普遍的异化，异化归根结底是社会关系的异化，批判和扬弃异化归根结底是推翻和改造资本主义的社会关系。资本主义社会关系的异化表现为资本与雇佣劳动的生产关系造成工人阶级的异化境遇、资本与雇佣劳动关系对商品货币关系的异化造成资本主义的经济危机、资产阶级上层建筑对经济基础的异化造成以异化意识为特征的意识形态。马克思指出，资本主义社会的绝对被压迫者是扬弃异化、实现自由的历史主体，他们扬弃异化的途径是推翻资本主义生产关系、颠覆社会生产关系与交换关系的异化关系、在消灭私有制的基础上建立新的社会上层建筑——自由人联合体，在自由人的联合体中"每个人的自由发展是一切人的自由发展的条件"③。自由人联合体为个性的自由发展提供了物质基础，在这个联合体中，人们彻底扬弃了剩余价值剥削，将剩余劳动时间转换为自由时间。以此为前提，人们可以在自由人联合体的基础上建设自由王国，自由王国是"以人的个性充分发展为目的"的文化领域，人们在此领域充分运用自由时间培养自身科学和艺术的能力，实现个性的全面发展。萨特对马克思自由人联合体的思想充满怀疑，他认为个人的自由选择会为集体所吞噬，这意味着自由的消亡。他认为，自由是个人意识绝对自由的选择，这种选择不受任何外在约束。但是，他又指出，个人一旦进入集体，集体就会扼杀个人的自由选择，那么这岂不就是承认了个人自由只能停留在意识之中，而一旦个人遇到他人、遇到社会交往，他的自由就像落地的雪花一般迅速消融了吗？事实上，萨特与马克思的根本分歧在

---

① 马克思、恩格斯：《马克思恩格斯全集》中文第1版，第46卷下，人民出版社1980年版，第219页。
② 参阅马克思、恩格斯《马克思恩格斯选集》第1卷，人民出版社1995年版，第56页。
③ 马克思、恩格斯：《马克思恩格斯选集》第1卷，人民出版社1995年版，第294页。

于，他不承认人可以改变社会关系进而改变世界。

最后，马克思的社会发展辩证法解答了"黑格尔难题"。社会发展辩证法的"黑格尔难题"是：理论与实践何以统一，理想与现实何以统一，逻辑与历史何以统一。黑格尔难以解答以上难题，其根本原因在于他的哲学不能解决自由与异化的矛盾。在资本主义社会中，人的不自由境遇表现为普遍的异化，黑格尔直观到资本主义生产领域中的异化现象，但是他确信资本主义政治和文化上层建筑能够扬弃异化，然而，他却身处于资本主义政治与文化的异化之中而感到自在自足。深处异化而为异化辩护，这是黑格尔哲学迅速解体且备受后学批判的直接原因。黑格尔辩证法只能描述观念的历史而不能正确地反映现实的历史，而事实上忽视或曲解现实的历史也不可能正确、完整地描述出观念的历史，这一切理论痼疾皆源自黑格尔狭隘的认识和理解实践。在《精神现象学》和《法哲学原理》中，黑格尔发现甚至强调了劳动改变世界、劳动者把握世界的事实，然而，他并没有将劳动当作实践的原型，他终究把劳动归结为意识发展到自我意识阶段的表现。在他的视域中，实践是实践理性，它是认识范畴中与理论理性相对而言的更高层次的认识。实践理性的外化或现实化表现为法的精神、道德精神和国家民族精神。在黑格尔那里，作为整个社会关系和社会结构根基的物质生产领域只是镶嵌于国家和文化精神中的环节和中介，不是社会经济关系决定上层建筑，而是上层建筑决定经济基础。最后，作为上层建筑最高理念的绝对精神——艺术、宗教和哲学，其中包含着艺术向宗教皈依、宗教将人性异化、哲学将宗教理性化等全盘异化的思想，成为资本主义绝对的意识形态。马克思社会发展辩证法的革命是对黑格尔辩证法实行"颠倒"，"颠倒"的实质是彻底颠覆黑格尔辩证法的如下立场：理论与实践统一于理论、理想与现实统一于理想、逻辑与历史统一于逻辑。马克思社会发展辩证法的基本立场是：理论与实践相统一于实践、理想与现实相统一于现实、逻辑与历史相统一于历史。马克思社会发展辩证法的科学立场来源于他对社会历史的重新考察，他将辩证法的否定精神和创造精神贯彻到底，用之全面揭示和叙述现实的历史，在现实的历史中发现人类认识自由和实现自由的历史。所谓现实的历史就是实践的历史，人类的自由史是从主体角度阅读和创作的实践史，而实践史本身就是人"改变世界"的历史，因而实践史与自由史是同一个历史过程，诚如马克思所说：物质生产力发展的历史也是人自身发展的历史。虽然如此，人类并不能只在自由的现象中真正认识自由，认识自由史的锁钥是实践和实践的历史。黑格尔只看到人自身发展的历史，却不清楚人发展自身的物质基础和内在动力是什么，因而他对人自身发展历史的描述只能是"精神现象学"，他只能将人自身发展的终极目标设定为理论、理想和逻辑的合一体——绝对精神。他脱离实践史去叙述自由史，自由就成了无主体的自我意识和自我实现的精神，而他恰恰因此而否定了人的自我意识和自我实现，这样，最后达到自我实现的精神，不过是现实世界中以异化意识为特征的资本主义意识形态。马克思立足于实践史去研究自由史，他在人类的历史实践中发现和确定了自由的主体——现实的人，他所叙述的实践史是人通过生产力和生产关系两个方面的发展，达到自我意识和自我实现的历史，他在生产力与生产关系的关系中发现了异化的物质根源，并指明扬弃异化的正确途径：首先扬弃必然王国领域中社会关系的异化，在此基础上建设自由王国，对文化领域中的异化意识实行颠倒。所谓理论与实践相统一于实践、理想与现实相统一于现实、逻辑与历史相统一于历史，归根结底是指明人作为历史活动的主体，在现实的历史实践中，通过变革社会关系、全面发展个性才华，将自由理论转化为实践自由、将自由理想转化为自由现实，将逻辑上的自由转变为自由的历史。

二 概念辩证法与实践辩证法相统一

马克思的社会发展辩证法在叙述形式上表现为概念辩证法与实践辩证法的统一。概念辩证法与实践辩证法的统一解决了康德以来辩证法不能揭示理论与实践之矛盾的难题。从康德那里开始，哲学运用辩证法反映和解答理论与实践相统一的命题已经显示出端倪。康德从否

第一章　社会发展辩证法的生成史　153

定的方面提出了这一问题，他认为辩证思维超越形式逻辑不能解决理论与实践何以统一的问题，但他也承认由形式逻辑所规范的知识体系也不能解决这一理论难题。费希特尝试从形式逻辑内部推演出辩证逻辑，他发现理论内部和实践内部都具有"正—反—合"的矛盾运动，但他还是不能说明理论与实践之间的关系。谢林抛弃了形式逻辑，他认识到形式逻辑不能说明历史运动，而辩证法是与历史合一的，他在自然史和精神史中确证了"正—反—合"的矛盾运动规律，他发现了解决近代自由理论关于自由与必然的理论难题的科学路径，他指出，自然必然性与自由统一于矛盾运动的规律，自然必然性的内容是矛盾运动的规律，而自由的自我意识达到自我实现也须经过矛盾发展的过程，然而，谢林的理论难题是他难以说明自我意识的矛盾运动与自然的矛盾运动如何一致。他依然难以解答理论与实践何以统一的问题。黑格尔创立辩证逻辑，试图将自然的矛盾运动与精神的矛盾运动叙述成一个完整的历史，他从形式上解答了自由与必然的矛盾，他指示出自由与必然的矛盾不过是从必然到自由的发展过程，历史本身就能够解决自由与必然的矛盾。他指出，在必然与自由之间的历史，是自由的主体异化自身，又扬弃异化的过程。他叙述了人类认识和把握自然规律后达到精神自由的历史，但他难以说明人类精神在社会领域当中的异化，在社会历史领域，他陷入到自由与异化的矛盾中难以自拔。黑格尔也没有解决理论与实践的矛盾。

　　从康德到黑格尔之所以难以解决理论与实践的矛盾，其缘由在于两个方面：第一个方面是，辩证法如何突破形式逻辑的窠臼确立辩证逻辑的科学形态；第二个方面是，如何发现和确认实践，实践到底是什么？我们看到，从康德到黑格尔，辩证法的发展经历了突破形式逻辑、确立辩证逻辑的完整过程，德国古典哲学创立了科学的辩证法形式。然而，在关于何为实践这一问题上，从康德到黑格尔并没有实质性的突破。在康德那里，实践只是实践理性，而到黑格尔那里时，实践依然是实践理性。在德国古典哲学的理论视域中，实践是精神的附属物，人的物质生产活动和社会交往活动是由精神主导和主宰的，精神的自我意识中包含着理论理性对实践理性的指导和驾驭。因此，我们看到，在康德哲学中，虽然存在着理智和德性的鸿沟，但是，康德却绝对地确信理性为道德实践立法。而在黑格尔那里，他虽然超越了康德道德哲学抽象的"应当"，可是他依然认为社会实践是道德精神的外化，而实践本身终归要转化和升华为国家和民族精神。从康德到黑格尔，理论与实践何以统一的难题始终没有得到根本解决，但是，事实上一直存在着一个预设的答案阻挡着新答案的产生，德国古典哲学先天地将实践归属于理论，试图在理论的内部解决理论与实践如何统一的问题，这必然会产生理论无论如何也容纳不下实践，理想无论如何不能包容现实的思想困境。

马克思从黑格尔哲学体系中拯救出了辩证法。马克思认为，人类把握世界有理论的、实践的、艺术的和宗教的四种方式。理论能够把握世界，而理论把握世界的专有方法就是概念辩证法。他充分肯定黑格尔将辩证法上升为科学的理论功绩，并说他自己是黑格尔的学生。黑格尔的辩证法是概念辩证法，他运用概念从抽象上升到具体的逻辑运动再现和叙述出历史的矛盾运动。概念辩证法的产生，使得历史科学成为可能。正是有了概念辩证法，历史才成为理论思维的研究对象，在概念辩证法产生之前，哲学没有历史观念，因而哲学的视野是狭隘的。黑格尔创立概念辩证法之后，他运用概念辩证法完整地叙述出人类自由精神的现象史，并洞悉和猜测到了自然史和社会发展史的规律必然性。马克思对黑格尔的概念辩证法做出理论总结并对之实施了改造。他指出："我的辩证法，从根本上来说，不仅和黑格尔的辩证方法不同，而且和它截然相反。在黑格尔看来，思维过程，即他称为观念而甚至把它转化为独立主体的思维过程，是现实事物的创造主，而现实事物只是思维过程的外部表现。我的看法则相反，观念的东西不外是移入人的头脑并在人的头脑中改造过的物质的东西而已。"[①] 概念是对矛盾的反映和概括，概念能够反映矛盾是人能够发

---

① 马克思：《资本论》第 1 卷，人民出版社 2004 年版，第 22 页。

现和确认矛盾的逻辑学表达。黑格尔承认人有把握矛盾的意识能力，但他对人的意识能力并不信任，他将人用概念表述矛盾的理论成果绝对化、实体化、主体化，使之成为绝对知识或绝对精神，这不过是柏拉图理念论的翻版。概念从抽象上升到具体所再现的是事物从产生到发展、最后到灭亡的历史过程，其内在的机制是：概念从抽象上升到具体是矛盾"正—反—合"运动的逻辑链条，"正—反—合"所反映的是矛盾体自我否定的运动特征，"正"是事物的自我肯定性，"反"是事物的自我否定性，"反"是"正—反—合"运动的根源和动力。事物的自我肯定性决定了它的存在，但是任何存在都是暂时的，事物的自我否定性是其存在必然灭亡而向他物转化的必然趋势。"反"决定"正"的运动方向，"正"被"反"否定，"反"又会被它的"反"所否定，否定之否定是"合"，在"合"这里，"正"和"反"作为旧事物的内核皆被否定了，但是这时的否定不是抛弃而是扬弃，"合"作为新事物将旧事物的合理内核吸收进自身，使得自身成为包含了各个发展环节和中介的具体的总体。黑格尔发现了矛盾运动"正—反—合"的规律，但是，在他那里"反"不是真实的、彻底的自我否定，黑格尔辩证法的目的是既定的"合"——自在自为的绝对精神，所有历史要素和精神要素都是绝对精神自我实现的脚手架，它们自身的矛盾运动都是"理性的狡计"。在黑格尔的辩证法体系中，他的理论辩证法和应用辩证法是脱节的。在理论辩证法也即他的逻辑学中，他说明了质量互变规律、对立统一规律和否定之否定规律，说明了矛盾从可能向现实、从现实到必然的逻辑运动。但是，他对矛盾运动规律的阐释仅仅适用于绝对精神。而在他的应用辩证法中，也即自然哲学和精神哲学中，自然事物和精神现象各自作为矛盾体都难以完全展开自我否定的矛盾运动，它们的存在和转化只因绝对精神的自我实现而被取舍、嫁接。马克思指出："辩证法在对现存事物的肯定的理解中同时包含对现存事物的否定的理解，即对现存事物的必然灭亡的理解；辩证法对每一种既成的形式都是从不断的运动中，因而也是从它的暂时性方面去理解；辩证法不崇拜任何东西，按其本质来说，它是批判的和革命的。"①马克思认为，自我否定性是任何事物的内在矛盾的实质，像黑格尔那样，对各个事物自我否定的矛盾本质进行支解和曲解，而唯一能够自由地对自我进行否定的绝对精神又注定是全知、全能和全善的完满，因而黑格尔辩证法不是批判的和革命的，它的本质是异化意识。马克思改造黑格尔的概念辩证法，用概念"正—反—合"的矛盾运动如实地反映和再现事物自我否定的矛盾运动，从而将黑格尔的历史与逻辑统一于逻辑的唯心辩证法，改造成为逻辑与历史相统一于历史的唯物辩证法。

解构主义者反对辩证法，将辩证法的逻辑基础描述为"逻各斯"中心主义，这一描述具有两层含义：其一，辩证法的逻辑基础是二元对立的本质观；其二，辩证法在二元对立的本质中又擅立"中心"。究其实，解构主义者所谓的"二元"和"中心"都是对辩证法的对象——矛盾所做的形式上的描述。解构主义者所批判的二元对立，主要是：精神和物质、内部和外部、真理和假象、心灵和身体、主体和客体、本质和现象、自为和自在等传统形而上学的哲学对子。这些对子多在黑格尔辩证法产生之前就已经存在，黑格尔辩证法对这些对子进行了改造，他用矛盾运动的历史过程将这些对子贯通，例如从物质到精神是精神自我异化并扬弃异化的历史过程；绝对精神作为绝对的主体经过包容所有环节的自我实现运动之后转化为绝对的客体；本质并不高于现象，本质只有从内在的实质外化为现象，才能实现自身，本质与现象的综合是现实。在黑格尔那里，矛盾对子之间的关系是历史联系，解构主义者忽视对子之间的历史联系，只看到对子之间的空间并列关系，即所谓的"结构"，这种认识并没有达到黑格尔辩证法的高度。此外，用二元对立的观点描述马克思的唯物辩证法，这只是形式上的肤浅描述，唯物辩证法的研究对象——矛盾是事物内部自我肯定与自我否定两个方面的对立统一，事物的自我肯定性与自我否定性之间非但不是"二元"关系反而是"一元"关系。事物的自我肯

---

① 马克思：《资本论》第1卷，人民出版社2004年版，第22页。

第一章 社会发展辩证法的生成史 157

定性是其存在的根据，而其自我否定性则是其消亡的根源，事物的存在和消亡不是可以分割的"二元"而是完整的历史过程：其自我肯定中包含着自我否定，而自我否定又孕育着他物对自身的肯定，从自我肯定到自我否定，从自我到他物，其中贯穿着事物向他物转化的可能、现实和必然。解构主义者在其机械的、形式的"二元"划分的基础上，又指责辩证法的重点论，他们将辩证法矛盾中决定矛盾运动方向的方面曲解为"中心"，而另一方成为"依附"。事实上，在辩证矛盾中，事物自我否定的方面不断批判和瓦解着任何暂时的自我肯定的"中心"，如果说自我否定本身就是中心，那就意味着革命的批判本身成为辩证法的中心，这不恰恰就是解构主义者所追求和向往的普遍的批判和否定吗？解构主义者不能正视事物在矛盾运动过程中批判与自我批判的历史过程，肤浅地对矛盾实行"解构"，最后的结果是怎样的呢？德里达将"逻各斯中心主义"的基础归咎为语音与文字二元对立，并将文字从语音的"专制"中解放出来，将哲学中所有的二元对立的对子融入在文字流动形成的文本之中，转化为作者与读者之间共同创造意义的过程，这不正是五柳先生"好读书，不求甚解"的写照吗？这事实上，只不过是对世界的矛盾运动采取了旁观的态度罢了。梅洛—庞蒂创造出"身体—主体"的概念力图从本体论上克服"二元对立"的本质观。他认为"身体—主体"与世界的关系既非认识、也非实践，而是"对话"。"身体—主体"在与世界的对话中，将世界肉身化。在肉身化的世界中，所有的对子都是可逆的。他只不过是用非理性的语言重新诉说了黑格尔辩证法已经揭示过的矛盾对立面相互贯通和转化，然而，非理性的语言只能直观地、象征地描摹辩证矛盾，这种对矛盾的模糊表达并不能消灭矛盾的客观存在。黑格尔和马克思对矛盾内部两个方面对立统一关系的阐释，并不是所谓二元对立的形而上学思辨，这是"科学上的诚实"。

马克思不仅批判改造了概念辩证法，他还创立了实践辩证法。马克思的实践辩证法其主题是：社会发展与人的发展何以统一。其内容和方法是：一致地叙述人类实践史与自由史。马克思指出，与理论不同，实践是人类把握世界的另一种方式。马克思发现，人类通过实践把握世界的方式，与其通过理论把握世界的方式正好相反。理论把握世界的方式，是从抽象上升到具体。而实践把握世界的方式，则是从具体再回到抽象。概念辩证法从抽象上升到具体，是在发现事物内部的基本矛盾之后，反映并叙述矛盾运动过程的科学逻辑。而实践辩证法的功用有两个层次：一是发现矛盾，因而实践辩证法是概念辩证法的科学前提和基础；二是解决矛盾，这是人作为历史主体在把握了历史的矛盾或矛盾的历史之后，发挥主体作用有目的地驾驭矛盾的过程，它表现为方略和策略的体系。人们对社会历史进行科学考察，其研究的出发点是全面地占有现象材料，然后从现象材料中确定事实，进行事实与事实的比较，并分析和概括出规律的系列。这之后，社会历史研究最重要的一个步骤才能开始，即从规律的系列中发现和确定事物内部的自我肯定和自我否定性，确证矛盾本身。实践辩证法就从这里开始发挥作用，实践要出于经验而高于经验，从经验材料中发现矛盾本身。那么，实践辩证法是如何从经验材料中发现矛盾的呢？事实上，早期的经验论者已经直觉到经验中最为可靠的认识过程是实验，而实用主义者杜威甚至将自己的实用主义观点概括为实验主义。但是他们都不能真正理解实验的科学含义，实验不是实际试验和实用验证，它是实践检验。实际试验是无主体的过程，实用验证的主体是偶然的主体，而实践的主体是历史主体。实际实验以自然科学实验为原型，实用验证局限在偶然的社会现实范围中，而实践则是完整的历史过程。历史实践的主体发现事物内在矛盾的过程是：在社会历史的现象材料中发现和总结规律的系列，并在规律系列中发现贯穿整个历史过程的普遍性规律，再从中确定涉及主体与客体关系的基本规律，最后直指主体—客体关系揭示其中的矛盾内容。实践辩证法发现和确认基本矛盾之后，概念辩证法的功用就要显示出来了，它从抽象上升到具体叙述和再现出矛盾历史运动的过程。但是，概念辩证法对矛盾运动史的叙述只能从现实上溯到历史，它对矛盾的叙述有两个前提条件：其一，事物内在的基本矛盾必须自我显示而出；其二，实践辩证法发现和确认基本矛盾。马克思指出,《资本论》从抽象上升到具体叙述资本主义社会的矛盾运动,需要客观和主观两个条件:首先在客观方面,资本主义社会的内在矛盾已经成为现实的矛盾,其次在主观方面,辩证法对资本主义社会现实矛盾的批判已经形成。这体现出概念辩证法逻辑与历史相统一的实质:历史的矛盾运动决定逻辑的演进方向,只有内在矛盾在历史中现实化后,逻辑对矛盾的反映和概括才成为可能,逻辑不能杜撰矛盾,这就是黑格尔所说的"密纳发的猫头鹰要到黄昏才能起飞"。在概念辩证法揭示和叙述矛盾运动的历史过程之后,辩证法的运动还没有停止。人们认识矛盾是为了驾驭矛盾、改变现实、实现自由。实践辩证法还要从概念辩证法所揭示和叙述的矛盾运动规律出发,从具体再回到抽象,从矛盾运动的起点回溯性地考察人作为历史主体在历史矛盾运动过程中的地位、境遇和作用,发现人认识矛盾、驾驭和解决矛盾、实现自由的历史过程。实践辩证法的功用是要在人类的实践史中确证自由史,它的逻辑形式是方略和策略体系,方略和策略是人驾驭、解决矛盾、实现自由的科学逻辑。马克思的实践辩证法具有理论和应用两种形态。理论形态的实践辩证法就是历史唯物论,马克思指明,人们在历史材料和规律的系列中所应发现的普遍矛盾是:生产力与生产关系、经济基础与上层建筑、社会存在与社会意识,贯穿这些普遍矛盾的基本矛盾是:历史主体与客体的矛盾。应用形态的实践辩证法体现为《资本论》体系。在《资本论》中,马克思首先运用实践辩证法确证资本主义社会的基本矛盾,其内容是:资本与雇佣劳动的生产关系与商品货币的交换关系之间的矛盾。然后,他运用概念辩证法从抽象上升到具体叙述了以上矛盾历史运动的规律。最后,他又运用实践辩证法从具体再回溯到抽象,揭示和阐明资本主义异化和异化意识形成的历史过程,并指明扬弃异化和异化意识、实现自由的科学道路。

我们看到,马克思社会发展辩证法是概念辩证法与实践辩证法的统一,这种统一表现为实践辩证法—概念辩证法—实践辩证法的逻辑历史过程,概念辩证法与实践辩证法的统一是一个历史过程,这意味着理论与实践的统一亦是一个历史过程，理论与实践相统一的实质是理论从实践中来，再到实践中去。

三 社会主义社会的科学发展

马克思的社会发展辩证法是科学的辩证法，但是它还是尚未完成的科学理论。历史唯物主义学说构成马克思社会发展辩证法的理论形态，剩余价值学说体现出马克思社会发展辩证法的应用形态。但是，剩余价值学说中的社会发展辩证法，并没有完成对实践辩证法—概念辩证法—实践辩证法完整过程的叙述，在最后的实践辩证法陈述中，马克思指示出必然王国与自由王国的矛盾关系，将之作为《资本论》的结尾，同时又指明从《资本论》的异化批判出发，人们将面对必然王国与自由王国的矛盾，思索和制定扬弃异化、实现自由的方略和策略。

《资本论》之所以没有形成实践辩证法方略和策略的科学逻辑，原因在于历史的发展还没有将必然王国与自由王国的内在矛盾充分展现出来，无产阶级作为历史的主体还只能在可能的范围内认识这对矛盾。在资本主义社会中，由资本与雇佣劳动关系和商品与货币关系组成的经济基础，派生出维护资本所有制和资本自由竞争的上层建筑，这构成资本主义的必然王国，无产阶级在必然王国中所争取的自由，主要是扬弃异化的社会关系的自由。对于资本主义而言，以人的个性发展为目的的自由王国——文化世界还只是必然王国的附属物，它与必然王国之间的关系亦是异化的关系，资本主义必然王国中异化的社会关系决定着异化意识在虚假的自由王国中占据主宰地位，资本主义必然王国的发展不以实现自由王国为目的，反而以之为手段从精神上保障和强化资本主义社会关系。因而，在资本主义制度中必然王国和自由王国的真正联系还没有建立起来，我们可以说资本主义社会是一个普遍的必然王国。历史的矛盾运动决定概念的逻辑演进，《资本论》不可能在历史发展新的矛盾显现之前揭示和说明矛盾。必然王国与自由王国矛盾的形成和显示，以社会主义制度取代资本主义制度为历史前提。

第一章 社会发展辩证法的生成史

社会主义制度建立之后，在扬弃必然王国领域中社会关系的异化的基础上，以人的个性发展为目的的自由王国从可能转变为现实，必然王国与自由王国的现实关系开始形成了，这显示出社会主义制度相对于资本主义制度的历史优越性。新的历史矛盾的形成和显示，必将促进马克思主义社会发展辩证法的科学逻辑继续发展，针对必然王国与自由王国的矛盾运动，实践辩证法形成方略和策略的历史契机到来了。

社会主义的必然王国是社会主义社会发展的规律必然性，社会主义的自由王国是人的主体性获得充分发展的社会主义目的国。社会主义社会发展辩证法的主题是：社会主义社会发展的规律必然性与人自身的发展的历史目的相一致。在社会主义的必然王国中，社会主义的经济基础表现为社会主义生产关系与交换关系的关系，这一关系派生出复杂的人民内部矛盾，社会主义政治上层建筑的功用是维护无产阶级专政、正确处理人民内部矛盾。社会主义必然王国当中也会产生异化，但它具有扬弃异化的批判与自我批判的机制——民主集中制和社会主义协商民主。在必然王国的基础上，马克思所憧憬的自由王国，将在社会主义制度文化上层建筑的建设和发展中逐渐实现。虽然在社会主义初级阶段，社会主义文化上层建筑的建设依然落后于经济基础的建设速度和程度，但是自然王国与必然王国的矛盾关系已经从可能转变为现实，而当前的历史现实——中国特色社会主义建设，正是这一矛盾凸显并亟待解决的历史时期。社会主义社会的发展辩证法将在两个层面对以上矛盾体系展开研究：第一个层面，运用概念辩证法叙述社会主义社会的矛盾运动过程；第二个层面，运用实践辩证法研究社会发展与人发展相一致的治国方略和策略，这两个层面的内容构成社会主义社会治理的基本线索。

事实上，我们运用社会发展辩证法研究社会主义社会的科学发展，就是在做续写《资本论》的工作。在本书的后半部分，我们将总结和继承《资本论》的社会发展辩证法思想，将之运用到对社会主义社会矛盾体系的研究中去，探索社会主义社会的治道。

第二章 《资本论》社会发展辩证法的典范性

马克思创立了科学的社会发展辩证法，《资本论》是社会发展辩证法发展成为科学的理论标志。总结《资本论》的社会发展辩证法与运用社会发展辩证法注解《资本论》是一个问题的两个方面。我们系统地以社会发展辩证法为线索，重新注释《资本论》，这亦是对《资本论》开创科学的社会发展辩证法所做的理论证明。《资本论》社会发展辩证法的主题是：现代社会发展与人的发展辩证统一。马克思社会发展辩证法的理论特征是科学逻辑与人学的统一，也即历史唯物论、辩证法与自由论的统一。深入考察《资本论》社会发展辩证法，我们发现其内在的科学结构展现为概念辩证法与实践辩证法的统一。《资本论》的概念辩证法体系叙述出资本主义自我否定的矛盾运动过程，也即资本主义在经济危机中必然灭亡的历史必然性，即资本主义社会发展的根本规律。《资本论》的实践辩证法体系则叙述出资本主义异化和异化意识产生的根源和历史，并指明扬弃异化和异化意识的科学道路，即资本主义社会人自身发展的规律。《资本论》社会发展辩证法体系在方法论上体现出概念辩证法与实践辩证法相统一的理论境界，在理论内容上展示出社会发展与人自身发展的辩证统一，她不仅展现出迄今为止最为完整的辩证法形态，并且预示着无产阶级在资本主义自我否定的历史运动中成长为改变历史的主体，他们必将运用科学的社会发展辩证法制定出扬弃资本主义制度的战略和策略体系。

第一节 《资本论》社会发展辩证法的总论

《资本论》并非单纯的经济学体系，亦非一般意义上的历史哲学或社会哲学。我们要想完整地把握《资本论》，应当全面梳理和总结这部巨著提出了什么问题、她又根据什么怎样回答了问题。《资本论》所提出的社会历史命题是：经济社会发展与人自身的发展何以统一？在资本主义社会中，社会发展与人的发展相异化的根源何在？如何扬弃异化？《资本论》解答以上命题的理论根据是历史唯物论和剩余价值学说，其解答问题的方法和路径是概念辩证法与实践辩证法相统一。我们用社会发展辩证法这一范畴总体地概括《资本论》的问答逻辑。《资本论》社会发展辩证法是历史唯物论、自由论与辩证法的统一。历史唯物论揭示出社会发展的规律，自由论说明人自身发展的规律，辩证法是贯通社会发展与人的发展辩证统一的理论中介。辩证法在历史唯物论与自由理论之间的中介作用极为关键。马克思创立历史唯物论的革命意义在于发现实践辩证法，他运用实践辩证法在现实中确证资本主义社会最基本的矛盾，他改造并运用概念辩证法揭示和叙述资本主义社会的矛盾运动，从而将历史唯物论现实化为剩余价值学说。剩余价值学说的诞生意味着历史唯物论的系统化得以实现：剩余价值学说阐明资本主义社会自我否定的自然历史过程，这为实践辩证法的发展开辟了理论和历史空间，《资本论》的实践辩证法最终发展成为工人阶级扬弃异化和异化意识的自由理论，马克思自由理论的生成推动历史唯物主义从科学理论向科学社会主义的战略和策略体系转变。

一 《资本论》社会发展思想的主题

《资本论》社会发展思想所再现的资本主义历史与现实，绝非无主体的历史过程。如果我们只将社会发展理论等同于历史理论，并认为马克思的历史理论因为客观反映了历史的矛盾运动，而唯物主义又强调客观对主观的决定作用,从而将人的主体性从历史理论中排斥出去,那么,这就对马克思的社会发展理论做了"削足适履"的庸俗化处理。马克思历史理论的科学性正在于他对历史矛盾的发现和揭示,但是,历史唯物论不是旧唯物论。旧唯物论对世界的物质基础只是从被动的客体角度去理解,而不是从能动的主体角度去理解,它看不到人民群众在历史实践中改变世界、创造历史的根本事实。用旧唯物论去看待历史唯物论对历史矛盾运动的客观反映,就会产生将历史的内在矛盾物化、将人的主体性排除在外的理论谬误。历史唯物论所阐明的科学发现——物质实践不是一般的物质,它是人类的物质活动,人在实践活动中所发挥的主体作用规定着主体与客体对立统一的方向。历史唯物论被归结为历史理论不足以反映出其理论的科学性、革命性和批判性,人类历史实践所蕴含的科学性、革命性和批判性在于实践主体把握历史规律、解决现实矛盾,主体性和现实性显示出历史唯物论不在于解释历史,而在于改变历史的根本特征,我们用社会发展理论来描述和强调社会历史主体掌握历史规律、改变世界的科学道路。

马克思的社会发展理论实质上是社会发展辩证法。马克思科学地发现,劳动者群众在劳动实践中创造历史,这是人类社会历史最普遍的事实,实践的矛盾本性是社会历史运动的内在动力。从其理想性上来看,劳动者群众在劳动实践中展现并实现自身的类特性——"自由自觉的活动";从其现实性上来看,劳动者群众在社会关系的总和中从事着劳动实践;人的类特性的理想性与其社会关系的现实性之间形成对立统一的关系——生产力与生产关系的矛盾。马克思认为,在人类的历史实践中,生产力是劳动者的生产能力,生产资料尤其是生产工具指示出生产力发展的客观水平,在任何一个历史时代,生产力都是一种客观的力量,人们从他们的前代那里继承生产的客观条件,又在这些条件的基础上创造出新的更高水平的生产力。人们不可能创造出超越他们时代的生产力,但是,他们也决不会被动地接受束缚生产力的桎梏。马克思强调,生产力是人的自主活动能力,是劳动者个人在劳动过程中发挥出的个性才能。生产力的自主性体现出人自由自觉活动的类特性，它在历史实践中发挥着决定性的作用。与生产力相对应，生产关系是生产力的现实化，马克思指出："只有在共同体中，个人才能获得全面发展其才能的手段，也就是说，只有在共同体中才可能有个人自由。"① 劳动者在生产过程中形成的交往关系，成为其个人才能得以发挥的前提条件，正是因为生产力的内容外化为生产关系的形式，生产力才成为物质生产力，成为主体可以加以认识和改造的客体。马克思指出："由每一个新的一代承受下来的生产力的历史，从而也是个人本身力量发展的历史。"② 这一论断指明，物质生产力的发展体现为人的生产力与生产关系两个方面的发展，生产力与生产关系的对立统一构成历史实践的内在矛盾，而生产力与生产关系的矛盾就是劳动者的主体性与其客体性的交往关系的矛盾，诚如马克思所说："生产力与交往形式的关系就是交往形式与个人的行动或活动的关系。"③ 马克思在历史唯物论中阐明：生产力与生产关系的矛盾是社会历史运动的内在动力。整个历史唯物论的内容即是叙述人类社会历史中生产力与生产关系矛盾运动的完整过程，以及由此过程所派生而出的一系列更为复杂的矛盾运动过程。

马克思社会发展辩证法的主题是：社会发展与人自身的发展对立统一。社会历史发展取决于生产力与生产关系的矛盾运动，而生产力与生产关系之间是主体与客体的关系。生产力与生产关系之间的主客关系是一种特殊的主客关系。一般意义上的主客关系是指人作为主体认识和改造客观对象的关系，而生产力与生产关系之关系的实质是主体认识和改造自身所结合而成的客观关系。马克思强调，人类的历史实践所富有的革命的批判意义在于"改变世界"，而改变世界的杠杆或枢纽则是生产关系及其派生的社会关系体系。马克思主义者通过协

---

① 马克思、恩格斯：《马克思恩格斯选集》第 1 卷，人民出版社 1995 年版，第 119 页。
② 同上书，第 124 页。
③ 同上书，第 123 页。

调和改造生产关系和社会关系来改变现实、创造历史。生产力与生产关系之间的主客关系，其特殊性在于主体将自身客体化并对之进行认识和改造，从而达到主体性的充分实现。社会发展事实上是人作为社会的主体协调社会关系的总体，从而达到自我实现的历史过程。马克思指出："只有在现实的世界中并使用现实的手段才能实现真正的解放。"① 社会发展辩证法所揭示和叙述的是人掌握和运用历史规律解决现实矛盾的历史过程，它所强调的不仅仅是发现和认识矛盾，它更关注矛盾的解决，"解决矛盾"彰显出社会发展辩证法主体性和现实性的根本特征。

《资本论》所阐明的剩余价值学说是历史唯物论的"横截面"，马克思运用历史唯物论揭示和叙述出现实中的社会形态——资本主义社会的矛盾运动规律。马克思在《资本论》序言中指出："不过这里涉及的人，只是经济范畴的人格化，是一定的阶级关系和利益的承担者。我的观点是把经济的社会形态的发展理解为一种自然历史过程。不管个人在主观上怎样超脱各种关系，他在社会意义上是这些关系的产物。"② 我们理解这段话不能断章取义。马克思在这里指明社会关系尤其是经济关系存在和发展的客观必然性，并强调这种客观必然性不以个人的主观意志为转移。我们可以从马克思的这一论断中明确，经济关系的客观必然性是其作为客体存在的物质前提，人作为历史实践的主体，一方面是经济关系的人格化，另一方面又是经济关系的改变者，人可以改变自身参与其中的社会关系。马克思对人驾驭和改变经济关系的论述是在整个《资本论》体系中展开的，我们不能因为他在序言中强调经济关系的客观必然性，就断言《资本论》无"人学"，没有谈及和强调人的主体地位和主体性。《资本论》提出、分析和解答问题的逻辑是在四大手稿、全四卷和续篇等文本体系中完整展开的。

---

① 马克思、恩格斯：《马克思恩格斯选集》第1卷，人民出版社1995年版，第74页。
② 马克思：《资本论》第1卷，人民出版社2004年版，第10页。

《1857—1858年经济学手稿》是历史唯物论和剩余价值学说的理论贯通点。这部著作标志着剩余价值学说的诞生，它从发生学上展现出剩余价值学说从历史唯物论脱胎而出，又"青出于蓝，而胜于蓝"。马克思在这部著作中建立起《资本论》的理论构架：贯通历史唯物论和剩余价值学说的理论主题是异化批判，历史唯物论与剩余价值学说之间的理论中介是唯物辩证法，从历史唯物论到剩余价值学说贯穿着唯物辩证法的逻辑必然性，剩余价值学说运用唯物辩证法发现和揭示出资本主义普遍异化的物质根源，从而在历史唯物论中升华而出扬弃异化的自由理论，自由理论成为无产阶级革命的蓝图和指南。

　　《资本论》全四卷是四大手稿中的理论精髓，马克思在第一卷的序言中指出："我要在本书研究的，是资本主义生产方式以及和它相适应的生产关系和交换关系。"[①] 他在此说明《资本论》的理论使命是研究资本主义生产方式，及其与生产关系、交换关系的关系。那么，何为生产方式？从马克思的表述中，可以看到，生产方式是与生产关系、交换关系相区别的范畴，而交换关系又是与生产关系相区别的范畴。我们不能只在字眼上顾名思义地去区分这些范畴，应当从《资本论》所叙述的内容"倒推"这些范畴的含义。在《资本论》全四卷中，马克思阐述四个层次的内容：第一个层次是资本主义生产力发展的历史，第二个层次是资本主义生产关系和交换关系从适应到不适应生产力发展的历史，第三个层次是资本主义社会中的人在生产力与生产关系、生产关系与交换关系的矛盾中的异化处境，第四个层次讲异化的社会存在如何产生异化的社会意识。马克思并没有专门去讲述什么是生产方式，没有专门论述资本主义的生产方式与资本主义生产力之间有什么区别，我们认为，所谓生产方式就是生产力的存在和发展方式。值得注意的是，在《资本论》中，马克思更为突出地强调了生产力作为人自由自觉活动的能力在物质生产中的决定性地位。他指出："劳动过程结束时得到的结果，在这个过程开始时就已经在

[①] 马克思：《资本论》第1卷，人民出版社2004年版，第8页。

劳动者的表象中存在着，即已经观念地存在着。他不仅使自然物发生形式变化，同时他还在自然物中实现他自己的目的，这个目的是他所知道的，是作为规律决定着他的活动的方式和方法的，他必须使他的意志服从这个目的。"① 在这里，马克思用"目的"和"规律"来描述生产活动中劳动者自由自觉活动的主体地位和主体性。资本主义生产力发展的历史是从工场手工业到机器大工业，最终形成社会化大生产的过程。然而，在这个过程中，资本主义生产关系和交换关系对生产力发展的反作用形成异化，异化颠倒劳动者的主体地位、束缚了劳动者主体性的发挥和发展。马克思发现，资本主义经济关系的发展过程中蕴含着自我否定的历史必然性——资本主义生产关系与交换关系之间不可调和的矛盾成为经济危机的物质根源。生产力的发展必将突破资本主义生产关系与交换关系的矛盾界限，向资本主义经济关系的对立面转化——建立共产主义的经济关系和社会关系。我们认为，《资本论》社会发展辩证法在其内容上体现为两个层面：第一个层面是资本主义生产力与生产关系的矛盾，而在资本主义生产关系的内部又包含着狭义生产关系与交换关系的矛盾，马克思对后一对矛盾的探究揭示出资本主义生产关系从适应到不适应生产力发展的内在机制。第二个层面是资本主义社会的人在社会矛盾中的异化境遇及其意识表现，马克思确定异化产生的根源和过程，从而为无产阶级指明扬弃异化的途径和步骤。第一个层面叙述了资本主义社会发展的规律，第二个层面阐明资本主义社会中人自身发展的规律，两个方面之间的理论关联展示出资本主义社会发展与人自身发展的矛盾。

《资本论》将马克思社会发展辩证法的主题——社会发展与人自身发展的对立统一进一步具体化，提出如下的历史命题：从资本主义开辟现代社会以来，社会发展与人自身发展矛盾具体地表现为异化与扬弃异化的矛盾。

----

① 马克思：《资本论》第1卷，人民出版社1975年版，第202页。

二 《资本论》社会发展辩证法的科学基础

马克思社会发展辩证法的科学基础是历史唯物论和剩余价值学说。《资本论》中的社会发展辩证法不是历史唯物论和剩余价值学说之外新的科学发现，它体现出两大科学发现之间的理论贯通，以及科学理论与历史实践相互转化的科学方向。社会发展辩证法归根结底是"理论掌握群众"和"群众掌握理论"的辩证统一：理论掌握群众就是理论向实践转化，成为群众在物质实践中实行革命批判的武器；群众掌握理论就是群众运用批判的武器实行武器的批判，即运用科学理论解决现实中的矛盾，并以其创造性的历史实践为理论革命积累条件、开辟道路。社会发展辩证法的基本特征是主体性和现实性，它的主体性体现于群众掌握社会发展规律的主体精神，它的现实性表现在群众解决矛盾、改变现实的过程之中。

《资本论》社会发展辩证法既展现出历史唯物论与剩余价值学说之间的理论贯通，又指明了科学理论向历史实践转化的科学方向。两大科学发现之间的理论贯通蕴含着历史唯物论、辩证法与自由论三位一体的联系。历史唯物论是马克思的第一个科学发现，而他对自由论与辩证法的理论革命则是历史唯物论得以产生的哲学前提。作为历史唯物论产生之前的序曲，马克思最初的哲学探索集中在人何以自由这一命题，而他对此问题的解答一开始就表现出现实性和主体性的特征。

马克思最初通过德国古典哲学把握到启蒙主义自由精神的精髓——人自由而全面的发展。康德用真、善、美和目的来描述自由的全面性，他将自由定义为人对自身实行自律的普遍原则——道德律令。少年马克思在确立人生理想之时，将普遍的自律原则具体地理解为：为全人类谋福利而不惜自我牺牲。此后，他所不懈思索的问题是：什么是全人类的福利？费希特认为，追求自由是人类的本性和使命。他将自由定义为理论的自我与实践的自我的统一。谢林发觉理论的自我与实践的自我不可只停留于自我的内部，自我应面向从内到外、从外到内的整个世界而达到自在自为。黑格尔吸取前人思想的精华，说明自由就是自由的主体自我意识和自我实现的历史过程。但是，从康德到黑格尔，德国古典哲学家都认为自由主体的自我意识和自我实现是一回事，自我实现被归结为自我意识。马克思在他的博士论文中研究了自我意识作为自由根基的特性和意义，他指明自由是哲学的主题，而哲学的意义在于哲学的世界化和世界的哲学化，也即自由的世界化和世界的自由化。马克思并不满足于将自我实现归结为自我意识，他用哲学思辨的语言概括出全人类的福利：在全世界范围内实现自由。马克思走出书斋之后，目光凝聚于资本主义社会中普遍存在的不自由的现实，在他的内心之中产生了自由的理想与不自由的现实之间尖锐的矛盾。为解决思想中的矛盾，马克思的选择是切入现实、揭示理想现实化的物质根源。他发现人们自由与不自由的处境，是由其所处于其中的社会关系和社会地位决定的。他开始致力于研究现实中的社会关系和利益结构，他发现与哲学不同，经济学和历史学是认识复杂的社会关系的科学学科，而经济学尤其具有现实性，通过经济学研究能够发现和揭示资本主义社会关系产生、发展的物质根源。马克思学习和研究经济学一开始就与他之前和同时代的经济学家根本不同，马克思将哲学批判贯彻到经济学之中，他是为着解答哲学自由论中理想与现实的矛盾而深入到经济学的，那么，他必定要在经济学中拷问自由现实化的条件和障碍。马克思从古典政治经济学中洞悉到资本主义经济关系造成人的异化，而异化正是资本主义现实中人所遭遇的普遍的不自由境遇的根本特征。马克思在《论犹太人问题》和《黑格尔法哲学批判导言》中鲜明地批判资本主义从经济到政治领域的异化，并指明资本主义经济关系及其制度的异化是政治异化的根源。至此，他抛弃了德国古典哲学将自我实现归结为自我意识的哲学自由论。他在现实中发现，自由的主体不是抽象的自我，而是资本主义制度中被剥削和压迫的劳动者群众——无产阶级，而施行剥削和统治的资产阶级却只是拥有形式上的、偶然的自由——资本的自由竞争，无产阶级和资产阶级都存在于物化和异化的社会境遇之中，但只有无产阶级是推翻资本主义制度、扬弃异化的自由主体。在《1844年哲学—经济学手稿》中，马克思的自由理论初步形成，这部著作的内容反映出在马克思主义即将诞生之前，马克思对德国古典哲学、政治经济学和空想社会主义总体吸收和总体批判的生动思想。就经济学批判而言，马克思从无产阶级的立场出发，揭露出资产阶级经济学家囿于物化和异化意识，他们的经济学观点客观上起着为资本主义剥削和异化实行辩护的反动作用。就哲学批判而言，马克思指出经济学异化意识的总根子是其异化的世界观，黑格尔哲学是资本主义异化世界观的集中体现。黑格尔哲学的秘密在于他的辩证法，辩证法本身具有批判性和创造性，黑格尔发现了辩证法否定之否定的运动规律，但他的哲学体系又将富有革命精神的辩证法窒息了，黑格尔辩证法否定之否定的运动最终沦落为庸俗的绝对精神实现自足自满的"理性的狡计"。就社会主义论而言，马克思在批判资本主义现实及观念异化的同时，指明共产主义是资本主义的对立物，无产阶级扬弃资本主义异化之后所建立的共产主义社会将是这样的面貌："共产主义是私有财产即人的自我异化的积极的扬弃，因而是通过人并且为了人而对人的本质的真正占有；因此，它是人向自身、向社会的（即人的）人的复归，这种复归是完全的、自觉的而且保存了以往发展的全部财富的。这种共产主义，作为完成了的自然主义，等于人道主义，而作为完成了人道主义，等于自然主义，它是人和自然界之间、人和人之间矛盾的真正解决，是存在和本质、对象化和自我确证、自由和必然、个体和类之间斗争的真正解决。它是历史之谜的解答，而且知道自己就是这种解答。"[1] 马克思对共产主义的描述就是他对自由及其实现途径的陈述。

马克思由哲学进入经济学，又对经济学进行哲学反思，他对自由论的思索是贯穿其哲学和经济学理论的基本线索。马克思对德国古典

---

[1] 马克思、恩格斯：《马克思恩格斯全集》中文第1版，第42卷，人民出版社1979年版，第120页。

哲学的自由观实行了革命，他借鉴费尔巴哈的观点——"自我意识就是人"，强调人本身是自由的主体，但他又超越了费尔巴哈只是在人的自然性活动中概括类本质的局限性，他在人的社会活动中发现劳动体现出人的类特性——自由自觉的活动，他认识到自我意识不过是对自由自觉活动的反映和反思。马克思确证，自由的主体通过劳动对社会实行批判和创造，劳动是辩证法的原型和对象，辩证法是劳动者对劳动历史的自我意识。马克思认为，在资本主义社会中，只有无产阶级才能掌握辩证法，因为无产阶级在劳动过程中将主体性现实化，将自我意识转变为自我实现，因而他们成为批判旧世界、创造新世界的革命性力量，成为实现自由的历史主体。无产阶级的主体性和现实性代表着现代社会朝着自由目的发展的方向。

历史唯物论是马克思探寻无产阶级实现自由之历史必然的理论结晶。在历史唯物论产生之前，马克思已经确立群众史观，并发现劳动者群众在劳动中创造自由的根本史实。历史唯物论是马克思对人类劳动历史科学考察之后的基本结论。马克思考察人类劳动历史的方法，从表面上看是哲学与经济学的综合，而从其实质上看，则是唯物辩证法继承机械唯物主义基本外壳和吸收唯心辩证法合理内核之后而产生的科学方法论。历史唯物论的内容与唯物辩证法的方法是在相互对应的联系中同时形成的。首先，马克思用实践范畴概括劳动的历史。实践是物质活动，这一点它继承了唯物论物质第一性的根本原则；同时，实践是主体以自身为目的、改造世界的历史过程，这一点它吸收了唯心辩证法确认主体决定主客矛盾运动方向的基本原则。但是，实践不是一般的物质，它是活动着的独特物质——创造物质的物质活动——劳动。此外，实践的主体不是脱离劳动的非劳动者，劳动者群众是实践的历史主体，实践的目的是劳动者主体性的自我实现。实践范畴的提出，标志着历史唯物主义哲学观的确立。其次，马克思用实践辩证法考察了人类劳动的历史。实践本身就是矛盾，并且是本体自身的内在矛盾。黑格尔提出，本体是实体与主体的统一。马克思确证，人的本体就是人本身，而人的本质是自由自觉的活动，实践显示出人自身的矛盾性：人类从事实践的目的是实现自由，而实践本身则具有物质性，实践的物质存在不以人的意志为转移，但它又是人可以施加改造的客观对象。在《德意志意识形态》中，马克思对人类劳动的历史（物质生产历史）进行了经济学的考察，在这一考察中，他贯彻并发展了实践辩证法。马克思发现，物质生产史的内在矛盾是生产力与交往关系（生产关系）的对立统一关系。生产力是人在物质生产中自由自觉活动的能力，而生产关系则是人们在生产活动中结合而成的物质关系，生产力与生产关系的矛盾正是实践自身矛盾性的现实化。生产力作为矛盾的一方，代表着实践的目的——实现自由，而生产关系作为矛盾的另一方则代表着实践作为物质存在而成为客体，成为主体予以改造的客观对象。马克思通过生产力与生产关系的矛盾指明，人类的实践史是其生产力不断发展的历史过程，然而，在这个过程中人与人的关系是其与世界关系的中介，人与人的关系决定着人与世界的关系，生产关系是人与人关系的核心层面，生产力的发展过程，在其现实性上，是人不断协调和改造生产关系的过程。再次，马克思从物质生产历史中发现了人类社会发展的规律和结构。马克思著成《德意志意识形态》，标志着历史唯物论的诞生。历史唯物论揭示出人类社会发展的历史规律及有机结构。马克思指出，生产力与生产关系的矛盾是历史运动的内在动力，生产力与生产关系的关系是劳动者个人与生产关系的关系，而物质生产力的发展与人自身的发展是同一个历史过程。马克思强调，生产力决定着生产力与生产关系的矛盾运动的方向，而生产力本身就是生产者的主体性，生产力的发展就是生产者自我实现的历史过程，生产者自身的发展是检验生产关系是否适应生产力的内在标准，人类社会的发展表现为生产者不断改造旧的生产关系、创制新的生产关系的基本事实。人类改造和创制生产关系是一个有机的总体工程，人类社会具有有机的内在结构，即生产力与生产关系构成的基础结构，经济基础与上层建筑的中间结构，社会存在与社会意识构成的高端结构。马克思特别指出，资本主义社会的普遍异化表现为从生产力到生产关系，从经济基础到上层建筑，从社会存在到社会意识的全面异化。而无产阶级要扬弃资本主义异化、建立共产主义的社会制度，必须首先消灭私有制，彻底铲除资本主义生产关系与生产力之间的异化关系，然后由此出发进而颠覆资本主义社会上层建筑作为虚幻的共同体对经济异化的维护和加强作用，最后再颠倒物化和异化的资产阶级意识形态对社会现实的颠倒意识。总而言之，实践范畴是历史唯物论的理论基石，实践辩证法所揭示的由生产力与生产关系的矛盾所派生的社会矛盾运动体系，是社会历史存在和发展的物质根源。马克思创立历史唯物论将他的自由理论建立在科学的基础上，而他创制并运用唯物辩证法，将以往对资本主义异化的价值批判转变为事实批判。

在历史唯物论诞生之后，马克思迅速将之运用到理论和现实的批判之中。在《哲学的贫困》一书中，马克思批判了蒲鲁东力图贯通哲学与经济学未成，却因此将社会主义论庸俗化的理论谬误。马克思指明，贯通哲学与经济学的理论中介是唯物辩证法，而这一点恰恰是蒲鲁东根本不能理解的。蒲鲁东的错误是用折中的观点看待社会发展的内在矛盾，他看不到某个社会形态的矛盾运动必然展示出这种社会形态自我否定、必然灭亡的自然历史过程，他主观地对社会发展进程中的矛盾对立的东西进行有用与否的取舍，最终沦落到反辩证法的立场上去了。马克思指出，蒲鲁东所有错误的根源在于，他根本不了解资本主义社会生产关系与生产力之间不可调和的矛盾，他只是在猜测资本主义剥削和压迫的根源。在《共产党宣言》中马克思概述了资本主义社会从产生到归于灭亡的历史过程，在这篇光辉文献中，马克思运用他的经济学研究成果论证历史唯物论的科学性，剩余价值学说的雏形在此得以显示。马克思指出，资本主义社会创造了超出以往历史生产力总和的社会财富，这是因为资本主义生产关系取代封建制度之后，生产力获得了极大的解放。然而，随着资本主义制度的建立，资本主义的生产关系逐渐成为生产力发展的桎梏。资本主义生产关系对劳动者自由自觉精神的阻碍和束缚，主要体现在资本对雇佣劳动的剥削和压迫，在这种生产关系中，无产阶级因为彻底地丧失自由因而成为资本主义制度的掘墓人，他们只有彻底地推翻资本主义制度、建立共产主义制度才能获得自由。资产阶级在自由交换和自由竞争中只是获得形式上的、偶然的自由，而实质上却陷入到必然的不自由：资本与雇佣劳动的生产关系不能适应商品货币关系的普遍化，资本自身就是破坏自由交换和自由竞争的反动力量，经济危机就是资本自我否定自身的形式，资本主义制度在经济危机中不断地进行着自我否定，向它的对立面——共产主义制度转化。马克思的断言是："资产阶级的灭亡和无产阶级的胜利同样是不可避免的。"① 历史唯物论在批判中的发展，显示出其逻辑发展的下一个环节：必须揭示和说明资本主义社会矛盾运动的规律，这是历史唯物论系统化的现实切入点。

马克思在《资本论》草稿中创立了剩余价值学说，并成功地实现了历史唯物论的系统化。历史唯物论揭示出人类历史实践的内在矛盾——生产力与生产关系的对立统一。然而，要进一步探索生产力与生产关系之间的关系，历史唯物论还需进一步具体化，即具体地考察某一个社会形态。马克思认为，"解剖人体是解剖猴体的一把钥匙"，考察现实中最复杂的资本主义社会是认识总体历史的一把钥匙。资本主义社会是整个人类历史的"横截面"，这个"横截面"呈现出生产力与生产关系之间复杂的矛盾结构。在《资本论》草稿中，马克思将资本主义生产力与生产关系的矛盾具体化为生产、交换、分配和消费四大经济环节，他依然运用实践辩证法来考察四大经济环节之间的关系。马克思的基本观点是：生产与消费的矛盾是四大经济环节中的主要矛盾，而生产则是支配消费乃至交换、分配的起决定作用的矛盾方面。生产与消费之间的矛盾呈现如下特征：生产即是消费，消费即是生产；二者之间互相中介；二者之间互相转化；生产决定矛盾运动的方向。在生产与消费的矛盾中，马克思叙述出生产者作为主体，他们的需要、目的和能力等主体性的发展机制和过程。他还阐述了贯穿

---

① 马克思、恩格斯：《马克思恩格斯选集》第1卷，人民出版社1995年版，第284页。

四大经济环节,社会主体形成生产关系和交换关系两方面的经济关系。生产关系是指生产过程中生产者之间结合而成的交往关系,其中最主要的是生产资料和占有与分配关系。交换关系则是社会主体之间依据价值规律交换生产资料和生活资料的关系。马克思从广义的生产关系中专门区分了狭义生产关系(所有制)与交换关系的关系,交换关系价值规律世界化这是资本主义社会的普遍事实,因而必须具体地考察所有制与价值规律之间的有机联系。虽然,马克思通过对四大经济环节具体分析了生产力与生产关系的矛盾,但他并没有因为分析而忘记综合,他的总观点是:生产力与生产关系是经济自由的两个方面,生产、交换、分配和消费的相互关系可以归结为人在生产力和生产关系两个方面的自由发展。

马克思指出,历史唯物主义经济学研究对象是社会主体在由各个部门组成的生产关系与交换关系总体之中的物质活动。他曾在历史唯物论中,运用实践辩证法总体地考察了从事物质生产的社会主体,在生产力与生产关系的矛盾之中如何自我实现。而现在,他要具体揭示和叙述资本主义社会的矛盾运动,那么,他就须将实践辩证法进一步发展,使之成为能够考察、研究历史"横截面"的科学方法论。在《资本论》草稿中,马克思研究了逻辑与历史之间的辩证关系,重新建立起逻辑与历史相统一的科学方法论,从而将实践辩证法发展到包容和统一概念辩证的理论境界。然而,我们在深入阅读《资本论》草稿之后可以发现,马克思在这部著作中的理论侧重点不是运用革新、提升之后的唯物辩证法,去完整地叙述资本主义社会生产关系与交换关系的矛盾,而是用它完成历史唯物论的系统化。《资本论》草稿以资本主义社会为"横截面"并由此上溯,叙述了物质生产力的发展与人自身发展的一致性,从而将这条历史唯物主义的根本原则从价值判断转变为事实判断。在这部著作中,马克思有如下经典论述:

"如果从观念上来考察,那么一定的意识形式的解体足以使整个时代覆灭。在现实中,意识的这个限制是同物质生产力的一定发展程度,因而是同财富的一定发展程度相适应的。当然,发展不仅是在旧的基础上发生的,而且就是这个基础本身的发展。这个基础本身的最高发展(这个基础变成的花朵;但这仍然是这个基础,是作为花朵的这株植物,因此,开花以后和开花的结果就是枯萎),是达到这样一点,这时基础本身取得的形式使它能和生产力的最高发展,因而也和个人［在这一基础的条件下］的最丰富的发展相一致。一旦达到这一点,进一步的发展就表现为衰落,而新的发展则在新的基础上开始。

前面我们已经看到,［劳动者］对生产条件的所有制表现为同狭隘的、一定的共同体形式相一致,因而同狭隘的、一定的个人形式相一致,这种个人具有为组成这种共同体所需的相应品质,即狭隘性和自己的生产力的狭隘发展。而这个前提本身又是生产力的狭隘的历史发展阶段的结果:既是财富的,也是创造财富的方式的狭隘的历史发展阶段的结果。共同体的目的,个人的目的——以及生产的条件——是再生产这种一定的生产条件和个人,既是单个的,也是处于他们的社会划分和社会联系之中的个人,即作为这些条件的活的承担者的个人。

资本把财富本身的生产,从而也把生产力的全面的发展,把自己的现有前提的不断变革,当作它自己再生产的前提。价值并不排斥使用价值,因而不把特殊形式的消费等,特殊形式的交往等,当作绝对条件包括进来;同样,社会生产力、交往、知识等的任何发展阶段,对资本来说都只是表现为它力求加以克服的限制。它的前提本身——价值——表现为产品,而不是表现为凌驾于生产之上的更高的前提。资本的限制就在于:这一切发展都是对立地进行的,生产力、一般财富等,知识等的创造,表现为从事劳动的个人本身的异化;他不是把他自己创造出来的东西当作他自己的财富的条件,而是当作他人财富和自己贫困的条件。但是这种对立的形式本身是暂时的,它产生出消灭它自身的现实条件。

结果就是:生产力或一般财富从趋势和可能性来看的普遍发展成了基础,同样,交往的普遍性,从而世界市场成了基础。这种基础是个人全面发展的可能性，而个人从这个基础出发的实际发展是对这一发展的限制的不断消灭，这种限制被意识到是限制，而不是被当作某种神圣的界限。个人的全面性不是想象的或设想的全面性，而是他的现实关系和观念关系的全面性。由此而来的是把自己的历史作为过程来理解，把对自然界的认识（这也表现为支配自然界的实际力量）当作对他自己的现实体的认识。发展过程本身被当作是并且被意识到是个人的前提，使一定的生产条件不表现为生产力发展的界限。"①

这段论述按照唯物辩证法的逻辑，对历史唯物主义的最高原则：物质生产力的发展与人自身发展是同一个历史过程，给予了充分说明。物质生产力是由既定的生产关系予以规定的人的自由自觉的活动，人的自由自觉性与生产关系的制约性形成对立统一的关系。马克思指出，生产关系为人自身的发展划定了界限，有什么样的生产关系，就有什么样的生产方式，从而就会产生什么样的人，个人的才能的形成和发挥好比植株上的花朵，它是不能脱离植株而存在的，它是植株的产物。然而，社会发展进入到资本主义时代，物质生产力的发展与人自身发展的矛盾发展出现了转化点：资本主义制度的发展需要并刺激人在生产力和生产关系两个方面获得普遍的发展，但是以上发展与人自身的发展相异化，在资本主义社会，人在生产力和生产关系两个方面的发展都是为着资本家最大限度地占有剩余价值服务的，个人才能的发挥以他自身承受最大化的剥削为目的，这是极其荒谬的。当这种异化达到普遍程度之后，物质生产力与人自身发展的矛盾对立达到白热化，这时对立面相互转化的契机就要出现了，无产阶级成为推翻资本主义制度的历史主体，他们将剩余劳动时间转化为自由劳动时间，将其在生产力和生产关系两个方面的发展为其自身的发展服务，从而扬弃异化，建立起共产主义制度。马克思通过揭示资本主义社会物质生产力的发展与人自身发展的矛盾，而寻找到人类自由史的

---

① 马克思、恩格斯：《马克思恩格斯全集》中文第1版，第46卷下，人民出版社1980年版，第35—36页。

"横截面",并从这里出发追溯和瞻望人类实现自由的历史规律。他将人类自由史划分为人依赖于人、人依赖于物、自由个性的充分发展三个阶段。资本主义的自由是对人依赖于人的专制制度的否定和批判,但资本主义的异化本质上是人依赖于物,即人被物化,资本对劳动者实行剥削和压迫。无产阶级推翻资本主义制度、消灭私有制之后,人们将获得自由时间,充分地发展自己的个性,最终实现自由解放。《资本论》草稿向我们显示,剩余价值学说揭示出资本主义社会发展与人自身发展相异化的物质根源,而资本主义自由和异化的矛盾一旦被揭示,那么发现和叙述人类自由史就成为可能,当马克思说明人类自由史的发展规律的时候,历史唯物主义的最高原则——物质生产力的发展与人自身发展是同一个历史过程,就不只是价值判断,它已经成为科学的事实判断。历经历史唯物论和剩余价值学说的理论革命,马克思自由理论的科学根基牢固地建立起来了,而科学的自由理论的完成又意味着历史唯物论的系统化得以实现。

马克思在《政治经济学批判导言》中列出历史唯物论系统化的八条提纲,其中特别需要注意的是:马克思强调不仅要叙述现实的历史,还要研究观念的历史;不仅要研究社会发展的辩证法,还要研究自然辩证法;不仅要研究生产力与生产关系的矛盾,还要研究由这一矛盾派生出的第二级和第三级的矛盾,说明经济基础与上层建筑之间的有机联系;不仅要研究历史矛盾运动的规律必然性,还要研究偶然性;不仅要研究历史规律的普遍性,还要研究特殊性;不仅要研究经济规律的决定性,还要研究文化和艺术规律的独特性。马克思提出将历史唯物论系统化,这是其自由理论发展的逻辑要求,他所提出的系统化提纲归根结底是要锻造历史唯物论使之能够完整地描述物质生产力发展的历史与人自身发展历史的全面联系。马克思向我们指明:只有完整地描述现实的历史与观念的历史、社会史与自然史的全面联系,彻底地说明人类社会从经济基础到上层建筑的有机结构,辩证地叙述人类社会发展的可能性与现实性、必然性与偶然性、普遍性与特殊性的对立统一,才能发现和阐明物质生产力发展与人自身发展的一致性。在《资本论》草稿中，马克思通过揭示物质生产力与人自身发展的矛盾运动史，解答了人何以实现自由这一历史命题，完成了科学的自由理论的建树。马克思在《资本论》草稿中贯彻了将历史唯物论系统化的提纲，使历史唯物论的发展达到了新的高度和境界。

《资本论》草稿还只是手稿，并不包含剩余价值学说的完整论述。马克思在这部手稿中实现了对自由论和历史唯物论的理论革新，但是，他运用革新后的唯物辩证法全面阐述剩余价值学说的理论志愿则是在《资本论》全四卷中实现的。《资本论》全四卷是"大写的逻辑"，它展示出唯物辩证法发展到社会发展辩证法的科学至高点。《资本论》社会发展辩证法的科学内容主要体现在如下两个方面：第一，在《资本论》中实践辩证法包容、改造概念辩证法，完整地叙述出资本主义社会不断自我否定、向他物转化的矛盾运动。马克思贯彻《资本论》草稿的研究理路，将生产力与生产关系的矛盾进一步具体化，并从中揭示出资本主义社会矛盾运动的规律特殊性。资本主义社会的生产关系从适应到不适应生产力发展的历史嬗变，根源于其生产关系的内部机制。资本主义生产关系体现于生产、交换、分配和消费四大经济环节之中，形成了狭义生产关系（所有制）与交换关系之间从相互综合到矛盾不可调和的矛盾运动，资本主义狭义生产关系与交换关系之间不可调和的矛盾，导致其生产关系不再适应生产力的发展，资本主义的自我否定运动由此展开。马克思通过实践辩证法发现以上矛盾，又运用概念辩证法叙述了以上矛盾的运动过程，从而阐明了"资本主义必然灭亡、共产主义必然胜利"的历史规律。第二，在《资本论》中，实践辩证法延伸出无产阶级作为社会历史主体掌握辩证法、扬弃异化的思想路线。马克思不仅仅揭示和叙述出资本主义社会自我否定的矛盾运动，他还按照资本矛盾运动的历史轨迹揭示出异化和异化意识形成的历史过程，并确证了资本主义社会作为扬弃异化、实现自由之历史转折点的客观必然性。《资本论》向无产阶级指明掌握历史规律、解决现实矛盾、创造历史的可能、现实和必然，实践辩证法为《资本论》开拓出理论掌握群众、群众掌握理论的崭新境界。

《资本论》诞生后，科学的社会发展辩证法成为马克思主义强大的理论武器，马克思主义的发展达到了炉火纯青。马克思在他的晚年，运用社会发展辩证法，促进马克思主义从理论走向实践，在《法兰西内战》和《哥达纲领批判》等著作中，他继续将实践辩证法发展成为战略和策略的体系，使之成为科学社会主义的理论内核。

我们看到，马克思学说的理论出发点是自由论，他的两大科学发现——历史唯物论和剩余价值学说皆是为建立科学的自由理论而深入到历史与现实之中，并从中发现了社会历史运动的科学规律。在科学探索之中，马克思不断地改进、革新科学方法，他锻造出社会发展辩证法这一理论武器。从历史唯物论到剩余价值学说，其中贯穿着唯物辩证法发展成为社会发展辩证法的科学逻辑演进，剩余价值学说是历史唯物论理论发展的逻辑必然，历史唯物论在剩余价值学说中得以系统化，而这一切的归宿则是科学的自由理论得以确立。马克思将科学的社会发展辩证法贯彻到底，将科学的自由理论从理论转变为实践、从理想转变为现实，最终成为科学社会主义的战略和策略体系。

三 《资本论》社会发展辩证法的科学结构

《资本论》中的社会发展辩证法是唯物辩证法逻辑演进的最高形态，它显示出实践辩证法与概念辩证法相统一的科学结构。我们在这里所运用到的"结构"二字，不是结构主义者的"结构"，在马克思主义者的视域中，结构就是矛盾本身。在《资本论》中，社会发展辩证法蕴含着实践辩证法与概念辩证法的对立统一，它在逻辑上表现为从具体现象中确定抽象概念——概念从抽象上升到具体——从具体概念回溯到矛盾运动的起点三个逻辑环节，社会发展辩证法的逻辑运动体现出社会主体发现矛盾、揭示和叙述矛盾到解决矛盾的"三段论"进程。

首先，我们须重申并强调何为实践辩证法。实践辩证法是实践本身呈现出来的辩证特性。在历史唯物论中，马克思发现并揭示出人类历史实践的内在矛盾。人的本质表现为主体性与客体性两个方面，人的主体性在于自由自觉的活动，而人的客体性则表现为他们相互之间结合而成的社会关系的总和，人的主体性本质与客体性本质在其历史实践中结合而成为本体性的矛盾。实践的内在矛盾是主体与客体的矛盾，这一矛盾在现实中表现为生产力与生产关系的矛盾，历史唯物论的内容即是对以上矛盾运动的历史和结构予以全面揭示和描述。我们可以说，实践辩证法就是历史唯物论的科学逻辑。列宁指出，辩证法、逻辑学和认识论是相统一的，实践辩证法同样也是认识论，人们掌握实践辩证法去研究某一个具体的社会形态，就是要在纷繁芜杂的社会现象材料中，去发现"普照的光"和"特殊的以太"，即确认这个社会形态的基本矛盾——生产力与生产关系矛盾的特殊表现。在《资本论》中马克思运用实践辩证法，确证资本与雇佣劳动关系、商品货币关系是资本主义社会生产力与生产关系矛盾的独特表现。

其次，我们还须再认识概念辩证法。概念辩证法是黑格尔的科学发现。在《小逻辑》中，黑格尔认识到，事物的存在已经呈现出质量互变规律，然而，我们要知晓质量互变的根源，还需要把握事物的内在本质，事物的内在本质就是它的内在矛盾性。内在矛盾必须现实化才能为人所把握，人们是在现实中把握到事物的内在矛盾的，所谓现实就是本质与现象的综合，就是本质的实现——本质在现象中实在。黑格尔发现，物的内在矛盾表现为对立统一的规律：矛盾的两个方面互相依存，互为中介，相互转化，具有否定性的一面代表着矛盾转化的方向。黑格尔还发现，概念是对矛盾的描述。概念从抽象上升到具体的逻辑运动，反映出矛盾从可能到现实、从现实到必然的运动过程。但是，对于概念辩证法，黑格尔还有两个尚未解决的问题：其一，他未能说明认识的主体如何在现实中发现事物的内在矛盾；其二，他未能阐明逻辑与历史何以统一。也正因为不能解决以上问题，黑格尔的概念辩证法才陷入唯心主义的泥潭而不能自拔。在他看来，人不是掌握辩证法的主体，辩证法的主体是概念。概念是实体与主体的统一，它具有自我意识，能够自我实现。概念发现矛盾就是自我发现，概念能够叙述矛盾的运动，这不是逻辑与历史相统一，而是历史与逻辑相统一，概念自在自为的运动是历史发展的内在动力。马克思批判改造了黑格尔的概念辩证法。他指出，应当继承黑格尔的概念辩证法，概念从抽象上升到具体的逻辑演进能够反映和叙述矛盾的历史运动，然而，黑格尔对辩证法本身的认识是颠倒的，所以还要对这种颠倒实行颠倒。马克思认为，概念从抽象上升到具体不过是对矛盾运动过程的反映，辩证法是思维把握客观矛盾的专有方法，概念自身不能成为思维的主体，人本身才是思维的主体。人在现实中发现事物的内在矛盾，必须全面占有现象材料，在现象材料中确定事实，然后展开事实与事实的比较，从中发现规律的系列，继之在规律的系列中确定最基本的矛盾。概念是对基本矛盾的反映和概括，概念确证基本矛盾之后，从抽象上升到具体的运动就要开始了，概念将按此逻辑叙述出矛盾从产生到尖锐化、最终向他物转化的过程。马克思彻底地批判黑格尔的概念辩证法，马克思指出：历史的运动不是概念演进的外在表现，黑格尔把历史描述成绝对精神自我意识、自我实现的历史，而绝对精神作为绝对的概念则是完满而自足的。事物的历史运动不过是它产生、发展和灭亡的历史，概念辩证法所要叙述的就是这样的历史，而这就是唯一的历史。概念辩证法叙述事物必然灭亡的历史过程，其内在机制是：事物的内在矛盾性不过是其自我肯定性与自我否定性的矛盾，而自我否定性决定着矛盾运动的方向。概念从抽象上升到具体所叙述的正是事物自我否定自身的历史过程，其叙述的结果是：旧事物灭亡，新事物产生。

再次，我们应明了实践辩证法与概念辩证法的对立统一关系。实践辩证法与概念辩证法是矛盾的两个方面，这两个矛盾方面的统一体是人把握和运用社会发展规律、实现自身发展的历史过程。人们求索社会发展的规律，是为了实现社会发展与人自身发展相统一的目的，实践辩证法与概念辩证法相统一是贯穿其求索过程的科学逻辑。在实践辩证法与概念辩证法的矛盾中，二者相互依存、互为中介、相互转化，实践辩证法是矛盾的否定方面，代表着矛盾运动的方向。实践辩证法从社会现实中确定最基本的矛盾,这是概念辩证法从抽象上升到具体的科学前提。马克思认为,实践辩证法在现实中发现矛盾,需要主观和客观两个条件:在客观上,矛盾已经现实化,成为亟待人们研究和解决的客观问题;在主观上,人们对矛盾现实化的后果已形成批判和自我批判。《资本论》确证资本与雇佣劳动的矛盾、商品与货币的矛盾,并由此揭示和叙述资本主义自我否定的历史过程,其前提是资本主义的内在矛盾现实化且尖锐化,并且资本主义的自我批判已经汇入时代精神。实践辩证法发现和确证社会的基本矛盾之后,概念辩证法的逻辑运动就要开始了,马克思指出,概念从抽象上升到具体的运动在思维中再现了基本矛盾发展的过程。概念辩证法是实践辩证法的延伸,实践辩证法揭示现实中的本质,而概念辩证法则将现实延伸到历史中去,叙述现实的来龙去脉,说明矛盾从可能到现实、从现实到必然的发展过程。实践辩证法与概念辩证法的综合意味着人们发现和叙述社会发展规律的过程,但是这还不够,任何综合都具有方向性,实践辩证法与概念辩证法的综合必将向实践辩证法转化。人们运用概念辩证法叙述出社会矛盾的发展过程,从而把握到社会发展的规律,接着要做的工作是运用规律解决现实的矛盾,实现自身的发展。这时,辩证法的逻辑运动将是从具体返回到抽象,即从包含诸多历史规定性的复杂现实,回归到矛盾运动的起点,以解决基本矛盾为目标,将此矛盾现实化进程中所派生出的不同层次的矛盾表现转化为解决矛盾的条件和手段,依据矛盾发展的必然趋势,制定战略和策略的体系,解决现实中的矛盾,为人自身的发展创造条件、开辟道路。

最后,我们总体上来看《资本论》的社会发展辩证法如何综合实践辩证法与概念辩证法。在《资本论》草稿中,马克思运用实践辩证法发现和确证,资本主义社会最基本的矛盾——生产力与生产关系的矛盾具体体现为资本与雇佣劳动的关系、商品与货币关系二者之间的对立统一关系。在这部著作中,马克思主要研究了商品、货币和资本三者之间的关系,他发现资本主义社会中"普照的光"和"特殊的以太"既不是商品,也不是资本,而是商品与资本之间的矛盾。在资本主义社会，商品实质上是普遍的社会交换关系，其中的内在矛盾是价值与使用价值、商品与货币的矛盾，而其矛盾运动的规律体现为价值规律。资本本质上是占统治地位的生产关系，其中的内在矛盾是资本与雇佣劳动的矛盾，其矛盾运动的规律是剩余价值规律。资本与商品之间的矛盾，是资本主义生产关系与交换关系的矛盾，即剩余价值规律与价值规律的矛盾，这是整个《资本论》逻辑运动的起点。《资本论》草稿中的科学研究成果，直接成为《资本论》第1卷第一篇的理论内容。从这里出发，马克思按照从抽象上升到具体的逻辑，叙述了资本主义生产关系与交换关系，也即剩余价值规律与价值规律的矛盾运动过程，《资本论》的概念辩证法就此展开了。《资本论》前3卷详细地叙述了剩余价值规律与价值规律共生、依存、区别、综合、对立、转化的矛盾运动过程，从而阐明剩余价值规律与价值规律之间具有不可调和的矛盾，这一矛盾成为资本主义经济危机的总根源，资本主义社会在经济危机中不断地自我否定，最终向自己的对立物——共产主义社会转化。在《资本论》总四卷中，实践辩证法的理论职责是揭示异化的根源，对异化实行批判，为无产阶级指明扬弃异化、实现共产主义的现实路径。在前三卷，实践辩证法与概念辩证法的逻辑运动呈现出平行、对称的理论格局。马克思每揭示和阐明剩余价值规律与价值规律矛盾运动的一个层次，就对这一层次的矛盾如何造成异化和异化的意识予以揭示和批判，以这样的方式，为读者注明实践辩证法从具体返回抽象的"路标"。在第三卷的结尾处，马克思总结《资本论》概念辩证法逻辑运动的成果，也即资本主义生产关系与交换关系矛盾运动的结果——资本主义在经济危机中不断走向灭亡是历史的必然趋势。同时，在概念演进的顶点，实践辩证法从具体返回抽象的运动就开始了。马克思又回到资本主义矛盾运动的起点——资本与商品的矛盾，从这里开始全面揭示伴随资本与商品的矛盾运动，异化的社会关系与异化的社会意识如何一步步抹杀和掩盖剩余价值剥削的事实，从而向无产阶级指明：只有彻底批判物化和异化的社会存在和社会意识，才能发现资本主义剩余价值剥削的物质根源，而只有铲除剩余价值剥削的根源，推翻资本主义制度，消灭私有制，才能彻底地扬弃异化的社会存在和社会意识。无产阶级应以颠覆资本与雇佣劳动关系、驾驭商品货币关系为革命目标，为达到此目标，他们还应积极地吸取和扬弃从资本主义生产关系与交换关系的矛盾运动中派生而出的社会化大生产、世界性的交往以及科学知识的自觉运用，将之转化为革命的条件和手段，制定正确的战略和策略，进行坚持不懈的斗争，最终实现自由解放。在《资本论》第四卷中，马克思专门分析和叙述了资产阶级经济学家局限于物化和异化的意识，本能地为资产阶级剥削无产阶级实行辩护，有意和无意地掩盖剩余价值产生的物质根源，最终形成颠倒的、庸俗的经济学范畴和观点。马克思在此指示出，对于异化的思想和理论必须运用实践辩证法从《资本论》概念辩证法运动的最高点出发，回归到剩余价值规律与价值规律矛盾形成的原点，溯本清源，剖判和清理资产阶级经济学一步步掩盖、混淆、取消剩余价值规律与价值规律之间矛盾现实的思想路线，从发生学上揭露物化和异化意识从产生到消亡的历史过程。马克思在《资本论》中运用实践辩证法与概念辩证法相统一的科学方法论，向无产阶级指明在理论和实践两个领域批判和扬弃资本主义普遍异化的原则和路径。

第二节 《资本论》的概念辩证法

我们完整地阐释《资本论》社会发展辩证法，应遵循实践辩证法—概念辩证法—实践辩证法的"三段论"逻辑，对于马克思运用实践辩证法发现、确证资本主义社会"普照的光"和"特殊的以太"，即资本主义生产关系与交换关系的矛盾，我们已经在前文中，在讲述《资本论》草稿的科学内容之时已经说明：马克思在《资本论》草稿中完成历史唯物论的系统化，其理论成果体现在历史唯物论、自由论和辩证法达成三位一体，唯物辩证法将社会发展史与自由史综合、贯通起来，完成实践辩证法的革命，发现和确证了资本主义社会最基本的矛盾：资本主义生产关系与交换关系、剩余价值规律与价值规律的矛盾。马克思在《资本论》第一卷中，按照从抽象上升到具体的逻辑，叙述了商品到货币、货币再到资本的矛盾运动，将通过实践辩证法发现的商品货币关系与资本雇佣劳动关系的矛盾，运用概念辩证法确定下来，并以此为起点开始叙述整个资本主义生产关系与交换关系的矛盾运动逻辑。在这一章，我们对《资本论》社会发展辩证法的阐释，就从她的第一卷开始。

《资本论》的概念辩证法叙述了资本主义社会自我否定自身的矛盾运动过程。与任何一个社会形态一样，在资本主义社会的内部，生产力与生产关系的矛盾是历史运动的制动力。然而，资本主义社会生产力与生产关系的矛盾又具有历史特殊性。马克思指出，资本主义社会生产力发展到社会化大生产的水平，资本主义生产关系发挥着组织和主导社会化大生产的历史作用。在资本主义生产关系的内部，以资本与雇佣劳动关系为特征的所有制形式统率着生产关系的总体，其中，资本主义的所有制形式与以商品货币交换为特征的资本主义社会交换关系之间形成了一对矛盾，这对矛盾成为资本主义生产关系历史嬗变的内在动力。《资本论》向我们显示出，资本主义生产关系从适应到阻碍社会生产力发展的内在机制在于其内部的所有制形式（狭义的生产关系）与交换关系之间的矛盾运动。商品货币的交换活动遵循价值规律行事，资本与雇佣劳动之间按照剩余价值规律维持生产关系的再生产，然而价值规律与剩余价值规律之间却有着不得不相互综合、又终究不可调和的尖锐矛盾，这一矛盾现实化之后造成资本主义生产关系不适应生产力发展的历史后果——周期性的经济成为历史必然，资本主义的所有制形式不能驾驭商品货币关系，它在经济危机中不断自我否定、走向灭亡。马克思在《资本论》中，运用概念辩证法从抽象上升到具体叙述了资本主义生产关系（狭义）与交换关系、资本主义生产力与生产关系（广义）的矛盾运动过程。这一叙述过程包含三个逻辑环节，表现出资本主义经济危机从可能到现实、从现实到必然的三段式发展过程，其内容分别是：剩余价值规律从价值规律中脱胎而出,资本主义自我否定的矛盾运动从这里起始;剩余价值规律与价值规律相互综合,资本主义再生产促使经济危机现实化;剩余价值规律与价值规律的矛盾对立不可调和,资本主义经济危机的周期性爆发成为历史必然。

一 资本主义自我否定运动的起点

资本与商品的矛盾是资本主义自我否定运动的起点,然而资本却是从商品中脱胎而出的,剩余价值规律起初是价值规律的产物。马克思在《资本论》第一卷中首先讲述了价值规律与剩余价值规律的矛盾何以形成。

商品是由使用价值和价值构成的矛盾体。马克思指出,"使用价值只是在使用或消费中得到实现。……使用价值同时又是交换价值的物质承担者"[①]。使用价值说明商品的物质基础是产品,产品是形成生产与消费关系的前提和中介。价值体现出商品生产者之间的交换关系,它是商品交换得以发生的法则与中介。价值中不包含任何一个使用价值的原子。商品是从产品中抽象而出的,价值是从商品中抽象而出的,抽象的过程提炼出商品的实质。在商品经济社会中,产品不成为商品,不以交换为目的而产生,就不会成为经济系统中的存在,就等于零;而商品之所以是商品,是因为它具有并实现了价值。价值是凝结在商品中的无差别的人类劳动。"劳动是产品产生的源泉,产品成为商品取决于劳动的可衡量性,也就是劳动量成为'形式价值的实体'。"[②] 劳动量是用劳动时间来计量的,无差别的劳动用社会必要劳动时间予以衡量,商品的价值由生产它的社会必要劳动时间决定,价值形成的时间决定论成为商品经济社会最根本的法则和制度,即价值规律。在商品经济社会中,价值规律是商品生产和交换的铁律,它具有普遍的自然必然性。价值规律现实化后的表现是:商品交换者按

[①] 马克思:《资本论》第1卷,人民出版社1975年版,第48页。
[②] 刘伟:《论科学的经济学》,中国社会科学出版社2015年版,第200页。

照商品的价值实行等价交换,因而价值规律又被称为等价法则。等价交换使得商品生产者之间的自由竞争成为一种经济自觉。"价值规律的产生使提高劳动生产率、减少生产劳动时间成为商品竞争的自觉原则。价值规律的作用与生产效率的提高是一个问题的两个方面。"① 价值与使用价值之间的矛盾是形式与质料、形式与内容之间的矛盾,价值作为形式标志出商品自我肯定的特征,然而使用价值则代表着商品自我否定的运动方向。商品来自产品,产品代表着经济系统的主要矛盾——生产与消费的矛盾,在商品经济中,作为生产与消费中间环节的交换成为目的,交换将生产与消费的关系物化和异化。物化与异化是物质生产不够发达的表现,价值规律的平等法则发挥着解放和发展生产力的历史作用,随着物质生产的逐渐发达,生产本身必将充分吸收价值规律的平等法则,而最终扬弃交换关系对它施加的物化和异化。

马克思进一步指出,商品内部使用价值与价值的矛盾根源于商品经济中劳动的二重性。使用价值来源于私人所从事的具体劳动,在商品经济社会中,私人的具体劳动是否能够存在取决它在社会分工体系中的地位。而在另一方面,价值则体现出由社会分工组合而成的生产体系,在商品经济社会中,有机的生产体系通过各个部门之间普遍的交换关系组织起来,价值代表着普遍的交换关系,从而将社会劳动抽象化。马克思对具体的私人劳动与抽象的社会劳动之间的矛盾给予批判性揭示:在商品经济社会中,具体的私人劳动将物人格化,抽象的社会劳动将人格物化,抽象的社会劳动决定具体的私人劳动的存在,人格的物化决定着物的人格化的方向。"在商品生产中,每个劳动者都被抽象和物化为没有任何专长的普通人;在商品交换中,所交换的仅仅是普通人机体平均具有的简单劳动力的耗费。"② 物化使人的交往普遍化,但是其前提却是人被单一化成为价值人格或劳动力人格,

---

① 刘伟:《论科学的经济学》,中国社会科学出版社2015年版,第200页。
② 刘伟:《论科学的经济学》,中国社会科学出版社2015年版,第200页。参阅马克思《资本论》第1卷,人民出版社1975年版,第57页。

这种单一人格造成人发展的片面化，与人自由而全面地发展个性的本质相违背。

商品的内在矛盾性蕴含着经济危机的可能性。"商品只有作为同一的社会单位即人类劳动的表现才具有价值对象性，因而它们的价值对象性纯粹是社会的，那末不用说，价值对象性只能在商品同商品的社会关系中表现出来。"① 在商品经济中，商品生产者之间进行价值与使用价值的交换，其目的皆是直接或间接地实现价值。商品生产者站在价值目的论的立场上天然地认为，交换的目的就是价值的实现，而价值的实现就意味着经济活动的完成。这种社会意识用商品买卖的关系掩盖和混淆最根本的经济矛盾——生产与消费，它将生产与消费的统一归结为买卖成交和价值实现，把社会生产各部门、社会劳动各层次的有机统一归结为生产要素的买卖成交和价值实现。这种物化的社会意识是物化的社会存在的反映。在商品经济社会中，生产与消费能否达成统一取决于交换是否成交，虽然交换成交并不意味着生产与消费的统一，但是，交换不能成交则意味着生产与消费的统一必定不能实现。前者是或然的危机，而后者则是必然的危机，商品经济的危机本质上是买卖脱节而引起的生产与消费的割裂与失衡。在商品经济中，商品是交换关系的物化，而交换关系则决定着生产与消费的关系，商品将生产与消费的矛盾物化为使用价值与价值的矛盾，将生产辩证决定消费的关系异化为价值决定使用价值的颠倒性关系，即商品使用价值所反映的生产与消费的关系，由商品价值的自我实现决定。然而，商品内在矛盾的运动特征决定了价值的实现是偶然的。马克思指出，一个商品的价值形式，事实上体现出两个商品之间两极对立的价值关系：相对价值形式和等价形式。前者是价值被表现的商品，后者是表现价值的商品。相对价值形式与等价形式之间相互依赖、互为条件、不可分离；另一方面，又互相排斥、互相独立。相对价值形式与等价形式之间的统一，继而价值与使用价值的统一，是由相互外在

---

① 马克思：《资本论》第 1 卷，人民出版社 1975 年版，第 61 页。

的、偶然的两个商品之间的交换决定的,商品买卖的过程由不同的主体承担,而买卖主体之间的关系是偶然的、暂时的关系,买卖脱节蕴含在买卖过程分散、分裂的特有运动方式之中。

随着相对价值形式和等价形式之间矛盾运动的展开,商品自身所蕴含的危机可能性,不断地向着现实化的方向发展。在价值形式还是简单的、个别的或偶然的发展阶段,价值规律的等价原则外化为相对价值形式和等价形式的恒等式,然而本质一旦外化,就会表现出现象对本质的"反叛":商品的价值量和它的相对表现形式都会发生变动,二者的变化可能同时发生,而变化的方向或者相同或者相反,二者变动正好一致的情形是完全偶然的。相对价值形式和等价形式之间量的变化的偶然性,蕴含着二者在质上的矛盾必然性。相对价值形式隐藏着社会交换关系,而等价形式的作用则是将劳动量、劳动时间以及社会交换关系体现出来。马克思说等价形式具有"谜一样的性质":使用价值成为价值的表现形式,具体劳动成为抽象劳动的表现形式,私人劳动成为社会劳动的表现形式;价值将生产与消费关系物化为商品交换关系,现在它又将自身物化,以物化的和颠倒的形式表现着自身。当相对价值形式与等价形式的矛盾发展到"总和的或扩大的价值形式"的阶段,每一个特殊等价形式都相并列,每一个都排斥另一个,相对价值形式和等价形式的恒等式衍生出可以无限添加的平行序列,成为一种"恶无限"。这是商品经济开始普遍化的最初表现,每一种商品要与所有商品形成等价关系,通过所有的商品来体现它的价值量。相对价值形式所隐藏的社会交换关系,现在通过所有的交换关系、所有的使用价值来表现自身。价值量与其相对表现形式之间变化的偶然性,现在变得可以核算了。人们可以通过对不断扩大的交换系列进行比较、加总、均除而算得相对价值形式和等价形式的恒等式,从而直观地把握到价值法则。然而,这种理想的计量理性在复杂的社会交换关系中总是会被交换的偶然性和片段性所打断,人们要想掌握核算总体交换的能力,就必须成为驾驭交换总体的主体,而这需要商品经济实现更高层次的发展。在相对价值形式与等价形式之间的矛盾发展到"一般价值形式"阶段之后，价值形式发生了革命，它扬弃使用价值对它施加的物化限制，将所有商品所普遍共有的价值属性用价值本身来表现，即用一种公认的能够中性地、稳定地体现价值的商品来作为价值的标准，其他商品与这种特殊商品之间形成互为交换价值的关系。因而，"总和的或扩大的价值形式"的恒等式发生了逆转：现在已经不是一种商品与所有商品之间的恒等关系，而是所有商品与一种商品的恒等关系。"由于商品的价值对象性只是这些物的'社会存在'，所以这种对象性也就只能通过它们全面的社会关系来表现，因而它们的价值形式必须是社会公认的形式。"① "这时，价值对使用价值强有力的统治建立起来了，它摆脱了利用偶然的或无穷系列的使用价值来表现自身的束缚。"② 一般价值形式的形成以一般等价物的产生为标志，确切地说，一般价值形式并没有也不可能真正扬弃物化，一般等价物仍然是使用价值、是物，但它已经是被价值改造的使用价值，是价值表现自身的物质器官。"把劳动产品表现为只是无差别人类劳动的凝结物的一般价值形式，通过自身的结构表明，它是商品世界的社会表现。因此，它清楚地告诉我们，在这个世界中，劳动的一般的人类的性质形成劳动的特殊的社会的性质。"③ 马克思指出，一般等价物的产生标志着价值形式完成了"一般的社会的蛹化"：一般等价物被其他一切商品排挤出来，成为货币，货币成为统一和规范交换关系总体的法则和制度。货币是由一般价值形式规定的特殊商品，它的使用价值被二重化了，它成为"形式上的使用价值"。"其他一切商品是货币的特殊等价物，货币是它们的一般等价物，它们之间的关系是特殊与一般的关系。"④ 货币将价值形式和等价形式之间的矛盾，转化为价值与交换价值的矛盾，然而，它自身也是一个矛盾体。货币自身蕴含着价值与价值量或价值与价格的矛盾，

---

① 马克思：《资本论》第 1 卷，人民出版社 1975 年版，第 82 页。
② 刘伟：《论科学的经济学》，中国社会科学出版社 2015 年版，第 202 页。
③ 马克思：《资本论》第 1 卷，人民出版社 1975 年版，第 83 页。
④ 刘伟：《论科学的经济学》，中国社会科学出版社 2015 年版，第 202 页。

它用物的量来计算劳动量，这里包含着一个奇异的命题：物人格化的量与人格物化的量是如何通约的？

货币有四大职能，货币的内在矛盾在其四大职能之中充分展现，马克思从抽象上升到具体将阐述货币职能与叙述货币矛盾运动的历史统一起来，我们可以从中理解到，货币自身的矛盾发展为商品危机从可能转变为现实开辟道路。货币作为一般等价物产生后，商品交换关系发展成为商品货币关系，因而价值规律又有了新的、具体的表现形式，把握价值规律在商品货币关系中的作用方式和特征，是我们理解马克思货币论的一条基本线索。

货币的第一职能是价值尺度，价值尺度是观念形态的货币。马克思说："观念的价值尺度中隐藏着坚硬的货币。"[①] 观念中的价值尺度是经过思维抽象的价值规律，其中抽象掉了货币量偏离价值量的情况，假定货币量如实地再现商品的价值量。这种假定不是臆造，它体现出商品价值决定价格的基本规律。然而，货币在现实的商品交换中发挥着价值尺度的作用，它被抽象掉的对价值的反作用，必将被还原回来。货币作为一种特殊的商品，它本身没有价格，它是它自己的等价物，它与除它之外所有商品的相对价值形式相对应，表现出它们的价格。货币作为价值尺度，它是一般等价物，但它却不能将自身的价值表现为价格，否则它就成为同义反复，它只能把自身表现为劳动量，因而它是一个二重化的尺度：它可以衡量除它之外所有商品的价值，但它自身凝结的劳动量却需要与它发生交换的一切商品予以表现，因而它自身的价值形式并没有超越"总和的或扩大的价值形式"，而这一点是与其充当价值尺度的职能相矛盾的。在现实中，人们并不能穷尽商品交换的总体核算出货币的精确价值，货币的产生也没有使人成为把握商品交换总体的主体，货币价值衡量的局限性与货币职能的普遍性之间不相适应，使得人们不能彻底说明货币价值统一商品价值、商品价值通过货币表现为价格的内在机制，因此不能理解

[①] 马克思：《资本论》第1卷，人民出版社1975年版，第122页。

商品价值决定价格的规律必然性,而只能将价格偏离价值当作是一种日常的现象。"价格形式不仅可能引起价值量和价格之间即价值量同它的货币表现之间的量的不一致,而且能够包藏一个质的矛盾,以致货币虽然只是商品的价值形式,但价格可以完全不是价值的表现。"①正因如此,价值规律只能作为没有规律性的盲目起作用的平均数规律来为自己开辟道路。

货币的核心职能是流通手段。货币成为流通手段,使得价值规律体现在商品与货币的关系之中,马克思用商品流通总公式 W—G—W 来描述商品与货币的矛盾运动。他指出:"商品的交换过程包含着矛盾的和相互排斥的关系。商品的发展并没有扬弃这些矛盾,而是创造这些矛盾能在其中运动的形式。一般说来,这就是解决实际矛盾的方法。"② 货币作为流通手段,并没有扬弃商品的物化本性,它的作用是在商品交换的过程中疏缓买卖脱节的危机。"货币发挥流通手段的职能,打破交换的时间、空间和个人的限制,可以将发生在局部的买卖脱节在普遍的交换的作用下得以疏通、缓解,这是商品经济普遍化所带来的解放作用。"③ 但是,货币流通并不能避免和解决商品买卖脱节的危机,它自身反而成为撬动危机现实化的"杠杆"。在商品流通公式 W—G—W 中,商品与商品之间的交换,必须通过货币媒介才能实现。商品与商品的直接交换有两个极、两个人物登场,现在货币发挥流通手段的职能,商品交换转变为四个极、三个人物登场。物物交换中买与卖的统一,现在转变为为买而卖,表现为先获取货币再完成交换。在 W—G—W 公式中,W—G 表示为获取货币而卖的过程,在这个过程中,商品被继续物化为货币;G—W 则意味着用万能的货币实现交换,在这个过程中,货币异化于商品之上。W—G 的实质是商品运动,而 G—W 则只是货币运动。在 G—W 中,商品被包裹上金外皮才能实现持续的流通,否则买卖的脱节就要发生,货币作为流通

---

① 马克思:《资本论》第 1 卷,人民出版社 1975 年版,第 120 页。
② 同上书,第 122 页。
③ 刘伟:《论科学的经济学》,中国社会科学出版社 2015 年版,第 203 页。

手段凌驾于商品之上，仿佛是它决定商品流通，而不是相反。货币原本是商品生产者实行交换的手段，但是随着货币流通的普遍化，货币自身也发展出普遍化的形态，它从铸币的"金存在"变为纸币的"金假想"，"货币的职能存在可以说吞掉了它的物质存在"。① 它成为任性地购买一切的自由，它成为一种社会支配权。虽然货币拜物教将货币的流通职能实体化，但是商品生产者不卖出商品就不能取得货币，卖是买的物质前提，没有卖的胜利完成，买就是绝对的不自由。事实上，商品生产者从无到有地获取货币，要经历"惊险的跳跃"。在商品经济中，货币在形式上以自身的价值统一其他一切商品的价值，但是在内容上，随着社会分工逐渐细碎化，商品生产者所归属的各个生产部门越来越成为社会生产机体的"分散的肢体"，货币价值衡量的局限性与货币职能的普遍性之间的不相适应更为尖锐了，商品生产者既不能总体地把握有机的生产体系，也不能支配生产总体的物质外壳——货币，他生活在对货币的"无知之幕"中，完全依赖于货币、受它支配。"分工使他们（商品生产者——引者注）成为独立的私人生产者，同时又使社会生产过程以及他们在这个过程中的关系不受他们自己支配；人与人的互相独立为物与物的全面依赖的体系所补充。"② 商品生产者受到货币的支配，那么，体现于商品与货币关系中的价值规律，对他来说就是一种自然必然性。他不能驾驭货币就意味着他不能把握有机的社会生产体系，而他对有机的生产体系的无知决定他不能理解价值生成的根源与机制，因而他就只能被动地接受由货币符号包裹的价值信息，他在货币符号面前的盲目性折射出他在制定生产目的时的盲目性，而生产的盲目性又决定他为获取货币而进行的卖是机会主义的，因而卖的成功只能是偶然的。并且，在发达的商品社会中，货币流通发展到普遍化的程度，这种普遍化也会将商品生产者个体的机会主义扩大成全社会范围内的机会主义，从而局部范围

---

① 马克思：《资本论》第 1 卷，人民出版社 1975 年版，第 149 页。
② 同上书，第 126 页。

的买卖脱节,就会演变成全社会范围内的危机。货币流通作用的普遍化,加速了危机现实化的步伐。"说互相对立的独立过程形成内部的统一,那也就是说,它们的内部统一是运用于外部的对立中。当内部不独立(因为互相补充)的过程的外部独立化达到一定程度时,统一就要强制地通过危机显示出来。商品的内在的使用价值和价值的对立,私人劳动同时必须表现为直接社会劳动的对立,特殊的具体的劳动同时只是当作抽象的一般的劳动的对立,物的人格化与人格的物化的对立,——这种内在的矛盾在商品形态变化的对立中取得了发展的运动形式。因此,这些形式包含着危机的可能性,但仅仅是可能性。这种可能性要发展为现实,必须有整整一系列的关系,从简单商品流通的观点来看,这些关系还根本不存在。"①

货币的第三个职能是贮藏手段。货币作为流通手段,成为商品的异化物,成为支配商品社会的权力,私人占有货币他就获得了支配社会的权力,货币从流通中衍生出贮藏功能,将私人对社会的支配权不断地再生产出来。"一切东西都可以买卖。流通成了巨大的社会蒸馏器,一切东西抛到里面去,再出来时都成为货币的结晶。……正如商品的一切质的差别在货币上消灭了一样,货币作为激进的平均主义者把一切差别都消灭了。但货币本身是商品,是可以成为任何人的私产的外界物。这样,社会权力就成为私人的私有权力。"② 一方面,货币的贮藏功能不断地调节和再生出货币的流通功能,处于贮藏状态的货币形成货币的蓄水池,以此保障实际流通的货币量总是能够同流通领域对货币的需求相适应。"货币贮藏在金属流通的经济中执行着种种不同的职能。它的第一个职能是从金银铸币的流通条件中产生的。我们已经知道,随着商品流通在范围、价格和速度方面的经常变动,流通的货币量也不断增减。因此,这个量必须能伸缩。有时货币必须当作铸币被吸收,有时铸币必须当作货币被排斥。为了使实际流通的

---

① 马克思:《资本论》第 1 卷,人民出版社 1975 年版,第 133 页。
② 同上书,第 152 页。

货币量总是同流通领域的饱和程度相适应，一个国家的现有的金银量必须大于执行铸币职能的金银量。这个条件是靠货币的贮藏形式来实现的。货币贮藏的蓄水池，对于流通中的货币来说，既是排水渠，又是引水渠；因此，货币永远不会溢出它的流通的渠道。"[1] 另一方面，货币的贮藏功能客观上造成实际存在的货币量大于流通中实际需要的货币量，这成为产生通货膨胀的物质基础。通货膨胀和通货紧缩造成价格符号的混乱，它展现出货币抗拒价值规律的反动作用。货币的贮藏功能防范通货膨胀或通货紧缩的机制主要是：其一，实际流通中的货币需求量相对稳定；其二，铸币与货币之间的相互转换能够适应流通中的货币需求量。然而，以上机制的形成和贯彻需要制度的力量予以保障，制度具有人为性，在发达的商品社会中，货币已经发展成为私人在社会中的独占权，私人要再生产和扩张这种独占权就必须扩大货币的积累，这种权力的积累是与货币贮藏适应货币流通的功能相矛盾的。

货币的第四个职能是支付手段。货币拥有贮藏功能，这标志着货币成为财富的化身，从而货币的债权与债务关系亦随之得以产生，处于债权和债务关系中的货币逐渐发展成为信用货币。"由出售商品得到的债券本身又因债权的转移而流通，货币变成契约上的一般商品。货币二度成为商品，它的异化性又进入更高次方。"[2] 马克思指出："货币作为支付手段的职能包含着一个直接的矛盾。在各种支付互相抵销时，货币就只是在观念上执行计算货币或价值尺度的职能。而在必须进行实际支付时，货币又不是充当流通手段，不是充当物质变换的仅仅转瞬即逝的媒介形式，而是充当社会劳动的单个化身，充当交换价值的独立存在，充当绝对商品。"[3] 货币作为支付手段，是对其价值尺度、流动手段和贮藏手段等诸多功能的否定之否定。货币职能从价值尺度到贮藏手段的发展，反映出货币逐步异化于商品之上，从

---

[1] 马克思：《资本论》第1卷，人民出版社1975年版，第154页。
[2] 刘伟：《论科学的经济学》，中国社会科学出版社2015年版，第205页。
[3] 马克思：《资本论》第1卷，人民出版社1975年版，第158页。

而将货币价值衡量的局限性与货币职能的普遍性的矛盾,越来越隐蔽地掩盖起来。然而,当货币充当实际支付的手段之时,它只能如实地接受价值规律的根本法则:价值决定价格、商品决定货币,否则债券与债务的关系就难以维持,货币所有者的社会独占权就将被颠覆。在货币危机的时刻,货币异化于商品的虚幻结构统统被打翻,买卖脱节的危机迫使货币如实地再现商品的价值。但是,只要货币的危机尚未发生,货币作为支付手段还将为危机的发生不断积累条件。在危机的准备阶段,由于延迟支付的广泛存在,即使价格稳定,且实际流通中的货币量既定,一定时期内流通中的货币量和商品量也不再相符。"货币在流通,而它所代表的是早已退出流通的商品。商品在流通,而它的货币等价物只有在将来才出现。另一方面,每天订立的支付和同一天到期的支付完全是不可通约的量。"[①] 总之,无论是在危机的准备时期,还是在危机时刻,货币作为支付手段都在破坏着货币稳定性,从而对 W—G—W 的恒等关系施加反动的作用。

从商品发展到货币,从而形成商品与货币的矛盾,价值规律发挥作用的现实空间构建完成了。价值规律是商品自身矛盾运动的规律,它的内容归根结底是价值形成及平等交换的机制和法则,其核心是劳动产生价值。货币的产生是商品价值与使用价值矛盾斗争的结果。价值与使用价值的统一是形式上的、暂时的统一,它们之间的斗争则是绝对的:价值将使用价值物化、异化,还要将其改造成为自己的器官,使之成为表现价值的手段。货币产生后,价值外化为价格,价值法则又产生一条推论:商品价值决定价格,价格对价值产生反作用并围绕价值上下波动。货币发展的历史是它逐步异化于商品之上的历史,价值规律在商品与货币的矛盾中彰显出特有的张力,即价值决定价格,同时,价格又将价值异化。货币自身从价值尺度到支付手段的发展历程,展现出否定之否定的过程,即价值决定价格——价格异化于价值——价值迫令价格与之相符。货币的异化是商品矛盾运动的顶

[①] 马克思:《资本论》第 1 卷,人民出版社 1975 年版,第 160 页。

点，同时又是资本产生的起点。资本是从货币作为支付手段发生增值的那一刻开始萌芽的，货币发生增值，使得商品流通的恒等式 W—G—W 发生了转变，产生了资本的总公式 G—W—G′。增值现象将货币否定之否定的发展又推向一个新的高度，价值强令价格与自身相一致的运动，现在扩展到流通与生产的关系之中，资本的产生表明：只有生产支配流通，价值才能彻底地征服价格。

资本总公式 G—W—G′ 的基本特征在于：货币 G 到 G′ 发生了价值增值。在 G—W 中，货币 G 是买的手段；在 W—G′ 中，货币 G′ 标志着卖的完成。与商品流通公式 W—G—W 表现出的先卖后买不一样，资本总公式 G—W—G′ 描述的是先买后卖。两个公式的共同点在于二者都是流通的过程，而流通必然遵循价值规律，实行等价交换。二者的根本不同在于货币的性质发生了区分：在商品流通公式中，货币是"作为货币的货币"，它是流通的媒介；在资本总公式中，货币是"作为资本的货币"，它成为流通的目的。货币自身不能增值，如果这样，它就不能再充当价值的等价形式，货币的增值只是表现出价值的增值，价值是增值的主体，能够增值的价值就是资本。"在资本的总公式中，价值成为自动的主体和实体，商品和货币只是它的形式。价值作为这一过程的扩张者的主体，首先需要一个独立的形式，把自身的同一性确定下来。它只有在货币上才具有这种形式。"[1] 价值是资本运动的实体和主体，它在资本运动中发生了增值，资本是价值发生增值的起点、过程和结果，商品与货币的交换现在成为资本实现价值增值的形式和手段。资本的产生在一定意义上突破了货币对商品的异化，在商品流通过程中，货币攫取了对商品世界的支配权，但是这种支配权实际上只是形式上的权力，当货币自身发生危机时，它作为等价形式的合理性就会被价值交换的实际支付颠覆，价值规律的等价法则强令货币如实表现价值，并受价值支配。资本不仅是价值，而且

---

[1] 刘伟：《论科学的经济学》，中国社会科学出版社 2015 年版，第 207 页。参阅马克思《资本论》第 1 卷，人民出版社 1975 年版，第 175 页。

是主动的、运动着的价值，它不仅会在危机时刻支配货币，而且要取代货币成为支配商品社会的权力。资本支配商品与货币的权力，源自它拥有使价值发生增值的特性。货币作为支付手段产生了增值，因而完成了将自身异化于商品之上的运动。但是，资本才是货币产生增值的物质根源，货币只是作为支付手段通过债权瓜分了资本增值的一部分。因而所谓货币支配商品，事实上是资本支配商品和货币。货币要维持它在商品世界的特权就必须先购买资本，等待资本在商品生产过程中完成增值，再经过商品的卖出，最终换回增值的货币。整个过程体现出货币包容、吸收资本，最后获得对价值增值部分的支配权。事实上，资本也不可能舍弃货币的外壳而实现增值，因为货币制度将普遍的社会交换关系组织起来，资本的增值必须通过交换才能实现，因而它从属于商品货币关系，受到货币制度的规定和制约，资本要支配整个商品世界就必须将自己货币化，因而作为资本的货币和作为货币的资本是同一的。

既然处于流通过程中的商品、货币和资本，只是按照价值规律发生平等的交换，因而不会产生价值的增值，那么价值增值就只能产生在资本所主导的生产过程之中。在资本生产过程开始之前，作为资本的货币先要购买生产得以进行的要素，它购买到一种特殊的商品，这种商品具有特殊的使用价值——创造价值，这种特殊的商品就是劳动力。劳动力是劳动者进行生产的能力和精力，它是被资本裁定的人的物质生产力，资本将劳动者的个人才能抽象为劳动力，并抹去和遮蔽劳动力的主体——劳动者。"在资本主义制度中，劳动力成为商品，作为雇佣工人的劳动者在一定时间内将劳动力出卖，从而获得生活资料。如果劳动者不能将劳动力出卖，他就等于零；而如果劳动者将劳动力全部卖出，他就成了奴隶。"[①] 这样，通过商品与货币的交换关系，一种新的生产关系建立起来了，出卖劳动力的劳动者成为雇佣工人，购买劳动力的货币资本家成为产业资本家，二者之间形成资本与

---

① 刘伟：《论科学的经济学》，中国社会科学出版社2015年版，第207页。

雇佣劳动的生产关系，人类社会的生产关系第一次通过买卖的形式得以生成。

劳动力成为商品标志着资本主义社会生产关系的产生，从而资本主义生产关系与交换关系的矛盾也正式形成了。在资本主义生产关系与交换关系的矛盾中，哪一方面是矛盾的主要方面，从而对矛盾运动的方向起着决定性作用？从表面上看，劳动力的买卖在流通领域发生，因而必然遵循价值规律，即劳动力的价值由生产它的社会必要劳动时间决定，而劳动力的生产就是劳动者对生活资料的消费，因而劳动力的价值就表现为维持劳动力所必需的生活资料的价值。然而深入到实质当中，我们可以发现，劳动力这种商品的特殊性在于它不是物，而是人的能力和精力，它是人的特性。资本主义生产关系将人的特性变成商品，用物的量来衡量人的特性，这是荒谬的。可是，这种荒谬性恰恰体现出资本主义生产关系对交换关系的支配。首先，我们需看一下资本购买雇佣劳动力的交易特殊性。在资本主义社会，劳动力成为商品与劳动者被物化是同一个过程。资本与雇佣劳动关系是在交换过程中产生的，而交换的前提是商品与货币将产品物化，人的劳动能力是人自身的产品，货币资本家购买劳动力，支付给劳动者维持劳动能力的资金，资本与雇佣劳动之间的买卖关系以劳动者被物化为劳动力，劳动力被物化为劳动力生产资金为前提。此外，资本通过货币购买劳动力的交易过程也具有特殊性，在此交易过程中，货币不是流通手段，而是支付手段：资本家支付给工人货币资金，消费工人现有的劳动力，工人持有消费资金，将劳动能力再生产出来，因而工人总是生产并出卖劳动能力在先，然后再从资本家那里获得维持劳动力再生产的资金，事实上，这是工人给资本家以信贷。其次，我们应看到资本购买雇佣劳动的过程之所以能够发生，关键在于劳动者必须依靠资本家支付的资金才能生产和维持自身的劳动能力。事实上，在购买活动发生之前，工人与资本家已经有了先天的差别。工人丧失了维持劳动力乃至个体存在的生活资料，而资本家却占有它。工人丧失生活资料的原因在于，他不能先卖而后买，他不能通过商品的生产和出售而换得生活资料,因为他丧失了生产商品的生产资料。而资本家却占货币,可以购买一切。还在资本购买劳动力之前,资本的私人所有制已经通过资本的原始积累建立起来了。资本家通过原始积累占有货币资本,与之相对应,劳动者却因为被剥夺了生产资料而变得一无所有。资本家作为自由的购买者,工人作为自由的出售者,前者自由得可以购买一切,而后者自由得只能出卖劳动力。资本与雇佣劳动之间的平等交换,以不平等的生产资料所有制为前提,资本主义生产关系支配着它的交换关系,将之改造成为自己的器官。"任何一种生产,都是劳动者与生产资料的结合,但在资本主义社会中劳动者与生产资料是相分离的,源自于发达商品经济的货币对社会的支配权演化为资本对生产资料的所有权,因而,工人出卖劳动力而获得的维持自身存在的生活资料,仅仅是维持一个工人作为工人的生活资料,劳动力的价值早已为生产的所有制结构所决定。"①

劳动力的使用价值是创造价值,价值的创造是在生产过程中完成的,这是价值增值的源泉所在。劳动力创造价值是资本主义社会特有的生产方式。劳动生产的一般结构是人与物的结合,即人的劳动与劳动资料的结合,劳动生产包含着劳动者与劳动资料的矛盾:劳动资料具有客体必然性,它是人类劳动能力的测量器和社会关系的指示器;而劳动者的生产目的及其规划则具有主体自由性,它是主导生产过程的规律。"劳动过程结束时得到的结果,在这个过程开始时就已经在劳动者的表象中存在着,即已经观念地存在着。他不仅使自然物发生形式变化,同时他还在自然物中实现他自己的目的,这个目的是他所知道的,是作为规律决定着他的活动的方式和方法的,他必须使他的意志服从这个目的。"② 人类的生产劳动是有目的的活动,以目的为主导的人的主体性本身就具有客观性,人通过生产活动达到自我实现,这本身就是客观的规律。但是,人类必须以生产能力的发挥为手

---

① 刘伟:《论科学的经济学》,中国社会科学出版社2015年版,第207页。
② 马克思:《资本论》第1卷,人民出版社1975年版,第202页。

段实现生产目的,而生产能力的发挥以生产关系的组织为前提,生产关系的组织方式决定劳动者生产能力的发展和发挥水平,从而决定其实现生产目的的程度。资本主义的生产关系体现为资本与雇佣劳动的关系,其核心是资本的私人所有制,资本家占有生产资料,工人与生产资料相分离,只有通过劳动力的买卖,工人才能与生产资料相结合,而工人一旦将劳动力出卖给资本家,他的活劳动就与生产资料一样,成为资本的组成部分,他本人就沦落为资本的附庸。资本主义生产关系决定资本的生产目的是价值增值,在资本主义生产过程中工人不但创造价值,还要创造价值的增值部分——剩余价值。

在资本主义社会中,工人所创造的剩余价值是资本增值的根源。暂时撇开现实中资本社会化的背景,假定价值规律丝毫不受干扰地发挥着作用,在资本总公式 G—W—G′ 中,剩余价值是资本家用货币资本购买生产资本(活劳动和生产资料),然后完成商品生产并将商品售出后,取得的价值增值部分。G′ 超出 G 的部分就是剩余价值。在资本主义生产中,资本家凭借资本所有权,拥有对整个生产过程的绝对支配权,他依据资产阶级法权将工人的劳动力价值压低到仅仅维持工人作为工人而存在的水平,形成必要劳动价值。在工人创出必要劳动价值之后,资本家再次运用特权压迫工人延长劳动时间,继续创造剩余价值,并对之实行无偿占有。资本主义生产以资本增值为目的,其实质是最大限度地剥削和占有剩余劳动和剩余价值。

为了说明剩余价值产生的根源,马克思专门解剖了资本生产的内在结构,他科学地发现了资本劳动的二重性:一方面,资本劳动要保存和转移旧的价值;另一方面,资本劳动又要创造出新的价值。"新价值的加进,是由于劳动的单纯的量的追加;生产资料的旧价值在产品中的保存,是由于所追加的劳动的质。同一劳动由于它的二重性造成的这种二重作用,清楚地表现在种种不同的现象上。"[①] 马克思根据资本劳动的二重性,将资本区分为不变资本和可变资本:可变资本

---

① 马克思:《资本论》第 1 卷,人民出版社 1975 年版,第 227 页。

是用来购买劳动力的货币资本，劳动力在资本生产过程中发挥着"新价值的加进"和"旧价值的保存"的双重作用。不变资本是用于购买生产资料的货币资本，它是被劳动保存并转移到新产品中去的旧价值。马克思指明：可变资本是资本中产生剩余价值的唯一部分，劳动力所从事的剩余劳动是剩余价值产生的唯一源泉，剩余劳动率也即剥削率的公式是：m/v＝剩余劳动/必要劳动。马克思强调，剩余价值率极易被曲解，资产阶级经济学家更是为了掩盖剥削，竭尽所能地对它实行篡改和抹杀，西尼尔的"最后一小时"可算是典型代表。西尼尔把现成产品在空间上存在的量，转变成它们依次以必要劳动时间和剩余劳动时间顺序生成的量，又将活劳动对不变资本所施加的价值保存和转移，篡改为对新价值的创造，即将质的劳动混淆为量的劳动，从而将量的劳动变成了双份，因而出现了"5 又 3/4 小时纺纱的价值产品等于 1 小时纺纱劳动的产品价值"的悖谬，最后他将价值增加分摊到工作日的每一个小时，荒谬地提出剩余价值只产生在"最后一小时"。

在揭示出剩余价值产生的根源之后，马克思从抽象上升到具体叙述出剩余价值规律。剩余价值的内在矛盾是绝对剩余价值与相对剩余价值的对立统一。剩余价值规律的内容表现为绝对剩余价值与相对剩余价值的矛盾运动，即绝对剩余价值与相对剩余价值相对立——绝对剩余价值与相对剩余价值的统一——剩余价值的再生产。绝对剩余价值与相对剩余价值的矛盾体现于必要劳动时间与剩余劳动时间的划分与分配。绝对剩余价值剥削是指，在必要劳动时间不变的前提下，资本家通过绝对地延长剩余劳动时间来实现剩余价值剥削最大化。相对剩余价值剥削则是指，资本家通过提高工人的劳动生产效率，从而缩短必要劳动时间，间接地延长剩余劳动时间，降低必要劳动价值，从而实现剩余价值剥削最大化。

绝对剩余价值剥削是资本家最为直接易行的剥削方式，资产阶级不断地通过延长剩余劳动时间来榨取工人所创造的剩余价值，而这很快就引起了工人阶级的普遍反抗。工人阶级与资本阶级之间围绕着法定工作日的长短展开了持久而广泛的斗争，这一斗争的过程体现于制定与执行《工厂法》的历史之中。在工人阶级反抗资产阶级剥削压迫的斗争中，马克思发现，剩余价值剥削是对价值规律的否定。价值规律决定资本商品的价值由生产它的社会必要劳动时间决定，但是在工人生产资本商品所耗费的总时间中又包括生产劳动力价值的必要劳动时间和被资本家独占的剩余劳动时间，而必要劳动时间与剩余劳动时间的划分是工人阶级与资产阶级斗争的结果，因而劳动力价值的决定违背了价值规律的平等法则，剩余价值规律是对价值规律的否定。"权利同权利相对抗，而这两种权利都同样是商品交换规律所承认的。在平等的权利之间，力量就起决定作用。所以，在资本主义生产的历史上，工作日的正常化过程表现为规定工作日界限的斗争，这是全体资本家即资本家阶级和全体工人即工人阶级之间的斗争。"①

马克思总结出绝对剩余价值剥削的三个规律。描述规律的前提是：劳动力价值从而必要劳动时间是一个已知的不变的量。在此前提下，第一个规律是："所生产的剩余价值量，等于预付的可变资本量乘以剩余价值率，或者说，是由同一个资本家同时剥削的劳动力的数目与单个劳动力受剥削的程度之间的复比例决定的。"② 第二个规律是："平均工作日（它天然总是小于 24 小时）的绝对界限，就是可变资本的减少可以由剩余价值率的提高来补偿的绝对界限，或者说，就是受剥削的工人人数的减少可以由劳动力受剥削的程度的提高来补偿的绝对界限。"③ 第三个规律是："如果剩余价值率或劳动力受剥削的程度已定，劳动力价值或必要劳动时间量已定，那末不言而喻，可变资本越大，所生产的价值量和剩余价值量也就越大。"④ 以上规律指明资本家实现绝对剩余价值剥削最大化的各种可能性与界限，这里已经蕴含绝对剩余价值剥削向相对剩余价值剥削的转化。

---

① 马克思：《资本论》第 1 卷，人民出版社 1975 年版，第 262 页。
② 同上书，第 337 页。
③ 同上书，第 339 页。
④ 同上。

相对剩余价值剥削是对绝对剩余价值剥削的扬弃。价值规律的优胜劣汰作用，激励资本家不断地提高劳动生产率从而在资本竞争中立于不败之地，同时，工人阶级有效地反抗资产阶级肆意延长工作日的斗争，从反的方向刺激资本家用提高劳动生产率的方式缩短必要劳动时间，变相延长剩余劳动时间。马克思指出，分工和协作是各个社会形态提高劳动生产率的根本途径。分工产生个人效率，协作有利于劳动生产率的整体提高，尤其是协作，它更能创出集体的生产能力，因而更加符合社会化大生产的要求。然而，在资本主义社会中，资本家占有生产资料，工人成为资本的附庸，资本主义生产的分工和协作具有异化性。"雇佣工人的协作只是资本同时使用他们的结果。他们的职能上的联系和他们作为生产总体所形成的统一，存在于他们之外，存在于把他们集合和联结在一起的资本中。因此，他们的劳动的联系，在观念上作为资本家的计划，在实践中作为资本家的权威，作为他人的意志——他们的活动必须服从这个意志的目的——的权力，而和他们相对立。"① 资本主义的社会化大生产的特征是协作建立在分工的基础之上，它经历了从工场手工业到机器大工业的历史转变，资本主义相对剩余价值剥削的发展与此历史过程相对应。

早在工场手工业时期，提高劳动生产率、减少必要劳动时间就已经为资本家实现剩余价值剥削最大化的"自觉原则"。工场手工业的分工协作以及生产工具的革命，都以减少工人的必要劳动时间为目的，在劳动生产率不断获得提高的同时，工人愈来愈陷入异化的处境而难以自拔。工场手工业分工协作的特征是，某个工种的工人因为分工成为局部的工人，整个工场各个工种的协作则成为总体工人，局部工人只能是总体工人的一个器官。工人个体因分工的专业化而只能片面发展自己的技能，而这反倒成了他的"优点"。随着生产工具的不断改进，总体工人分工与协作的辩证法物化为生产工具的有机系统，局部的工人进而异化为生产工具的某个部件。局部工人的片面性与总

---

① 马克思：《资本论》第1卷，人民出版社1975年版，第368页。

体工人的系统性还表现出，工场内部的生产具有高度的组织计划性，然而，在工场之外，各个部门的社会分工却处于无政府状态，整体经济在价值规律的自然必然性中被动地接受自身的宿命。

机器大工业取代工场手工业标志着相对剩余价值剥削在资本主义社会中普遍形成。在工场手工业时代，分工协作的方式、生产工具的改进以充分发挥劳动力的效率为特征，而在机器大生产时代，生产工具的革命以提高自身效率为特征，工人分工协作的方式以人适应机器为原则。机器大生产将整个生产过程按生产的性质分解为各个组成阶段，各个阶段的结合通过科学技术的应用来实现。机器大生产将各个特殊的生产环节联合成连续的过程，机器体系自身产生了自动化。资本家普遍采用机器生产用于剩余价值剥削，其前提条件是：其一，生产机器所耗费的劳动少于使用机器所代替的劳动；其二，机器的价值要低于它所代替的劳动力的价值。在机器大生产中，工人大大提高了劳动生产率，随着必要劳动时间的不断减少，工人的必要劳动价值也不断降低，然而他们所承受的剥削却更为严重了。机器生产的自动化降低了工人劳动的技术含量，妇女和儿童也大量地加入产业大军，从而打破了依据男工体力和技能指标形成的必要劳动时间标准，使必要劳动价值减少到难以维持男劳动力再生产的水平。机器生产的连续性突破了工作日的自然界限，工人劳动的节奏及其组织方式完全由机器的运转决定，机器生产的效率自动地规定工人劳动的效率。在这种生产方式中，工人的异化遭遇更为深重了，他要终生服侍机器，成为机器的附庸，劳动过程只是单调的形式，个人的一切自主活动完全被剥夺了。与之相反，机器却拥有了主人的权力，人类在科学技术、组织管理方面的发明创造，都用来强化机器的主权。在机器大生产的时代，工人反抗机器是工人阶级对抗资本剥削的重要形式，工人反对以机器为载体的剥削体制，资本家则不断地更新和改进机器，加大机器代替人工的历史进度，让机器排挤工人，让工人与工人之间形成就业竞争的关系，从而瓦解工人阶级内部的团结力。

机器生产的普遍采用在技术和体制两个方面强化了资本剥削的权

力，资本家据此权力将绝对剩余价值剥削与相对剩余价值剥削统一起来，形成矛盾张力十足的资本主义剥削制度，马克思揭示出资本剥削的总体结构：第一个层次是，绝对剩余价值剥削是资本主义剥削的一般基础，而相对剩余价值剥削以此为起点。第二个层次是，相对剩余价值是绝对的，绝对剩余价值是相对的。第三个层次是，绝对剩余价值剥削与相对剩余价值剥削的综合，是适应生产率和劳资矛盾变化的"组合拳"。"只要涉及剩余价值率的提高，绝对剩余价值和相对剩余价值之间的差别就可以感觉到了。假定劳动力按其价值支付，那末，我们就会碰到这样的抉择：如果劳动生产力和劳动的正常强度已定，剩余价值率就只有通过工作日的绝对延长才能提高；另一方面，如果工作日的界限已定，剩余价值率就只有通过工作日两个组成部分即必要劳动和剩余劳动的相对量变化才能提高，而这种变化在工资不降低到劳动力价值以下的情况下，又以劳动生产率或劳动强度的变化为前提。"①

马克思详细分析了绝对剩余价值剥削与相对剩余价值剥削相互转化的关系，说明了劳动力价值与剩余价值互变的规律。叙述规律的理论前提是：商品按其价值出售，劳动力价值作为生活资料的量，可看作是不变量，发生变化的只是生活资料的价值。从而，劳动力价值和剩余价值的相对量取决于：工作日的长度、正常的劳动强度和劳动生产力。第一种情况是工作日的长度和劳动强度不变，而劳动生产力发生变化，劳动力价值和剩余价值的互变规律是：1."不论劳动生产率如何变化，从而不论产品量和单个商品的价格如何变化，一定长度的工作日总表现为相同的价值产品。"② 2."劳动力的价值和剩余价值按照相反的方向变化。劳动生产力的变化，它的提高或降低，按照相反的方向影响劳动力的价值，按照相同的方向影响剩余价值。"③

---

① 马克思：《资本论》第1卷，人民出版社1975年版，第558—559页。
② 刘伟：《论科学的经济学》，中国社会科学出版社2015年版，第213页。参阅马克思《资本论》第1卷，人民出版社1975年版，第568页。
③ 同上。

3. "剩余价值的增加或减少是劳动力价值相应地减少或增加的结果，而绝不是这种减少或增加的原因。"① 以上是劳动力价值与剩余价值互变的普遍规律。第二种情况是工作日的长度和劳动生产力不变，而劳动强度发生变化。这是典型的相对剩余价值生产，此时，劳动力价格提高，但不超过价值。第三种情况是劳动生产力和劳动强度不变，而工作日的长度发生变化。这是典型的绝对剩余价值生产，此时，劳动力价值量的相对变化，是剩余价值量绝对变化的结果。第四种情况是工作日的长度、劳动强度和劳动生产力都在变化。这时，无论劳动生产力提高还是降低，只要工作日延长，剩余价值的相对量和绝对量都会增加，这是绝对剩余价值剥削与相对剩余价值剥削相综合的结果。根据以上分析，马克思概括出全面描述剩余价值率的公式：1. 剩余价值/可变资本（m/v）=剩余价值/劳动力价值=剩余劳动/必要劳动；2. 剩余劳动/工作日=剩余价值/产品价值=剩余产品/总产品；3. 剩余价值/劳动力价值=剩余劳动/必要劳动=无酬劳动/有酬劳动。马克思指出，以上公式只有公式1是剩余价值率的彻底、准确的表达，公式2和公式3，前者遮盖了可变资本、必要劳动产生剩余价值的根源，后者则容易将劳动力的价值曲解为子虚乌有的劳动价值。

马克思批判各种曲解剩余价值率的理论倾向，这为研究工资制度做好了准备。工资制度是现实中遮蔽剩余价值产生根源的基本经济制度。在工资制度中，劳动力的价值转化为劳动的价值。马克思指出，劳动没有价值，否则就是对价值规律的违背。因为，如果劳动具有价值，那么活劳动的价值就应当是与之等值的物化劳动，但是作为劳动价值的工资少于物化劳动的价值量。所以，这造成了"不等量的相等，消灭了价值规定"②。"要使物化劳动同活劳动直接交换，要么会

---

① 刘伟：《论科学的经济学》，中国社会科学出版社2015年版，第213页。参阅马克思《资本论》第1卷，人民出版社1975年版，第570页。
② 刘伟：《论科学的经济学》，中国社会科学出版社2015年版，第214页。参阅马克思《资本论》第1卷，人民出版社1975年版，第586页。

消灭价值规律，要么会消灭资本与雇佣劳动关系。"① 马克思强调，商品的价值量由生产它所必需的劳动量决定，而不是由劳动量的物化形式——商品或货币量来决定。货币资本购买雇佣劳动，与货币资本相对应的不是劳动，而是工人的劳动力，劳动是价值的实体和尺度，它本身没有价值，劳动力成为商品，它具有价值，但它的价值量却是由资本对雇佣劳动的统治权和法权先天决定的。"劳动的价值"是一个虚假概念，工资制度磨灭了工作日区分为必要劳动时间和剩余劳动时间、劳动区分为有酬劳动和无酬劳动的本质差别。工资的假象是全部劳动都是有酬的劳动。"为什么劳动力的价值和价格转化为工资形式，即转化为劳动本身的价值和价格，会具有决定性的重要意义。这种表现形式掩盖了现实关系，正好显示出它的反面。工人和资本家的一切法权观念，资本主义生产方式的一切神秘性，这一生产方式所产生的一切自由幻觉，庸俗经济学的一切辩护遁词，都是以这个表现形式为依据的。"② 马克思继续分析了工资的具体形式。计时工资的规律是："如果日劳动、周劳动的量已定，那末，日工资或周工资就决定于劳动价格，而劳动价格本身或者是随着劳动力的价值而变化，或者随着劳动力的价格与其价值的偏离而变化。反之，如果劳动价格已定，那末日工资或周工资就决定于日劳动或周劳动的量。"③ 计时工资将日工资分裂为小时工资，小时工资又逐步代替日工资，那么工作日的概念就因此消失了，必要劳动时间和剩余劳动时间、有酬劳动和无酬劳动的区别消失得一点踪影都没有了。计件工资接着又将计时工资的形式瓦解掉，它最终成为"克扣工资和进行资本主义欺诈的最丰富的源泉"④。

绝对剩余价值剥削与相对剩余价值剥削的矛盾运动展现开来，就

---

① 刘伟：《论科学的经济学》，中国社会科学出版社 2015 年版，第 214 页。参阅马克思《资本论》第 1 卷，人民出版社 1975 年版，第 586 页。
② 马克思：《资本论》第 1 卷，人民出版社 1975 年版，第 591 页。
③ 同上书，第 596 页。
④ 刘伟：《论科学的经济学》，中国社会科学出版社 2015 年版，第 214 页。参阅马克思《资本论》第 1 卷，人民出版社 1975 年版，第 605 页。

显示出剩余价值再生产的规律。剩余价值再生产规律是单个资本融入到社会资本、资本本质实现为资本现实的运动规律。马克思对剩余价值规律最初的叙述，其考察对象是单个资本的单个生产过程，以此为出发点有利于抽象力深入到本质层面，直指剩余价值产生的根源，但是认识到本质后，还需要再上升到现实。现实中的资本是社会化的资本，资本的生产过程是再生产过程。"认识到资本无偿占有剩余价值的本质后，接下来要做的工作就是从本质上升到现实，在资本与资本的联系中，描述剩余价值运动的连续性。"① 剩余价值再生产是资本与雇佣劳动关系的再生产，在第一轮剩余价值生产结束后，资本家还要成为资本家，他必须重新以货币资本购买劳动力和生产资料，但是现在他不需要再进行原始积累了，他无偿占有的剩余价值成为再生产的资金，成为新的货币资本的来源。而对于工人而言，只要他不想失业，他就必须接着出卖劳动力。在第一轮资本生产中，资本家凭借对生产资料的所有权，通过购买形式，取得对雇佣劳动者的支配权。随着剩余价值再生产的持续，资本家不断完成剩余价值的积累，从而达到一种剥夺他人的自由：利用工人创造的剩余价值继续作为资本剥夺工人。而工人则陷入完全的不自由：他不断地再生产出剥夺自身的对立物，他被"钉在了资本上"。马克思指出："在剩余价值的积累中，商品生产和商品流通的占有规律或私有权规律，通过它本身的内在的、不可避免的辩证法转变为自己的直接对立物。最初的等价物交换，已经变得仅仅在表面上是交换。"② 在剩余价值的再生产中，剩余价值规律与价值规律的矛盾正式形成了，但是这一矛盾的产生并不意味着价值规律的失效，相反，剩余价值规律与价值规律的矛盾却是价值规律作用的结果。"说雇佣劳动的介入使商品生产变得不纯，那就等于说，商品生产要保持纯粹，它就不该发展。商品生产按自己本身内在的规律越是发展成为资本主义生产，商品生产的所有权规律也

---

① 刘伟：《论科学的经济学》，中国社会科学出版社2015年版，第215页。
② 刘伟：《论科学的经济学》，中国社会科学出版社2015年版，第215页。参阅马克思《资本论》第1卷，人民出版社1975年版，第640页。

就越是转变为资本主义的占有规律。"① 剩余价值规律与价值规律的矛盾，其实质是剩余价值运动驾驭价值运动，以实现资本主义生产关系的再生产，资本主义生产关系要按照自身目的将商品货币关系改造成资本主义的交换关系，要以价值运动为剩余价值运动开辟道路。

剩余价值规律与价值规律的矛盾运动一旦展开，源自商品货币关系内部的危机可能性就将转化为现实。马克思指出，剩余价值再生产也即资本积累的一般规律是：资本的有机构成呈现出不断提高的必然趋势。这一规律是剩余价值规律与价值规律矛盾运动的基本形式。价值规律的优胜劣汰作用，激励资本在竞争中不断采用和拓展机器大生产，以达到提高劳动生产率的目的。资产阶级最大限度地无偿占有剩余价值，以及对抗阶级斗争的目的决定，他们必然采取机器大生产不断地排挤和替代工人的活劳动，并保证在岗工人所创造的剩余价值总量达到最大化。在这里，价值规律与剩余价值规律的作用方向是一致的，二者都以不断扩大机器大生产为归宿。机器大生产不断扩大的趋势，必然导致在资本的有机构成中，不变资本相对于可变资本，所占比例愈来愈高，因而资本再生产必然是规模不断扩大的再生产，这就要求资本必须不断地积聚和集中以适应规模不断扩大的生产规模。在价值规律的作用下，资本的积聚和集中表现为大资本剥夺中小资本，资本逐渐垄断化。而在剩余价值规律的作用下，在不变资本与可变资本之间差额不断增大的趋势中，可变资本转化成的劳动力的量，同不变资本转化成的生产资料的量相比增幅过慢，这导致失业不断增加，"过剩"的工人人口长期存在。"资本在两方面同时起作用。它的积累一方面扩大对劳动的需求，另一方面又通过'游离'工人来扩大工人的供给，与此同时，失业工人的压力又迫使就业工人付出更多的劳动，从而在一定程度上使劳动的供给不依赖于工人的供给。劳动供求规律在这个基础上的运动成全了资本的专制。"② 虽然，过剩的工

---

① 马克思：《资本论》第 1 卷，人民出版社 1975 年版，第 644 页。
② 同上书，第 702 页。

人人口形成劳动力蓄水池,不断地为资本主义扩大再生产提供廉价劳动力。但是,相对过剩人口的增加速度快于就业岗位的增加速度,这是由资本有机构成不断提高的趋势决定的。因而,一方面是资本财富的积累导致生产供给不断扩大,而另一方面则是作为消费大众的工人阶级积累着贫穷,并且贫困积累的速度要快于财富积累的速度。前者是价值规律作用的结果,后者是剩余价值规律作用的结果,两个结果形成生产与消费、供给与需求之间的不平衡,资本主义经济危机的社会基础形成了。

二 资本主义经济危机的现实化

在剩余价值再生产的运动中,剩余价值规律与价值规律的矛盾正式形成,而矛盾的运动也从此展开。马克思发现,剩余价值规律与价值规律的矛盾运动首先表现为矛盾的双方相互综合,由此生成资本主义经济关系的有机总体,即资本主义生产关系与交换关系的关系。马克思在《资本论》第二卷中叙述了价值规律包纳剩余价值规律、剩余价值规律驾驭价值规律的矛盾运动,从中揭示出资本主义经济危机从可能向现实转化的路径。

在《资本论》第二卷中,马克思研究了资本的流通过程,也即价值规律对资本商品的决定作用。资本商品的价值包含着剩余价值,剩余价值在资本生产中产生,但必须在资本商品的流通中实现,因而,剩余价值规律由价值规律规定和制约。资本商品的流通表现为资本循环。资本总公式 G—W—G′ 中蕴含着资本循环的三个阶段:第一个阶段 G—W,货币资本 G 购买活劳动(A)和生产资料(Pm);第二个阶段是生产过程;第三个阶段 W—G′,资本商品 W 流通并实现为 G′。资本循环的三个阶段分别展现出资本的三种形态:货币资本、生产资本和商业资本,资本的循环表现为资本三种形态之间的转换与并存。

马克思指出:"货币资本是资本的预付形式,它执行购买手段和支付手段的作用,这种能力的产生,不是由于货币资本是资本,而是由于它是货币。"① 货币资本的循环公式是：$G—W\cdots P\cdots W'—G'$。此公式的假定前提是：商品按价值出售，且价值不变。在循环的第一个阶段 $G—W$ 中，$W = A + Pm$，其中，$G—A$ 是货币资本对劳动力的购买。循环的第二个阶段"$\cdots$"表示生产过程。循环的第三个阶段是 $W'—G'$，其内容是 $G—W\cdots P\cdots (W+m)—(G+g)$，货币资本回归到货币形式，但是它已经作为资本实现自身了。货币资本循环公式是资本总公式的具体化，因而是产业资本循环的一般形式。

生产资本循环的公式是：$P\cdots W'—G'—W\cdots P$，这是资本再生产的公式表达。从第一个 P 到第二个 P，流通过程 $W'—G'—W$ 是资本再生产的准备过程，这意味着剩余价值的实现、积累及资本化。包含于生产资本流通公式中的货币资本是流通的手段，而在货币资本循环公式中货币资本自身是目的，它作为目的是表象，而作为手段才是本质，因而前者是对后者的批判。

商品资本的循环公式是：$W'—G'—W\cdots P\cdots W'$，这个公式包含资本再生产，以及社会总产品的分配、消费，它是货币资本循环公式和生产资本循环公式的综合。需要强调的是，W' 是商品资本循环的起点、中点和终点。在第一阶段 $W'—G'$，G' 是 W' 的实现，表明预付资本增值是资本循环的目的。在第二阶段 $G'—W\cdots P$，P 是 G' 的实现，表明资本生产过程是再生产的过程。在第三阶段 $P\cdots W'$，W' 是 P 的实现，表明资本循环是单个资本融入到社会总产品生产与消费的过程。前两个阶段的实现是普通商品流通的实现，第三阶段的实现是新的物质产品的实现。

资本循环的总公式是：$G—W\cdots P\cdots W'—G'$；$P\cdots Ck\cdots P$；$Ck\cdots P(W')$，其中，Ck 代表总流通过程。三种资本形态的循环都以价值增值为目的，循环的过程皆是"不断的中断"，每一个阶段以另一个阶段为条件，同时又排斥另一个阶段，三种资本形态既相继存在又同时

---

① 刘伟：《论科学的经济学》，中国社会科学出版社 2015 年版，第 217 页。参阅马克思《资本论》第 2 卷，人民出版社 1975 年版，第 35 页。

存在。资本循环的以上特征是价值规律正向地发挥作用的结果,当剩余价值在资本生产过程中产生之后,它必须通过资本的流通实现自身,而资本的流通完全遵循价值规律的自然必然性,资本循环正是资本将自身嵌入到商品货币流通系列达到自我实现的过程,在货币危机尚未干扰价值规律作用的时期,资本依据价值规律这只"看不见的手"自我协调、自我实现。而当货币危机爆发时,价值革命将对资本循环施加反向的作用,资本循环受阻,资本的自我实现成为泡影。"价值革命越是尖锐,越是频繁,价值规律的那种自动的、以天然的自然过程的威力来发生作用的运动,就越是和资本家个人的先见和打算背道而驰,正常的生产过程就越是屈服于不正常的投机,单个资本家的存在就越是要冒巨大的危险。这些周期性的价值革命证实了它们似乎应该否定的东西,即证实了价值作为资本所获得的、通过自身的运动而保持和加强的独立性。"[1] 虽然,资本循环的结果取决于价值规律的作用,然而,价值规律只是流通领域或社会交换关系的规律,而剩余价值规律则是生产领域或社会生产关系的规律,在价值规律与剩余价值规律之间,起决定作用的是后者,这是由社会生产关系决定交换关系的历史唯物论决定的。"在资本家和雇佣工人的关系上,货币关系,买者和卖者的关系,成了生产本身所固有的关系。但是,这种关系的基础是生产的社会性质,而不是交易方式的社会性质;相反,后者是由前者产生的。此外,不是把生产方式的性质看作和生产方式相适应的交易方式的基础,而是反过来,这是和资产阶级眼界相符合的,在资产阶级眼界内,满脑袋都是生意经。"[2]

为揭示资本循坏的内在规律,马克思先探讨了衡量资本循坏效果的两个尺度:时间和费用。在资本生产中,时间是衡量劳动量的尺度,而劳动是"活的火焰",活劳动在质和量两个方面创造出价值,因而时间就成为衡量生产效率的尺度。资本流通的过程是资本价值得

---

[1] 刘伟:《论科学的经济学》,中国社会科学出版社2015年版,第218页。参阅马克思《资本论》第2卷,人民出版社1975年版,第122页。

[2] 马克思:《资本论》第2卷,人民出版社1975年版,第133—134页。

以实现的过程，流通持续时间的长短直接影响着再生产的连续性，因而时间也是衡量流通效率的尺度。流通费用是流通时间的补充，资本必须在流通时间完成产品出售和再生产条件的购买，为提高交易成功的概率，或者降低交易延迟的风险，都需要流通费用的预付。

马克思首先揭示了资本周转，即货币资本与生产资本循环运动的规律。马克思科学地概括出固定资本和流动资本的范畴，流动资本是可变资本及不变资本中诸如原料、燃料和辅助材料等一次完成价值转移的部分，固定资本则是指不变资本中的厂房、设备等长期、多次完成价值转移的部分。马克思强调，不可混淆固定资本、流动资本、不变资本、可变资本的概念，否则必将陷入对剩余价值生产与流通、剩余价值规律与价值规律、资本主义生产关系与交换关系的混乱认识当中。马克思发现资本周转的一般规律是：资本周转的时间决定预付资本的量。他深入到资本内部，先后考察了流动资本、固定资本和剩余价值的周转。就流动资本而言，资本周转面临三种情况，即，劳动期间等于流通期间、劳动期间大于流通时间和劳动期间小于流通时间。他在分析三种情况下流动资本周转的规律之后，得出结论：在流动资本周转中，资本的游离是通例，资本的单纯交替是例外，并且游离资本的量随着资本主义生产的发展不断增长。资本货币化与资本游离形成了尖锐的矛盾，"一方面，产业资本的一个可观的部分必须不断处于货币形式；另一方面，一个更加可观的部分必须暂时取得货币形式"。[①] 这使得货币流成为资本生存的生命线，然而，资本预付不断提高的趋势又对货币流形成反动的作用。就固定资本而言，对固定资本周转的核算以流动资本周转核算为前提。马克思指出："考察固定资本的周转，只要认识到它们的使用时间比流动资本的周转周期长，只要认识到它们在不断反复的劳动过程中继续发生作用的时间比流动资本的周转期间长，因而等于流动资本周转期间的 n 倍，那么，固定

[①] 刘伟：《论科学的经济学》，中国社会科学出版社 2015 年版，第 220 页。

资本的周转就可以计算而出。"① 此外，固定资本周转内化于流动资本的周转之中，固定资本周转的快慢取决于每一期劳动和流通期间的快慢。"区别只是在于：按照流动资本每个周转期间的单个劳动期间的不同长短，固定资本把它的原价值的一个或大或小的部分转移到这个劳动期间的产品中去；按照每一个周转期间内流通时间持续的长短，固定资本转移到产品中的那部分价值就或快或慢地以货币形式流回。"② 为研究剩余价值的周转，马克思概括出年剩余价值率概念，其公式是：$M = m'vn/v = m'n$；$M' = mn/v$。此公式能够将可变资本从流动资本中清晰地区别开来，因而可以得出可变资本的周转规律，即，单个资本的补偿价值转化为预付的可变资本迟早不同，虽不影响剩余价值再生产，但会影响年剩余价值率；在资本与资本之间，即使剩余价值率相等，由于各家周转期间长短不同，为了推动同量资本周转而必需的预付货币量极不相同。剩余价值的周转事实上就是剩余价值的再生产，它与可变资本的周转同步，但它的实现能够缓解预付资本的压力。马克思指出，理解剩余价值的周转看似困难，其根本原因是资产阶级及其经济学家对剩余价值存在的掩盖和曲解。资产阶级把剩余价值的增值以及再生产看作天经地义。"剩余价值的形成这个唯一的秘密，从资本主义的观点来看，是不言而喻的。如果所使用的价值额不是靠剩余价值来增值，那它根本不是资本。既然按照假定它是资本，所以剩余价值是不言而喻的。资产阶级经济学不仅假定剩余价值的存在，而且同时还假定投入流通的一部分商品量是由剩余价值构成的，因而它代表的价值不是资本家在把他的资本投入流通时一起投入的价值，因此，假定资本家在把他的产品投入流通时一起投入了一个超过他的资本的余额，并且从流通中再取出了这个余额。"③ 但资

---

① 刘伟：《论科学的经济学》，中国社会科学出版社 2015 年版，第 220 页。参阅马克思《资本论》第 2 卷，人民出版社 1975 年版，第 309 页。
② 马克思：《资本论》第 2 卷，人民出版社 1975 年版，第 309 页。
③ 刘伟：《论科学的经济学》，中国社会科学出版社 2015 年版，第 220 页。参阅马克思《资本论》第 2 卷，人民出版社 1975 年版，第 366 页。

本家又陷入费解，他不知道剩余价值流通所需的货币从何而来。之所以有此费解，是因为他们确信货币投入流通的起点是他们自己。而事实是，以简单再生产为例，资本家在新一轮生产开始之前投入到流通中的货币，不是预付资本而是购买个人消费品的手段。马克思指出，剩余价值流通所需货币的真正来源是：其一，在金本位货币制度前提下，生产金的资本家投入流通的货币价值大于他们为生产金而从流通中取出的商品价值，多出的金成为表现部分社会剩余价值的货币。其二，资本周转必然造成货币资本游离，这是国内货币积累的物质基础。其三，加速货币流通，可以节约流通中的货币量。

马克思发现资本周转的内在矛盾性是资本主义经济爆发的导火索。资本周转的一般规律表现为货币资本大量游离，而资本游离与资本积累将产生尖锐的矛盾。一方面，资本积累具有盲目扩张的规律必然性，这对货币市场形成持久的压力。另一方面，资本周转对预付资本的需求越来越大，这是货币市场所承担的第二层压力，虽然资本周转也会产生越来越大的资本游离，但是游离资本只会机会主义地加入资本积累的行列，长期来看，反而造成对资本积累的破坏。一旦资本积累的盲目扩张导致严重的供过于求，它的资本周转就需要更多的预付，它自己的游离资本将大量撤离货币资本积累的行列，因而货币市场将产生严重的供不应求。这时，生活资料和生产资料的价格都将上涨，资本对货币的需求更为迫切了。为了获取货币，资本与资本之间欺诈盛行、相互剥夺，资本的集中加速进行。资本的投机式的集中引起市场上消费需求的暴涨，这又引起工资提高，物价也随之上涨，那些投机急剧增长的产业部门，会由于价格的提高，突然扩大随即突然崩溃，然后失业增加，工资降低，社会经济长期处于低迷。

在研究货币资本与生产资本的周转之后，马克思最后研究了商品资本的周转，商品资本周转本身就是资本再生产的运动图式，现在，马克思再次研究资本再生产，但是与第一卷中资本再生产的研究不同，这次研究是一次逻辑上的螺旋上升。在第一卷，马克思从剩余价值自身的运动阐述剩余价值的再生产，但是现在的叙述则是在剩余价值规律与价值规律相互综合的视域中，完整地再现包含剩余价值再生产在内的社会再生产。社会再生产是社会总资本生产和流通的矛盾运动过程，它包含以下内容：生产的消费及其交换、个人的消费及其交换、资本的流通以及一般的商品流通。马克思指出：社会总资本的再生产综合了资本循环和资本周转。资本循环展现出各种资本形态的相承和抛弃，资本周转体现出一定量资本在循环中同时分成不同形式，社会总资本再生产则再现出，资本与资本之间通过流通实现自身再生产、达成社会生产与消费平衡的结构与过程。

商品货币的流通暨价值规律是资本主义社会再生产的决定性因素。"商品生产以商品流通为前提，而商品流通又以商品表现为货币，以货币流通为前提；商品分为商品和货币的这种二重化，使产品表现为商品规律。"① 资本商品只有成为商品才能成为资本，而资本的自我实现表现为货币的流回、货币资本的增值。马克思再次强调货币和货币资本在社会总资本流通中的作用，他指出，货币资本是资本再生产运动的起点和第一推动力：资本家为了完成资本商品的流通，必须先在流通中投入货币，然后经过不变资本、可变资本及剩余价值的周转，不仅预付的货币流回到自己手中，他还取得了剩余价值。在社会总资本再生产及流通中，资本家投入到流通中的货币，发挥着流通手段的职能，这种预付又会流回到资本家手中，他预付货币从而换取了等价物。资本家购买劳动力，先支付给工人货币，而工人又把货币换成资本商品，这时货币又流回到资本家手中。社会总资本再生产运动展现出资本主义社会商品与货币运动的全貌，它的基本公式就是商品资本循环的公式，但是现在研究的是社会总资本的循环和周转，马克思又将商品资本循环公式扩展为两大部类的模型，通过它来描述资本与资本之间的商品货币关系：资本与资本之间的物质补偿与价值补偿。

马克思首先研究了简单再生产，叙述简单再生产的假设前提是：

---

① 马克思：《资本论》第 2 卷，人民出版社 1975 年版，第 393 页。

价格变化，但物质补偿的量不变；价值革命均衡发生或局部发生，对资本再生产不构成显著影响；暂时撇开固定资本的损耗与价值转移。第一种交换是两个部类之间的交换，其基本公式是 I（v + m）= II c，这里蕴含着这样一条规律：生产生产资料的部类所创造出的新价值，必须与第二部类为实现再生产所准备的用于交换生产资料的价值相等，这是国民经济平衡发展的物质基础。第二种交换是第II部类内部的交换，即必要生活资料和奢侈品的交换，其公式是 II bv < II am，这里体现出另一条规律：在社会生产中，必要生活资料和奢侈品的生产必须保持前者大于后者的比例，否则会引起两个部类之间交换的失衡。第三种交换是第I部类中不变资本的交换，主导这一交换的规律是：第I部类的资本群之间应具有合理的内在结构，否则它们之间的交换将陷入阻滞和失衡。第四种交换是两个部类的可变资本和剩余价值的交换，其中的规律是：第II部类所生产的全部价值，必须既满足本部类可变资本和剩余价值的交换，又满足第I部类可变资本和剩余价值的交换，否则其价值难以全部实现。第五种交换是两个部类之间不变资本的交换。在资本主义社会，不变资本交换的规律是：第I部类不变价值部分以生产资料形式表现，而加到不变价值上去的新价值 v + m 却以消费形式表现，因而价值补偿与物质补偿必须同时进行，否则再生产就难以继续。在资本主义生产中，资本与资本之间的关系是盲目的关系，"每个人都知道自己投入什么，但是不知道自己取出什么"。① 因而，资本主义社会再生产实现价值补偿和物质补偿的均衡只能是偶然的。

马克思接着总结了资本主义社会再生产的内在矛盾。他指出：资本有机构成不断提高的规律决定，资本主义再生产必然将年劳动中越来越大的份额用来生产生产资料，而生产资料不能以工资形式或剩余价值形式分解为收入，因而只能固化于资本商品的形式。此外，即使是生产生活资料的资本家也要为实现资本增值的目的实行积累，他不

---

① 马克思：《资本论》第 2 卷，人民出版社 1975 年版，第 484 页。

第二章 《资本论》社会发展辩证法的典范性 221

能随时立刻更新不变资本,因而他的资本积累长期保持在货币形式上。这势必造成生产资料出售的困难,因而,生产生产资料的资本家不得不增加资本的预付。资本主义社会再生产的矛盾体现在,一方面,即使是简单再生产,生产资料的生产也必须是不断扩大的。"在简单再生产和各种条件不变,特别是劳动生产力、劳动总量、劳动强度不变的情况下,假定在寿命完结的(有待更新的)固定资本和以旧的实物形式继续起作用的(只是为了补偿其损耗把价值加到产品中去的)固定资本之间的比例不是不变,那末,在一个场合,尽管需要再生产的流动组成部分的量保持不变,但需要再生产的固定组成部分的量也会增加;因此,第Ⅰ部类的生产总额必须增加,不然,即使把货币关系撇开不说,也会出现再生产不足的现象。"① 另一方面,生产生活资料的资本家却因为资本积累,而不能及时对扩大了的生产资料生产予以价值补偿。"在另一个场合,如果需要用实物来再生产的第Ⅱ部类的固定资本的比例量减少,从而只须用货币进行补偿的第Ⅱ部类的固定资本组成部分会按同一比例增加,那末,尽管需要由第Ⅰ部类再生产的第Ⅱ部类不变资本的流动组成部分的量保持不变,需要再生产的固定资本量却会减少。因此,或者是第Ⅰ部类的生产总额减少,或者是出现生产过剩(就象前面出现不足一样),而且是不能转化成货币的过剩。"② 以上矛盾两方面的对立直接就是资本主义经济危机。"在前一个场合,第Ⅰ部类提高剥削率,产品增加,但与第Ⅱ部类交换后会发生跌价。在后一个场合,第Ⅰ部类压缩生产,这对这一部类的工人和资本家来说,意味着危机;或者提高产品过剩,这也是危机。"③ 我们可以看到,即使生产资料的生产仅仅维持原状,也会发生供求的不平衡,经济危机的物质根源正在于此。在此基础上,货币资本的积累会加快危机爆发的速度,即使是简单再生产,资本也

---

① 马克思:《资本论》第2卷,人民出版社1975年版,第525—526页。
② 同上书,第526页。
③ 刘伟:《论科学的经济学》,中国社会科学出版社2015年版,第224页。参阅马克思《资本论》第2卷,人民出版社1975年版,第526页。

必须实行货币贮藏，否则难以应付资本预付及不变资本的购买，并且资本主义生产越是发展，资本家实行积累的货币总量也就越巨大，因而生产资料供求的失衡也就越来越严重。"商品生产是资本主义生产的一般形式这个事实，已经包含着在资本主义生产中货币不仅起流通手段的作用，而且也起货币资本的作用，同时又会产生这种生产方式特有的、使交换从而也使再生产（或者是简单再生产，或者是扩大再生产）得以正常进行的某些条件，而这些条件转变为同样多的造成过程失常的条件，转变为同样多的危机的可能性；因为在这种生产的自发形式中，平衡本身就是一种偶然现象。"[1]

在分析简单再生产的内在矛盾之后，马克思开始分析现实中的资本主义再生产——扩大的再生产。在资本主义扩大再生产中，两大部类之间实现价值和物质补偿平衡的条件是：第一个层次是，Ⅱc单纯的买与Ⅱc单纯的卖相等；Ⅰm对Ⅱc单纯的卖和Ⅱc单纯的买相等；Ⅰm中货币贮藏部分的单纯的卖和Ⅰm中单纯的买即把贮藏货币转化为追加生产资本的部分保持平衡。第二个层次是，用于第Ⅰ部类生产资料及追加资本创造的剩余劳动Ⅰm，在本部类只能表现为以追加生产出来的第Ⅰ部类的生产资料的货币形式。第三个层次是，第Ⅰ部类所追加的潜在的可变资本，因而形成消费不足；而第Ⅱ部类的资本积累不能自行转化为生产资本，因而形成生产过剩。反之亦然。结论是：如果第Ⅰ部类工人的消费不能全部流回，则第Ⅰ部类甚至连简单再生产都不能完全实现。马克思用以下的数学模型解释了以上的矛盾分析。

Ⅰ. $4000c + 1000v + 1000m = 6000$

Ⅱ. $1500c + 376v + 376m = 2252$

合计 8252

在此模型中，第Ⅱ部类新货币资本的产生是为资本主义再生产实行积累的条件。第Ⅰ部类用剩余产品为第Ⅱ部类提供追加的不变资

---

[1] 马克思：《资本论》第2卷，人民出版社1975年版，第558页。

本，第Ⅱ部类也用剩余产品为第Ⅰ部类提供追加的可变资本，扩大再生产的公式是：Ⅰ（v＋m）＞Ⅱc。当Ⅱc＜Ⅰ（v＋1/2m），Ⅱc与1500Ⅰ（v＋m）交换，假如，第Ⅱ部类实现了部分剩余价值70，那么就需要1430Ⅰ（v＋m）与同样价值的Ⅱc交换。然而，业已实现的70Ⅱm对第Ⅰ部类来说仅仅是消费资料的补偿收入，而在第Ⅱ部类内部，资本积累表现为部分剩余产品由消费资料的形式转化为不变资本的形式。Ⅰ用70来购买70Ⅱm，而后者没有购买70Ⅰm，第Ⅰ部类就会发生相对的生产过剩。结论是：只有Ⅰ（v＋1/2m）＝Ⅱc，资本积累才能发生。如果Ⅰ（v＋1/2m）＞Ⅱc，那么，把Ⅱm的一个相应部分加进Ⅱc，从而又实现Ⅰ（v＋1/2m）＝Ⅱc。如果Ⅰ（v＋1/2m）＜Ⅱc，第Ⅱ部类就产生不能通过交换而补偿的不变资本。后两种情况，都会发生价值补偿和物质补偿难以实现的情况，前者第Ⅰ部类会有相对剩余，后者第Ⅱ部类发生相对剩余。

在剩余价值规律与价值规律相互综合之后，剩余价值再生产表现为资本主义社会再生产，价值规律决定两大部类在生产资料与生活资料的两方面的生产与消费必须完成价值和物质补偿，以此维持社会再生产的平衡发展。但是，剩余价值规律即资本有机构成不断提高的规律与价值规律的平衡原则形成尖锐矛盾，盲目的资本的积累破坏两大部类之间价值与物质补偿的平衡性，导致生产的相对过剩，资本主义经济危机由此得以现实化了。

二 资本主义经济危机成为历史必然

马克思在《资本论》第二卷中叙述了剩余价值规律与价值规律的综合如何主导社会资本再生产的运动，而社会资本再生产运动已经显示出剩余价值规律与价值规律之间不可调和的矛盾，这一矛盾成为资本主义经济危机的根源。马克思在《资本论》第3卷中叙述资本生产和流通的总过程，在此揭示出剩余价值规律与价值规律相互综合的结果——利润规律的形成与作用。剩余价值规律揭示出资本剥削的根源与本质，利润规律是剩余价值规律的现实化，展现出剩余价值规律

(资本主义生产关系)与价值规律(资本主义交换)之间的矛盾运动,并呈现出矛盾运动的发展方向——资本主义生产关系力图驾驭价值规律,但终被价值规律所否定,最后矛盾运动的双方都必将归于消灭,新的生产关系和交换关系最终将之扬弃。"剩余价值规律作为本质的规律,其内容只研究资本与雇佣劳动的关系,而抽象掉了资本与资本之间的现实关系。而现在,利润规律作为现实的规律,则包含了资本运动过程所产生的各种具体形式以及这些形式互相间的对立,这里也就将第二卷中对各种资本形式循环和周转的抽象描述具体化,从而现实的关系就与任何一个资本主义社会当事人都可以经验直观的现象总体统一起来。"①

马克思从抽象上升到具体叙述了利润规律的形成与作用。理解利润规律的关键,是认识剩余价值怎样转化为利润、剩余价值率如何转化为利润率。马克思对利润和利润率的分析从成本和利润相对应的经济现象入手。在资本家眼中,成本价格 $k = c + v$,他们将商品价值 $W = c + v + m$ 转化为 $W = k + m$。公式的这一转化,将资本家的耗费与商品生产自身耗费混淆起来,前者是构成成本价格,而后者才是商品价值,成本价格小于商品价值。事实上,成本价格造成一种假象,它遮蔽了不变资本与可变资本,而将资本投入归于耗费,因而只能看到固定资本与流动资本的区分,这样剩余价值产生的源泉就完全看不到了。然而,在资本家的眼中这种假象还将继续,在他们看来,利润 p 与成本价格 k 共同组成商品价值,即 $W = k + p$,从而 $W = c + v + m$ 的公式被彻底替代因而消失了。资本家只知道作为底线的成本价格,而在现实的市场中,围绕成本价格上下会产生无数的出售价格,资本家就将出售价格超出成本价格的余额看作利润,并认为流通领域是利润产生的源泉,最终就连商品价值产生的根源都彻底看不到了。

因而,在资本家的眼中,剩余价值率只能以利润率的形式曲折表达。马克思指出利润率的公式是:$M/C = m/c + v$,但是资本家只能理

---

① 刘伟:《论科学的经济学》,中国社会科学出版社2015年版,第227页。

解公式的前半部分，却不能理解公式的后半部分。资本家尤其不能理解剩余价值本身，因为不认识剩余价值的本质就不能认识剩余价值率现实化为利润率、剩余价值现实化为利润的过程。人在没有发现本质之前，眼前的现实只不过是现象。资本家在现象中直观到利润和利润率，却不能从利润现象中引出利润率来源于剩余价值率的转化、利润来源于剩余价值的转化的历史过程，他们不能从现象中认识到本质现实化的历史过程。马克思为说明利润率与剩余价值率的关系，专门建立起系列数学模型，阐明剩余价值率转化为利润率，导致剩余价值转化为利润。模型得以成立的假设前提是：总利润与总剩余价值相等，暂时撇开剩余价值的派生形式，以及剩余价值与按照一般平均利润率占有利润不一致的情况。具体公式是：$P' = m'v/C = m'v/c+v$；$P':m' = v:C$。马克思指出，影响剩余价值率和利润率变化的因素主要是：货币价值、可变资本周转、劳动生产率、工作日的长度、劳动的强度和工资的变动。各种转化情况的规律是：

1. m'不变，v/C可变，剩余价值率向利润率转化的规律是：任何两个具有相同剩余价值率的资本，它们的利润率之比等于按各自总资本百分比计算的可变资本之比。

2. C和m'不变，v可变，剩余价值率向利润率转化规律是：原利润率和新利润率之比，等于原可变资本与变化后的可变资本之比。

3. m'不变，v可变，C因v的变化而变化，剩余价值率向利润率转化规律是：总资本因可变资本转化为不变资本，或不变资本转化为可变资本，而维持不变；可变资本增加时，追加的资本被束缚，在可变资本减少时，原有资本发生游离。

4. v和m'不变，c可变，C随之可变，剩余价值率向利润率转化规律是：剩余价值率相等，可变资本也相等，利润率与总资本成反比。

5. m'不变，v、c、C都可变，其公式为：$P'_1 = m'ev/EC$，剩余价值率向利润率转化规律是：e小于E，利润率下降；e等于E，利润率不变；e大于E，利润率提高。

m′不变，剩余价值率向利润率转化的总规律是：在剩余价值率不变的前提下，利润率可以发生降低、不变、提高三种变化。然而，c的变化达到一个界限，v 将发生变化；而 v 的变化有一个界限，这个界限一旦被突破，m′亦将发生变化。

在 m′可变的情况下，公式是：$P'_1 = m'_1/m' \times v_1/v \times C/C_1 \times p'$。具体转化情况的规律是：

1. m′可变，v/C 不变，剩余价值率向利润率转化的规律是：构成相同的两个资本的利润率之比，等于它们的剩余价值率之比。

2. v 和 m′可变，C 不变，剩余价值率向利润率转化的规律是：构成相同的两个资本的利润之比等于它们的剩余价值量之比。

m′可变，剩余价值率向利润率转化的规律是：同一个剩余价值率表现为不相同的利润率，同一个利润率可以派生于不相同的剩余价值率。

马克思发现，利润率的形成取决于两个因素：剩余价值率以及资本的价值构成。两个资本或一个资本在两个连续不同状态下的利润率彼此相等，其条件要么是资本价值构成相等、剩余价值率也相等；要么是二者都不等，然而，m′与 v 的乘积相等。另一种情况，即两个资本或一个资本在两个连续不同状态下的利润率彼此不等，表现为三种情形：第一种情形，资本价值构成相等，剩余价值率不等，利润率之比等于剩余价值率之比；第二种情形，剩余价值率相等，资本价值构成不等，利润率之比等于可变资本之比；第三种情形，剩余价值率和资本价值构成皆不等，利润率之比等于按总资本价值比计算的剩余价值量之比。[①] 马克思还发现，资本周转尤其是可变资本的周转对利润率的形成也发生着作用。v 的周转使得剩余价值率公式和利润率公式中 v 的大小发生了变化，计算亦应随之调整，从而避免发生误差，在这种情况下，计算资本的年剩余价值率、年利润率会使结果更为精确。马克思还关注了不变资本的变化对剩余价值率向利润率转化的独

---

① 参阅马克思《资本论》第 3 卷，人民出版社 1975 年版，第 82—83 页。

特影响。他指出，如果剩余价值率不变，利润率会因不变资本价值的减少而提高，这一点是提高劳动生产率或节约使用不变资本的结果。但是，资本家对不变资本使用的节约，却以人身材料浪费为前提。

在以上研究的基础上，马克思考察了更为复杂的情况——价格变动对利润率形成的影响。他发现如下的规律：成品价格不与原料价格同比例提高或下降，利润率在原料价格提高时降低，降低的幅度高于商品价值降低的幅度，利润率在原料价格降低时提高，提高的幅度高于商品价值提高的幅度。在世界市场中，原材料价格的波动是资本的日常遭遇。"资本主义生产越发达，因而，由机器等组成的不变资本部分突然增加和持续增加的手段越多，积累越快（特别是在繁荣时期），机器和其他固定资本的相对生产过剩也就越严重，植物性原料和动物性原料的相对生产不足也就越频繁，上面所说的原料价格上涨的现象以及随后产生的反作用也就越显著。因此，由再生产过程的一个主要要素的这种剧烈的价格波动引起的激变，也就越频繁。"① 原料价格波动对利润率形成的影响，说明资本积累所包含的矛盾对立进一步深化了。随着资本积累的不断扩张，资本有机构成不断提高的趋势越来越强劲，价值规律的作用也随之不断普遍化，社会资本有机构成不断提高的规律成为形成社会必要劳动时间的决定性因素。"在社会总资本运动中，每一种商品的价值，不是由这种商品本身包含的必要劳动时间决定，而是由它的再生产所需要的社会必要劳动时间决定。"②

商品的价值由再生产它的社会必要劳动时间决定，可变资本是剩余价值产生的源泉，以上规律继续现实化，就产生利润规律。不同的单个资本剩余价值率不同，从而利润率也将不同。然而，在社会资本再生产运动中，单个资本结合成为社会总资本，单个资本只有在社会总资本的再生产中运动才能完成自身的再生产运动，单个资本的剩余

---

① 马克思：《资本论》第3卷，人民出版社1975年版，第136页。
② 刘伟：《论科学的经济学》，中国社会科学出版社2015年版，第230页。参阅马克思《资本论》第3卷，人民出版社1975年版，第158页。

价值剥削集合为总资本的剩余价值剥削，单个资本的利润率转化为社会总资本的一般利润率，前者受后者决定。"决定社会总资本运动的是整个职能资本和整个部类的运动规律，单个资本在多大程度上接近于整个部门或整个部类的规模，它的特殊利润率就在多大程度上决定着一般利润率，反之，它的特殊利润率就要被一般利润率决定。"① 在社会总资本再生产运动中，单个资本成为社会总资本的"股份所有者"，而一般利润率就是资本与资本之间分配总剩余价值或者总利润的规则。"资本的不断趋势是，通过竞争来实现总资本所生产的剩余价值分配上的这个平均化，并克服这个平均化的一切阻碍。"② 马克思概括出社会总价值的公式 $W = K + P \cdot K$，其含义是：社会总价值 = 社会总资本 + 一般利润率与社会总资本的乘积（总利润量），作为推论，单个资本的生产价格公式是：$s = k + P \cdot k$，其含义是：单个资本生产价格 = 成本价格 + 一般利润率与成本价格的乘积。这里，价值规律与剩余价值规律的综合产生了新的规律形态，即单个资本不是通过价值而是通过生产价格，获取利润而不是单纯的剩余价值。单个资本所得利润的大小则取决于 k 与 K 的比例，即单个资本在社会总资本中的所占份额。一般利润率规律的形成具有如下意义：首先，社会总资本不同部门之间，因为各自利润率的变动导致总利润的分配不断变动，一般利润率是变动中和的结果，变动越是不间断和全面，中和的结果越是稳定。其次，一般利润率的形成非但没有消灭单个资本或部门资本实现利润的规律，反而，全面而持久地激励单个资本加入到分配总利润的竞争，不断提高自身的资本有机构成，不断提高劳动生产率、谋求超额利润、通过降价排挤同行，最终在总利润的分配中获得日益增加的份额。一般利润率的形成从总体上可持续地保障剩余价值再生产高效运行。

剩余价值率转为一般利润率，作为本质的剩余价值规律转化为现

---

① 刘伟：《论科学的经济学》，中国社会科学出版社2015年版，第230页。
② 马克思：《资本论》第3卷，人民出版社1975年版，第858页。

实的利润规律，然而，从现象上来看，本质规律与现实规律之间似乎出现了很多的"不一致"。马克思对诸多"不一致"产生的原因给予了揭示和解答。首先，从表象上来看，生产要素的生产价格与产品的成本价格之间出现了"不一致"，马克思陈述道："在资本主义生产中，生产资料的要素通常要在市场上购买，因此，它们的价格包含一个已经实现的利润，这样，一个产业部门的生产价格，连同其中包含的利润一起，会加入另一个产业部门的成本价格，就是说，一个产业部门的利润会加入另一个产业部门的成本价格。但是，如果我们把全国商品的成本价格的总和放在一方，把全国的利润或剩余价值的总和放在另一方，那末很清楚，我们就会得到正确的计算。"① 一般利润率是社会总资本的利润率，而一般利润率一旦形成，各个单个资本或资本部门的成本价格和利润实现已经不是个体或特殊的问题，它已经成为总和中的个体或特殊问题，因而没有对总利润或总剩余价值的加总计算，就不能有个别利润的精确计算。"从总的计算来看，只要一个生产部门的利润加入另一个生产部门的成本价格，这个利润就已经算在最终产品的总价格一方，而不能再算在利润一方。如果这个利润算在利润一方，那只是因为这个商品本身已经是最终产品，它的生产价格不加入另一种商品的成本价格。"② 其次，产品的价格与价值相偏离这已经成为资本商品交换中的日常现象，那么，这种偏离是对价值规律的否定吗？马克思回答道："这一切总是这样解决的：加入某种商品的剩余价值多多少，加入另一种商品的剩余价值就少多少，因此，商品生产价格中包含的偏离价值的情况会互相抵销。总的说来，在整个资本主义生产中，一般规律作为一种占统治地位的趋势，始终只是以一种错综复杂和近似的方式，作为不断波动中得出的但永远不能确定的平均情况来发生作用。"③ 事实上，假设价格与价值总是完全统一，那么，商品经济中就不会存在讨价还价的现象，而这已经不

---

① 马克思：《资本论》第3卷，人民出版社1975年版，第179页。
② 同上书，第179—180页。
③ 同上书，第181页。

再是现实中人所从事的交换活动了。再次,人们感受到,成本价格与生产资料的价值之间似乎总是存在"误差"。马克思揭示出"误差"的秘密:"原来的成本价格是对卖者说的。对买者来说,生产价格就是成本价格,并作为成本价格加入另一个商品的价格形成。因为生产价格可以偏离商品的价值,所以,一个商品的包含另一商品的这个生产价格在内的成本价格,可以高于或低于它的总价值中由加到它里面的生产价值构成的部分。必须记住成本价格这个修改了的意义,因此,必须记住,如果在一个特殊生产部门把商品的成本价格看作和生产该商品时所消费的生产资料的价值相等,那就总可能有误差。但无论如何,成本价格小于价值还是正确的。对社会资本来看,成本价格小于生产价格,因为生产价格和价值相等。但对特殊部门来说,论点要修改。"① 马克思再次指明,在认识价值与价格关系时,所谓的"误差"和"不一致",皆源自将社会资本与单个资本相混淆,不能理解全体与个体、本质与现实的辩证关系。马克思对价值和价格概念做出明确区分:"成本价格是有酬劳动量,价值是有酬劳动和无酬劳动总量,而生产价格是有酬劳动和一定量无酬劳动。"② 最后,单个资本的利润量与剩余价值量呈现出不一致。对此,马克思强调:"剩余价值在它的利润转化形式上否认了自己的起源,失去了自己的性质。但利润与剩余价值同质变化,量的差别只存在于剩余价值率和利润率之间,存在于单个资本剩余价值与利润量之间,但不存在于总剩余价值和总利润之间。"③

事实上,剩余价值率与利润率、剩余价值与价值、价值与价格之间的"不一致",恰恰是剩余价值规律向利润规律成功转化的结果。在这个"转形"过程中,以上变化中蕴含着价值规律对剩余价值规律的强有力作用。剩余价值规律现实化为利润规律,遵循价值规律的

---

① 刘伟:《论科学的经济学》,中国社会科学出版社2015年版,第232页。参阅马克思《资本论》第3卷,人民出版社1975年版,第184—185页。
② 同上书,第185页。
③ 同上书,第187页。

第二章 《资本论》社会发展辩证法的典范性

等价原则,即总利润等于总剩余价值,总生产价格等于总价值。在单个资本那里,价值现实化为多种形式:个别价值、市场价值、个别生产价格、市场价格。个别价值与市场价值的关系是个别资本商品价值与部门资本商品价值的关系,个别生产价格与市场价格的关系表现出个别、部门的资本商品价值与总价值之间的关系。价值规律的运动深入到以上的复杂关系之中,资本在某个部门内的竞争形成市场价值和市场价格,其在社会总资本中的竞争生成生产价格。市场价值向市场价格的转化意味着总资本实现总利润,马克思指出,供求关系在此过程中发挥着价格调节的作用,其调节的结果是:市场价格围绕着市场价值发生波动。在供求调节市场价格与价值关系的背后,蕴含着一条规律:社会必要劳动总量必须与社会需求的量相适应。然而,资本主义生产的目的是剩余价值剥削最大化,剩余价值剥削是资本的权力,资本主义生产关系支配着交换关系,商品交换中的供求关系只是形式,资本要将它的权力通过这种形式得以贯彻,然而,剩余价值规律在驾驭价值规律的过程中却形成了尖锐的矛盾。"资本主义使生产过程借以进行的全部社会前提从属于它的特殊性质和它的内在规律,价值规律也不例外。我们不能期望通过价值规律说明剩余价值和平均利润率的根源,平均利润率取决于总资本对总劳动的剥削程度。"[①]

一般利润率规律的实质是,社会总资本以价值规律的作用为媒介实现总剩余价值的规律。在《资本论》第 1 卷中,马克思揭示出资本有机构成不断提高的规律;在第二卷中,马克思发现社会总资本再生产积累经济危机的规律。第一个规律是社会总资本生产剩余价值的规律,第二个规律是社会总资本实现剩余价值的规律。首先,社会总资本有机构成不断提高的规律说明,在社会总资本中不变资本量所占比例越来越大,这一趋势一方面加速推进劳动生产率不断提高,从而引致剩余价值率和剩余价值量不断提高,然而,剩余价值率和剩余价值量的提高赶不上不变资本量增加的速度,最终形成一般利润率呈现不

[①] 刘伟:《论科学的经济学》,中国社会科学出版社 2015 年版,第 233 页。

断下降的趋势。"生产相对剩余价值的办法总的说来可以归结为：一方面，使一定量劳动尽可能多地转化为剩余价值。另一方面，同预付资本相比，又尽可能少地使用劳动；所以，使人们可以提高劳动剥削程度的同一些原因，都使人们不能用同一总资本去剥削和以前一样多的劳动。两个相反的趋势，使剩余价值率提高，同时又使一定量资本所生产的剩余价值量减少，从而使利润率下降。"① 剩余价值剥削不断提高与一般利润率不断下降之间互为因果关系。"剩余价值剥削不断提高是原因，一般利润率不断下降是结果，并且，一般利润率不断下降的趋势又会成为更为严重的资本剥削的原因。"② 马克思指出："利润率下降的趋势特别会由于工作日的延长所产生的绝对剩余价值率的提高而减弱。另一方面，一般利润率不断下降的趋势，也会反过来促进资本积累的进一步扩大。虽然积累率随着利润率的下降而下降，但是积累在量的方面还是会加速进行。"③ 从社会总资本有机构成不断提高，到一般利润率不断下降，这是总资本不断加大总剩余价值剥削力度的必然结果。其次，社会总资本再生产积累经济危机的规律，说明总剩余价值的实现受到生产结构和社会消费力的限制。在资本有机构成不断提高规律的作用下，生产生产资料的部类优先于生产生活资料的部类的发展，前者积累社会不变资本，后者积累社会可变资本，不变资本的积累增速高于可变资本的积累，然而，可变资本的积累代表着社会消费力的发展趋势，不变资本的积累的增长代表着生产发展的趋势，显然，随着资本有机构成不断提高的趋势越来越显著，生产与消费不平衡的矛盾将逐渐尖锐化。事实上，无论可变资本积累与不变资本的积累是否平衡，资本积累本身已经造成了财富的积累和贫困的积累，财富的积累是资本积累的手段，贫困的积累则反映出广泛的社会消费力，盲目扩张的资本生产与日益落后的社会消费之间形成不可调和的矛盾，经济危机的爆发是以上矛盾运动的必然趋

---

① 马克思：《资本论》第 3 卷，人民出版社 1975 年版，第 259 页。
② 刘伟：《论科学的经济学》，中国社会科学出版社 2015 年版，第 234 页。
③ 马克思：《资本论》第 3 卷，人民出版社 1975 年版，第 269—270 页。

势，而这一切都是由资本主义社会对抗性的社会分配关系决定的。再次，资本有机构成不断提高的规律与社会再生产积累经济的规律，在一般利润率不断下降的规律中综合起来了。一般利润率不断下降的趋势既是资本积累与剩余价值剥削的结果，又是手段。"利润率下降，同时，资本量增加，与此并进的是现有资本的贬值，这种贬值阻碍利润率下降，刺激资本价值的加速积累。"① 一般利润率不断下降，势必扩大资本积累与贫困积累的规模，造成生产与消费矛盾的激烈爆发。"现有资本的周期性贬值，这个为资本主义所固有的、阻碍利润率下降并通过新资本的形成来加速资本价值的积累的手段，会扰乱资本流通过程和再生产过程借以进行的现有关系，从而引起生产过程的突然停滞和危机。"② 马克思指明："资本主义生产方式的限制表现在：1. 劳动生产力的发展使利润率下降成为一个规律，这个规律在某一点上和劳动生产力本身的发展发生最强烈的对抗，因而必须不断地通过危机来克服。2. 生产的扩大或缩小，不是取决于生产和社会需要即社会的发展了的人需要之间的关系，而是取决于无酬劳动的占有以及这个无酬劳动和物化劳动之比，利润率。"③

利润规律是剩余价值规律与价值规律相互综合的产物，它的内在矛盾是资本主义经济危机的物质根源。马克思发现并揭示出经济危机的根源后，他接着所做的工作是叙述经济危机如何从现实发展成历史必然。资本主义经济的内在结构就是资本主义经济危机的内在机构，因为利润规律所包含的矛盾是在资本主义经济各个部门中、在资产阶级的关系总体中不断现实化的，矛盾的现实化必将促进矛盾运动不断深化，最终形成经济危机的历史必然性。产业资本是一般利润率规律的主体，产业包括生产资本和商品资本，二者都参加了利润率的平均化。

---

① 马克思：《资本论》第3卷，人民出版社1975年版，第277页。
② 同上书，第278页。
③ 刘伟：《论科学的经济学》，中国社会科学出版社2015年版，第234页。参阅马克思《资本论》第3卷，人民出版社1975年版，第287—288页。

商品经营资本或商人资本是职能化的商品资本，它的职能是在资本流通中实现剩余价值。商品经营资本包括商品资本和货币资本两种形态，二者的更替和转化体现出商品经营资本的矛盾运动。马克思概括出商品经营资本的两大特征：第一，"产业资本的周转，不仅受流通时间的限制，而且也受生产时间的限制。只经营某一种商品的商人资本的周转，不是受一个产业资本的周转的限制，而是受同一生产部门的一切产业资本的周转的限制"。[①] 第二，"只要同一商人资本，在不同的周转中用来使各个不同的商品资本相继转化为货币，即依次把它们买进和卖出，它作为货币资本对商品资本完成的职能，就和货币通过它在一定时期内的多次流通对商品完成的职能相同"。[②] 商品经营资本代表着某一生产部门资本商品的流通，它集约地完成商品集合的货币化。商品经营资本的内在矛盾是：生产过程更新与相互衔接的速度与消费速度的辩证关系。

商品经营资本是实现价值和剩余价值的资本，它本身不创造价值和剩余价值，却有利于利润的增加。马克思发现，一般利润率是在流通领域最先形成的，商品进入流通领域，生产与流通的综合过程才开始发生。在商品经营资本主导流通领域的情形下，商品经营资本出售商品的价格 = 商品经营资本付给生产资本的生产价格 B + 商品经营资本投入的不变资本 K + 商品经营资本投入的可变资本 b + （B + K 的利润）+（b 的利润），其中 B 小于商品的生产价格，商品经营资本家无偿占有 b 的利润。以上公式说明：生产资本给商品经营资本让渡了一部分利润；商品经营资本为流通的顺利进行投入了不变资本和可变资本，这些资本参与到利润率平均化过程中；商品经营资本虽然不创造剩余价值，但却存在剩余价值的剥削。

商业资本对根源于生产资本的经济危机具有催化作用。商业经营资本将资本商品的流通过程从资本周转总过程中独立出来，它因而斩

---

① 马克思：《资本论》第 3 卷，人民出版社 1975 年版，第 307 页。
② 同上书，第 308 页。

断了流通与生产的天然联系,使流通变成一个无主体的过程。"同一个商业经营资本的周转能够同时或依次对极不相同的生产资本的周转起中介作用,甚至对商品资本形态变化的相反的阶段起中介作用。"① 这种无概念的流通所创造出的供求关系是虚假的,它既不能反映生产方面的有机联系,也不能体现真实的社会需求,它所反映的只是商人资本家在流通过程中实现剩余价值剥削最大化的意志。非但如此,它总会延阻资本商品相对过剩信息的互通,从而在更大的规模和范围内准备危机。"(商品经营资本)内部的依赖性和外部的独立性会使商人资本达到这样一点,这时,内部联系要通过暴力即通过危机来恢复。"② 商业经营资本的盲目扩张为危机的爆发蓄积着烈度,而危机往往就是在商业领域首先爆发的。危机最先表现为商业经营资本周转的中断,影响商业经营资本周转的因素,一是生产资本所生产的利润量,二是商品经营资本的总量,前者是既定的量,后者是吞吐前者的量,商业经营资本的规模越大它的吞吐量就越大,从而它在总资本中比重越大,它所分配到的剩余价值就越多,因而,预付资本就成为商业经营资本周转的生命线,正是因为这样商品经营资本中又派生出货币经营资本。"货币经营资本对商品经营资本的作用,不过是货币对商品的作用,它同样是为解决商品经营资本的矛盾而产生,同样又造成这一矛盾在更高级数上的积累。"③

货币经营资本的典型形式是借贷资本或生息资本,其实质是货币作为资本成为商品,其公式是:G—G—W—G′—G′。公式的核心是货币资本循环的公式,这 核心的外围是货币借贷。在此过程中,贷出的货币用来充当货币资本,从而产生平均利润,利润产生后借款人支付给借贷人利息,而利润减去利息的余额归自己支配。利息不是货币的价值,说它是货币的价格,就等于说货币有双重价值,先有价

---

① 刘伟:《论科学的经济学》,中国社会科学出版社 2015 年版,第 236 页。参阅马克思《资本论》第 3 卷,人民出版社 1975 年版,第 341 页。
② 马克思:《资本论》第 3 卷,人民出版社 1975 年版,第 340 页。
③ 刘伟:《论科学的经济学》,中国社会科学出版社 2015 年版,第 236 页。

值，后有用此价值获取利润的价值，这与商品价格概念完全矛盾，因而是荒谬的。所谓"自然"利息率，它只不过是指自由竞争决定利息率的比率，它是竞争达到暂时均衡时的表现，因而它是偶然的、任意的。"在竞争不只是决定偏离和波动的场合，因而，在互相起反作用的各种力量达到均衡时任何决定都停止的场合，那种需要决定的东西本身就是某种没有规律的、任意的东西。"① 利息率反映出资本借贷人与借款人之间的竞争关系，从表面上看，这种竞争关系是一种供求关系，似乎利息率是由不同时间的供求状况决定的，但是，这一供求关系的背后隐藏着借贷资本家与整个资产阶级的竞争关系。"就需求形式来说，和借贷资本相对立的是整个阶级的力量；就供给来说，这个资本本身整个地表现为借贷资本。"② 在资本积聚和集中的背景下，借贷是资本再生产的先决条件，借贷资本因而异化为"资本家的资本家"。利息率包藏着借贷资本权力的异化，借贷资本家为了达到最大限度地瓜分产业资本利润的目的，用机会主义的手段与产业资本展开争夺最大利润份额的竞争。"低利息率多数与繁荣时期或者有额外利润的时期相适应，利息的提高与繁荣和周期性危机阶段的过渡相适应，而达到高利贷极限的最高利息则与危机相适应。低的利息可能和停滞结合在一起，稳步的提高可能和逐渐活跃结合在一起。"③ 因而，借贷资本家获得利息的目的与产业资本家获得利润的目的相异化，"在产业资本家经营良好，从而顺利榨取剩余价值之时，二者的目的是统一的；在产业资本家经营不善，不能盈利或者亏损之时，他又成为生息资本榨取的对象"。④

产业资本获取平均利润的规律是平均利润率呈现不断下降的趋势，而借贷资本获取平均利息率则完全是机会主义的，其中没有任何规律。"个别利润率的取得是偶然性王国的事情，在地租上，从其与

---

① 马克思：《资本论》第3卷，人民出版社1975年版，第399页。
② 同上书，第413页。
③ 同上书，第404页。
④ 刘伟：《论科学的经济学》，中国社会科学出版社2015年版，第237页。

剩余价值、利润的质的区别中产生了生产的价值的量的分割。而在利息上，质的区别相反地是在同一剩余价值部分的纯粹量的分割中产生的。"① 利息率的偶然性决定了它的确定性。"正因为利息率的偶然性，所以，利息率在一定瞬间是一致的、确定的、明确的量。而利润率的表现则是差别性，一般利润率只是利润的最低界限。一般利润率事实上会作为经验的、既定的事实，再表现在平均利润率上，虽然后者并不是前者的纯粹的或可靠的表现。一般利润率的相对的不变性，在长期表现为中等利息率的不变性上。"② 以利息为纽带而形成的借贷资本家与产业资本家的关系，后者在生产过程中剥削工人阶级创造出的利润，而前者凭借债权前来瓜分后者的利润，前者对后者形成一种剥削。因而，总利润中又区分出企业主收入和利息两个部分，利息代表着一种私人权力，这种权力是支配他人劳动的权力。"资本的异化性质，它同劳动的对立，转移到现实剥削过程之外，即转移到生息资本上，这个剥削过程就表现为单纯的劳动过程。剥削的劳动和被剥削的劳动成了同一的东西。利息成了资本的社会形式，一种中立的没有差别的形式。"③ 产业资本成了借贷资本的剥夺对象，借贷资本仿佛成了增值的源泉，成为生息资本，公式 G—G′描述出生息资本的"自动的拜物教"。"资本作为生息资本，占有所能生产出来的一切财富，而资本迄今已经获得一切，不过是对资本的无所不吞的食欲的分期偿付。按照资本的天生固有的规律，凡是人类所能提供的一切剩余劳动都属于它。"④

生息资本进行权力扩张的手段是信用，信用使生息资本成为虚拟的资本。信用能够再创造出货币，从而加速了货币资本的积累，银行资本家逐渐成为货币资本积累的主体，从而成为"资本之主"。银行

---

① 刘伟：《论科学的经济学》，中国社会科学出版社2015年版，第237页。参阅马克思《资本论》第3卷，人民出版社1975年版，第408页。
② 刘伟：《论科学的经济学》，中国社会科学出版社2015年版，第238页。参阅马克思《资本论》第3卷，人民出版社1975年版，第409—410页。
③ 同上书，第430页。
④ 马克思：《资本论》第3卷，人民出版社1975年版，第447页。

资本家利用货币资本的积累，取得对产业资本积累的支配权，生息资本凭借这种支配权与产业资本结合成为"股份公司"。在"股份公司"内，资本职能与资本所有权相分离，劳动与生产资料所有权暨剩余劳动所有权相分离，同时，资本与资本之间通过信用制度建立起适应社会化大生产的资本组织形式，这种组织形式，一方面完成财富与生产的社会化，同时又用信用赌博的方式实现大资本对中小资本的剥夺。

生息资本虽然异化于产业资本之上，但在它与产业资本的矛盾中，产业资本归根结底发挥着决定性的作用。马克思指明："收入形式的货币与资本的货币形式，无论哪种形式都不会改变它作为流通手段的性质。"① 货币无论作为收入用于消费，还是作为资本用于投资也即生产，它都是购买手段，发挥着流通媒介的作用。货币供给的数量归根结底是由生产与消费相适应时所需求的货币流通量决定的，货币作为资本积累的速度和规模是由生产与消费相适应时实际需要的货币量决定的。但是银行资本家凭借自身的特权，不仅违背货币供给适应货币需求的规律，反而用机会主义的货币供给政策加大对产业资本的剥夺，这一点在危机时刻尤其明显。经济危机爆发时，货币作为支付手段的功能陷入瘫痪，它顿时回归到价值尺度与流通手段的本职作用，以此保持与商品价值的一致性，维护自己的信用。这时，产业资本普遍地急需货币作为流通手段实现资本商品的价值，然而，银行资本家却借机压缩货币供给量，以这种方式导致产业资本家难以出手的商品坐地降价，而它却可以借此机会廉价瓜分产业资本的财富。而在危机自我积累的时期，资本生产盲目扩张从而信贷业务无比繁忙，这时资产阶级的整体利益应当是有计划地减少借贷、控制投资，避免整体经济的资本过剩和商品过剩，然而，银行资本家却为了实现利息占有最大化的目的继续扩大借贷的规模。生息资本不仅是危机的推手，

---

① 刘伟：《论科学的经济学》，中国社会科学出版社2015年版，第238页。参阅马克思《资本论》第3卷，人民出版社1975年版，第501—502页。

而且是危机的获利者。

生息资本虚拟化之后,现实的产业资本对它的决定作用被掩盖得无影无踪了,马克思对虚拟资本与现实资本之间的异化关系予以了揭示。银行资本包括,现金和有价证券,后者包括国债券、汇票、股票。马克思指出,国债券是虚拟资本的典型,它虚拟地将负数表现为资本,并且有着独立的运动。股票使资本成为双重存在,第一重存在是产业资本的投资物,第二重存在是资本所有权取得剩余价值相应部分的证书又有了资本价值,后者的独立运动是个假象,而它却成为投机对象,投机的规则不是现实的资本运动,而是对预期收入的赌博。马克思指出,虚拟资本是"各种颠倒错乱形式之母","资本主义思想方法错乱的顶点:资本的增值不是用劳动力的被剥削来说明,相反,劳动力的性质却用劳动力本身是这样一种神秘的东西即生息资本来说明。但是,工人必须劳动,才能获得这种利息;他不能通过转让的办法把他的劳动力的资本价值转化为货币"。[①] 虚拟资本颠倒了现实资本中"劳动""资本""收入"等范畴,以上范畴都变成了生息资本获得利息发生增值这条虚假规律的注脚。

虚拟资本是将资本主义经济危机由现实发展成历史必然的中介和环节。马克思以汇票为例讲述了虚拟资本引致危机的机制。汇票是延期支付的凭证,它的兑现取决于再生产的延续进行,取决于生产与消费的平衡发展。在资本主义社会中,延期支付已经成为资本扩大再生产中的日常现象,因而汇票的信用总是互相的,"一个人的支付能力同时取决于另一个人支付的能力,而支付能力在危机中表现为普遍的'无能力'"。[②] 资本商品买卖脱节的危机,最先表现为汇票不能再兑现成货币,这意味着汇票作为虚拟资本的泡沫已经破灭。汇票只是现实买卖的符号,而这种符号被虚拟成现实的交易,并将交易扩大到超过社会需要的程度,只要它存在,它就总是在制造买卖脱节的基础。

[①] 刘伟:《论科学的经济学》,中国社会科学出版社2015年版,第239页。参阅马克思《资本论》第3卷,人民出版社1975年版,第528页。

[②] 刘伟:《论科学的经济学》,中国社会科学出版社2015年版,第240页。

不仅如此，汇票的虚拟交易又成为商业欺诈的制度前提，失败的投机、已经跌价或卖不出去的资本商品，都可以被汇票包装成优质商品而招摇过市。但是，价值规律的作用必将通过经济危机，彻底击碎汇票欺诈对平等交换法则的践踏。"全部人为地使再生产猛烈扩大的体系，当然不会因为银行的纸币，给一切投机者以他们所缺少的资本，并把已经跌价的商品按原来的名义价值购买进来，就可以医治好。"[①]资本主义经济危机是资本商品生产过剩的危机，资本商品的生产过剩源自产业资本积累的盲目性，而生息资本又人为地引导产业资本盲目扩张，货币交易和货币资本的虚拟化促成产业资本的病态增生，危机的爆发意味着价值规律通过强制作用，迫使虚拟的交易破灭，促使现实的交易按照平等法则如实进行，而由虚拟资本造成的货币过剩和由产业资本造成的商品过剩，现在要通过生息资本与产业资本之间的残酷斗争来给予解决，两种资本之间的斗争是货币与商品之间的斗争，这一斗争的实质是两种资本互相转嫁生产过剩所造成的损失，然而，货币异化在商品之上、生息资本异化于产业资本之上的制度结构决定控制货币发行权的资本之王非但可以转嫁危机，反而可以在危机中加速积累。除非危机的爆烈程度足以将产业资本和生息资本一同摧毁，否则以上情况就总是必然。

　　生息资本对产业资本的异化表现出资本的自我否定性。生息资本所完成的货币资本积累必然总是大于实际的产业资本的积累，其后果是货币资本过剩多于产业资本过剩，然而这种更多的过剩，没有让生息资本所遭遇到的危机严重于产业资本，反而成为剥夺产业资本的"必要的过剩"了，这种过剩扩张了生息资本对产业资本的资本索取权。生息资本成了资本的剥削者，"不仅利润来自对别人劳动的占有，而且用来推动和剥削别人劳动的资本，也是由货币资本家交给产业资本家支配的别人的财产构成的，就这一点来说，货币资本家也剥削产

　　[①] 刘伟：《论科学的经济学》，中国社会科学出版社2015年版，第240页。参阅马克思《资本论》第3卷，人民出版社1975年版，第555页。

业资本家"。①

最后，马克思研究了资本异化也即资本自我否定的另一种形式——资本主义地租。在资本主义社会，地租是超额利润的转化物，在一般利润率不断下降趋势中，土地的私有产权是造成土地垄断暨农产品超额利润持续存在的制度基础。"土地所有权的垄断是资本主义生产方式的历史前提，并且始终是它的基础，正像这种垄断曾是所有以前的、建立在对群众的某种剥削形式上的生产方式的历史前提和基础一样。"② 资本主义制度按照资本的面貌改造了封建的土地所有制，使土地私有权成为资本所有权的派生物。"在资本主义生产方式下，使农业从自然经济经营方式转变为农艺学的自觉的科学的应用；将土地所有权从封建等级关系下解放出来，又使土地所有权和土地所有者完全分离，土地对土地所有者来说只代表一定的货币税。土地所有权取得纯粹经济的形式。"③ 资本主义地租的本质是地租的资本化，地租的存在是前提，地租的资本化是由一般利润率规律在资本主义农业生产中的规律特殊性所决定的。资本主义地租规律的内容是：利润率和利息率呈现不断下降的趋势，而地租率则表现出不断上涨的趋势。

地租的存在具有自然基础：在资本主义生产方式下，劳动力创造价值和剩余价值，但是自然力可以减少生产必要生活资料所需要的劳动量，它可以增加剩余价值。但是，这种自然力却为私有产权所垄断，自然力本身不会造成对一般利润率的偏离，但对它的垄断会提高一般利润率。"如果不同的价值不平均化为生产价格，不同的个别生产价格不平均化为一般的调节市场的生产价格，那末，通过使用瀑布而引起劳动生产力的单纯的提高，就只会减低那些利用瀑布生产的商品的价格，而不会增加这些商品中包含的利润部分，从另一方面说，这同下述情况完全一样：如果资本不把它所用劳动的生产力（自然的

---

① 马克思：《资本论》第3卷，人民出版社1975年版，第575—576页。
② 同上书，第696页。
③ 刘伟：《论科学的经济学》，中国社会科学出版社2015年版，第242页。参阅马克思《资本论》第3卷，人民出版社1975年版，第696—697页。

和社会的），当作它自有的生产力在占有，那末，劳动的这种已经提高的生产力，就根本不会转化为剩余价值。"① 资本主义社会中的土地私有权形成对土地自然力的垄断，土地自然力提高了一般利润率，但私有权对它的垄断致使农业资本不参加利润率平均化的过程，将自身生产的价格本已降低的商品按照市场价格出售，获得垄断价格和垄断利润。

资本主义地租有级差地租和绝对地租两种形态。土地私有权对自然力的垄断是级差地租产生的根本原因。级差地租是个别生产价格与一般生产价格之间的差额，而这个差额取决于一般利润率与个别利润率的差额。级差地租具有级差地租Ⅰ和级差地租Ⅱ两种形式。级差地租Ⅰ是农业资本家在不同肥力的土地进行资本投入而产生的级差地租。在不同肥力土地上进行资本投入，可以表现为从优等土地到劣等土地的下降序列，也可以表现为上升序列和优劣交叉的序列。但是，无论价格是否变化，无论下降序列还是上升序列，级差地租Ⅰ总是呈现不断提高的趋势。马克思对级差地租Ⅰ的地租率变化规律给予概括总结：其一，"在无租土地的肥力相等，从而生产价格相等，并且各级土地间的差额的比率也相等时，地租总额对总耕地面积的比率，或对土地上的投资总额的比率，不只是由每亩的地租决定的，也不只是由按资本计算的地租率决定的，而同样是由各级土地在总耕地面积中所占的比例数决定的，或者同样可以说，是由所用总资本在各级土地之间的分配决定的"。② 其二，"在价格不变，各种耕地的肥力差额不变，每英亩的地租不变，或按实际提供地租的各级土地每英亩的投资计算，即按一切实际提供地租的资本计算的地租率不变时，每英亩平均地租的相对水平和平均地租率，或地租总额对土地投资总额的比率，可以单纯由于耕地面积的扩大而提高或降低"。③ 总之，只要土地上的资本投入有差异，无论其他条件怎么变化，都会产生级差地

---

① 马克思：《资本论》第 3 卷，人民出版社 1975 年版，第 729 页。
② 同上书，第 752 页。
③ 同上书，第 752—753 页。

租Ⅰ。

级差地租Ⅱ是农业资本家在同一块土地上连续投入资本而产生的级差地租，级差地租Ⅱ的资本投入方式比级差地租Ⅰ的资本投入方式更为集约，但是，级差地租Ⅰ是级差地租Ⅱ的基础，二者之间往往具有复杂的组合方式。马克思和恩格斯用数学模型描述了级差地租Ⅱ与级差地租Ⅰ之间的组合关系。假设农业资本家在最坏土地A上的资本投入调节着市场价格。其一，在生产价格不变的情况下，那么，变例1：第二次投资后，劳动生产率不变，那么，地租按投资比例增长；变例2：第二次投资后，劳动生产率降低，A级土地没有发生二次投资，B级土地变为无租或不完全无租土地；变例3：第二次投资后，劳动生产率提高，A级土地不发生二次投资。其二，在生产价格下降的情况下，那么，变例1：第二次投资后，劳动生产率不变，A级土地退出竞争，B级土地成为无租土地；变例2：第二次投资后，劳动生产率降低，A级土地退出竞争，B级土地成为无租土地；变例3：第二次投资后，劳动生产率提高，A级土地参加定价，B级土地产生地租。其三，在生产价格上涨的情况下，那么，甲．A级土地仍是无租土地，并调节着市场价格，那么，变例1：第二次投资后，劳动生产率不变，前提是第一次投资后劳动生产率降低；变例2：第二次投资后，劳动生产率降低，不排斥第一次投资后劳动生产率不变；变例3：第二次投资后，劳动生产率提高，前提是第一次投资后，劳动生产率降低。乙．假设一种比A更坏的土地a调节市场价格，因而，A级土地产生地租。在这种情形下，对所有变例而言，皆允许第二次投资后的劳动生产率不变。以上模型表现出如下规律："把没有地租的起调节作用的土地作为零点，地租序列恰好与肥力差额序列成比例。对地租起决定作用的，不是绝对的收益，而只是收益的差额。"[①] 总之，只要土地连续投资产生收益差额就会产生级差地租。在《资本论》中，马克思和恩格斯所建立起的地租模型用十三例描述地租产生

[①] 刘伟：《论科学的经济学》，中国社会科学出版社2015年版，第244页。

的所有情形，其结论是：投资增加一倍，其中五例地租总额亦增加一倍，其中四例地租增加一倍以上，有一例地租总额增加但不是增加一倍，其中三例地租总额不变。恩格斯指出："这个规律说明了大土地所有者阶级的可惊的生命力。"①

反思级差地租变化规律，应特别注意到 A 级土地总是支付地租，这成为级差地租产生的原因。在资本主义现实中，即使最差土地 A 也有级差地租。因为土地 A 之上也会有资本投入，有资本投入就会改善土地生产力，农业资本家投资土地的目的是获得生产价格，如果这一目的不能达到，只要条件允许，他还会扩大投资，因而比土地 A 更差的土地 a 就参加进来，a 发挥着调节市场价格的作用，那么这时土地 A 不仅能够实现生产价格，还能产生级差地租。土地所有权是保障最差土地获得级差地租的根源，并且土地所有权本身就会产生地租，这就是绝对地租。绝对地租是土地私有者向土地使用者征收的地租税，在资本主义社会中，资本家不向土地所有者支付任何代价就不能自由使用土地。

现实中的资本主义地租是绝对地租与相对地租的总和。绝对地租等于生产价格与个别价值的差额，级差地租等于个别价格与市场价格的差额，因而实际地租就等于市场价格和个别价值之间的差额。资本主义土地私有者的经济目的是谋求地租最大化，它只有拥有土地私有权就会取得绝对地租，但是他要获得全额的地租，就不能违背资本生产的一般利润率规律，否则它就会被资本主义制度抛弃。资本主义土地私有者要实现绝对地租最大化，就必须维持个别价值不转化为生产价格。"生产价格的形成以一般利润率的形成为基础，以土地为主要生产资料的农业生产只有不参与到利润率平均化的过程中才能保持其产品的个别价值，而只要它参与到这一趋势中，因为它的资本有机构成的偏低以及资本周转的偏慢，它的平均利润率一定会小于剩余价值率，从而它的生产价格一定会小于个别价值。因而，农业生产资本在

---

① 马克思：《资本论》第 3 卷，人民出版社 1975 年版，第 817 页。

社会总资本中处于被剥夺的地位。土地私有权通过它的垄断地位阻止土地产品参与到利润率平均化的过程中，它所采用的经济路线是：控制土地产品的价格，使之保持不能完全满足需求的水平，因而保持较高价格，并以个别价值作为调节价格，因而土地的投资、生产效率的改变都以此为目的。"[1] 资本主义土地私有者为实现级差地租最大化，就必须保持市场价格相对于个别价格的最大化，从而它总是要以最差土地的产品价格调节市场价格，因而土地的投资和劳动生产率的调整皆以此为目标。

资本主义土地私有权是现代农业和现代工业协调发展的障碍，资本主义制度导致农业与工业发展的失衡。相对资本主义工业的社会化发展，其农业生产有人为维持低效率的历史局限。资本主义农业生产不能积极满足社会对农产品的需求，地租不断上涨的趋势对广大消费者和农业资本家都构成剥夺。

地租资本化意味着资本主义土地私有权的法权化和普遍化，资本可以用来购买土地，地租的索取权可以成为资本，地租异化为投资土地的资本的利息。地租资本化后，土地私有权不仅剥夺着农产品所凝结的剩余价值，它还扩张到剥夺人的居住条件，向人的居住权征税。"在这里，社会上一部分人向另一部分人要求一种贡赋，作为后者在地球上居住的权利的代价，因为土地所有权本来就包含土地所有者剥削土地，剥削地下资源，剥削空气，从而剥削生命的维持和发展的权利。"[2] 地租资本化导致土地价格变化向利率变化看齐：利率上升则土地价格下降，利率下降则土地价格上升。这一规律反映出土地私有权与生息资本之间的权力结合。一方面，地租上涨是必然的，因而土地价格亦必然绝对上涨，在地租资本化后，资本投资土地成为必然趋势，并且投资的增加又会加速土地价格上涨。另一方面，利率下降是生息资本在危机积累时期最大化地瓜分总利润的策略，此时，土地私

---

[1] 刘伟：《论科学的经济学》，中国社会科学出版社2015年版，第244—245页。
[2] 马克思：《资本论》第3卷，人民出版社1975年版，第872页。

有者也来参与瓜分的盛宴,此时土地价格也达到了最大值。利率上升是生息资本在危机时刻吞并中小资本的策略,而土地私有者通过降低土地价格廉价地剥夺产业资本家在土地上的资本投入。土地私有权与生息资本都是产业资本身上的"赘物",但是产业资本决不会起身斩除它,因为否定土地私有权和货币独占权就意味着否定普遍的私有权,而这是对资本与雇佣劳动关系的颠覆。"资本自身在否定着自身,作为其异化表现的土地私有权和金融贵族事实上在现实中达到了角色的统一,他们在资本繁荣发展的时候疯狂地瓜分利润,而在其处于危机中时,则剥夺它、消灭它。"①

第三节 《资本论》的实践辩证法

在《资本论》中,马克思运用概念辩证法叙述了资本主义在经济危机中自我否定的历史运动,在这一叙述中,矛盾运动的主体是资本主义生产关系与交换关系,个人是社会关系的人格化,但这并不是《资本论》叙述的全部。马克思还在《资本论》中运用实践辩证法考察了人在资本主义矛盾运动中的异化处境及其意识形式,他指明人作为社会历史主体掌握资本主义社会自我否定的运动规律从而扬弃异化的历史道路。在《资本论》中,马克思从抽象上升到具体阐述了资本主义社会异化从产生到发展、到完结的演化过程,然后又从具体返回到抽象指示出无产阶级扬弃异化与异化意识的科学道路。

一 资本家的拜物教与社会本能

在《资本论》中,马克思首先运用概念辩证法叙述了资本主义生产关系与交换关系的矛盾运动起点,商品与货币、资本与雇佣劳动关系的形成。在矛盾运动的这个阶段,马克思接着运用实践辩证法揭示出在以上矛盾运动的作用下,人生活于拜物教的处境之中。

---

① 刘伟:《论科学的经济学》,中国社会科学出版社2015年版,第245页。

拜物教是资本主义社会异化和异化意识形成的起点，它的发展经历商品拜物教、货币拜物教和资本拜物教三个阶段，从商品拜物教到资本拜物教的发展展现出资本主义异化和异化意识的总形态。

"商品充满形而上学的微妙和神学的怪诞。"[①] 资本主义社会普遍存在的商品是由使用价值与价值构成的矛盾体，一方面，资本主义物质生产的产品表现为使用价值，使用价值生产依靠资本主义生产关系组织与维系，事实上任何一种社会形态的物质生产都反映出了该社会形态的生产关系。另一方面，价值代表着资本主义的交换关系，资本主义交换关系是资本主义生产关系借以实现自身的媒介。资本主义社会的基本特征是：资本主义生产关系的再生产必须依赖交换关系的媒介作用，否则将难以为继，因而以价值实现为核心的资本主义交换关系异化于生产关系之上。"商品形式的奥秘不过在于：商品形式在人们面前把人们本身劳动的社会性质反映成劳动产品本身的物的性质，反映成这些物的天然的社会属性，从而把生产者同总劳动的社会关系反映成存在于生产者之外的物与物之间的社会关系。"[②] 在资本主义社会中，其生产关系的实现以物的交换为前提，它本身就具有拜物教的性质。生活在资本主义社会中的人，如果他们对资本主义社会还没有足够的批判意识，那么，他们就会成为物化社会中的被动物，他们深处物化处境而不自知，将物化当作是自在，深藏于物的关系背后的社会关系及其运动，对于他们来说是谜。人们习惯从表象上描述商品作为物的运动，并自然地认为，不是他们掌握这一运动，而是他们受这一运动掌握。因而，价值规律作为商品交换的法则和制度，在商品世界成为绝对的"自然必然性"。"价值规律作为自然规律强制地为自己开辟道路，就像重力定律强制地为自己开辟道路一样。"[③]

---

① 刘伟：《论科学的经济学》，中国社会科学出版社 2015 年版，第 246 页。参阅马克思《资本论》第 1 卷，人民出版社 1975 年版，第 87 页。
② 马克思：《资本论》第 1 卷，人民出版社 1975 年版，第 88—89 页。
③ 刘伟：《论科学的经济学》，中国社会科学出版社 2015 年版，第 247 页。参阅马克思《资本论》第 1 卷，人民出版社 1975 年版，第 92 页。

批判意识的产生，需要物质批判在社会存在中产生。人们对价值规律的把握，需要价值规律的自我否定性充分展示而出后才有可能。"只有当社会生活过程即物质生产过程的形态，作为自由结合的人的产物，处于人的有意识有计划的控制之下的时候，它才会把自己的神秘纱幕揭掉。但是，这需要有一定的社会物质基础或一系列物质生存条件，而这些条件本身又是长期的、痛苦的历史发展的自然产物。"① 扬弃商品物化和异化的批判意识，本身就是对商品经济自我否定运动的反映。"对人类生活形式的思索，从而对它的科学分析，总是采取同实际发展相反的道路。这种思索是从事后开始的，就是说，是从发展过程的完成的结果开始的。"② 如果商品不发展到货币，那么它内含的矛盾——使用价值与价值、具体劳动与抽象劳动、私人劳动与社会劳动、人格的物化与物的人格化，就难以为人所认识，因为货币是作为解决以上矛盾的手段而产生的，矛盾不发生到显著乃至激化的程度并为人们所批判，解决矛盾的手段就不会产生。

货币的产生，标志着商品的内在矛盾外化为商品与货币的矛盾，然而，货币本身就是一个矛盾体。"货币作为一种特殊的商品要代表普遍的交换关系，而它不仅如数包含着所有商品的固有矛盾，并且还具有自身的特殊矛盾。"③ 货币是除自身外一切商品的一般等价物和价值尺度，但是，它自己也是商品，它不能表现自己的价值，它的价值需要和它发生交换的一切商品予以表现，它与整个商品世界相对立。货币原本是为解决每一种商品只有与所有商品进行价值比较之后才能确证价值量的矛盾而产生的，而它自身的价值量却非与整个商品世界比较后才能确定，可是，它自身已经将商品世界扩展成为世界商品了，因而它对自身的衡量就成为谜。货币这种"谜一样的性质"在它的四大职能中演化成专制权力。在商品世界中，货币的核心职能是流通手段，这使得货币本身成为商品流通总公式的中心。但是，货

---

① 马克思：《资本论》第 1 卷，人民出版社 1975 年版，第 97 页。
② 同上书，第 92 页。
③ 刘伟：《论科学的经济学》，中国社会科学出版社 2015 年版，第 247 页。

币自身价值的不确定性已经包藏了其破坏价值规律平等法则的可能性，而这种可能性会促使本已蕴含在商品内部的买卖脱节的种子发展成恶果。当货币发展成为贮藏手段和支付手段时，它的自我否定性显示出来了，货币在质上不适应商品的价值表达，现在发展成为在量上与实际流通中的商品价值量不对应，货币危机的物质基础生成了。然而，货币作为贮藏手段和支付手段，却作为私人对社会的独占权而异化于商品之上，货币成为商品社会中新的物神。被物化意识左右的人们，他们崇拜货币，实质上是崇拜货币所表征的能够购买一切的社会独占权。

从商品拜物教到货币拜物教，物化和异化意识从商品多神教发展成一神教。货币成为商品交换的目的，它完全代替人成为商品交换的主体，它作为流通手段的核心职能逐渐被忽视和遮蔽，而它对商品的异化却成为被崇拜的神性所在。货币的异化，在其发展成为货币资本时达到登峰造极的地步。货币资本的产生，标志着货币革命的完成，货币完成蛹化和蝶变将自身转化为资本。在资本总公式中，货币成了自身能够发生增值的主体，它作为物神的神性成为神通，货币拜物教者摇身一变成为资本拜物教者。随着资本自身的发展，产业资本逐渐征服了货币资本使之成为自身发展的内在环节和器官，这时"货币生出货币"的神话被打破了，价值是在产业资本所主导的生产过程中发生增值的，这一点逐渐作为事实被财富的崇拜者们所接受。现在，拜物教的宗教革命就要完成了，资本拜物教者将产业资本与货币资本一体同观，资本分化出"圣灵""圣父"和"圣子"，然后迅即成为三位一体的自在自为的物神。

资本运动是资本再生产的运动，资本主义要再生产出资本与雇佣劳动的生产关系就必须实行资本积累，资本积累的规律表现为资本有机构成不断提高的趋势。资本要在自由竞争中立于不败之地，就必须实行资本的积聚与集中，就不得不依赖借贷，借贷资本加速实现了货币资本的积累，货币资本在被产业资本征服之后，现在又征服了产业资本，成为异化于产业资本之上的"资本之王"。信用的作用，使得借贷资本控制了货币发行权,货币在资本化之后又可以货币化,货币资本的自由实现了,它成了生息资本。G—G′的公式,体现出货币资本成为资本增值的无概念形式,货币一神教又回归了,这次它是以货币资本的面貌出现的。然而,一旦经济危机周期性地爆发,货币资本的异化的泡沫就必然崩溃。货币资本由于控制货币供给,而攫取了主导总剩余价值分配的特权。然而,在危机中,产业资本迫切需要获得流通手段解决商品过剩、实现商品价值,但货币资本却为维护货币供给特权并加大对产业资本剥夺的力度而紧缩货币流量,二者之间形成强烈矛盾。这时,产业资本决定货币资本的物质力量就要显示出来了,产业资本的价值不能实现,剩余价值就等于无,虽然货币垄断资本可以通过特权吞并产业资本本身,但是,只要危机的严重程度致使产业资本再生产再难恢复,那么货币垄断资本的崩溃也就随之发生了。马克思把货币主义比喻成天主教,将信用主义比方成基督教,其含义在于:货币主义者是彻底的货币资本拜物教者,而信用主义者还不忘货币资本与产业资本之间的共生关系,然而,在危机时刻,两者之间的矛盾是五十步笑一百步,二者之间表现出资本内部的矛盾性和自我否定性。

在《资本论》第一卷中,马克思说明资本主义生产关系与交换关系、剩余价值规律与价值规律矛盾运动的起点后,重点阐明剩余价值规律自身的矛盾运动,他运用概念辩证法叙述了绝对剩余价值剥削和相对剩余价值剥削对立统一的矛盾运动,同时他又接着运用实践辩证法揭示出剩余价值规律的矛盾运动造成工人被钉在资本之上的命运,尤其造成了资本家为剥削辩护的异化本能。资本家是商品拜物教者、货币拜物教者和资本拜物教者的三位一体,他成为拜物教者具有自然必然性,他不能选择他的本性。此外,他还有维护剩余价值剥削的本能,而这一本能从表象上看似乎是一种自觉。资本家认识到雇佣工人与他对立的事实,工人与资本家斗争的焦点集中在反抗剥削与维护剥削的对立斗争,剩余价值的存在是工人与资本家的共同发现,他们各自认为自身是剩余价值产生的根源,资本家瓦解、镇压工人反抗的基本逻辑是否认工人的劳动是剩余价值产生的根源,在这一点上,他们从来没有怀疑和迟疑过。资产阶级经济学家对资本剥削的合理性和永恒性的论证,不过是资本家观念的理论化罢了。

马克思在《资本论》中运用唯物辩证法科学地发现并揭示出,工人的无偿劳动是剩余价值产生的根源。唯物辩证法的科学性在于:透过表象深入本质,再从本质上升到现实。然而,资产阶级和他们的经济学家天生就是反辩证法者,这是他们在方法论上维护资本剥削的必然表现。亚当·斯密是资产阶级最伟大的人物,他创立了经济科学。出于科学上的诚实,他发现并承认剩余价值的存在。然而,在他刚刚触及表象与本质的矛盾,他就放弃深入本质,而以停留于表象之中感到无比自在。斯密科学地发现劳动是价值产生的源泉,从而揭示出价值规律的内容。但是,他不能用价值规律说明剩余价值的产生,他混淆了资本生产与资本流通的过程,他放弃深入到资本生产过程,执拗地用流通解释生产,最后,他只能得出结论说:资本购买活劳动违背了价值规律。出于维护劳动价值理论的一致性,斯密想尽各种办法来解答劳动买卖如何贯彻价值规律这样一个命题,而结果显而易见,他的理论体系陷入到内在的分裂之中。斯密的难题是:剩余价值客观存在,但它归资本家无偿占有这是资本家出资的应有收入,商品的价值由生产它的劳动量决定,而劳动价值被分成工资、利润和地租三个部分,因而商品价值就由工资、利润和地租三种收入构成。这里的问题是价值作为劳动量的物化,与其作为收入的总和,在质和量两个方面都不一致。斯密的错误在于:其一,他承认工人创造出了剩余价值,但又把剩余价值认作是工人付给资本家出资的报酬;其二,他不知道工人出卖的不是劳动,而是劳动力,劳动力的买卖并没有违背价值规律,剥削的秘密在生产领域之中;其三,他不懂得商品和资本的价值构成,不清楚不变资本如何实现价值补偿。可以看出,斯密终究囿于资产阶级维护剥削的本能,而不能将科学原则贯彻到底。

马克思发现和揭示剩余价值产生的根源,他的科学路径是:首先,科学区分生产领域和流通领域,确证资本主义生产关系与交换关系的矛盾。其次，科学揭示资本由不变资本与可变资本组成，并指明可变资本是剩余价值产生的唯一源泉。再次，科学描述剩余价值规律的完整内容，证明剩余价值规律与价值规律对立统一。最后，科学叙述剩余价值规律与价值规律先综合后对立的矛盾运动史，正确解答斯密的理论难题，并发现以上矛盾运动是资本主义经济危机的内在原因。对于马克思的科学发现，资产阶级及其经济学家出于维护剥削的本能，或者不予承认，或则予以辩护，马克思批判揭露了这些反动观点的异化本质。

第一种观点是对工作日的异化认识，这种认识遮蔽资本的绝对剩余价值剥削。工人阶级反抗资产阶级绝对剩余价值剥削的斗争可以归结为这样一点：缩短工作日。这一斗争集中体现在《工厂法》的制定与执行过程中。工人阶级主张制定和执行《工厂法》以缩短工作日，资产阶级反对、逃避、篡改《工厂法》的制定与执行，并依旧延长或变相延长着工作日。庸俗经济学家竭力为资本家延长工作日做合理性辩解，西尼尔所做的"最后一小时"的辩护就是典型代表。他的观点，我们已在上文陈述，这里重点指出他的错误：其一，他混淆使用价值和价值，将商品数量等同于价值，又把商品数量的实现分配于劳动时间。其二，他混淆不变资本与可变资本，不懂得新加劳动保存、转移不变资本价值的事实，他所理解的价值构成是：可变资本、剩余价值以及双倍的不变资本价值。他延续了斯密的教条，依然不理解不变资本的价值补偿，但他为资本剥削而辩护的异化意识更为顽固了。

第二种观点是对机器的物化认识，这种认识为相对剩余价值剥削进行狡辩。资本的相对剩余价值剥削以机器生产为物质基础。工人阶级反抗资本相对剩余价值剥削的形式体现为拒绝和破坏机器，然而，机器的普遍采用成为现代社会发展的历史必然。机器大生产加重了工人的异化处境，使他们成了自动机的附庸，劳动的自主性和创造性被剥夺殆尽，劳动强度却大为提高。此外，工人阶级之间产生了为取得低工资而进行的残酷竞争，即使这样也仍然有大量的工人被机器抛向街头。庸俗经济学家将机器排斥工人、成为机器的侍奉者看作自然规律。职业资本家则意识到机器瓦解工人阶级反抗的实际好处：让机器生产取代工人生产，不断强化瓦解工人阶级团结的力度；让机器充当傀儡，将工人与资本家的矛盾物化成机器，转移工人斗争的视线，进一步遮盖资本剥削雇佣劳动的实质。

第三种观点是对工资的异化意识，这种认识遮蔽了绝对剩余价值剥削与相对剩余价值剥削相综合的后果。资本主义工资制度是绝对剩余价值剥削与相对剩余价值剥削有机综合的后果。工资是资本支付给工人的劳动力的价格，它以工作日为单位按劳动量给予报酬，工资制度将劳动力价格物化和异化为劳动的报酬，而劳动力作为商品的真实面貌被遮盖起来了，计时工资是对工资的异化，计件工资是对计时工资的异化，多层异化完全遮蔽了工资的本质与产生的根源。自经济学诞生以来，资产阶级经济学家自然地以物化和异化的观点定义工资，斯密认为劳动价值是劳动的工资价格，而劳动价值等于工人所消耗的一堆生活资料的价值，斯密的物化和异化的工资观一直延续到今天。

第四种观点是对失业的异化观点，这种观点否认剩余价值再生产造成贫困的积累。剩余价值再生产的规律就是资本积累的规律，资本积累的结果是工人积累贫困、资本家积累财富。但是，资产阶级经济学家却倒果为因，认为资本有机构成不断提高的趋势不是原因而是结果。工人被机器排挤陷入失业，原因是工人的边际劳动生产率不断降低，采用机器是为了提高劳动生产率，对冲边际产量递减的不利趋势。在这一过程中，即使出现失业现象也是暂时的结构性失业，并且失业是可以弥补的，因为资本有机构成不断提高，生产的规模在不断扩大，扩大的生产将不断提高对劳动的需求，从而使暂时失业的工人又会重新回到工厂。马克思指出，工人失业率不断提高的趋势不是偶然的，而是必然的；不是暂时的，而是持久的。并且，机器所排挤的工人，与生产规模扩大后新雇佣的工人，不具有必然的对应性。被机器排挤而失业的工人，是不适应机器生产高强度劳动而被淘汰的人。生产规模扩大后，机器生产的效果更高，劳动强度更大，被机器淘汰的工人不可能一下子适应更高级的机器和更大的劳动强度。事实上，处于失业状态中的工人，获取必要生活资料已属困难，他们不可能获得技术培训的物质条件。更重要的是，失业人口作为劳动力的"蓄水池"为整体资本发挥着降低可变成本的客观作用，失业是整体资本家的客观需要。失业蕴含着资产阶级对工人阶级的整体剥削。

二 资产阶级经济学家割裂经济关系的总体

在《资本论》第二卷中，马克思运用概念辩证法叙述了资本主义生产关系与交换关系、剩余价值规律与价值规律相互综合的矛盾运动阶段，他同时运用实践辩证法揭示资本家和他的代言人——资产阶级经济学家固守于物化和异化的阶级意识，割裂、歪曲资本主义生产关系与交换关系的总体结构，为剩余价值剥削辩护的理论狡辩。

资本家的物化和异化意识被他们的经济学家们扩展成为一种经济世界观，经济世界观是对经济关系总和的基本观点。马克思在《资本论》中指明，资本主义生产关系与交换关系的关系构成资本主义经济关系的总体。在资本主义生产关系的主导下，资本生产过程的运动规律是剩余价值规律；在资本主义交换关系的维系作用下，资本流通过程的运动规律是价值规律。资本主义生产关系与交换关系、剩余价值规律与价值规律的矛盾运动，展现出资本主义产生、发展和灭亡的历史过程。资产阶级经济学家局限于商品、货币和资本三位一体的拜物教，出于为剥削辩护的社会本能，不能也不会完整而辩证地把握资本主义生产关系与交换关系的关系，他们或者混淆、或者割裂资本主义经济关系的总体，用片面的眼光注视着片面的世界。

资产阶级经济学家混淆或割裂资本主义生产关系与交换关系的总体结构，最集中的体现是他们对可变资本、不变资本、固定资本、流动资本的混乱认识。

魁奈最先概括出"原预付"和"年预付"的范畴。斯密给予这两个范畴的定义是：年预付就是流动资本，原预付则是固定资本。但他关于流动资本与固定资本的概念却是混乱的。首先，他没有区分生产资本与商业资本的资本周转，因而没有确切地说出生产资本所包含的固定资本与流动资本；其次，它又将固定资本、流动资本与资本价值循环的形式混同起来；最后，他甚至以是否获得利润为标准区分固定资本与流动资本。马克思批判他道："斯密忘记了，生产资本的一切要素，不断以它们的实物形式和产品对立，和作为商品流通的产品相对立。他也忘记了，由材料和劳动力构成的部分与由劳动资料构成的部分的区别仅仅在于：就劳动来说，它必须不断重新购买。他把流动资本同资本从生产领域到流动领域时所采取的形式即商品资本和货币资本混为一谈。"① 斯密的混淆所造成的后果即将流动资本与可变资本混同起来，借此抹杀可变资本的客观存在。"认为固定资本保留在生产过程中而产生利润，流动资本离开生产过程并进入流通而产生利润，而且由于可变资本和不变资本流动部分在周转中具有同一形式，所以，它们在价值增值过程和剩余价值形成上的本质区别就被掩盖起来，因而资本主义生产的全部秘密就更加隐蔽了。在流动资本这个共同的名称下，这个本质区别被抹杀了。以后的经济学走得更远，它认定，作为本质的东西和唯一的区别的，不是可变资本和不变资本的对立，而是固定资本和流动资本的对立。"② 李嘉图认为，固定资本即劳动资料，而流动资本则是投在劳动上的资本。他把固定资本与流动资本因耐久程度的差别，同不变资本和可变资本之间活劳动与死劳动的差别混在一起了，他忽视了投在劳动材料上的资本价值。其后果依然是将流动资本与可变资本混同起来："既然投在劳动上的那部分资本同投在劳动资料上的那部分资本的区别，只在于它的再生产期间，从而只在于它的流通期间，既然前一部分由生活资料构成，后一部分由劳动资料构成，前者区别于后者的只是损坏得快，而且前者本身在损坏的快慢上也是不同的，所以，投在劳动力上的资本和投在生

---

① 刘伟：《论科学的经济学》，中国社会科学出版社 2015 年版，第 253 页。参阅马克思《资本论》第 2 卷，人民出版社 1975 年版，第 222 页。

② 马克思：《资本论》第 2 卷，人民出版社 1975 年版，第 223 页。

产资料上的资本之间任何独特的区别,就自然都被抹杀了。"① 以上混淆的后果是劳动价值理论因之流产,科学原则没有贯彻到底。"这一点和李嘉图的价值学说是完全矛盾的,和他的实际上是剩余价值理论的利润理论也是完全矛盾的。他考察固定资本和流动资本的区别,一般只是限于说明,同量资本投在不同生产部门时分为固定资本和流动资本的不同比例对价值规律会发生多大影响,并且由这种情况引起的工资涨落对价格会发生多大影响。但是,即使在这种有限的研究中,他也由于把固定资本和流动资本混同于不变资本和可变资本,而犯了极大的错误,实际上,他的研究是从完全错误的基础上出发的。这就是:1. 既然投在劳动力上的那部分资本价值可以列入流动资本项目内,所以,对流动资本本身的规定,特别是对投在劳动上的那部分资本之所以列入这个项目内的条件,就作了错误的阐述。2. 把投在劳动上的那部分资本是可变资本这一规定,同它是和固定资本相对立的流动资本那一规定混同起来。"②

资产阶级经济学家另一种割裂资本主义经济关系总体的表现是,将生产领域或生产关系的问题归结为流通领域或交换关系的问题,回避和遮蔽剩余价值产生的根源,只是通过供求关系研究如何实现利润最大化。这样,资产阶级的拜物教与社会本能达到了水乳交融的状态,资产阶级的经济世界观变得既简洁明了又经济实用。资本只有遮蔽剩余价值产生的根源才能否认剥削,然而,它只有实现剩余价值才能成其为资本,资本否认剥削的"自觉"总是难以掩盖它的实现剩余价值的本能。

马克思并不否认供求关系调节流通的客观作用。他认为,供求关系所体现的自由竞争是对价值规律的贯彻。货币产生后,商品的价值表现为价格,价值规律的平等法则又演化出它的推论——价值决定价格,价格围绕价值上下波动。价格与价值既相符合,又不符合的背后

---

① 马克思:《资本论》第2卷,人民出版社1975年版,第250页。
② 同上。

是资本竞争在发挥作用。竞争在某一部门形成市场价值和市场价格，在不同部门之间形成生产价格。供求关系一方面调节市场价格，维系市场价格与市场价值的辩证关系；另一方面，市场价值又调节供求关系，决定供求关系变化的总趋势——围绕而不能偏离中心发生波动。供求关系不过是使用价值和交换价值、商品和货币、买者和卖者、生产者和消费者等关系的总和。在供求关系所体现的自由竞争，不过是资本之间的自由竞争，即资本实现它的生产价格的竞争。在竞争当中，资本与资本之间的关系是机会主义的个人关系。个人是其中的原子，竞争在原子间显示出社会的性质。只有各方通过共同行动比没有共同行动可以得到更多好处，他们才会关心共同行动。①

马克思指明，供求是对矛盾，需求是矛盾的主要方面。他强调，"供给也是需求"。但是，他反对将需求抽象化，在他的视域中，需求是社会的、具体的需求。社会需要是由各个阶级之间的关系及其经济地位决定的。在资本主义社会中，资本主义生产关系体现为资本对雇佣劳动的统治，因而不能混淆资产阶级的社会需求与无产阶级的社会需求，资本主义生产关系决定资产阶级的需求是再生产资本主义生产关系及其统治地位的需求，而无产阶级的需求则只能被资产阶级强制地规定为，再生产无产阶级被剥削和被压迫地位的需求。但是，工人阶级占据人口的多数，因而资本主义的社会需求由工人阶级的社会需求决定，与此相对立，资产阶级的社会需求决定了生产目的，资本主义社会生产的目的与工人阶级的社会需求是相悖的。

资产阶级经济学家用供求关系来说明资本主义经济的全部活动。马克思对此批判道：如果资产阶级经济学家不能说明供求关系借以发生作用的基础，那么，用供求关系来解释经济世界就不能说明任何东西。如果没有把供求关系贯彻价值规律的机制搞明白，那么需求与供给的关系就只能是同义反复。"价值规律只有在供求不发生作用时才会实现。供求也从不会达成一致，假如达成一致，也是偶然的，在科

---

① 参阅马克思《资本论》第3卷，人民出版社1975年版，第216—217页。

学上等于零。"① 资产阶级经济学所追求的供求平衡只是理论上的假设。这一假设的必要性在于，为了排除与规律和概念不相符合的现象对研究的干扰，就需要撇开供求变动中的各种假象，这样可以将供求变动的实际趋势呈现出来、确定下来。"各式各样的不平衡具有互相对立的性质，并且因为这些不平衡会彼此接连不断地发生，所以它们会由它们的相反的方向，由它们互相之间的矛盾而互相平衡。这样，虽然在任何一定的场合供求都是不一致的，但是它们的不平衡会这样接连发生，——而且偏离到一个方向的结果，会引起另一方向相反的偏离，——以致就一个或长或短的时期的整体来看，供求总是一致的；不过这种一致只是作为过去的变动的平均，并且只是作为它们的矛盾的不断运动的结果。由此，各种市场价值相偏离的市场价格，按平均数来看，就会平均化为市场价值，因为这种和市场价值的偏离会作为正负数互相抵销。这个平均数决不是只有理论的意义，而且对资本来说还有实际意义；因为投资要把或长或短的一定时期内的变动和平均化计算在内。"② 供求一致的现实意义在于：它是对以往资本流通史的总结，在这段历史中无论发生过多少次周期性的经济危机，但都被足够长的历史时间平均化了，因而一定会得出平均的市场价值。然而，现实却不是这样，正在经历的资本流通它所包含的矛盾正在实现过程中，以往的平均的市场价值只具有经验性的意义，现实和未来的经济危机是不能被"平均"掉的，那只意味着盲目地回避矛盾、接受宿命。

三 扬弃异化和异化意识的途径

马克思在《资本论》第三卷，运用概念辩证法叙述了资本主义生产关系与交换关系、剩余价值规律与价值规律相互综合后，矛盾双方逐渐形成不可调和的对立和斗争，资本主义经济危机成为资本主义自

---

① 刘伟：《论科学的经济学》，中国社会科学出版社2015年版，第255页。参阅马克思《资本论》第3卷，人民出版社1975年版，第212页。
② 马克思：《资本论》第3卷，人民出版社1975年版，第212页。

我否定自身的历史必然。同时，马克思又运用实践辩证法揭示出在资本主义自我否定的矛盾运动一旦完整展现之后，那么，资本主义的物化和异化也将全面形成，而在这一历史时刻，扬弃物化和异化的主体条件和客体条件也逐渐生成了，无产阶级作为推翻资本主义、建立共产主义的历史主体，将在革命的进程中，科学地创制出扬弃资本主义物化和异化的方略和策略。

在《资本论》第三卷接近结尾处，马克思指出，资产阶级异化的经济世界观在"三位一体"公式中最终完成。所谓"三位一体"公式，是从古典政治经济学到庸俗经济学一致的分配理论公式，这一公式是整个资产阶级经济学的总结论。"在这个表示价值和一般财富的各个组成部分同财富的各种源泉的联系的经济三位一体中，资本主义生产方式的神秘化，社会关系的物化，物质生产关系和它的历史社会规定性直接融合在一起的现象已经完成：这是一个着了魔的、颠倒的、倒立着的世界。"① 马克思对"三位一体"公式的批判是他对资产阶级异化的经济世界观的总批判，总的批判意味着总的扬弃，马克思在批判异化世界观的同时，也指明了扬弃这一世界观的科学途径。

"三位一体"公式的具体形式是：资本—利润，土地—地租，劳动—工资。公式的变形是：资本—利息，土地—地租，劳动—工资。资产阶级异化的经济世界观在以上公式中展现出了自己的内在结构，内在结构一旦呈现，那么它就成为能够被人改变的对象了。"这个公式，是资本主义物化和异化意识结构的总表达，马克思批判这一公式，等于选取了物化和异化意识形成史的'横截面'，获得了认识整个资本主义物化和异化意识发展史的一把钥匙。"②

马克思揭示出"三位一体"公式的颠倒和悖谬：首先，在"土地—地租"这一形式中，构成逻辑要件的双方根本不可通约，土地只是生产要素，它不能产生地租，资本主义的土地私有权才是地租产生

---

① 马克思：《资本论》第3卷，人民出版社1975年版，第938页。
② 刘伟：《论科学的经济学》，中国社会科学出版社2015年版，第257页。

的根源。其次，在"资本—利息"这一形式中，二者之间不存在对等关系，资本的收入是利润，利息只是利润的一部分，是货币资本家所瓜分的利润份额，不说明产业资本何以榨取剩余价值、获取利润，就不能说明利息的真正来源。再次，在"劳动—工资"这一形式中，二者的对应性是虚假的，劳动根本不是商品，成为商品的是劳动力，工资是劳动力的价格。"说劳动获得工资，这和价值、价格的概念相矛盾，其逻辑就如同：黄色的对数。三位一体公式，将劳动条件和劳动相异化的、和劳动相对立而独立化的、并由此形成的转化形态，这种属于一定历史时期的形态，就和生产出来的生产资料和土地在一般生产过程中的存在和职能合而为一了。"[①]

马克思指出，"三位一体"公式导源于"斯密教条"。斯密认为：在资本主义社会中，产生一切收入的三个源泉，也是形成一切交换价值的三个源泉。首先，斯密产生这一观念的原因，还在于他对固定资本、流动资本、可变资本、不变资本的混淆。一方面，他在为交换价值下定义时，排除掉固定资本，认为是一切收入组成了交换价值。另一方面，他又在"纯收入"概念中加入了固定资本。他只考察了简单再生产，而不是扩大再生产。他所说的只是为维持执行职能的资本的支出。"纯"收入等于年产品中可以加入"消费基金"的部分，不过这个基金的数量不能侵占执行职能的资本。因此，产品中有一部分分解为资本，而非工资、利润、地租。[②] 在斯密的视域中，他只看到单个资本家的资本生产，他的劳动价值理论只是对单个资本商品价值生产的揭示，他不懂得资本的社会存在，因而他不能清晰地说明资本再生产，这是他搞不懂固定资本、不变资本的根本原因。"任何单个资本家的'固定资本'都和社会的固定资本没有区别。但社会年产品中由生产资料构成的其他价值部分，——因而也是作为这个生产资料总量的相应部分而存在的价值部分，——固然同时形成一切参与这

[①] 刘伟：《论科学的经济学》，中国社会科学出版社2015年版，第247页。参阅马克思《资本论》第3卷，人民出版社1975年版，第931—932页。
[②] 参阅马克思《资本论》第2卷，人民出版社1975年版，第402—403页。

种生产的当事人的收入,即工人的工资、资本家的利润和地租。但是对社会来说,它们不是形成收入,而是形成资本,虽然社会的这个年产品只是由该社会所属各单个资本家的产品的总和构成。"[1] 斯密混淆了劳动创造价值在质和量两方面的表现,把保存、转移不变资本价值与可变资本创造新价值混同起来,把全年产品价值和年价值产品齐一化。这些错误观点成为他为资本辩护的理论基础,既然价值纯由劳动创造,并且价值实现后要划分成三份收入,那么收入和价值就能够合一。

"斯密教条"的颠倒认识是整个资产阶级异化的经济世界观的内核。他"把收入看成是商品价值的源泉,不把商品价值看成是收入的源泉,这是一种颠倒"。[2] 这一教条形成为资产阶级经济学的自然遗传。马克思彻底颠覆了斯密教条,他的批判集中于如下一段表述:"总之,劳动过程的不同因素——物的因素和人的因素——开始就是戴着资本主义生产时期的面具出现的。因此,对商品价值的分析,也直接与这种考虑相一致:一方面这个价值在什么程度之内只是所花费的资本的等价物;另一方面它在什么程度之内是'免费的'、不补偿任何预付资本价值的价值,即剩余价值。从这个观点加以互相比较的部分商品价值,这样就不知不觉地转化为它的独立的'组成部分',并且最终地转化为'一切价值的源泉'。进一步的结论是,商品价值由不同种类的收入构成,或'分解为'不同种类的收入,这样一来,不是收入由商品价值组成,而是商品价值由'收入'组成。但是,正如商品价值或货币执行资本价值的职能,并不改变商品价值作为商品价值的性质或货币作为货币的性质一样,商品价值后来执行这个人或那个人的收入的职能,也并不改变商品价值的性质。亚·斯密所要研究的商品,一开始就是商品资本(它除了包含生产商品时耗费的资本价值,还包含剩余价值),也就是以资本主义方式生产的商品,是

---

[1] 马克思:《资本论》第2卷,人民出版社1975年版,第408页。
[2] 同上书,第425页。

资本主义生产过程的结果。因此,本应该先分析这个生产过程,从而分析其中包含的价值增值过程和价值形成过程。但因为资本主义生产过程的前提本身又是商品流通,所以,在阐述资本主义生产过程时,就要撇开这个生产过程,事先分析商品。亚·斯密有时'内在地'抓到了正确的东西,即使在这种场合,他也只是在分析商品的时候,也就是在分析商品资本的时候,才考虑价值的生产。"① 李嘉图丝毫没有怀疑"斯密教条"。萨伊将之正式概括为"三位一体"公式。巴顿、拉姆赛和舍尔比利埃都试图批判"斯密教条",但终归徒劳,因为他们依然陷入在混淆固定资本、流动资本、可变资本、不变资本的窠臼之中。

马克思在《资本论》第三卷的即将结尾处,叙述了"三位一体"公式形成的逻辑过程,总结出资本主义异化和异化意识形成、发展和完结历史过程。在第一个阶段,商品和货币将社会交换关系物化,人们对物化的社会关系的意识反映是商品拜物教和货币拜物教。当货币转化为资本后,货币拜物教又演化出资本拜物教。在第二个阶段,在资本与雇佣劳动的生产关系中,实际的生产联系迫使资本家承认资本与雇佣劳动的矛盾现实,但他们否认剩余价值剥削,围绕工作日、机器、工资和失业的斗争,都体现出工人阶级与资产阶级的尖锐矛盾。在这样的现实关系中,资产阶级异化意识的特征是:将物化与异化的社会关系普遍化,以此瓦解和压制工人阶级的反抗斗争。资产阶级以不自知的异化充当自知的阶级斗争的工具和手段。在第三个阶段,在资本商品的流通过程中,剩余价值规律与价值规律的综合作用,使得资本主义生产关系与交换关系联合成一体。但是,与经济关系的整体化正相反,资产阶级的经济活动发生了部类与部类之间、部门与部门之间、单个资本与单个资本之间的盲目积累和竞争,造成经济结构的失衡,在这种失衡状态下,各个资本的循环和周转的实现是偶然的。资本主义"现实的生产过程,生产与流通的统一,又产生出种种新的

---

① 马克思:《资本论》第 2 卷,人民出版社 1975 年版,第 431—432 页。

形式,在这些形式中,内部联系的线索渐渐消失,各种生产关系越来越互相独立,各种价值组成部分越来越硬化,成为互相独立的形式,现实的复杂关系和结构遮蔽了剩余价值产生的根源"。① 在这种社会存在中,资产阶级的经济世界观表现为不能理解经济关系的总体性,反而以割裂、混淆的总体经济关系的立场继续维护他们对剩余价值剥削的辩护。在第四个阶段,剩余价值规律与价值规律相互综合的结果,产生出新的运动规律——一般利润率规律,剩余价值转化为利润,利润转化为平均利润,平均利润率呈现不断下降的趋势,价值转化为生产价格,最后转化为对市场起调节作用的平均市场价格。以上的系列转化过程,包含着复杂的社会运动过程。利润成为剩余价值的异化物,生产价格成为价值的异化,市场平均价格同价值相分离,被物化和异化意识完全左右的资产阶级彻头彻尾地接受现实的社会结构的摆布,再难以超出表象深入到资本生产的本质、在思想中再现从本质到现实的发展过程。在第五个阶段,在一般利润率规律的作用下,资本自身的异化外化为资本与资本之间的异化关系,而这种异化关系展现出资本的自我否定性。利润被分割为企业主收入和利息,生息资本成为产业资本的剥夺者。生息资本瓜分剩余价值的形式——利息好像完全是从货币的流通中产生的,剩余价值发展出它的对立形式,利息成为剩余价值最异化最特别的形式。在这样的异化现实中,资产阶级经济学家甚至连资本的概念都要予以掩盖和曲解了,资本完全成了物,它背后的社会关系完全被掩盖了。在第六个阶段,资本主义土地私有者凭借土地所有权瓜分剩余价值获得地租,资本主义地租的产生继之以资本化,让剩余价值产生的根源,乃至其存在与否的事实更为隐蔽了。地租的资本化使得资本主义社会经济关系的内部联系被外部现象完全割断了,资本主义土地所有者和银行资本家完全异化于整个社会之上,资本的异化又成为等级的异化。随着资本主义异化的不断完成,资产阶级经济学最终完全表现出它的庸俗性。"庸俗经济学局

---

① 刘伟:《论科学的经济学》,中国社会科学出版社2015年版,第259页。

限在资产阶级生产关系的生产当事人的观念,对各种经济关系的异化表现感到自在。各种经济关系的内部联系越是隐蔽,这些关系对庸俗经济学家来说就越显得不言自明。"①

马克思向我们指明,资本主义异化和异化意识的完成是工人阶级扬弃异化的客观条件。如果异化不完成,那么,异化作为扬弃异化的革命对象就还没有最终定型;如果异化不完成,异化自身所包含的矛盾性就不能现实化,从而工人阶级就难以把握异化自我否定自身的规律,就难以获得扬弃异化的武器。一旦资本主义的自我否定性充分展现出来,那么资本主义异化和异化意识也就到了自我否定的历史转折点。马克思认为,扬弃异化和异化意识的革命,不能从现实中异化关系最为复杂的表现形式那里开始,因为从这里不能直接得出反而重重掩盖着资本主义产生异化的根源。作为异化和异化意识的结果,资产阶级的经济世界观和它的逻辑将完整的资本主义生产关系与交换关系的矛盾歪曲、混淆、破碎、抹灭,无产阶级如果由果溯因,以图扬弃异化,反而会陷落在异化的社会关系与意识形态中被层层束缚。无产阶级革除异化的社会关系、批判异化的社会意识,正确的战略和策略应当是:必须溯本清源,揭示和叙述出异化和异化意识形成的历史;回到矛盾运动的起点,擒贼擒王,铲除造成异化的最根本的社会矛盾,然后按照异化由核心到外围普遍化的历史逻辑将扬弃异化的斗争扩展开来,直到将由资本主义生产关系与交换关系的矛盾运动派生而出的各个层次的异化统统扬弃。

马克思在《资本论》第三卷指明了扬弃资本主义异化与异化意识的根本途径,他在《资本论》第四卷中即开始着手实施扬弃资本主义异化意识的工作。第四卷以剩余价值学说为核心叙述资产阶级经济学的发展史,叙述的中心是斯密和李嘉图所遭遇到的经济学难题,叙述的方式完全是按照剩余价值理论批判与自我批判的历史展开的。剩

---

① 刘伟:《论科学的经济学》,中国社会科学出版社2015年版,第260页。参阅马克思《资本论》第3卷,人民出版社1975年版,第923页。

余价值学说批判与自我批判的历史是剩余价值理论内在矛盾的展现。斯密和李嘉图发现劳动是价值产生的源泉,建立起劳动价值理论,经济学因而成为科学。两位伟大的经济学家也都发现了剩余价值现象。但是,他们不能解释剩余价值现象与价值规律的矛盾,这一矛盾成为劳动价值理论的内在矛盾。事实上,以上矛盾正是现实中资本主义社会生产关系与交换关系矛盾的理论反映。但是,斯密和李嘉图不能解决这个矛盾,他们的理论困难成为经济学的历史难题,我们将之称为斯密—李嘉图难题。这一难题的内容是:剩余价值现象究竟有没有违背价值规律?剩余价值如何转化为利润?价值又如何转化为价格?李嘉图学派因为不能解答以上问题而最终解体。马克思在《资本论》前三卷中科学地解答了斯密—李嘉图难题。我们前文对《资本论》前三卷概念辩证法与实践辩证法结构的陈述,已经说明马克思何以发现和揭示出剩余价值规律与价值规律的矛盾,并最终说明剩余价值如何转化为利润、价值如何转化为价格。这里,我们再次强调马克思的解答斯密—李嘉图难题的科学逻辑:斯密和李嘉图不能认知剩余价值与价值的关系,归根结底是他们没有正确发现剩余价值规律与价值规律的矛盾。马克思发现,剩余价值是价值规律普遍现实化的产物,剩余价值产生后,剩余价值规律与价值规律形成新的矛盾,这一矛盾成为资本主义社会"普照的光"和"特殊的以太"。马克思叙述了剩余价值规律与价值规律矛盾运动的历史过程,指明剩余价值转化为利润、价值转化为生产价格,这皆是以上矛盾运动的产物。此外,马克思还批判说明包括斯密和李嘉图在内的资产阶级经济学家之所以陷入难题,是因为他们囿于资本矛盾运动过程中形成的物化与异化的社会关系,形成并被禁锢于物化与异化意识之中,随着资本主义社会关系的发展日臻整体化,资产阶级经济学的物化和异化意识也达到完成状态。马克思按照资本主义矛盾运动的逻辑,叙述了资产阶级物化和异化意识产生、发展和完成的过程。

马克思在《资本论》第四卷所要做的工作是扬弃资产阶级异化的经济世界观。他的做法是,回到斯密和李嘉图形成经济学教条和难题的原点，叙述这一难题如何产生及各派经济学家解答这一难题的历史过程。马克思的叙述逻辑是：其一，斯密最先发现剩余价值现象与价值规律的矛盾，这使他的劳动价值理论陷入内在的不统一。马克思确证，在斯密那里，剩余价值与价值规律的矛盾根源是他不理解或处于阶级本能不愿意揭示资本与雇佣劳动的社会关系，认识不到劳动力成为商品的社会事实。其二，在斯密那里，剩余价值与价值规律的矛盾又被转化为剩余价值与利润的矛盾，他直观到，在流通领域，价值规律对剩余价值的实现起决定作用，而在流通中剩余价值表现为利润，但他不能区分剩余价值的本质与利润的现实之间的转化关系。其三，斯密的理论难题如数遗传到李嘉图那里，李嘉图力图将劳动价值理论彻底化，但他只是把劳动价值理论当作是流通领域中的理论，在他那里价值与价格一开始就是混淆的，以这种观点来看待剩余价值与价值规律的关系，必然会把剩余价值与利润混淆起来，因而斯密的难题在李嘉图这里不仅继续存在而且又进一步放大了。其四，李嘉图的价值与价格、剩余价值与利润的混淆，在资本积累规律中造成了严重的谬误。斯密和李嘉图混淆价值与价格、剩余价值与利润的理论秘密在于他们对固定资本、流动资本、可变资本、不变资本的混淆，而后一种混淆归根结底是他们不理解资本的价值构成，不理解资本再生产中生产与流通的辩证关系。因而，李嘉图在资本再生产中看不到不变资本和固定资本相对于可变资本的积累为危机制造了物质基础，最后得出市场自动出清，危机的产生不是必然的结论，完全陷入到庸俗经济学的泥潭之中。其五，斯密和李嘉图经济学中蕴藏着庸俗经济学的种子，而李嘉图陷入理论难题的时候，庸俗经济学家就起身否定劳动价值理论了，在李嘉图学派解体之后，庸俗经济学家干脆完全否定了劳动价值理论，对剩余价值产生的根源形成完全的遮蔽。庸俗经济学的核心观点是：否定或修正斯密和李嘉图关于生产劳动与非生产劳动的区分，对劳动价值理论的范畴体系进行釜底抽薪；篡改、取消价值的概念，用价格概念代替价值概念，将经济学研究的视域缩小到交换领域之中；建立"三位一体"公式，完成经济学庸俗化。马克思按照历史发展顺序，陈述剩余价值理论批判与自我批判的历史，这事实上是破旧立新的批判过程——叙述错误观点的发展过程，同时就是科学观点建立的过程。在批判资产阶级经济学家异化的经济世界观的同时，科学的经济世界观也在针锋相对中建立起来了，整个过程的所作所为皆是解决异化的经济学的核心问题：斯密—李嘉图难题，而这一难题不过是对资本主义社会基本矛盾的反映。马克思解答了斯密—李嘉图难题，同时也建立起来解决资本主义社会基本矛盾的科学理论。马克思向我们示范出扬弃异化、创立科学理论的正确道路。

第四节 《资本论》概念辩证法与实践辩证法的统一

马克思在《资本论》中运用概念辩证法与实践辩证法相统一的方法，科学地揭示出现代社会发展的核心问题：经济社会发展与人的发展相背离产生异化，经济社会的发展与人的发展相一致扬弃异化。《资本论》研究现代社会发展问题在内容与方法上的一致性，展现出科学的社会发展辩证法的总体面貌。

《资本论》体系是马克思哲学革命的验证。马克思的哲学革命，一言以概之，在于用哲学改变世界。旧哲学无一例外皆是对世界的解释。解释不是批判，用解释的立场去面对资本主义，必然陷入到资本主义社会普遍的异化之中而不能自拔。马克思强调哲学改变世界，其立场在于"破坏一个旧世界，创造一个新世界"。既然哲学要现实化、现实要哲学化，既然哲学是物质批判的武器，而终要转化为物质的批判，那么马克思哲学的理论指向就是批判资本主义制度，揭示出资本主义自我否定运动的根源及过程。《资本论》是马克思批判资本主义制度的理论落实，她说明了以下的根本道理：资本主义私有制是现实中一切剥削和压迫的根源，只有扬弃资本主义制度，人类才能获得自由解放。资本主义的灭亡具有历史必然性，因为资本主义自身在进行着自我否定，它的自我否定性体现在周期性爆发的经济危机之中。资本主义经济危机的根源在于资本主义生产关系与交换关系之间不可调和的矛盾，正是这一矛盾运动构成资本主义的自我否定性。任何社会变革都是由社会主体发动并完成的，资本主义的自我否定运动塑造出它的掘墓人，它使工人阶级陷入全面异化的处境，又给他们创造了扬弃异化的条件，工人阶级在扬弃异化的过程中把自己锻造成为推翻资本主义、建立共产主义的历史主体。最后创造历史的主体与历史的自我否定性结合在一起，新的历史时代就要到来了，世界和历史将被人类改变。《资本论》科学发现了现代社会的发展规律，现代社会与古代社会根本不同，古代社会的发展是无主体的过程，人作为个人还没有从等级中分化出来，社会的发展是以剥夺人的个性发展为基本特征的。在现代社会，个人从人对人的依赖关系中解放出来，社会发展再也不能表现为消灭个性发展、维护等级特权的野蛮特征。现代社会发展的主题是：社会发展与人自身的发展对立统一。《资本论》揭示出资本主义社会发展与人自身发展的异化关系，资本主义异化不再是对人的个性发展的剥夺，但依然是对个性发展的扭曲和颠倒。马克思运用社会发展辩证法，对资本主义异化实行批判和颠覆，为人类改造历史的运动指明方向：建立一个社会发展与人自身发展相一致的理想社会——共产主义社会。

  马克思的社会发展辩证法是概念辩证法与实践辩证法的统一。在《资本论》中，实践辩证法与辩证法的统一表现为以下的逻辑三段论：从具体现象上升到抽象概念，概念从抽象上升到具体，从具体总体回溯到矛盾的核心。马克思在《资本论》草稿中完成了社会发展法的第一段逻辑，即运用实践辩证法，从资本主义社会普遍存在的现象中，确定这一社会形态内部最基本的矛盾——资本主义生产关系与交换关系的矛盾，这一矛盾表现为商品、货币与资本之间的矛盾。在《资本论》前三卷中，马克思运用概念辩证法，从抽象上升到具体，叙述了资本主义生产关系与交换关系的矛盾运动，其具体表现是在思维中再现剩余价值规律与价值规律的矛盾运动：剩余价值规律从价值规律中脱胎而出并形成矛盾，剩余价值规律与价值规律相互综合形成资本主义的再生产运动,资本主义再生产运动产生新的规律——一般利润率规律,利润规律的运动表现出剩余价值规律与价值规律之间不可调和的矛盾,这一矛盾成为经济危机的总根源,资本主义在经济危机中不断自我否定、走向灭亡。与通过概念辩证法叙述资本主义自我否定的过程相匹配,马克思运用实践辩证法揭示出资本主义矛盾运动对人的影响和作用,即资本主义异化产生、发展和完成的过程。从《资本论》第三卷即将结尾处到第四卷,马克思从异化批判的结论——总体的异化结构出发回溯到异化产生的根源——资本主义生产关系与交换关系的矛盾,通过批判斯密—李嘉图难题所反映出的资产阶级异化的经济世界观的核心结构——混淆和割裂资本主义生产关系与交换关系的矛盾,提出解决这一矛盾的科学路径。马克思在《资本论》中所示范的社会发展辩证法是运用唯物辩证法研究最复杂的物质运动——社会历史运动的理论成果,社会发展辩证法展示出唯物辩证法发现矛盾、把握矛盾运动的规律、解决矛盾的完整形态。《资本论》社会发展辩证法不仅仅是对客观规律的揭示,而且是对规律的把握和运用,是改变世界和历史的科学辩证法。

在《资本论》中,马克思对概念辩证法的运用,展示出社会发展辩证法的理论结构。《资本论》概念辩证运动具有逻辑学与科学哲学两个层面的结构。在逻辑学层面上,《资本论》概念辩证法继承了黑格尔概念辩证法从抽象上升到具体的逻辑形式。但是,马克思批判改造了"概念"范畴,扬弃黑格尔将概念实体化和主体化的唯心主义做法,指明概念无非是对客观矛盾的反映和概括。因而,马克思改变了黑格尔只能将概念辩证法运用描述观念史和文化史的局限,将概念辩证法运用于叙述现实的历史。在科学哲学层面上,马克思完成对抽象上升到具体方法之科学性的论证和检验。从抽象上升到具体的方法是否具有科学性,其中蕴含的关键问题是逻辑与历史能否统一,如何统一。马克思发现逻辑与历史实现统一的中介——现实。他指出,认识现实是认识历史的一把钥匙,而现实绝不是抽象的概念,现实表现为社会主体在社会关系的总体中活动着,现实就是实践,而实践是主体在总体中的活动,如果不能发现主体与总体两个事实,人们对现实的理解就是不现实的。我们可以发现《资本论》中的概念辩证法与《小逻辑》中的概念辩证法根本不同,后者有着严格的概念推演过程,而在《资本论》中我们似乎看不到概念推演的轨迹,甚至在马克思讲到剩余价值规律之时,他直接用经验材料作为逻辑环节说明科学范畴。马克思这样做绝非偶然,在马克思那里,能够准确反映现实的社会实践的经验材料就是活泼泼的概念,因而现实本身就是逻辑环节,现实与现实之间的延续就成为历史必然。然而,现实又是如何被发现的呢?马克思向我们指出,发现和改造现实的科学方法是实践辩证法,这也意味着实践辩证法是概念辩证法的前提性批判和理论中枢。

在《资本论》中,马克思的实践辩证法也具有双层结构。《资本论》的实践辩证法既是概念辩证法的前提性批判和理论中枢,又是对概念辩证法理论成果的转化。马克思运用实践辩证法为《资本论》的概念运动确定了矛盾起点,即实践辩证法将历史唯物论转化为方法论在社会历史中发现和确证社会历史的主体,以及主体与主体之间形成的社会关系的总体,然后展开主体与总体关系的综合研究。在《资本论》草稿中,马克思发现无产阶级和资产阶级是资本主义的社会主体,二者之间在资本主义生产关系与交换关系的总体中展开社会历史活动,二者之间的关系是异化的关系,而异化本身既是资本主义生产关系与交换关系矛盾运动的结果,又是解决这一矛盾的契机。《资本论》中的实践辩证法还是概念辩证法的理论枢纽。马克思对现实中无产阶级与资产阶级之间斗争的描述,直接就是其叙述资本主义生产关系与交换关系矛盾运动中的逻辑环节,并且是关键的逻辑环节。资本主义生产关系与交换关系的矛盾运动不是无主体的过程,在此矛盾运动展开的过程中,资产阶级逐渐成为异化的主体,而工人阶级深处普遍的异化之中却生长成为扬弃异化的主体。如果以上考察没有成为逻辑环节,那么,概念辩证法就不能叙述人改变历史与现实的过程,它就不能反映现实的历史。《资本论》中的实践辩证法还将概念辩证法叙述的理论成果转化为实践的战略和策略。马克思创作《资本论》的目的是为工人阶级探索批判和扬弃异化的革命道路，在他揭示出资本主义自我否定，以及资本主义异化从形成到完成的规律之后，他又向工人阶级指明如何掌握科学的历史规律，并将之运用到扬弃异化的革命斗争之中，这正是马克思在《资本论》的后半部分所做的工作。

《资本论》社会发展辩证法理论结构与实践结构的统一，体现出马克思主义社会发展理论的科学立场：科学逻辑与人学相一致。马克思在《资本论》中运用社会发展辩证法揭示出资本主义社会发展与人自身发展相背离的根源，而我们所应做的工作是考察和反思在社会主义社会中如何实现社会发展与人自身发展相统一。

第三章　社会主义社会科学发展的辩证法

在中国特色社会主义理论体系中，科学发展观提出社会主义制度实现科学发展这一重大历史命题，指明社会主义社会实现科学发展的方向和主旨是：社会主义社会的全面发展与人的发展相一致。实现社会主义社会科学发展的基本路径是：坚持以人为本，统筹兼顾社会总体中各方面和各领域的联系与运动，实现全面、协调、可持续的发展。党的十八大以来科学发展观已经发展成为实现科学发展的系列治国理政方略，表现为"五位一体"与"四个全面"的实践辩证法。党的十九大将我国实现社会主义社会科学发展的治国理政方略，进一步升华为习近平新时代中国特色社会主义思想，社会主义社会科学发展的辩证法在更为广阔的理论与实践时空中系统化、深入化。

第一节　社会主义社会科学发展的主旨

社会主义社会科学发展的主旨是：社会主义社会全面发展与人的发展相一致。理解这一主旨应明晰社会主义的本质、社会主义社会的全面发展与人的发展之间历史与逻辑的关系。

认识并概括出社会主义的本质，这是中国特色社会主义理论体系对科学社会主义的杰出贡献。社会主义的本质是：解放生产力、发展生产力，消灭剥削、消除两极分化，最终达到共同富裕。社会主义的本质含义深刻，其中蕴含着社会主义社会的发展辩证法。社会发展辩证法是社会矛盾运动所展现出的历史与现实、规律与目的、理论与实践的对立统一。社会主义的本质包含着规律与目的两个层次，社会主义社会的发展规律其实质是社会主义内在矛盾不断现实化的规律必然性，而社会主义社会发展的目的在于实现共同富裕。与任何一种社会形态一样，社会主义社会的矛盾运动亦根源于生产力与生产关系的对立统一。在生产力方面，社会主义的本质体现为解放和发展生产力；在生产关系方面，社会主义的本质表现为消灭剥削和消除两极分化。社会主义生产力是社会主义劳动者发挥个人才能的能力体系，而社会主义生产关系则表现为社会主义公有制主导社会生产关系，逐步扬弃资本所有制，最终消灭私有制。生产力与生产关系之间是内容与形式的关系，社会主义生产力决定它的生产关系，而社会主义生产关系又反作用于生产力。所谓社会主义生产力对生产关系的决定作用，是指社会主义劳动者发挥个人才能的自主活动决定他们对生产关系的选择和改造。所谓社会主义生产关系反作用于生产力，是指社会主义社会通过改革不断地协调和完善生产关系的总体，自觉地解决生产力与生产关系、经济基础与上层建筑的矛盾，朝着实现共同富裕的方向，为劳动者的自主活动和自我实现创造物质的和精神的条件。在社会主义生产力与生产关系的矛盾运动中，贯穿着社会主义劳动者作为主体对经济活动和经济关系的选择、改造和改革。在社会主义生产力与生产关系的矛盾运动中，解放和发展生产力、消灭剥削和消除两极分化都是社会主义劳动者的自主和自觉：消灭剥削和消除两极分化是解放和发展生产力的形式和路径，解放和发展生产力是消灭剥削和消除两极分化的内容和基础。在社会主义社会初级阶段，社会主义生产力与生产关系的矛盾尚未达到矛盾双方相互中介、相互转化的高级阶段，社会生产力水平相对较低，社会生产尚不能满足人民日益增长的物质文化需要，生产力的水平制约生产关系的改革和改造，而生产关系的水平也制约着社会主义劳动者个人才能的发挥和发展。在社会主义初级阶段，生产力与生产关系的相互促进作用将表现为互相创造条件和中介的规律必然性：不解放和发展生产力，社会主义生产关系的发展就缺乏物质基础;不协调和改革社会主义生产关系的总体,生产力就不能获得解放和发展。经过几十年的艰苦探索,中国特色社会主义理论体系揭示出一个伟大的科学发现:改革既是社会主义生产力与生产关系矛盾运动的中介,也是社会主义社会发展规律与发展目的之间的中介。改革树立并发挥出社会主义社会的主体在生产力与生产关系矛盾运动中的自主和自觉精神,我国的社会主义劳动者和建设者们通过改革自主、自觉地驾驭社会主义生产力与生产关系的矛盾运动,使之服务于实现共同富裕的历史目的。共同富裕作为社会主义社会的发展目的,不仅仅是经济上的富足,它更是社会与个人的全面发展,是共产主义制度得以实现的条件总和。在关于社会主义本质的科学概括中,社会主义社会的发展辩证法在三个层面得以体现:第一,社会主义生产力与生产关系矛盾运动的规律必然性,通过改革的中介作用,与实现共同富裕的历史目的辩证统一起来。第二,中国特色社会主义制度通过改革驾驭社会主义生产力与生产关系的矛盾运动,适应和改变社会主义初级阶段的现实,与社会主义制度扬弃资本主义、实现共产主义的历史规律辩证统一起来。第三,中国特色社会主义制度通过把握历史规律、改变社会现实,展现出理论与实践的辩证统一。

关于社会主义本质的科学概括蕴含着社会主义社会全面发展的科学观点。社会主义的本质体现在社会主义生产力与生产关系、经济基础与上层建筑的总体结构之中。社会主义社会的发展是从生产力到生产关系、从经济基础到上层建筑的全面发展。科学发展观是对社会主义社会全面发展的科学反映和认知,与之相对立,非科学的发展观割裂生产力与生产关系、经济基础与上层建筑的辩证联系,片面地认识社会主义社会的发展,从而导致社会主义实践中的各种曲折和失误。非科学的发展观主要表现为以下四种类型:其一,单纯强调生产关系变革在政治革命和社会革命中的核心作用,忽视生产力与生产关系的协调互动作用,尤其忽略了生产力对生产关系的决定作用,其典型表现是"一大二公""共产风"。其二,机械、片面地强调生产力对生产关系的决定作用,不理解生产力与生产关系之间辩证的决定关系,割裂生产力与生产关系之间内容与形式的辩证法，把生产力归结为物的力量而不是人的力量，从而导致不能把生产力所标志的人的能力与生产关系所涵盖的人的交往关系贯通为人的主体性，将生产力与生产关系的关系曲解为物与人的对立，其典型表现是GDP崇拜。其三，单纯强调上层建筑对人的教育和塑造作用，轻视经济基础为人的发展所提供的物质前提，以抽象的人格和人性面对复杂的社会矛盾运动，从而导致国家和社会治理陷入混乱，"文化大革命"即是典型的历史教训。其四，片面重视经济基础的决定性作用，以社会发展的物质手段为目的，轻视上层建筑所蕴含的社会发展的真正目的所在——人本身的发展，从而在社会中一定程度上产生物化和异化现象。总之，我国社会主义社会发展的历程中，大致出现了"共产风"、GDP崇拜、"文化大革命"混乱、物化和异化四种非科学的发展观点。科学发展观是对以上四种非科学发展观点的总体批判，在科学发展观的视域中，四种非科学发展观点的一致错误皆是片面地看待发展，在社会主义实践中顾此失彼，从而导致社会主义建设的曲折和失误。科学发展观总结我国社会主义发展史中的经验和教训，认识到正确而全面地把握社会主义社会发展辩证法，关键是发现并重视社会主义社会的发展与人自身的发展相一致。

在现代社会中，人格表现为国家、社会和个人三个层次，人自身的发展亦体现为国家、社会和个人三个层次，马克思指明了贯穿人格发展三个层次的根本线索。他指出，人的发展表现为生产力与生产关系两个方面能力的发展，即人的生产能力与交往能力的发展是其自身发展的基本方面。人的生产力与生产关系两大基本能力的发展，又扩展出从必然王国到自由王国的发展规模。马克思指明，人在必然王国领域的发展，是协调生产力与生产关系的矛盾，消灭剩余价值剥削、缩短劳动时间，将剩余劳动时间转变为自由劳动时间；而人在自由王国领域的发展，则是在自由人联合体中，利用自由劳动时间，展开自由劳动，充分地发挥自身的个性才华，培育科学、艺术、体育（毛泽东所强调）的修养和能力。在资本主义社会中，社会发展与人的发展是相异化的，这种异化体现为如下几点：首先，资本主义生产关系与社会生产力发展相异化，即资本主义私有制、剩余价值剥削与劳动者个人才能的发挥和发展相异化。其次，资本主义经济基础之中的异化关系延伸为主导上层建筑的异化意识，资本主义必然王国之中的剥削关系在其意识形态中反映为替剥削辩护的庸俗社会历史观、文化观。最后，资本主义社会中的人在经济政治领域和文化领域中的生活是割裂的、异化的，资本主义政治关系是其经济关系的"另外一次方"，资产阶级政治统治是其经济利益的集中表现，然而，在文化领域，资产阶级文化由理性向非理性堕落、由思辨向解构滑坡、由人本主义的奋进向庸俗哲学的苟且退化。社会主义是资本主义的对立物，社会主义社会的发展方向是社会发展与人自身的发展相一致，在科学发展观中，社会主义社会发展与人自身发展的相一致表现为：第一，社会主义生产关系与社会生产力的发展相适应，即社会主义公有制和按劳分配与劳动者个人才能的发挥和发展相一致。第二，社会主义经济基础领域对异化的扬弃延伸到上层建筑领域，在社会主义民主政治中人民当家作主，国家社会按照民主集中制达成团结统一，并且社会主义经济、政治的民主关系必然延伸到文化领域，社会主义文化吸收现代文化民主、科学的精神，进一步将其发展为人民的文化。第三，社会主义社会中的人在经济政治领域和文化领域中的生活是一贯的、统一的，贯穿社会主义经济、政治、文化三大领域的基本线索是人民主体地位和主体精神，社会主义文化尤其担当着塑造社会主义人格的伟大作用，社会主义文化绝不是堕落、解构、庸俗的虚无主义文化，它是富有新理性、新人本、新科学的人民文化。科学发展观所揭示的社会主义社会发展与人自身发展相一致的规律，是对社会主义社会历史运动规律的极其重要的科学发现。

科学发展观是在社会主义市场经济发展进入到关键历史阶段应运而生的。中国特色社会主义所开创的社会主义市场经济体制是社会主义制度扬弃资本主义制度的历史中介，是我国人民贯彻党在社会主义初级阶段基本路线的落脚点和发力点。社会主义市场经济既包含着

"成长着的共产主义",又存在着"衰亡着的资本主义",既在一定范围内存在社会发展与人的发展相异化的现象,又包含着扬弃这一异化的历史线索。社会主义市场经济充分体现出社会主义制度的历史复杂性,而社会主义社会的主体要驾驭这种历史复杂性需要掌握社会发展辩证法,社会主义社会发展的辩证法体现为科学发展观。科学发展观是扬弃资本主义社会发展与人的发展相异化、实现社会主义社会发展与人的发展相一致的思想武器。

第二节 科学发展观对《资本论》概念运动的扩展

科学发展观以实现社会主义社会发展与人的发展相一致为宗旨,其具体内涵是:贯穿以人为本的人学立场,坚决维护人民的历史主体地位;坚持全面协调可持续的发展观,实行"五位一体"的全面发展;掌握和运用唯物的社会发展辩证法,在统筹兼顾中革除非科学发展观。在科学发展观的内涵中,完整地呈现出科学发展的立场、方向、格局和方法,形成一个系统的科学体系。

以人为本是社会主义社会科学发展的立场和方向。在中国特色的社会主义制度中,以人为本不是抽象的人本主义原则。社会形态不同,人和人民的含义是不同的,人性和人权皆是发展着的历史范畴。社会主义社会中的人民不是抽象的人,他们是社会主义生产力的主人,是参加、主导社会主义革命和建设伟大实践的历史主体。中国特色社会主义社会的发展坚持以人为本,其实质体现为两个方面:其一就是尊重、维护、发扬人民群众解放、创造、发展社会主义生产力的主体地位和主体性;其二就是依靠、保证和组织人民群众参加、主导社会主义革命和建设历史实践的主体地位和主体性。在中国特色社会主义制度中,以人为本的物质基础是共同富裕,其基本内容是实现人的自由全面发展。共同富裕和人的自由全面发展就是社会主义社会科学发展的立场和方向。党的十九大将以人为本进一步概括为以人民为中心，这一科学概括特别强调了以人为本的历史主体性，标志着中国特色社会主义社会的科学发展又达到了新的历史高度。

全面协调可持续是社会主义社会发展的基本格局。社会主义社会科学发展本质上是社会发展与人自身的发展相一致。社会主义只有实现生产力与生产关系、经济基础与上层建筑全面、协调和可持续的发展才能为人的自由全面发展奠定社会条件。党的十八大将全面协调可持续具体化为"五位一体"的总体布局，以此规定：全面发展是中国特色社会主义经济、政治、文化、社会和生态文明的全面发展，协调发展指出全面发展的内涵，可持续发展是全面发展与协调发展外延与内涵相互一致、内外互动而形成的发展的必然趋势。全面、协调、可持续互相印证、缺一不可，没有协调性的全面性是表象上的肤浅的全面性，协调各个方面的发展而没有可持续性，那么，所谓协调终将沦落为不协调，所谓全面必将分裂为片面。全面协调可持续向我们展现出客观规律与人的主观选择之间的辩证关系。我们知道，事物之间是普遍联系和永恒发展的，然而，人的主观选择则可能遵循联系与发展的客观规律，亦可能违背它。全面协调可持续是人通过主观选择尊重、遵循继而驾驭社会发展规律的科学道路：首先，人们要发现、掌握规律的全面性。黑格尔已经向我们指明，发现规律是人类的知性即可达到的认识层次，人们发现的规律越多，从而厘清规律与规律之间关系的迫切性就越突出，而要在规律的系列中发现最根本的矛盾，人们就需要全面地把握规律的系列。其次，协调不是一般意义的协调，它是对全面的规律系列的协调。马克思在《资本论》草稿中特别指出，人们应当在规律的系列中发现"普照的光""特殊的以太"，即最根本的矛盾，然后从最根本的矛盾出发从抽象上升到具体，梳理、叙述出由矛盾运动的起点到形成规律运动的系列这一历史过程，认识行进到这一地步，人们就可以在真正掌握客观规律之后，协调规律与规律之间的关系，为驾驭规律为自身所用而做好准备。最后，可持续发展是人们在把握规律之后，进而达到对规律的驾驭。社会主义社会的科学发展归根结底是社会发展与人自身发展相一致，这种一致性其实质是社会发展的规律性与人的主观选择达到统一。社会主义社会实现可持续发展的方向只有一个，即社会发展与人自身的发展相一致；社会主义科学发展也只能是可持续的发展，可持续发展是社会主义掌握、驾驭规律实现自身目的的发展状态，不可持续的发展折射出人们尚未掌握、驾驭规律的非科学发展状态。

统筹兼顾是社会主义社会科学发展的科学方法。社会主义社会主体运用唯物辩证法认识、掌握和驾驭社会主义社会的复杂矛盾和复杂关系，其基本路径就是统筹兼顾。毛泽东在《论十大关系》一文中，开创了统筹兼顾的科学方法。他指出，我国社会主义社会在诞生之初便呈现出复杂的矛盾和复杂的关系，对之实行科学研究应坚持、贯彻唯物辩证法，运用唯物辩证法研究复杂的社会主义社会矛盾和社会关系，关键是对矛盾和关系的总体实行统筹兼顾。在社会主义初级阶段，社会主义社会的复杂矛盾和复杂关系将长期存在，统筹兼顾的方法依然是研究社会主义社会发展规律的科学方法论。统筹兼顾这一方法中包含着概念辩证法与实践辩证法的统一。就概念辩证法而言，统筹兼顾蕴含着运用从抽象上升到具体的方法研究社会主义矛盾运动的理论框架，统筹兼顾的对象是社会主义社会矛盾运动的全部领域和完整过程，在社会主义初级阶段，社会主义的矛盾运动在"五位一体"各领域、全过程中展开。就实践辩证法而言，统筹兼顾体现出发现、确证社会主义社会发展基本矛盾，进而以实现社会主义社会发展与人自身发展相一致为旨归，制定方略和策略的体系，在当前，统筹兼顾的治国理政方略体现在"四个全面"的战略布局中。

科学发展观探求、揭示社会主义社会发展的历史规律，在内容和方法上继承并发展了《资本论》社会发展辩证法。《资本论》社会发展辩证法的基本特征是：概念辩证法与实践辩证法相统一。在概念辩证法方面，科学发展观运用并扩展《资本论》的概念运动，科学地总结、探索社会主义社会发展的矛盾特殊性，即社会主义生产力与生产关系、经济基础与上层建筑、社会存在与社会意识、历史主体与历史客体等矛盾特殊性。科学发展观对社会主义社会发展规律特殊性的把握主要体现在"五位一体"和"八个坚持"的理论构架之中。

在《资本论》中，马克思运用从抽象上升到具体的概念辩证法，叙述出资本主义社会自我否定的运动过程。他指出，不同的社会形态具有不同的历史规律，社会历史规律在不同的社会形态中表现出规律特殊性。社会主义社会是资本主义社会的对立物，同时也和资本主义社会一样从属于现代社会，因而，社会主义社会与资本主义社会的历史规律根本不同，但又有连贯交叉。马克思发现，资本主义社会自我否定的历史发展，其内在动力在于资本主义生产关系与交换关系的矛盾运动，即资本与雇佣劳动的生产关系与商品货币的交换关系之间的矛盾运动。在社会主义社会中，社会主义公有制取代了资本主义私有制，然而，商品货币关系依然存在。社会主义生产关系彻底取代了资本主义生产关系，但是，商品货币关系却从资本主义社会贯穿到社会主义社会。在社会主义社会中，社会主义生产关系与交换关系之间结合成一种新型的社会经济关系，这种经济形态与世界资本主义体系相对立，同时又形成普遍联系。探索社会主义社会的历史发展规律，需要将马克思在《资本论》中所叙述出的从抽象上升到具体的概念运动进一步扩展，即将对资本主义生产关系与交换关系矛盾运动的叙述延伸到今天，说明在一球两制的现实世界中，社会主义交换关系与资本主义交换关系如何形成普遍联系，并且在这种普遍的联系中，社会主义生产关系又如何不断扬弃资本主义生产关系。科学发展观从社会主义初级阶段的历史实际出发，系统探索社会主义市场经济的发展规律，并由此出发探寻了社会主义社会从经济基础到上层建筑的全面发展格局。

在"五位一体"总体布局中，科学发展观所蕴含的概念辩证法展开了从抽象到具体的逻辑运动。第一，建设中国特色社会主义经济，其核心是建设社会主义市场经济体制。社会主义市场经济体制是社会主义生产关系与交换关系协调、综合而形成的社会主义的经济基础。在社会主义市场经济体制中，社会主义生产关系的特征是：以社会主义公有制为主体，其他所有制共同发展；以按劳分配为主导，其他分配方式并存。社会主义交换关系的特征是：市场在资源配置中起决定性作用，政府在资源配置中发挥不可替代的重要作用。保障社会主义生产关系与交换关系相互协调的机制是宏观调控，政府在宏观调控中发挥着重要的作用。正确处理市场与政府的关系是建设好社会主义市场经济体制的关键。第二，中国特色社会主义政治建设是中国特色社会主义经济建设的集中反映，社会主义市场经济体制包含着社会主义生产关系与交换关系的矛盾运动，这一矛盾运动将派生而出复杂的人民内部矛盾，中国特色社会主义民主政治建设是正确解决复杂的人民内部矛盾的基本途径。我国社会主义民主政治的基本原则是：党的领导、人民当家作主和依法治国。人民当家作主是正确解决人民内部矛盾的本质要求，党的领导是人民当家作主的政治保证，依法治国是正确处理人民内部矛盾、实现人民当家作主的基本方式。第三，建设中国特色社会主义文化，其实质是用中国特色社会主义文化精神塑造社会主义的人格，实现人的现代化。中国特色社会主义文化精神其活的灵魂是人民性，我国社会主义新文化的人民性体现为：以马克思主义为指导，建设民族的科学的大众的社会主义新文化。在人民性的文化精神熏陶之下，我国公民以做"四有公民"为理想人格，培育、践行社会主义核心价值观，在全社会范围内传承、发展民族精神，形成共同理想和时代精神，在精神层次对社会主义社会的科学发展形成理论反思和实践准备。第四，中国特色社会主义社会建设，是对经济、政治和文化建设的综合，科学发展观在社会建设这个层次明确提出社会主义社会发展与人自身的发展相一致。社会主义社会经济、政治和文化的协调发展，是社会主义社会科学发展的前提条件，这种协调发展的历史成果是形成社会主义和谐社会。社会主义和谐社会是一种崭新的社会发展状态。在社会主义社会诞生之前，人类社会的和谐发展只能停留在理想层次，而在现实的社会中，阶级斗争与社会异化反映出社会发展的不和谐。马克思指出："真正的人类史还没有到来。"随着社会主义社会的不断发展，社会主义生产关系与交换关系的关系逐步达到协调状态，社会主体正确解决人民内部矛盾的能力逐渐成熟、高超，人们在文化观念中渐次掌握科学发展也即社会发展辩证法，自觉地引领社会发展朝着与人自身发展相一致的方向前进。第五，社会主义和谐社会的建设必将扩展到社会主义生态文明建设领域，马克思曾经指出：共产主义"作为完成了的自然主义＝人道主义，而作为完成了的人道主义＝自然主义。"社会主义和谐社会以社会发展与人自身的发展相一致为指向，这一指向即是社会主义人道主义的方向，社会主义人道主义所指明的人与人、人与社会之间的和谐关系必然包含人与自然的和谐关系，缺乏人与自然的和谐，人与人之间、人与社会之间也不可能达到真正的和谐。党的十八大特别指出，中国特色社会主义生态文明建设要贯彻在经济、政治、文化和社会建设各领域、全过程。在社会主义社会中，人与人、人与社会之间的和谐关系，归根结底是社会主义经济、政治、文化与社会的协调、和谐发展，这一发展的结果将彻底改变资本主义社会对工人实行剩余价值剥削、对自然环境进行掠夺开采的异化发展模式，建立起来一种铲除剥削、扬弃异化、尊重自然的科学发展模式。

科学发展观对《资本论》概念辩证法的扩展主要体现在如下几点。其一，科学发展观将现代社会生产关系与交换关系矛盾运动的研究，从资本主义延伸到社会主义，探索了社会主义生产关系与交换关系矛盾运动的历史特殊性。其二，科学发展观将对经济基础层次矛盾运动的研究扩展到上层建筑领域，这是对《资本论》集中研究经济领域矛盾运动理论路线的贯彻和发展。马克思在《资本论》草稿中计划将对资本的研究从经济扩展到政治，从国内扩大到国际，科学发展观将对社会主义经济关系的研究从经济扩展到政治、文化、社会与生态，这是一个巨大的理论进步。其三，科学发展观创造性地发展了马克思主义有关经济基础与上层建筑的科学思想，在社会建设和生态文明建设中，有机地综合了经济基础与上层建筑的关系，认识到经济基础与上层建筑的协调发展必将表现为社会和谐、生态文明。其四，科学发展观科学地指出社会主义文化建设的基本内容是科学发展，在《资本论》中，马克思揭示资本矛盾运动、批判资本主义异化同时并行、相互匹配。科学发展观秉承并发展了以上科学路线，它在阐明社会主义社会矛盾运动的同时，特别指明社会主义的科学发展必然扬弃异化的社会关系和异化观念，社会主义的经济社会发展与文化发展同时并行、相互匹配。社会发展与人自身发展相一致的科学发展路线从经济关系之中延伸到文化观念之中，社会主体掌握社会发展辩证法，并知行合一地将之贯彻、运用于实际。

还须特别注意的是，在党的十八大报告中，明确指出，在新的历史条件下贯彻科学发展观，夺取中国特色社会主义新胜利，必须坚持八条共同信念。即，坚持人民主体地位，坚持解放和发展社会生产力，坚持推进改革开放，坚持维护社会公平正义，坚持走共同富裕道路，坚持促进社会和谐，坚持和平发展，坚持党的领导。这八条基本信念，是贯穿"五位一体"总体布局的根本线索。"五位一体"总布局说明了中国特色社会主义经济、政治、文化、社会和生态发展从抽象上升到具体的逻辑关系，"八个坚持"则强调贯穿"五位一体"的主体及其主体性。人民是建设中国特色社会主义的历史主体，人民的主体地位体现为其主体性的发挥和发展：社会生产力的发展归根结底是人民生产能力的发展，改革开放是人民协调内部和内外之间交往关系的自觉行动，共同富裕是人民充分发展和实现主体性的物质基础，公平正义、社会和谐、和平发展是社会交往关系适应生产力发展的标准和尺度，党的领导是尊重和发挥人民地位的先锋和保证。中国共产党领导全国各族人民建设中国特色社会主义，在60多年的历史实践中，始终坚持人民的主体地位，一贯强调人民主体性的充分发展，是社会主义最终超越资本主义制度的根本所在。以上科学观点是对《资本论》社会发展辩证法的继承与发展。《资本论》的主题是资本主义经济社会发展与人自身发展的相异化，这种异化归根结底是劳动者丧失主体地位，主体性的发展违背劳动的本质。科学发展观抓住人民的主体地位和主体性这一根本线索，探索社会主义社会发展与人自身发展相一致的实现途径，因而完整地把握了《资本论》社会发展辩证法。

第三节　社会主义科学发展方略对《资本论》实践辩证法的发展

科学发展观扩展了《资本论》的概念辩证法，当它的理论转变为实践，必然会将《资本论》的实践辩证法发展到一个新的境界。在《资本论》中，马克思创制的实践辩证法发挥着决定性的作用：首先，他通过实践辩证法发现、确证资本主义矛盾运动的起点，而这一起点同时也是资本逻辑演进的起点。其次，他运用实践辩证法完整地叙述出资本主义社会发展与人自身发展的矛盾运动。《资本论》社会发展辩证法是概念辩证法与实践辩证法的统一，实践辩证法决定概念辩证法逻辑运动的起点和归宿。"四个全面"战略布局将科学发展观转变为社会主义社会实现科学发展的基本方略，它对《资本论》实践辩证法的发展体现在：首先，它发现并确认了社会主义市场经济研究矛盾运动和逻辑演进的起点；其次，它指明社会主义社会发展与人自身发展相一致的历史趋势，即认识到社会主义社会再生产运动从无机到有机的转变、社会主义社会产生异化——扬弃异化的历史逻辑。

"四个全面"是我国全面建成小康社会，乃至实现社会主义现代化的治国方略。"四个全面"的科学逻辑与我国现代化的发展史辩证统一，我们应在逻辑与历史相统一的理论视域中，深刻地认识"四个全面"的历史实践改变现实、创造历史的伟大意义。

到2020年，我国将全面建成小康社会，从而为实现社会主义现代化奠定坚实基础。我国要最终实现社会主义现代化，必须解决一系列复杂的社会发展难题。在全面建成小康社会的时代，我国人民将在"四个全面"的指引下，为解决现代社会发展的系列难题，实现历史性突破。现代化归根结底是人的现代化，人的现代化的实质是现代社会发展与人自身的发展相一致。"四个全面"的科学逻辑反映出我国实现人的现代化的历史逻辑和当务之急。

第一，实现社会主义现代化，必须建立雄厚的物质基础和成熟的制度条件，全面建成小康社会的历史作用正在于此。在我国，全面建成小康社会是从传统社会向现代社会转变的压轴一幕。我国社会发展的传统与现代的矛盾，将在这一历史阶段集中展现和解决。其中最为关键的是，最终解决我国现代社会发展系列难题的历史主体，将在这个历史阶段得以生成。

党的十八届五中全会指出：全面建成小康社会，应实现五大发展目标："经济保持中高速增长、人民生活水平和质量普遍提高、国民素质和社会文明程度显著提高、生态环境质量总体改善、各方面制度更加定型。"[①]"五大发展目标"显示出我国人民全面建成小康社会、小康社会培育现代社会主体的辩证法。党的十九大还将以上目标延伸为到2035年基本实现社会主义现代化的目标。首先，从全面建成小康社会这方面来看，在经济上，小康社会社会生产力持续、健康增长，绿色产业革命兴起，创新驱动型的经济发展方式确立并发挥出核心作用。政治上，我国基本实现国家治理体系和治理能力的现代化，各领域基础性制度体系基本形成，现代的社会关系、社会结构和社会权责体系深入人心。其次，从小康社会培育现代社会主体，亦即文化发展方面来看，小康社会脱贫减困、缩小贫富差距、协调城乡发展、扩大就业、激发创业、建立起公平普惠的社会保障制度，人民共同富裕、平等共享发展成果，医疗卫生服务、国民教育权利普遍、均等，人民的个人发展权利获得更高程度的保障，国民综合素质的提高进入到自由全面发展的轨道。我国从全面建成小康社会到实现社会主义现代化，社会的全面发展与人自身的发展逐渐呈现出相互一致的历史趋势，社会主义制度的优越性得以全面显示。

第二，改革是中国特色社会主义解决社会主义生产力与生产关系、社会主义生产关系与交换关系、社会主义经济基础与上层建筑、社会存在与社会意识诸多矛盾的科学路径。我国人民将在改革的历史

---

① 刘伟、王海云：《供给侧改革视域下正确处理政府与市场关系的契机和路径》，《昆明理工大学学报》（社会科学版）2017年第3期。

实践中，把自身锻造成为实现社会主义社会现代化的历史主体。改革的历史实践必然反映为创新的时代精神，用创新精神武装起来的我国人民，将改革当作实现自身现代化的演练场，在理论创新、实践创新和制度创新中，正确解决实现社会主义社会全面发展的诸多矛盾，同时实现自身的全面发展。

为全面建成小康社会，党的十八大指明，小康社会的全面性集中体现为"五位一体"的总体布局。党的十八届三中全会进一步强调贯穿于"五位一体"的总体布局之中的基本线索是：我国在建立起社会主义生产关系之后，继续发展和完善社会主义交换关系，从而健全社会主义生产关系与交换关系相互协调的社会主义市场经济机制。协调社会主义生产关系与交换关系，必然引致社会关系、社会结构和社会矛盾的深刻调整、组合，全面深化改革以实现国家治理体系和治理能力的现代化为目标，其实质是建立起适应社会主义市场经济的上层建筑，通过它科学有效地解决复杂的人民内部矛盾。"全面深化改革"的科学性在于，它确证了社会主义生产关系与交换关系矛盾运动的起点在于政府与市场的矛盾，并且它又将以上矛盾运动的认识，从经济基础领域推进到上层建筑领域。

第三，"全面依法治国"是我国现代化的国家治理体系和治理能力的制度化，即通过法治保障我国人民全面深化改革的历史创造力，保持中国特色社会主义制度创新的历史持续性。

党的十八届四中全会指出："法律是治国之重器，良法是善治之前提。"[①] 全面依法治国是中国特色社会主义现代化国家治理体系和治理能力的方向和归宿。党的领导、人民当家作主和依法治国是中国特色社会主义民主政治的本质特征：人民当家作主是社会主义民主政治的本质和核心要求，党的领导是人民当家作主的根本保证，党与人民群众的关系是我国社会主义民主政治历史发展的内在动力。全面依法治国归根结底是将党的领导与人民当家作主、社会发展与人自身的

---

① 《中共中央关于全面推进依法治国若干重大问题的决定》，人民出版社2014年版。

发展辩证统一起来。依法治国关键是依宪治国，我国宪法是保证党和人民群众生命联系的根本大法，是协调社会关系、优化社会结构、确定社会职责、正确处理人民内部矛盾的法典。在全面建成小康社会、全面深化改革的历史实践中，以宪法为统率的法律体系，将为我国人民科学认知社会发展与人自身的发展的一致性指明方向，亦必将成为我国人民正视市场经济的物化和异化现象，并最终扬弃之提供法的武器。

第四，"全面从严治党"是法治与党性的统一。法治的准则和方向是由法治的主体决定的。中国特色社会主义民主政治的属性是人民民主专政，人民当家作主是中国特色社会主义法治的准则和方向。中国共产党的是无产阶级和最广大人民的先锋队，党的领导是人民当家作主的根本保证。忠于自身作为先锋队的职责是中国共产党的党性所在。全面从严治党的历史目的是保持和发扬党性，党性与法治的统一意味着党性的先锋模范作用成为扬弃异化、将无机的市场经济的再生产，转化为有机的实现社会主义社会全面发展与人自身发展相一致的中介和条件。

在社会主义国家治理体系中，法治和党性都发挥着协调社会关系、优化社会结构和正确处理人民内部矛盾的社会职责，法治侧重"正名"的作用，党性侧重"弘道"的作用。社会主义法治为社会主义社会发展与人自身发展相一致正名，党性为人民塑造实现社会主义社会发展与人自身发展相一致树立典范。我国重视法治与党性的统一，党的十八届四中全会指出："党规党纪严于国家法律，党的各级组织和广大党员干部不仅要模范遵守国家法律，而且要按照党规党纪以更高标准严格要求自己，坚定理想信念，践行党的宗旨，坚决同违法乱纪行为作斗争。"[①] 社会主义法治扬弃资本主义法治的"防恶"功能，它以实现共产主义为最终目标，它将共产党人培养塑造成为正名和弘道的理想人格，在社会中发挥先锋模范作用，在人民群众中

[①]《中共中央关于全面推进依法治国若干重大问题的决定》，人民出版社2014年版。

"扬善"。

"四个全面"战略布局是我国现代化发展史的逻辑必然。自辛亥革命以来,我国先后经历资本主义和社会主义两个现代化发展史。新民主主义革命的胜利和中国资本主义现代化的失败是同样不可避免的。旧中国资本主义现代化必然失败的原因是:其一,现代化是半殖民地、半封建社会的自我否定,帝国主义、封建主义和官僚买办阶级竭力阻挡、延缓我国实现现代化的历史进程;其二,民族资产阶级的软弱性和两面性决定其现代化方案的机会主义特征;其三,民族资产阶级主导的现代化脱离人民群众,丧失了历史创造力;其四,在帝国主义的世界体系中,中国资本主义的附庸地位决定它不能实现人的现代化。在旧中国实现人的现代化,意味着民主革命和社会发展现代化的同时实现,意味着现代化的果实为广大人民群众所享有,意味着中国彻底摆脱帝国主义附庸地位,取得独立自主的发展条件,而这一切是帝国主义根本不能允许的。帝国主义、封建主义和官僚买办阶级剥夺、扼杀广大劳动人民发展为现代社会主体的物质和文化条件,旧中国社会现代化与人的现代化方向相互背离,前者最终被后者所推翻。

新民主主义革命胜利后,经过社会主义革命,我国人民开创了社会主义现代化的发展史。社会主义现代化的建设和享有主体是最广大的人民群众,在民族解放、人民当家作主和独立自主、改革开放的社会历史条件下,我国人民的历史创造力获得空前解放,社会主义现代化的发展释放出空前的活力。同时,我国社会主义现代化的深层次矛盾亦逐步显示,主要是:社会主义生产关系与交换关系的矛盾、群众运动与法制的矛盾、法治和党性的矛盾、社会理想与现实的矛盾,成为我国实现社会主义现代化必须解决的历史矛盾。

我国通过社会主义改造,确立了以社会主义公有制为主导的社会主义生产关系,从而根本上实现了社会主义制度对资本主义制度的批判和超越。然而,社会主义制度与资本主义制度之间还具有历史的贯通性,二者都在价值规律的作用下建立社会交换关系,都面临着以生产关系驾驭价值规律、实现生产关系与交换关系相互协调机制的历史任务。资本主义生产关系形式上综合、实质上违背价值规律，资本主义生产关系与交换关系之间存在着不可调和的矛盾，而这正是资本主义经济危机的总根源。在社会主义发展史中，社会主义生产关系驾驭价值规律，实现生产关系与交换关系的协调机制经历了一个曲折的发展历程。我国最终选择通过社会主义市场经济体制将社会主义生产关系与交换关系协调、统一起来，贯穿社会主义市场经济的内在矛盾是社会主义生产关系与交换关系的矛盾。

社会生产关系与交换关系相互综合、协调的发展过程必然会产生一系列复杂的人民内部矛盾，毛泽东同志科学地发现了人民内部矛盾，并提出正确处理人民内部矛盾的科学原则："团结—批评—团结"。然而，在历史实践中，我国产生了是通过革命式的群众运动，还是通过建设式的制度创新来解决社会复杂矛盾的历史抉择。由这一矛盾又引申出党性与法治的矛盾，即党的领导如何将保证人民当家作主的目的与依法治国的途径辩证统一起来。

社会主义市场经济体制从理论走向实践以后，它的内在矛盾也开始逐步显示。社会主义市场经济是通过法治解决社会主义生产关系与交换关系之矛盾的社会发展模式，它自身也包含着社会主义的理想性与市场经济的现实性的矛盾，这一矛盾的人格化表现为社会主义市场经济主体的理想人格与现实人格的矛盾。

"四个全面"坚持社会主义批判扬弃资本主义的根本立场，坚持把改革进行到底、实现社会主义现代化的发展线路，总结我国现代化发展史的历史经验，指示出解决社会主义现代化深层矛盾的基本路径。

第一，"全面建成小康社会"揭示出社会主义社会发展和人自身的发展之间的辩证法：社会发展为人的发展积累条件，以人的发展引导社会发展的方向。经济社会、制度环境的现代化与人的现代化互为条件、相互改变，因此二者必须达到协调、平衡的科学发展。以经济社会、制度环境的现代化为人的现代化创造资源、手段和条件，又以人的现代化为经济社会、制度环境的现代化创造主体、目的和能力。

第二,"全面深化改革"建立和完善社会主义市场经济体制,以此为路径协调和统一社会主义生产关系与交换关系的关系。社会主义生产关系与交换关系相互协调发展最终形成社会主义经济社会的关系总体,从而创造出人民群众实现个性充分发展的共同体,同时,人民群众在这一共同体中,通过协调、组织社会关系的活动中获得极大的锻炼。个人能够在复杂的社会关系和社会结构中确定自身立足于其中的社会职责,并从此展开自我实现的社会实践,这是社会形态发展到自我优化阶段的标志。

第三,通过"全面依法治国"和"全面从严治党"全面贯彻群众路线,将党性和法治辩证统一起来,以此解决群众运动与法制、党性和法治的矛盾。群众路线和党的领导是中国特色社会主义法治的法理根基。用法的途径保障党按照群众路线保卫人民当家作主的法权地位,这是全面依法治国活的灵魂。全面依法治国的制度创新旨在以法治与党性相统一,保障经济社会、制度环境的现代化与人的自身的现代化协调、一致地发展,将群众路线内化在制度创新之中,扬弃群众运动与法制的矛盾,在全面依法治国的基础上,把党锻造成贯彻社会发展与人自身发展、法的精神与道德精神相统一的典范,以此来保障法治的人民性。

第四,"四个全面"在中国特色社会主义的理想与现实之间发挥出中介的历史作用,它将引导我国人民实现社会主义市场经济理想人格与现实人格的统一。"全面建成小康社会"将为实现人现代化的建立物质基础,集中解决我国现代社会发展的历史难题。"全面深化改革"协调我国社会主义生产关系与交换关系的关系,正确解决人民内部矛盾,实现国家治理体系和治理能力的现代化,为实现人的现代化理顺社会关系和社会结构。"全面依法治国"和"全面从严治党"将法治和党性统一起来,为人民群众示范实现社会发展与人自身发展、社会理想与社会现实相统一的方法和路径。有物质基础,有制度保障,有科学路径和国家示范,我国人民群众就能逐渐将社会主义制度的理想性与市场经济的现实性统一起来,正确处理理想与现实的矛盾，成长为社会主义的新人。

在社会主义初级阶段，建立和运行社会主义市场经济，这是我国当代的最大现实，我国人民从现实出发、改变现实、创造历史的关键环节是认识社会主义市场经济的发展规律，"四个全面"反映出时代之思，体现出我国人民认识社会主义市场经济规律、解决社会主义市场经济深层次矛盾的最高成果。

把握社会主义市场经济运动规律的逻辑和现实起点是政府与市场的关系。马克思在《资本论》中指明，商品与货币关系、资本与雇佣劳动关系之间的矛盾是资本主义社会"普照的光"和"特殊的以太"。商品货币关系是资本主义交换关系的普遍形式，资本与雇佣劳动关系是资本主义社会具有决定性的生产关系。资本与雇佣劳动关系、商品货币关系之间，也即剩余价值规律与价值规律之间不可调和的矛盾，成为资本主义经济危机的总根源。社会主义社会的历史合理性在于扬弃资本主义生产关系与交换关系不可调和的矛盾，以建立生产关系和交换关系相互协调、统一的经济体制。经历艰苦的历史探索，中国共产党科学地发现，社会主义市场经济体制是实现社会主义生产关系与交换关系协调一致发展的历史形式。在建立和完善社会主义市场经济体制的历史实践中，社会主义市场经济的矛盾运动显示出，其内在的动力在于政府与市场的矛盾。政府是社会主义公有制的人格化，又是协调社会主义公有制经济与非公经济的社会主体。市场则代表社会主义以价值规律为法则而达成的社会交换关系。政府与市场的关系集中反映了社会主义生产关系与交换关系的关系，正确处理政府与市场的关系是协调社会主义生产关系与交换关系的枢纽。全面深化改革以实现国家治理体系和治理能力的现代化为目标，而建立现代化的国家治理体系所面对的首要问题即是正确处理政府与市场的矛盾。"四个全面"科学地指示出正确处理政府与市场矛盾的基本原则。

党的十八届五中全会概括出社会主义实现社会全面发展的基本理念：创新、协调、绿色、开放、共享，以上五大理念亦指明正确处理好政府与市场矛盾的价值目标。正确处理政府与市场的关系的目的是协调好社会主义生产关系与交换关系的关系，衡量政府与市场关系是否协调的统一标准是创新。只有政府和市场形成和发挥出合力，才可以培育发展新动力、拓展发展新空间、深入实施创新驱动发展战略、大力推进农业现代化、最终形成新的产业体系。如果政府与市场不能够达到协调互补，在重重矛盾之中，社会主义生产关系与交换关系涣散、分裂，那么创新是无从谈起的。绿色理念说明社会主义市场经济协调、创新发展的方向，即通过社会主义市场经济体制的作用，实现产业和生活方式的绿色革命。开放理念点明发展社会主义市场经济的世界意义，即在积极参与、引导全球经济社会治理的过程中，将社会主义市场经济的历史实践融入到世界历史之中。共享理念则重申了中国特色社会主义市场经济的本质特征：人民性。人民实现共同富裕这是发展社会主义市场经济的出发点和归宿，是正确处理政府与市场矛盾的根本原则。

党的十八届三中全会对全面深化改革做出部署，指明：市场在资源配置中发挥决定性作用，政府组织宏观调控，发挥不可替代的作用。政府、社会和个人实行综合治理，科学有效地解决政府与市场的复杂矛盾。市场在资源配置中发挥决定作用，其内涵是通过价值规律的平等法则组织普遍的社会主义交换关系。然而，交换关系还只是社会主义经济关系的一个方面，更重要的方面是生产关系。现代社会经济发展的核心问题是：生产关系如何驾驭价值规律，支配交换关系，实现生产关系与交换关系协调一致的机制。政府作为社会主义生产关系的人格化，如何在驾驭价值规律、实现生产关系与交换关系协调一致的过程中发挥不可替代的组织作用，这是我们科学认知政府职能的出发点。在社会主义市场经济体制中，政府的基本职能是实施宏观调控、弥补市场失灵、驾驭价值规律，从而达成生产关系与交换关系的协调一致。政府与市场的关系绝不是折中的关系，以折中的态度看待社会主义市场经济中政府与市场的关系，那就意味着放弃了运用辩证法协调社会主义生产关系与交换关系的立场，而选择了在生产关系与交换关系的自然必然性中感到自在的犬儒主义立场。有人提出"政府失灵论",以此反对生产关系对交换关系的支配作用。所谓政府失灵其实质是:政府没有担当起它的职能和职责。解决这一问题的路径是:通过制度创新保证政府恪尽职责,而不是就此取消它的职责。党的十八届三中全会提出综合治理,即政府、社会和个人民主协商、协同创新共同解决政府与市场的矛盾。我国人民既是社会交换关系中的主体,更是社会主义生产关系的主体,在中国特色社会主义国家治理体系中,国家、社会、个人综合地协调社会主义生产关系与交换关系,人民将在广泛地参与国家和社会治理过程中将自身锻炼为"社会的个人",从而彻底改变传统社会结构制约社会主义现代化发展的现状。

协调社会主义生产关系与交换关系,正确处理人民内部矛盾,须要明确国家、社会和个人的权利和职责,这是实现综合治理,有效解决政府与市场矛盾的前提条件。党的十八届四中全会为此制定出全面依法治国的实施方略。社会主义市场经济所蕴含的社会矛盾极其复杂,但是,现代社会的发展不是将复杂的社会关系体系分散化,而是通过国家和社会治理的作用将之集约化。在中国社会主义制度中,人民内部矛盾是社会的主要矛盾,政府、社会和个人是解决人民内部矛盾、实现国家社会有效治理的主体,其中,党领导的政府与人民群众之间的矛盾是社会主义国家治理体系运动发展的内在动力,全面依法治国方略以宪法为核心建立社会主义法律体系,以党的领导与人民当家作主之间法的关系为根本线索,加强宪法实施、推进依法行政、保障司法公正、增强全民法治观念、建设法治政府和法治社会。正确处理政府与市场的关系是沟通党的领导和人民当家作主关系的桥梁,明确国家、社会和个人在国家治理体系中的权利、职责是正确处理政府与市场关系的根据,法定政府、社会与个人的权利和职责,标志着我们最终寻找到协调社会主义生产关系与交换关系的具体机制。

中国特色社会主义最本质的特征是中国共产党领导,党的领导是中国特色社会主义的发展始终保持人民性的政治保障。党的领导与人民当家作主是一块整钢。党通过全面从严治党加强自律，始终代表最广大人民的利益，党员率先实现人的现代化，发挥先锋模范作用，成为社会主义市场经济中的理想人格，以先觉觉后觉。在国家社会的发展中，理想人格的树立至关重要。理想人格的产生表明理想的可实现性，理想与现实辩证统一，最理想的东西恰恰是最能转化为现实的东西，没有理想为现实制定方向，现实的自我实现就是盲目的，盲目的现实只是不彻底的、偶然的现实罢了。我们要正确处理现实中的政府与市场、社会主义生产关系与交换关系的复杂矛盾，必须将全面从严治党贯彻到全面建设小康社会、全面深化改革和全民依法治国各领域、全过程当中去，以此彰显，无论多么复杂的社会矛盾，我们解决矛盾的方向只有一个，那就是维护人民的主体地位、为人民服务、实现人的现代化，除此之外，其他的任何立场都是无原则的折中。

第四章 尝试运用社会发展辩证法解答"中国特色社会主义社会发展命题"

从《资本论》到习近平新时代中国特色社会主义思想，马克思主义社会发展辩证法成为社会主义的社会主体科学把握现代社会科学发展的思想武器。《资本论》阐明资本主义社会发展与人自身的发展相异化的根源与趋势。中国特色社会主义社会科学发展的辩证法指明社会主义社会发展与人自身发展相一致的原则与必然。我们可以继续运用马克思主义社会发展辩证法，探索中国特色社会主义实现社会主义社会发展与人自身发展相一致的历史路径，尝试解答"中国特色社会主义社会发展命题"，即社会主义生产关系与交换关系的矛盾、社会主义人民内部矛盾、社会主义社会发展与人自身发展的矛盾。

运用社会发展辩证法认识、衡量"中国特色社会主义社会发展命题"，可以体会到该命题的宗旨在于发现、揭示我国的社会主义制度在经济、政治和文化三大领域之中的内在矛盾性。应当说，"中国特色社会主义社会发展命题"属于实践辩证法的范畴。中国特色社会主义社会科学发展的辩证法发展了《资本论》社会发展辩证法，指明运用概念辩证法和实践辩证法相统一的方法，研究社会主义社会发展规律的科学方向。沿着这一方向，中国特色社会主义社会科学发展的辩证法展现出的逻辑线索是：科学发展观已经转变为实现社会主义科学发展的治国理政方略，党的十九大将党的十八大以来的治国理政方略升华为习近平新时代中国特色社会主义思想，习近平新时代中国特色社会主义思想的要旨在于确证、解决社会主义社会全面发展所蕴含的基本矛盾，这一思想富含着实践辩证法的革命精神。时至今日，从产生"中国特色社会主义社会发展命题"到在社会主义市场经济条件下解答此命题，社会主义社会发展辩证法的发展程度，正处于内在矛盾逐步显示，认识主体运用实践辩证法发现、确证矛盾的历史阶段。至于运用概念辩证法叙述社会主义矛盾运动的历史，继之，再运用实践辩证法最终解决矛盾、解答"中国特色社会主义社会发展命题"，则还需社会主义市场经济的矛盾运动继续发展，需要现实的矛盾运动为认识矛盾的逻辑演进开辟道路，需要我们深入领会、贯彻习近平新时代中国特色社会主义思想的精神实质。我们运用社会发展辩证法解答"中国特色社会主义社会发展命题"，应从当前社会主义市场经济矛盾运动的现实状况出发，集中使用实践辩证法发现和确证社会主义社会各个领域的内在矛盾，同时，亦要适时地运用概念辩证法，通过辩证逻辑叙述社会主义社会各个领域之间的矛盾贯通性，只有这样做，才能将解决矛盾的理论预想放置在科学的基础之上。

第一节　运用社会发展辩证法解决社会主义生产关系与交换关系的矛盾

运用社会发展辩证法发现、叙述和解决社会主义生产关系与交换关系的矛盾，是探索社会主义社会发展规律的根本途径。社会主义市场经济是我们研究社会主义生产关系与交换关系矛盾运动的"横截面"。在社会主义市场经济中，发现和确证社会主义生产关系与交换关系矛盾运动的现实与逻辑起点，要求我们运用实践辩证法。叙述社会主义生产关系与交换关系的矛盾运动，需要我们运用概念辩证法。探索解决社会主义生产关系与交换关系的矛盾运动，实践辩证法又将获得广阔的用武之地。

一　再认识我国社会主义市场经济的现实与逻辑起点

在我国，随着改革全面、深入的推进，以社会主义市场经济为基础的现代化国家治理体系正在逐渐形成。当前，我国经济社会发展步入新常态，新常态正展现出社会主义市场经济内在的矛盾张力。社会主义市场经济的纵深发展正在检验、证明着它的历史合理性和必然性。认识社会主义市场经济是把握中国特色社会主义发展规律的一把钥匙。马克思主义活的灵魂在于运用唯物的社会发展辩证法揭示现实社会的矛盾运动，从中发现"改变世界"的规律。探索、驾驭社会主义市场经济矛盾运动的规律已成为时代之思，现在是充分说明社会主义市场经济历史合理性和必然性的时候了。

1. 确证现实与逻辑起点是唯物的社会发展辩证法的枢纽

唯物的社会发展辩证法是历史唯物主义者发现和说明现实社会矛盾运动的理论武器。马克思将社会历史区分为现实的历史与观念的历史两个方面。现实的历史也即实践史，观念历史的内核则是理论思维或逻辑演进的历史。辩证法的最高命题或者说前提性批判是理论与实践何以统一，马克思的答案是：通过实践辩证法发现、确证社会矛盾运动的起点，运用概念辩证法从抽象上升到具体的逻辑运动反映、再现现实的矛盾从简单到复杂、最终转化为对立物的历史过程，然后，再运用实践辩证法从具体返回到抽象，深入矛盾的核心，抓住主要矛盾和矛盾的主要方面，解决矛盾。这就是唯物的社会发展辩证法逻辑与历史相统一的理论特质。在《资本论》中，马克思运用实践辩证法发现和确证资本主义社会矛盾运动的起点，运用概念辩证法的逻辑运动叙述资本主义自我否定的矛盾运动过程，最终指出扬弃资本主义社会矛盾运动所导致的异化的历史道路。《资本论》因而成为唯物的社会发展辩证法的典范。

把握逻辑与历史相统一的辩证法，关键在于发现和确认逻辑和现实的起点。马克思曾指出，"解剖人体是解剖猴体的一把钥匙"。这句话的科学含义在于：剖析现实社会的矛盾结构是认识矛盾历史运动的一把钥匙。现实的矛盾就是矛盾的实现，现实的社会矛盾是总体历史矛盾运动的"横截面"，由矛盾的实现状态可以追溯到矛盾运动史的起点。唯物的社会发展辩证法逻辑演进的起点与现实社会矛盾运动的起点是一致的，马克思将这一起点描述为"普照的光"和"特殊的以太"。在某个具体的社会形态中，只有最基本的社会矛盾才能具有这种普遍性。在《资本论》中，马克思发现和确证，资本主义生产最普遍的社会关系是商品货币关系、资本与雇佣劳动关系。《资本论》的逻辑演进从商品的内在矛盾，扩展到商品（W—G—W）与资本（G—W—G′）的矛盾，商品与资本的矛盾是资本主义社会生产中"普照的光"和"特殊的以太"。《资本论》的根本线索是叙述资本主义生产关系（资本与雇佣劳动关系）与社会交换关系（商品与货币关系）之间，矛盾形成、综合、对立、转化的历史过程。《资本论》的结论是：资本主义生产关系与交换关系之间不可调和的矛盾成为资本主义经济危机的物质根源。

《资本论》为我们阐明资本主义自我否定的过程，我们阅读《资本论》，是否已充分把握资本主义自我否定的历史运动？马克思在《〈政治经济学批判〉导言》中指出，他研究资本主义经济的方法是从抽象上升到具体，并且还专门批判黑格尔辩证法只是概念的平衡，因而不能如实反映现实的矛盾，他指示出：必须把抽象上升到具体的辩证法运用到对现实矛盾的研究中去。但是在马克思之后，许多《资本论》的研究者依然只是按照黑格尔《逻辑学》概念演进的理路来衡量资本主义的现实矛盾，因而产生了理解《资本论》的困境。

马克思在《资本论》第一卷的序言中指出，"我在本书中所研究的，是资本主义生产方式以及和它相适应的生产关系和交换关系"[①]。他在《资本论》第三卷为全书做理论总结时又指出："资本主义生产方式一开始就有两个特征：第一，它生产的产品是商品。使它和其他生产方式相区别的，不在于生产商品，而在于，成为商品是它的产品的占统治地位的、决定的性质。……这种性质，即1.产品作为商品和2.商品作为资本产品的性质，已经包含着一切流通关系，即产品必须通过并由以取得一定社会性质的一定的社会过程；同样，这种性

---

① 马克思：《资本论》第1卷，人民出版社2004年版，第8页。

质也包含着生产当事人之间的一定关系,这种关系决定着他们的产品的价值增值和产品到生活资料或生产资料的再转化。……第二,剩余价值的生产是生产的直接目的和决定动机。资本在本质上是生产资本的,但只有生产剩余价值,它才生产资本。"[1]《资本论》中,这一首一尾的对应绝不是偶然。资本主义生产关系(剩余价值规律)和交换关系(价值规律)的矛盾是资本主义自我否定运动的内在机制,因而是资本主义自我否定运动的逻辑和现实起点。如果用黑格尔"平衡概念"的辩证法来理解《资本论》,将商品概念认作《资本论》逻辑运动的起点,从商品概念推演到资本概念,机械地将商品概念理解为资本概念的抽象化,将资本概念理解为商品概念的具体化,这样恰恰支解了现实的资本主义矛盾运动的起点,即资本主义生产关系(资本与雇佣劳动关系)与交换关系(商品货币关系)的矛盾。因而产生这样的理论困惑:资本与雇佣劳动的生产关系,由于产生了剩余价值,它是否违背商品货币关系的铁律——价值规律?因而,资本主义生产关系究竟能不能驾驭价值规律?不能解答以上问题就不能解释资本与雇佣劳动关系既遵循又违背价值规律的矛盾现象,不能说明商品与货币关系、资本与雇佣劳动关系之间活的、现实的矛盾。

与黑格尔辩证法割裂矛盾运动的逻辑起点与现实起点根本不同,唯物的社会发展辩证法的逻辑起点和现实起点是一致的。《资本论》确证资本与雇佣劳动关系、商品货币关系之间的矛盾是资本主义逻辑和现实运动的起点,并从这个起点出发,从抽象上升到具体,叙述出资本主义生产关系与交换关系矛盾运动的规律。马克思科学发现剩余价值规律是资本与雇佣劳动关系矛盾运动的必然趋势,并强调价值规律是商品与货币矛盾运动的铁律。资本主义的自我否定运动,具体体现为剩余价值规律与价值规律的矛盾形成、综合、对立和转化的过程,以上矛盾运动的基本逻辑是:价值规律是"天生的平等派",同时还包含着经济危机的可能性。资本主义私人所有制决定资本的生产

---

[1] 马克思:《资本论》第3卷,人民出版社1975年版,第994页。

目的是追求剩余价值剥削最大化。在价值规律的作用下,资本之间在竞争中形成社会资本,剩余价值再生产的规律体现为资本积累的规律。资本积累规律在社会资本的运动中,表现为两大部类间资本循环的周转不平衡、资本的价值和物质补偿不平衡、社会生产与社会消费不平衡,资本主义经济危机从可能向现实突破。随着资本主义生产关系与交换关系的矛盾综合继续深化,剩余价值规律与价值规律的综合产生利润规律。利润规律虽然在形式上遵循价值规律、体现资本间的自由竞争,而其实质则加剧了资本生产和剩余价值瓜分的不平衡,加剧了资本的积聚和集中,将剩余价值再生产的盲目性推向顶点,经济危机从现实延伸为历史必然。

  资本主义生产关系与交换关系的关系是活的、现实的矛盾。商品货币关系不是资本主义社会独有的社会关系,只是商品货币关系从资本主义社会开始发展到普遍化的程度,人类社会因而进入现代性社会。资本主义生产关系的基本特征是资本与雇佣劳动的关系,这一关系从商品货币关系普遍化的温床中产生,但随即产生了剩余价值规律与价值规律的矛盾。剩余价值现象从形式上遵守价值规律,而在实质上违背价值规律。马克思在《资本论》中阐明了剩余价值规律与价值规律矛盾运动的整个过程:剩余价值在资本主义生产过程中产生,但要遵循价值规律在流通过程中实现自身,不平等的实质必须通过平等的形式才能实现自身。价值规律强调资本在社会必要劳动时间面前人人平等,在这个平等的外壳之内,资本通过提高劳动生产率实现剩余价值最大化,剩余价值再生产表现出资本有机构成不断提高因而形成资本集中的历史趋势。在流通过程中,资本与资本之间结成普遍的社会交换关系,资本主义生产必须驾驭它的交换关系才能最终实现剩余价值最大化。然而,就是在资本主义生产关系驾驭交换关系的过程中,在剩余价值规律与价值规律相互综合的进程中,个体或部类资本要在社会资本的范围内实现资本循环和周转,却因盲目扩大再生产致使其价值和物质补偿陷入不平衡的常态,剩余价值规律与价值规律的矛盾因此而形成。随着剩余价值规律与价值规律综合作用的深入化,剩余价值规律现实化为利润规律。平均利润率的形成意味着剩余价值规律形式上不违背价值规律，但平均利润率不断下降的趋势则反映出：资本有机构成不断提高所形成的资本集中不可逆转，资本生产追求剩余价值的盲目性不可逆转。个体或部类资本价值和物质补偿的不平衡，现在扩大为各职能资本瓜分总剩余价值的争夺，大资本对中小资本、地主和金融资本对产业资本的剥夺显示出资本主义的自我否定性。在经济危机中，价值规律打破资本生产片面追求剩余价值最大化的盲目性，强制性地恢复社会生产和消费的平衡性，而大资本又机会主义地借用价值规律的强制性，扭曲、践踏社会必要劳动时间决定价值的平等法则，进入到剥夺中小资本的无序状态。资本主义因为其生产关系的狭隘性，不能驾驭普遍的商品货币关系，不能驾驭价值规律，而价值规律的平等原则就成为否定资本生产盲目性的宿命。

2. 探寻社会主义市场经济逻辑与现实的起点

《资本论》社会发展辩证法对我们的启示是：认识某个具体的社会形态，尤其是现代社会形态的发展规律，必须揭示它的生产关系和交换关系之间的矛盾。生产关系是物质生产以及人的生产过程中的交往关系，交换关系是生产资料以及个人消费资料的交换方式。现代社会必须形成生产关系和交换关系相互联系的经济关系总体，二者是否协调成为生产关系是否适应生产力发展的内核。社会生产关系决定着某个社会形态的特征、属性。在现代性社会中，社会交换关系由普遍的商品货币关系来组织、实现，价值规律发挥着调节现代社会交换关系的根本作用。现代的社会生产关系何以驾驭价值规律，与社会交换关系达成相互协调的机制，这是现代社会发展必然面对的历史任务。

马克思主义认为，历史规律不是抽象的，而是具体的。每一个社会形态都具有特殊的规律性。资本主义生产关系与交换关系的矛盾已不适用于社会主义制度，社会主义生产关系与交换关系的矛盾具有历史特殊性。资本主义生产关系不能驾驭价值规律，在社会生产关系与交换关系不可调和的矛盾中不断地自我否定。社会主义既是资本主义的对立物，也是现代性的社会形态，她也须面对驾驭价值规律、协调生产关系与交换关系的历史任务。社会主义超越资本主义的历史合理性在于：扬弃资本主义生产关系与交换关系不可调和的矛盾，创造出社会主义生产关系驾驭价值规律、与社会交换关系相互协调的经济机制。

社会主义生产关系的所有制特征是社会主义公有制，社会主义公有制取代资本主义私有制，彻底改变了社会生产的根本目的，社会主义生产不以追求剩余价值剥削为目的，而以不断满足人民日益增长的物质、文化生活需要为目的。在《资本论》中，马克思指明社会主义公有制将在"剥夺剥夺者"的过程中产生。而在社会主义革命从理论走向实践的历史进程中，"剥夺剥夺者"在不同的国家显示出历史的多样性。各个社会主义国家根据资产阶级不同的阶层在民主革命和社会主义革命中的立场、力量，或者选择政治手段对之进行剥夺，或者通过经济手段对之进行和平改造。在我国，由于民族资产阶级属于人民范畴，因而我们选择和平赎买的方式对之进行社会主义改造。这一改造的成功显示出社会主义公有制能够通过驾驭价值规律，再造新的社会器官的历史优越性。但是此后，世界社会主义理论和实践长期局限于抽象地认识社会主义公有制在社会主义生产关系中的决定性地位，抽象地看待社会主义生产关系对交换关系的支配作用，忽略了依然存在于社会主义经济中的商品货币关系的历史合理性，因而没能充分解放社会交换关系对社会生产关系发展的反作用，没有充分发展社会主义生产关系驾驭价值规律，形成与社会交换关系相互协调的制度优越性。

改革开放后，中国建立并不断完善社会主义市场经济体制，这一制度创新的历史意义主要是：在我国完成从新民主主义到社会主义生产关系的改造之后，继续发展和健全普遍的社会主义交换关系，形成社会主义生产关系驾驭价值规律、与交换关系相互协调的经济机制。社会主义市场经济的矛盾运动就是社会主义生产关系与交换关系的矛盾运动，认识中国特色社会主义社会发展的规律特殊性，应在社会主义市场经济的矛盾运动中发现和确证逻辑的和现实的起点。

我国社会主义生产关系的基本特征是：以公有制为主体，多种所有制共同发展；以按劳分配为主体，其他分配形式共同存在。我国社会主义交换关系的基本法则是：遵循价值规律，让市场在资源配置中发挥决定性作用。我国社会主义生产关系与交换关系的关系，体现为以公有制为主体的所有制结构与商品货币关系的关系。我们研究社会关系必须确立社会主体，马克思主义对生产关系和交换关系进行总体性研究，其实质是研究社会主体在经济关系的总体中的具体活动。在我国所有制结构中，社会主义公有制是主体和主导，非公有制是协商主体，两种主体是平等的市场主体，相互间按照价值规律形成普遍的社会交换关系。政府在社会主义市场经济中发挥着举足轻重的作用，它首先是一元化的社会主义公有制的代言者、保卫者和监管者，同时亦是国有经济与非公经济之间的协调者。"一元化是公有制的本质属性，政府是社会主义公有制的人格化，多元化的公有制其实就是私有制。但是，社会主义公有制绝不是抽象的主体，它存在于生产关系与交换关系综合作用的总体之中。"① 在我国的社会主义生产关系中，存在着社会主义公有制经济与非公经济的协商关系；在社会主义市场经济的交换体系中，社会主义公有制经济与非公经济之间，形成多元的交换主体之间的联系。政府维护社会主义公有制的主体地位、保障社会主义公有制与非公经济展开民主的经济协商。市场按照价值规律的平等原则，将多元的社会交换主体联合成为普遍社会交换关系。我们做进一步理论抽象，可以概括得出：中国特色社会主义市场经济的基本矛盾是政府与市场的矛盾，这一矛盾是中国特色社会主义生产关系与交换关系矛盾运动的逻辑和现实起点。

　　3. 如何正确认识政府与市场的矛盾

　　马克思指出：社会主义是一种过渡性的社会形态。列宁描述道：社会主义"不能不是衰亡着的资本主义和生长着的共产主义彼此斗争

---

① 刘伟、王海云：《供给侧改革视域下正确处理政府与市场关系的契机和路径》，《昆明理工大学学报》（社会科学版）2017年第3期。

的时期"①。社会主义社会具有空前的矛盾张力和矛盾运动的复杂性，这一切都根源于社会主义生产关系与交换关系的矛盾广泛性和复杂性。社会主义生产关系驾驭价值规律、实现与社会交换关系相互协调的机制，其面对的矛盾广阔性和复杂性要超过资本主义。资本主义生产关系不能驾驭价值规律、资本主义生产关系与交换关系之间具有不可调和的矛盾。资本主义生产的目的是追求剩余价值剥削最大化，剩余价值规律是资本主义生产关系发展的历史必然。价值规律只能充当资本实现剩余价值剥削最大化的工具。剩余价值再生产的结果是资本积累，而资本的积累必然造成社会生产和消费不平衡的积累。价值规律维系现代社会交换关系的规律作用主要体现为，维护社会生产与消费相互平等、均衡地发展，防御资本积累违背价值法则破坏生产与消费的平等与均衡，当资本积累造成的社会生产与消费之间的失衡达到一定程度时，价值规律将爆发出它的自然必然性，通过经济危机强制资本生产和消费回归平衡。社会主义生产以满足人民日益增长的物质文化需要为目的，社会主义生产关系驾驭价值规律的实质在于，运用价值规律的平等法则如实反映人民的消费需求，以此促进生产部门自觉地调整生产计划，形成适应市场需求的生产布局。在社会主义市场经济中，达成社会主义生产关系与交换关系相互协调的经济机制，其矛盾复杂性在于：保证市场客观反映人民的消费需求，与生产部门根据市场需求自觉调整结构、适应市场相互一致。

　　市场是生产和消费实现统一的中介和条件。资本主义生产扭曲市场、背离消费。社会主义市场经济扬弃资本主义制度，通过市场将生产与消费统一起来。在资产阶级经济学中，"消费者主权"是虚幻的，资本违背价值规律，谋求剩余价值剥削最大化的"生产者专制"却是自由放任的。新自由主义经济学家主张政府对市场的干预最小化，其实质是为资本积累不受约束地践踏价值法则而辩护。社会主义市场经济真正地维护"消费者主权"，以此促进社会生产有计划、有

---

① 列宁：《列宁全集》第37卷，人民出版社1986年第2版，第263页。

组织地满足人民的物质文化需要。在社会主义市场经济中,市场是否能够客观反映人民的物质文化需要,其生命线在于市场主体间是否保持着民主的关系。社会主义公有制经济与非公经济、生产者与消费者作为社会主义市场经济中的交换主体,主体之间的关系是"团结—竞争—团结"的民主关系,而绝非资本之间的竞争与垄断的机会主义关系。以上民主关系事实上是价值规律平等法则的现实化,它的具体展开表现为如下几个层次:首先,政府保卫社会主义公有制的主体和主导地位,社会主义公有制发挥批判资本剥削、示范先进生产力的革命作用。其次,政府维护社会主义公有制经济与非公经济在生产领域中的协商民主,二者相互合作、借鉴、监督、激励,共同形成社会主义社会化大生产,在宏观调控中实现社会主义经济的民主性和计划性。社会主义生产的计划性与社会主义市场的民主性是辩证统一。"在社会主义市场经济中,消费资料交换的民主性保障人民自主地反映物质文化生活需要,生产关系中的民主性保证生产资料的交换与消费资料的需求相适应,因而社会主义生产资料的生产与消费资料的生产能够实现均衡发展。生产关系中的民主与交换关系的民主贯穿于生产、分配、交换、消费整个过程,这是社会主义生产关系与交换关系相互协调的物质基础。"[1]

政府与市场的矛盾是社会主义生产关系与交换关系之间矛盾关系的集中体现,正确处理政府与市场的关系,是全面深化改革、实现中国特色社会主义国家治理体系和治理能力现代化的必须集中解决的核心问题。我国长期存在着政府代替市场对资源进行配置,因而市场法则的发挥作用受到阻碍的经济社会现象。究其原因,传统的社会主义观念抽象地认为政府作为社会主义生产关系的人格化,为了有计划地组织社会主义大生产,把属于流通领域的事情也划归到生产领域,把流通领域反映人民需求的问题也看作可以通过计划计算和预想出来的

---

[1] 刘伟、王海云:《供给侧改革视域下正确处理政府与市场关系的契机和路径》,《昆明理工大学学报》(社会科学版) 2017年第3期。

事情，不是用生产关系的有计划调整适应客观的交换关系，最终满足人民的物质文化生活需要，而是片面地改变社会交换关系以适应于生产关系的支配作用，从而不利于有效地满足人民的物质文化生活需要。党的十八届三中全会部署全面深化改革，特别强调"经济体制改革仍然是全面深化改革的重点，经济体制改革的核心问题仍然是政府与市场的关系"①，指明解决政府与市场矛盾的基本方向是：市场在资源配置中、在社会交换关系中起决定性作用，价值法则是协调社会交换主体之间关系的原则和机制，从而确定通过价值规律的平等法则保障社会交换关系的民主性，社会主义生产尊重人民物质文化生活的需要的民主性，从供给侧实行自我改革、自我完善来适应、满足人民物质文化生活的民主需求。

在现代社会中，民主主要体现在政府与人民的政治关系中，但政治民主不过是经济民主的集中体现。在现代社会经济关系中，政府反映社会生产关系的意志，而市场则代表着人民在生产和消费活动中的平等交换关系。如果政府取代或歪曲价值规律组织社会交换的作用，必然会削弱交换主体的主体性和民主性，使社会需求不能被客观、全面地反映出来。信奉新自由主义的资产阶级政府，声言不干预市场在资源配置中的决定性作用，但它也同样不干预垄断资本对价值法则的恶意践踏。中国社会主义市场经济体制明确区分政府与市场的职能，指出：政府维护人民在物质生产和人的生产中的民主关系，市场保障人民按照价值法平等组织交换关系、确切表达主体的物质文化需要。强调市场在资源配置中起决定性作用，归根结底是保障人民的物质文化需要通过市场民主地得以表达、反映，推进社会生产准确地以人民的需要为指归，有计划地开展、调节，从根本上扬弃资本主义商品生产相对过剩的历史痼疾。

正确处理政府与市场的关系，实现社会主义生产关系与交换关系的协调一致是一个伟大的历史工程，政府与市场的关系还只是矛盾运

---

① 习近平：《习近平谈治国理政》，外文出版社2014年第1版，第75页。

动的起点,从这一起点出发,还将展开一系列复杂的矛盾运动。当前,我国社会主义市场经济发展进入新常态,社会主义市场经济的内在矛盾正在快速现实化,我们也将逐渐认识到社会主义生产关系与交换关系的丰富内涵。党的十八届三中全会指出:"市场在资源配置中起决定性作用,并不是起全部作用。"① 在社会主义市场经济中,市场发挥着全面、客观反映人民物质文化生活需要的作用,但是它的决定性作用仅限于交换领域。我们要有效地满足人民的日益增长的物质文化需要,生产将发挥着更为重要的作用。在生产与交换辩证综合的总体结构中,生产要对交换发挥决定性作用。为了认识、适应和引领新常态,我国实行供给侧结构性改革,这意味着我国经济体制改革继承和发展了《资本论》的科学精神,坚持生产决定交换、分配和消费的科学路线,坚持社会主义生产满足人民物质文化生活需要的目的和原则,在社会主义市场经济反映人民需要的基础上,加强社会主义生产自律和自我完善,准确、有效地服务于人民的需要,彻底解决社会主义社会亦可能发生的生产过剩问题。供给侧结构性改革,不仅仅要明确市场和政府的职责所在,更须确定政府在社会主义生产关系与交换关系总体结构中不可回避的历史职责。党的十八届三中全会特别指明:"强调政府的职责和作用主要是保持宏观经济稳定,加强和优先公共服务,保障公平竞争,加强市场管理,维护市场秩序,推动可持续发展,促进共同富裕,弥补市场失灵。"② 以上论述的含义是:第一,即使社会主义市场的交换民主客观地反映了人民的物质和文化生活需要,但是,如果在社会主义生产关系领域中,生产主体之间没有实现交往关系的优化,那么,生产资料交换的民主就难以达到,从而生产资料交换与生活资料交换的统一就难以实现。第二,民主从来就不是自发的,在市场中,没有主动的、有组织的力量维护价值法则,那么价值平等就会被扭曲、破坏,市场的盲目性即根源于此。政

---

① 习近平:《习近平谈治国理政》,外文出版社 2014 年第 1 版,第 77 页。
② 同上。

府不断地优化生产关系，维护和保证价值法则，这就是社会主义市场经济发展中的主动的、有组织的力量。我国全面深化改革的目标是实现国家治理能力和治理体系的现代化，其内涵是：在社会主义市场经济的基础上，"强调科学的宏观调控，有效的政府治理"①，政府充分尊重、集合社会和个人的力量和作用，达成综合治理结构，科学有效地协调社会主义生产关系与交换关系。

二 混合所有制何以解决社会主义生产关系与交换关系的矛盾

在我国社会主义发展史中，生产关系的社会主义改造和社会主义市场经济体制改革，是两个标志性的历史事件。前者标志着社会主义生产关系的确立，后者标志着社会主义生产关系与交换关系的有机统一。公私合营曾是我国资本主义工商业社会主义改造的成功形式，而混合所有制则体现出社会主义市场经济条件下，公有制与市场经济的有机统一。我们比较混合所有制与公私合营，意在梳理和探索二者间的历史运动和逻辑演进。

1. 从社会主义改造到社会主义市场经济的历史必然

社会主义的改造和改革与以往的一切社会变革根本不同，历史在社会主义运动中显示出人自觉地改变社会关系的面貌，人在庞大的社会关系面前被动、命定的处境开始改变。历史唯物主义指明，共产主义者在掌握唯物的社会发展辩证法后，能够发现历史矛盾运动的规律，并能够运用规律改变世界。在《关于费尔巴哈的提纲》中，马克思指出历史唯物主义与一切旧哲学的根本区别在于："哲学家们只是用不同的方式解释世界，问题在于改变世界。"② 历史唯物主义者改变世界的途径和手段，在于认识和变革物质的社会关系，社会关系的运动呈现出历史规律性，唯物的社会发展辩证法是发现和揭示社会历史规律的理论武器。一旦共产主义者运用唯物的社会发展辩证法掌

---

① 习近平：《习近平谈治国理政》，外文出版社 2014 年第 1 版，第 77 页。
② 马克思、恩格斯：《马克思恩格斯选集》第 1 卷，人民出版社 1995 年版，第 57 页。

握客观的社会历史规律，他们就可以运用和驾驭社会发展规律对社会关系实行变革，恩格斯将这一过程描述为从必然王国向自然王国的飞跃。社会主义改造和社会主义市场经济体制改革都体现出中国共产党领导人民群众，运用历史唯物主义，发现和认识社会主义历史运动的规律，运用和驾驭客观规律改变世界的历史创造精神。

马克思在《资本论》中揭示出资本主义制度自我否定的历史运动规律，同时还批判资本主义异化意识产生的物质根源：资本主义生产关系与交换关系具有不可调和的矛盾，这成为资本主义经济危机的总根源。资产阶级的异化意识是资本主义生产关系与交换关系不可调和矛盾的反映，资产阶级不能说明资本主义生产关系与交换关系的矛盾，而将这一矛盾的不可调和当作自在或者命定。时至今日，资产阶级思想家依然把马克思主义运用唯物的社会发展辩证法揭示社会历史的矛盾运动看作是"致命的自负"。马克思所创立科学的社会发展辩证法，开辟出人类自觉掌握历史规律、改变世界的科学道路，我们研究社会主义运动的发展史，应从马克思揭示资本主义自我否定运动的理论批判开始。

在《资本论》中，马克思从抽象上升到具体叙述出资本主义自我否定的矛盾运动过程。在资本主义社会中，资本与雇佣劳动的关系是最基本生产关系，一旦资本与雇佣劳动关系在社会生产中得以确立，它就要在全社会的范围内以自己的面貌再造出一切社会器官。但是，在资本与雇佣劳动关系再造一切社会关系的过程中，它遇到了不可逾越的障碍——以价值规律为铁律的社会交换关系。《资本论》叙述出资本主义生产关系与交换关系不可调和的矛盾如何发展成为资本主义自我否定的运动——经济危机，其基本逻辑是：商品货币关系的普遍化、资本与雇佣劳动关系的产生是同一个历史过程。商品货币关系由价值规律主导，内在地包含着生产与消费相脱节的经济危机可能性。资本与雇佣劳动关系由剩余价值规律主导，剩余价值规律与价值规律的矛盾使得商品货币关系所包含的经济危机萌芽从可能转变为现实。价值规律平等交换的原则是资本主义社会交换关系的铁律，在资本与雇佣劳动的关系中，因为剩余价值的产生，因为资本生产以追求剩余价值为目的，因而形成资本主义生产关系形式上遵循价值规律，而实质上违背价值规律的矛盾。在价值规律的外壳之内，资本追求剩余价值最大化的本能和权力，使得剩余价值再生产表现为资本有机构成不断提高、大资本不断剥夺中小资本的规律。在资本的生命过程中，剩余价值规律与价值规律在形式上相互综合，在价值规律的作用下资本通过循环和周转实现积累和集中，剩余价值的再生产因而表现为两大部类资本之间循环和周转、价值和物质补偿的不平衡，表现为生产与消费的脱节。虽然，价值规律与剩余价值规律的综合作用最终使剩余价值转化为利润并且形成平均利润率，但这只是形式上的综合，平均利润率不断下降的趋势与资本有机构成不断提高的趋势相互对应，资本之间瓜分总剩余价值的矛盾更为尖锐了，资本之间相互剥夺的斗争更为激烈了，生产与消费之间相互脱节的失衡更为严重了，最后在经济危机中，价值规律强迫资本生产回归到生产与消费之间的平等、均衡状态，但是资本却在经济危机中自相残杀、自我否定。

马克思发现资本主义社会生产关系与交换关系不可调和的矛盾，说明资本与雇佣劳动关系不能驾驭价值规律的事实。在资本主义社会中，商品货币关系越是普遍化，剩余价值规律与价值规律的矛盾越是尖锐化，资产阶级在资本主义生产关系与交换关系的矛盾中越是迷茫、被动。共产主义运动是对资本主义的批判和扬弃，社会主义则是资本主义与共产主义之间过渡性的社会形态。在生产关系方面，社会主义表现出以社会主义公有制取代资本主义私有制的革命性。而在交换关系方面，社会主义依然属于现代性社会，仍需面对普遍的商品货币关系，仍然面临着以社会生产关系驾驭价值规律的历史难题。中国特色社会主义从社会主义改造到社会主义市场经济体制改革的历史进程，体现出社会主义生产关系与交换关系矛盾运动的规律特殊性。

我国社会主义改造的历史创造性主要体现在如下三方面：第一，社会主义改造从新民主主义社会的国情出发，将马克思主义与中国实际相结合，选择了和平改造的道路。第二，和平改造的内涵在于尊重和运用价值规律实现生产关系的破旧立新,这显示出社会主义生产关系驾驭价值规律的优越性。第三,社会主义生产关系驾驭价值规律,体现在党、政府、集体和个人通过综合治理成功地解决生产关系变革中一系列复杂矛盾。在生产关系基本确立后,社会主义的矛盾运动因此展开。历史唯物主义指明生产力与生产关系的矛盾运动构成社会历史发展的内在动力。在现代性社会中,生产力与生产关系的矛盾显示出复杂性,在生产关系内部还有狭义生产关系(产品生产和人的生产中的交往形式)和交换关系(生产资料、个人消费资料的交换关系)的矛盾,二者的协调统一是生产关系适应生产力发展的内在机制。社会主义社会作为现代性社会,同样包含着生产关系与交换关系的矛盾。从理论上讲,社会主义扬弃资本主义,能够建立生产关系与交换关系协调统一的机制。然而在实践中,这种协调机制的实现却经历了曲折的发展过程。

在实施社会主义市场经济体制改革之前,我国社会主义生产关系与交换关系的矛盾运动呈现如下特点:其一,社会主义公有制主体地位确立之后,公有制实现形式的单一导致社会交换关系的封闭性。其二,国家通过计划协调社会交换,计划的主观性与价值法则的客观性矛盾尖锐。其三,缺乏完善的交换关系的反作用,社会主义生产关系难免抽象,其优越性未能充分展开。社会主义市场经济体制改革是社会主义生产关系与交换关系矛盾运动的必然产物,其实质是全面发展社会主义交换关系,建设社会主义生产关系与交换关系相互协调的经济机制。改革的发展逻辑包含三个阶段:第一阶段,确立社会主义市场主体,健全市场关系;第二阶段,发挥价值规律作用,协调公有与非公经济关系,完成社会主义公有制实现形式从抽象到具体的发展;第三阶段,建成中国特色的社会主义国家治理体系,正确处理人民内部矛盾,实现社会主义生产关系与交换关系的协调统一。

2. 从公私合营到混合所有制的逻辑必然

在《资本论》中,马克思运用唯物的社会发展辩证法,叙述资本主义在生产关系与交换关系的矛盾中自我否定的逻辑。我们要阐述社会主义协调统一生产关系与交换关系的制度创新，同样需要运用社会发展辩证法，从历史深入到逻辑，研究社会主义生产关系与交换关系相互协调统一的中介和内在机制。在社会主义市场经济条件下，混合所有制既是社会主义公有制的实现形式，也是公私合营新的历史形式。从社会主义改造时期的公私合营发展到社会主义市场经济的混合所有制经历了否定之否定的发展过程。

在社会主义改造时期，公私合营是资本主义工商业改造的历史形式，这一形式体现出社会主义公有制扬弃资本主义私有制的两个原则：限制剥削原则和价值法则。共产主义制度的根本原则是消灭私有制，社会主义作为从资本主义向共产主义过渡的社会形态通过限制剥削逐步达到消灭剥削。在我国从新民主主义向社会主义过渡的特殊历史时期，资本所有制的改造不是剥夺而是赎买，即遵循价值规律通过公私合营，一方面将资本主义工商业继续向社会化大生产推进，另一方面循序渐进改变它的私人所有制性质为社会主义公有制。这里包含着通过生产社会化提高经济效益同时改造所有制结构的辩证法。

我国的社会主义改造展现出党领导人民掌握社会发展辩证法，把握历史规律，自觉地改造社会关系的历史经验。用社会主义公有制改造资本主义私有制，这是由中国新民主主义革命向社会主义革命发展的必然趋势决定的。但是，历史必然是由诸多的现实环节不断地"勾连"而成的。我国新民主主义革命取得胜利之后，继续完成社会主义革命尚需要主观和客观两个条件的积累。在主观上，党的正确领导保障无产阶级意志与群众路线相互统一，继续完成社会主义革命成为新民主主义社会主体的历史选择。在客观上，社会主义公有制取代资本主义私有制尚需物质条件的积累，资本主义工商业的不发达状态直接影响到社会主义公有制对国民经济的控制力。社会主义公有制与资本主义私有制是矛盾的对立面，一方面的不发达状态与另一方面的不发达状态是相互对应、相互贯通的。因而，在我国完成社会主义改造，必须将改造资本主义私有制与推进资本主义工商业生产社会化统一起来，"公"在和"私"团结的基础上，完成对"私"的批判，最后实现所有制和生产社会化双方面的历史革新。从个别企业到全行业的公私合营，有力地将社会主义公有制与资本主义私有制沟通起来，沟通二者的媒介是价值规律，社会主义公有制与资本主义私有制之间按照价值规律平等交换，平等的交换既保护了资本主义工商业，又为社会主义公有制改造资本主义私有制铺平了道路。随着工商业社会化的加速发展，经济效益不断提高，社会主义公有制对国民经济的控制力不断加强，最后通过赎买的方式，完成对资本主义工商业的社会主义改造。

社会主义改造完成之后，社会主义公有制成为我国社会生产关系中"普照的光""特殊的以太"，社会主义必将按照社会主义公有制的面貌再造出一切社会器官。马克思指出，"生产也不只是特殊的生产，而始终是一定的社会体即社会的主体在或广或窄的由各生产部门组成的总体中活动着"。[①] 社会主义生产关系中的主体必须结合成为部门的总体也即关系的总体，才能施展开它的全部经济活动，否则就会陷入到抽象性当中，难以发挥出它的优越性。社会主义社会作为现代性社会，必须有效地解决社会主义生产关系与交换关系的矛盾。但是，在社会主义运动中，人们认识到价值规律在社会主义经济中的历史作用，经历了一个曲折的过程。社会主义生产关系能否与商品经济相结合，怎么结合？这是社会主义运动中一个基本的理论和实践难题。很长时间内，社会主义国家将社会主义公有制的主体地位和主导性理解为"一大二公"，而忽略了价值规律对社会交换关系的组织作用，忽略了社会主义交换关系对生产关系的反作用，没有有效地将社会主义公有制放置于生产关系与交换关系的总体之中，因而社会主义公有制驾驭价值规律的内涵没有得到充分释放。

在社会主义市场经济条件下，公有制为主体、非公经济共同发展的生产关系派生出普遍的社会主义交换关系，公有制经济与非公经济之间形成竞争关系，竞争的目的在于维护公有制的主导地位，实现国

[①] 马克思、恩格斯：《马克思恩格斯选集》第2卷，人民出版社1995年版，第4页。

有经济与私营经济的共同发展。随着发展的深入，国有经济与私营经济的共生关系已经形成，社会主义生产关系与交换关系的协调机制开始发挥历史作用。此时，已经包容丰富交换关系的社会主义公有制必将获得更为具体的实现形式来展示自身的优越性，混合所有制应运而生。与社会主义改造时期公私合营相比，公有制主导原则和价值法则依然是混合所有制的两大原则，但这里包含了否定之否定的上升运动，混合所有制超越了公有制形式单一、交换关系封闭的发展阶段，体现出社会主义生产关系与交换关系的有机协调性。

在社会主义生产关系与交换关系的总体结构中，混合所有制既体现出社会主义公有制作为生产关系主体的实现形式，又体现出公有制经济与非公经济之间的交换关系。混合所有制将公有制经济与非公经济的交换关系内化于所有制结构之中，社会主义生产关系与交换关系的融合程度发展到新的历史高度。马克思在《〈政治经济学批判〉导言》中，通过讲述生产、消费、交换、分配四大经济运动环节之间的辩证统一，阐明社会生产关系与交换关系的关系。在"四大环节"之中，生产和消费的矛盾居于支配性地位，生产和消费从物质资料的生产到人的生产，再从人的生产到物质资料的生产，贯穿其中的最基本关系是生产者在生产过程的交往关系。交换和分配是生产和消费之间的中介，二者体现出生活资料与交换资料内部或者之间的交换关系。交换和分配所表现出的交换关系，是由贯穿于生产与消费之中的生产关系派生而出的。在现代性社会中，交换关系逐渐从生产关系中独立而出，形成生产关系与交换关系在内容上不可分割而在形式上陷入分裂的矛盾。在资本主义社会，生产关系与交换关系之间内容与形式的矛盾不可调和。而在社会主义市场经济中，社会主义生产关系与交换关系相互协调统一，这种协调统一性在混合所有制中得以贯彻：社会主义生产关系扬弃资本主义生产关系与交换关系形式上综合、实质上分裂的历史局限性，通过将价值规律内化于所有制结构之中的历史形式，解决现代性社会生产关系与交换关系内容统一、形式分裂的矛盾。

3. 混合所有制内与外的基本关系

认识和把握混合所有制，必须梳理和总结混合所有制所包含的社会主义生产关系与交换关系的关系总体。混合所有制内外有如下三对关系：社会主义公有制经济的内在联系、混合所有制内部公有与非公成分的关系、混合所有制与非公经济的关系。

首先，通过国有形式对社会主义公有制实行一元化管理，这是共产主义运动的历史选择。对公有制财产实行多头分割、多元化管理，这事实上已经陷入私有化的窠臼之中去了。资本主义私有制的人格化是身处自由竞争关系中的资本家，自由竞争不过是资本为实现资本积累和集中，而在相互之间展开的机会主义的博弈关系。社会主义公有制的人格化是一元化的国家所有权，国家政权捍卫社会主义公有制的主体地位，政府依法维护国有资产神圣不受侵犯。在我国，国有资产所有权和经营权相互分离，政府持资、国企经营，政府监督国企维护国有资本保值增值，国企实行现代企业制度在市场竞争中维护国有资本竞争力，政府与国企的关系是国有经济的本质联系。国有企业在社会主义市场经济中的竞争力，是我国社会主义制度做大、做强、做优社会主义公有制经济的生命线。在社会主义市场经济中，价值规律对资源配置起决定性作用，劳动生产率的竞争则是价值规律发挥作用的内在动力。在社会主义市场经济的背景下，国有经济在国民经济中的主体地位和主导功能，必然体现在国企在提高社会劳动生产率方面的引领和示范作用。社会主义公有制代表着先进生产力的发展方向，国有企业具有不断提高社会劳动生产率的职责和能力。马克思曾从正、反两个方面描述提高劳动生产率、发展社会生产力的途径。他在《德意志意识形态》中指出："生产力与交往形式的关系就是交往形式与个人的行动或活动的关系。"[1] 交往形式"起初是自主活动的条件，后来却变成了它的桎梏，它们在整个历史发展中构成一个有联系的交

---

[1] 马克思、恩格斯：《马克思恩格斯选集》第 1 卷，人民出版社 1995 年版，第 123 页。

往形式的系列，交往形式的联系就在于：已成为桎梏的旧交往形式被适应于比较发达的生产力，因而也适应于进步的个人的自主活动方式的新交往形式所代替；新的交往形式又会成为桎梏，然后又为别的交往形式所代替"。① 他的结论是："由每一个新的一代承受下来的是生产力的历史，从而也是个人本身力量发展的历史。"② 在这里，马克思指出提高劳动生产率、发展社会生产力的内在标准在于，劳动者个人在合理的生产关系中不断发展个人本身的力量，因而生产关系适应于生产力的内在标准正在于：生产关系是否适应于进步的个人的自主活动方式。在《资本论》中，马克思指出资本主义提高劳动生产率、扩大再生产的途径是资本积累，在资本积累过程中，资本永远面对着资本有机构成不断提高、边际收益不断减少、两大部类资本循环和周转陷入不平衡、平均利润率不断下降的活的矛盾。资本所遭遇的一系列矛盾都是由它最大限度地剥削剩余价值的本能和权力决定的：资本积累的实质是剩余价值的积累，资本有机构成不断提高的动机是实现剩余价值量最大化，两大部类的不平衡说明财富的积累与贫困的积累最终形成生产与消费的脱节，平均利润率不断降低的趋势反映出资本瓜分总剩余价值的斗争。资本主义提高劳动生产率、扩大再生产是以工人在剩余价值生产中的异化境遇为代价的，资本主义劳动生产率的提高与人的自主发展相异化。在社会主义市场经济中，国有企业不断提高劳动生产率在市场竞争中发挥引领作用，应不断扬弃资本积累与劳动者自主活动相异化的历史局限，发挥出国有资本做大、做强、做优与劳动者充分发展个人才能相统一的优越性，将劳动生产率的可持续性提高建立在劳动者自由全面发展的基础之上。

其次，在混合所有制内部，公有成分与非公成分的关系是竞争中的联合、互助关系。市场主体间的竞争是价值规律在市场经济中的体现，竞争的核心是劳动生产率的竞争，个别劳动生产率与社会劳动生

---

① 马克思、恩格斯：《马克思恩格斯选集》第 1 卷，人民出版社 1995 年版，第 124 页。

② 同上。

产率之间有一定的偏差，社会劳动生产率（社会必要劳动时间）决定商品价值，价格又围绕着价值有一定幅度的波动，驱动市场主体进入或者退出市场、联合或者分离的力量是价格。生产者凭借他的劳动生产率取得他在市场中的基本地位，生产者与生产者之间、生产者与消费者之间、消费者与消费者之间不断进行着制定价格的谈判，在价格谈判过程中，生产者在一定程度上调整和改变着他在市场中的地位。在市场经济中，生产者生活在提高劳动生产率、参与价格谈判的经济空间之中。单纯的竞争关系在提高劳动生产率、参与价格谈判的经济空间中，又派生出联合或者博弈的关系。在社会主义市场经济中，公有制经济与非公经济之间的竞争并非机会主义的博弈关系。在社会主义改造时期，在公私合营中，社会主义公有制经济与资本主义工商业在共生中相互提高，为社会主义改造、为社会化大生产积累条件。在社会主义市场经济条件下，公有制与非公经济的共生关系又以新的形式延续。在混合所有制中，社会主义公有制经济与非公经济在联合、互助中共同发展，扬弃私人资本之间机会主义的博弈关系，形成自觉的合力，加速生产社会化，在劳动生产率竞争中居于主动地位，在价格谈判中形成协商民主，以达到驾驭价值规律为社会主义发展服务的目的。价值规律是一种中性法则，它只是体现出现代社会交换关系的发展规律，而社会交换关系必须由某种社会生产关系来支配。在生产关系与交换关系的矛盾中，生产关系是决定矛盾发展方向的一方。资本主义生产关系支配交换关系，但却发生了剩余价值规律与价值规律的尖锐矛盾。中国特色社会主义市场经济通过混合所有制，建立社会主义公有制驾驭价值规律的机制，实现社会主义生产关系对交换关系的支配作用。在混合所有制内部，公有成分与非公成分按照价值规律的平等原则结合在一起，但是二者的结合又为价值规律规定了作用的方向，即公有制经济必须在提高社会劳动生产率中发挥主动的引导作用，非公经济与公有经济的联合既有利于非公经济提高劳动生产率、提高其在价格谈判中的发言权，又有利于公有制经济加速生产社会化，可持续地提高、引领社会劳动生产率。总之，混合所有制将价值规律内化于所有制结构之中，用价值法则维护公有制经济与非公经济在生产关系和交换关系中的平等权利，同时又为价值规律规定了作用的方向：公有制经济发挥主导作用，公有经济与非公经济共同发展。

最后，在混合所有制外部，混合所有制与非公经济之间的关系是趋向于在竞争中联合、互助的中间状态。混合所有制在社会主义市场经济中，代表着先进生产力发展的方向，代表着社会劳动生产率的发展趋势，并且规定了市场竞争的发展方向。但是，在社会主义市场经济中，起自小微规模的非公经济代表着公民自主创新的活力。市场经济是创新经济、创意经济，个性化的创新、创意为市场竞争源源不断地注入新鲜血液。混合所有制的发展不可能脱离汪洋大海一般的个性化创新和创意。因而，混合所有制企业必须发展发现、扶助、发挥个性化创新和创意的机制，从全民创新中来，又到全民创新中去，最终将自身锻炼成创新的集大成者。

第二节　运用社会发展辩证法正确解决人民内部矛盾

社会主义生产关系与交换关系的矛盾运动从经济领域上升到政治领域，就转化为人民内部矛盾的运动。社会主义人民内部矛盾是社会主义生产关系与交换关系相互综合之后的产物。马克思发现并揭示出，资本主义生产关系与交换关系、剩余价值规律与价值规律相互综合之后产生利润规律，即资本家与资本家之间的内部矛盾及其运动规律。那么，社会主义市场经济作为社会主义生产关系与交换关系相互综合的机制，它所蕴含的人民内部矛盾有着什么样的运动规律？我们应首先运用实践辩证法，确证和再认识人民内部矛盾；接着，运用概念辩证法描述人民内部矛盾内在结构的演化史；最后，再回归到实践辩证法探索正确处理人民内部矛盾的方法和路径。

一　社会主义市场经济中的人民内部矛盾

在经济社会发展新常态中，我国即将全面建成小康社会，社会主义市场经济体制将更为成熟、完善，社会主义生产关系与交换关系协调统一的机制将逐步形成。在此过程中，我国的社会结构将发生深远的变革，一系列复杂的人民内部矛盾亦会因而产生。我国全面深化改革的目标是实现国家治理能力和治理体系的现代化，这一目标的制定是与在新的历史条件下正确解决人民内部矛盾的客观要求相适应的。

1. 对人民内部矛盾的再认识

科学的社会发展辩证法是历史唯物主义者把握和改变世界的理论武器。唯物辩证法指明，认识世界本质上是把握它的历史性。世界的历史性在结构上表现为普遍联系，在功能上表现为永恒发展，而联系和发展的内在动力则在于事物的内在矛盾。矛盾不过是事物的自我肯定性和自我否定性的对立统一。马克思指出，"辩证法在对现存事物的肯定的理解中同时包含对现存事物的否定的理解，即对现存事物的必然灭亡的理解；辩证法对每一种既成的形式都是从不断的运动中，因而也是它的暂时性方面去理解；辩证法不崇拜任何东西，按其本质来说，它是批判的和革命的"。[1] 辩证法所揭示的不过是事物产生、发展、灭亡的矛盾运动过程，事物的自我否定性决定事物矛盾运动的必然方向，发现并揭示事物的自我否定性是唯物辩证法活的灵魂，因而唯物辩证法在本质上是批判的和革命的。唯物辩证法的批判性和革命性主要体现在人类的历史实践当中，在《关于费尔巴哈的提纲》中，马克思这样描述实践的批判性和革命性："环境的改变和人的活动或自我改变的一致，只能被看作并且合理地理解为革命的实践。"[2] "哲学家们只是用不同的方式解释世界，问题在于改变世界。"[3] 实践是人作为社会主体主动地改变世界的物质活动，人的本质在其现实性

---

[1] 马克思：《资本论》第1卷，人民出版社2004年版，第22页。
[2] 马克思、恩格斯：《马克思恩格斯选集》第1卷，人民出版社1995年版，第55页。
[3] 同上书，第57页。

上是一切社会关系的总和，人认识和改变社会关系是其改变自身和环境的中介和"杠杆"，人在改变世界的过程中确立自身的主体地位，并且充分地实现自身的主体性。历史唯物主义者掌握唯物辩证法改变世界，归根结底是要认识和把握社会关系的矛盾运动规律，运用规律调整、变革社会关系，从而实现从必然王国向自由王国的飞跃。

社会历史运动是最为复杂的物质运动，唯物辩证法的内涵在社会历史运动中充分展示。马克思发现，生产力与生产关系的矛盾运动是社会历史发展的内在动力。生产力与生产关系的矛盾运动贯穿社会历史始终，每一个社会形态的产生、发展和灭亡都源自其内部的生产力与生产关系的矛盾运动。但是在每一个不同的社会形态中，生产力与生产关系的矛盾运动又呈现出规律特殊性。在阶级社会中，尤其是在资本主义社会，生产力与生产关系的矛盾集中体现在阶级矛盾中。马克思发现并说明，资本与雇佣劳动的阶级矛盾根源于剩余价值规律的作用，而剩余价值规律（资本主义生产关系的矛盾运动规律）与价值规律（资本主义交换关系的矛盾运动规律）之间又有着不可调和的矛盾，这构成资本主义经济危机的总根源，资本主义的自我否定运动因此而展开。而在社会主义社会的历史发展中，社会主义生产力与生产关系的矛盾集中体现在人民内部矛盾之中。社会主义人民内部矛盾产生的物质根源则在于社会主义生产关系与交换关系的矛盾运动。我们认识社会主义社会的人民内部矛盾必须以资本主义社会的对抗性阶级矛盾作为参照，而理解资本主义对抗性的阶级矛盾与社会主义人民内部矛盾的区别与联系，则必须了解两种社会形态生产关系与交换关系之矛盾的差别。

认识资本主义社会的自我否定运动是进入资本主义大厦的锁匙。马克思在《资本论》中阐明，资本主义生产关系与交换关系不可调和的矛盾是资本主义经济危机的物质根源，资本主义在经济危机中不断地进行着自我否定。我们认识资本主义社会自我否定的历史运动，必须深刻地理解资本主义生产关系和交换关系的矛盾内涵。马克思在《资本论》中一以贯之地表述出资本主义生产方式的基本特征：以资本与雇佣劳动关系为本质的生产关系，以及以商品货币关系为核心的交换关系。马克思发现，在资本主义社会中生产力与生产关系的矛盾运动有其特殊的历史形式。资本主义的自我否定性，归根结底是其生产关系的形式不适应生产力发展的内容，但是要揭示这种"不适应"必须深入到生产关系的内部。马克思深入到资本主义生产关系的内部，发现资本主义生产关系与交换关系不可调和的矛盾，是其生产关系不适应社会生产力发展的内在机制。

在《〈政治经济学批判〉导言》的最后，马克思指出研究资本主义社会矛盾运动的规律特殊性，必将推动历史唯物主义原理的系统化，他提出历史唯物主义系统化的八条提纲，其中第三条的内容是："第二级的和第三级的东西，总之，派生来的、非原生的生产关系。"① 马克思准备研究由资本主义生产关系派生出来的"第二级的和第三级的东西"。同样是在《导言》中，马克思在阐述生产、消费、交换和分配四大经济运动环节的过程中，说明了一般意义上的生产关系与交换关系的关系。在"四大环节"中，生产和消费的关系是居于支配地位的矛盾。在生产和消费的关系中，贯穿着从物质资料生产到人的生产、再从人的生产到物质资料生产的过程，在这一过程中，生产者在生产活动中的交往形式，也即生产关系决定着社会生产的属性。在生产和消费之间，交换和分配发挥着中介的作用，即生产资料、生活资料的交换形式中介于物质资料生产与人的生产过程，社会交换关系中介于社会生产关系。马克思指出，生产在"四大环节"中发挥着支配性作用，生产关系对交换关系起决定作用，交换关系由生产关系派生而出，逐渐独立化，对生产关系发生着反作用。马克思发现，交换关系是由生产关系派生而出的"第二级的东西"，研究生产关系与交换关系的关系，可以揭示出生产力与生产关系矛盾运动的内在机制。

在《资本论》中，马克思叙述资本主义生产关系与交换关系矛盾运动的基本逻辑是：商品货币关系的普遍化、资本与雇佣劳动关系的

---

① 马克思、恩格斯：《马克思恩格斯选集》第2卷，人民出版社1995年版，第27页。

产生是同一个历史过程。资本与雇佣劳动关系在社会生产领域得以确立之后，它就成为"普照的光""特殊的以太"，它要按照自己的面貌再造出资本主义所有的社会关系。但是，在资本主义生产关系试图驾驭、再造社会交换关系时却发生了不可调和的矛盾。商品货币关系以价值法则为铁律，其中包含着生产与消费相脱节的危机可能性。资本主义生产关系与交换关系的矛盾、剩余价值规律与价值规律的矛盾，使得商品货币关系中经济危机的萌芽从可能转变为现实。在价值规律的外壳之内，资本剥削剩余价值的本能和权力，决定它以资本积累的方式实现剩余价值剥削最大化，而资本积累表现出资本有机构成不断提高、大资本剥夺中小资本的必然趋势。资本只有在剩余价值生产与流通相互综合的过程中才能实现积累和集中，资本只有在剩余价值规律与价值规律相互综合的作用下才能完成资本的循环和周转。在剩余价值规律与价值规律的综合作用下，资本积累的规律又表现为两大部类资本之间循环与周转、价值与物质补偿、生产与消费之间的不平衡，经济危机的可能因而转变为现实。虽然，价值规律与剩余价值规律的综合作用最终使剩余价值转化为利润并且形成平均利润率，但这只是形式上的综合，平均利润率不断下降的趋势与资本有机构成不断提高的趋势相互对应，资本之间瓜分总剩余价值的矛盾更为尖锐了，资本之间相互剥夺的斗争更为激烈了，生产与消费之间相互脱节的失衡更为严重了，最后在经济危机中，价值规律强迫资本生产回归到生产与消费之间的平等、均衡状态，但是资本却在经济危机中自相残杀、自我否定。

在资本主义社会中，资本主义生产关系不能驾驭它的交换关系，剩余价值规律不能驾驭价值规律，这是资本主义生产关系不能适应社会生产力发展趋势的内在原因。资本主义社会对抗性的阶级矛盾源自剩余价值剥削，阶级矛盾的发展最终形成批判资本主义的历史主体。而剩余价值规律与价值规律的矛盾又成为资本主义自我否定运动的物质根源，资本主义的自我否定表现出自然的历史过程。最后，批判资本主义的历史主体与资本主义自我否定的自然历史过程，达到主体与客体的统一，那时资本主义向它的对立面转化的临界点就到来了。社会主义是资本主义的对立物，是从资本主义向共产主义过渡的社会形态。社会主义否定、批判资本主义剥削，但又同资本主义社会一样同属于现代性社会，同样面对着普遍的商品货币关系，面临着以生产关系驾驭价值规律的历史任务。社会主义以公有制取代资本主义私有制，批判、扬弃资本主义剥削，对抗性的阶级矛盾已不再是社会的主要矛盾。同时，社会主义扬弃资本主义生产关系与交换关系不可调和的矛盾，展现出社会主义生产关系与交换关系相互协调统一的制度优越性。但是，社会主义实现生产关系与交换关系的协调统一本身就是一个曲折的历史过程，这一过程成为社会主义制度产生复杂的人民内部矛盾的物质基础。

我国从社会主义改造到社会主义市场经济体制改革的历史实践，显示出社会主义人民内部矛盾从抽象上升到具体的发展过程。在社会主义改造过程中，社会主义生产关系逐步成为社会主义社会"普照的光""特殊的以太"。我国通过和平赎买的方式完成资本主义工商业的社会主义改造，这初步显示出社会主义生产关系能够驾驭价值规律、为自身发展服务的历史优越性。社会主义改造胜利实现后，社会主义生产关系与交换关系的矛盾尚未充分展开，我国人民内部矛盾主要体现于社会主义生产关系内部劳动者之间的交往形式。在我国社会主义曲折发展的历史进程中，社会主义交换关系最初没有得到充分发展，缺乏社会交换关系的中介作用，社会主义生产关系的发展陷入抽象性，社会主义生产关系驾驭价值规律的优越性没有得到充分发挥，此时，我国的人民内部矛盾反映出社会主义生产关系与生产关系暂不协调的矛盾。在社会主义市场经济实践中，我国开始自觉完善社会主义交换关系，探索社会主义生产关系与交换关系相互协调的发展机制，我国人民矛盾集中表现出协调、统一社会主义生产关系与交换关系的过程中，社会关系、社会结构、社会职责体系的重大改变。

2. 社会主义市场经济条件下的人民内部矛盾

毛泽东同志在《关于正确处理人民内部矛盾》中深刻阐明社会主

义社会人民内部矛盾的基本属性：在社会主义社会中，人民内部矛盾取代对抗性的阶级矛盾成为社会的主要矛盾。人民内部矛盾源自社会主义生产力与生产关系矛盾运动的历史特殊性。在社会主义运动中，人民能够运用唯物辩证法正确地解决人民内部矛盾。人民内部矛盾和对抗性的阶级矛盾可以相互转化。毛泽东同志还指明正确解决人民内部矛盾的根本途径是"团结—批评—团结"。《关于正确处理人民内部矛盾》反映出在社会主义生产关系基本确立之后，社会主义生产关系内部劳动者之间的交往关系，以及由之派生而出的矛盾结构，这部著作也对社会主义改造过程中，社会主义生产关系驾驭价值规律的历史经验做出总结。随着我国社会主义生产关系与交换关系的矛盾逐渐形成，中国特色社会主义协调生产关系与交换关系的关系经历了曲折的发展过程，尤其是在社会主义市场经济的历史条件下，人民内部矛盾的内涵和外延也逐渐发生着变化，我们对正确处理人民内部矛盾的命题应有新的认识和思考。

我国社会主义改造完成之后，在经济领域，社会主义公有制成为生产关系中的领导力量，成为"普照的光"和"特殊的以太"，接着它要按照自己的面貌再造出社会主义的一切社会关系。我国社会主义公有制的实现方式主要表现为全民所有制和集体所有制。在全民所有制和集体所有制的生产关系中，衍生出国家与企业、工业与农业、干部与群众等基本关系，从而将社会主义公有制的生产关系具体化。在社会主义生产关系的总体结构之上，上层建筑得以确立和发展，生产关系不断突破经济领域的外壳，向着政治和文化上层建筑领域发展，形成经济基础决定上层建筑、上层建筑反作用于经济基础的复杂关系。在政治领域，人民民主专政体现出工人阶级领导农民阶级、城市小资产阶级与民族资产阶级共同享有民主的政治关系。在意识形态领域，工人阶级的阶级组织方式和阶级意识，成为其他三个阶级改造和发展自身的方向。我国人民内部矛盾产生的物质根源在于人民日益增长的物质文化需要与落后的社会生产的矛盾，而其内涵则是国家、集体与个人在生产、分配、交换、消费以及由此派生的上层建筑领域所产生的矛盾总体。毛泽东同志在《论十大关系》中贯穿生产力与生产关系、经济基础与上层建筑，开创性地阐述出社会主义生产关系确立后，把握人民内部矛盾的视野和各个维度：重工业和轻工业、农业的关系，沿海工业和内地工业的关系，经济建设和国防建设的关系，国家、生产单位和生产者个人的关系，中央和地方的关系，汉族与少数民族的关系，党与非党的关系，革命和反革命的关系，是非关系，中国和外国的关系。

我国的社会主义市场经济体制改革，其实质是健全、完善社会主义的交换关系体系，以此促进形成社会主义生产关系与交换关系的协调统一，从而充分解放、发挥社会主义生产方式的优越性。在这样的历史条件下，社会主义生产关系和由它派生而出"第二级的东西"——交换关系形成矛盾体，社会主义生产力与生产关系的矛盾内涵更为丰富了。因而在经济领域，我国人民内部矛盾的发展由生产关系领域进一步扩展到综合生产关系与交换关系的层次，矛盾的复杂性——自我肯定与自我否定之间的矛盾张力进一步扩大了。在社会主义生产关系与交换关系这一矛盾体中，交换关系维系着生产主体、交换主体之间的普遍联系，因而它是矛盾体中自我肯定的一方；而生产关系则对交换关系起支配作用，因而它在矛盾体中代表自我否定的一方。在社会主义制度中，生产关系与交换关系的矛盾不是不可调和的矛盾，在社会主义生产关系与交换关系的矛盾体中，生产关系一方的自我否定作用，代表着生产关系与交换关系相互协调统一的方向，即社会主义生产关系驾驭价值规律为自身的发展服务。社会主义驾驭价值规律具有极其丰富的矛盾内涵，其中包容着社会主义市场经济的主体在社会主义原则的理想性和市场法则的现实性之间复杂的活动方式和交往方式。人民群众社会实践与社会交往方式的复杂性必然引起人民内部矛盾的复杂化。

在社会主义市场经济条件下，社会主义生产关系的基本特征是：社会主义公有制占有主导地位，非公经济与之共同发展，社会主义公有制的实现形式进一步发展为混合所有制。在日益普遍的社会交换关系中，四大阶级的内涵更为丰富、外延更为广大。首先，因为社会主义公有制的主导作用，以及宏观调控的历史作用，政府与市场、干部与群众的关系具有普遍性地位。其次，工人阶级中发展出各个阶层：国企工人、知识分子、私企工人、农民工等。再次，因为农业规模化经营、乡镇企业的发展以及城镇化的加速，农民阶级的内涵发生变化，产生亦农亦工、亦农亦商、亦乡亦城的新型农民。最后，新型的民族资产者和个体经营者的数量和经济社会影响力在增长。社会阶级内涵的变化反映出社会关系的演变。随着建设中国特色社会主义现代化事业的日益发展，传统社会遗留下来的"三大差别"正在逐渐缩小，社会各个阶层交往和流动的普遍化，使得传统的二元制社会结构正在快速改变。社会主义公有制发挥主导作用，公有制经济与非公经济的共同发展，使得工人阶级内部亦产生主导与共同发展的联系与区别。城镇化的快速发展、新型农民的产生，使得农民阶级成为进入、调整各个阶层、各个部门的生力军。私营企业家和个体经营者力量的增长，塑造出全民创新的社会基础和氛围。工人阶级如何继续发挥它的领导作用，农民阶级如何继续与工人阶级联盟，非公经济如何与公有制经济共同发展，问题的关键在于，社会主义生产关系如何有效地支配交换关系，社会主义公有制如何驾驭市场经济，社会主义制度如何在普遍的社会联系中、在社会各阶层的广泛流动中不断保持、优化自身。

　　社会主义市场经济的历史实践已为解答以上的理论难题提供了答案：首先，必须正确解决政府与市场、干部与群众的矛盾。在社会主义市场经济中，政府代表国家是社会主义公有制的人格化，同时又是公有制经济与非公经济的协调者。市场代表着广泛的社会交换关系。正确处理政府与市场的关系，其实质是协调社会主义生产关系与交换关系的关系。政府与市场的关系、干部与群众的关系相辅相成，前者从职能角度概括社会主义生产关系与交换关系的关系，后者则指示出解决社会主义生产关系与交换关系矛盾的两种主体间的关系。正确处理好干部与群众的关系，是有效解决政府与市场矛盾的主体条件。在

"四个全面"战略布局中,全面深化改革的目标是实现国家治理能力和治理体系的现代化,其中的核心问题是正确处理政府与市场的关系。全面从严治党的目的是加强党性,中国共产党的党性体现于她的宗旨——全心全意为人民服务,加强党性是从主体方面正确解决党与群众、干部与群众矛盾的正确途径。全面依法治国的首要问题是党和法的关系,依法治国将党的领导与人民当家作主贯通起来,将党性与法治统一起来,从客体方面科学规范政府与市场的关系,从而与从主体方面正确处理干部与群众的关系相互对应、相互统一。其次,混合所有制将价值规律内化于社会主义生产关系,按照价值规律的平等原则推动公有制经济与非公经济在竞争中发展联合、互助,将二者的共同发展内化于所有制结构之中。社会主义公有制代表先进生产力发展方向、引领社会生产率不断提高的趋势;非公经济与公有制经济联合互助、平等发展、整体提高、形成合力,加速生产社会化的发展进程,不断激励、培养、增强社会主义公有制在国民经济中发挥主导作用的能力。

我国人民内部各阶级内涵与外延的变化,还伴随着社会结构的调整以及社会矛盾的凸显。在社会主义初级阶段,资本化成为发展生产力的重要手段,城镇化成为现代化发展的必然趋势,因而企业改制和土地征用(流转)成为社会结构变化和矛盾显示的突出领域。在社会结构变化及矛盾显示的过程中,产生了一系列的社会问题,最主要的是:其一,国家、社会、个人的权利和义务的深刻调整还未完成,社会职责的内涵和外延还不确定,社会职责体系还未成熟。因而,社会主体在解决矛盾冲突的过程中,缺乏法的精神和道德精神的自觉性。其二,从自然经济中形成的传统社会结构,与正在商品经济中形成的现代社会结构,二者之间从旧到新的转变尚未完成。社会主体还没有将社会主义的理想原则与市场经济的现实原则统一起来。在新与旧之间、理想与现实之间,社会创新机制与传统社会遗传的矛盾对立依然存在,社会公平正义的发展程度不高,社会主体解决复杂社会矛盾的创新精神还没有得到充分解放。

3. "团结—批评—团结"原则的具体发展

中国特色社会主义已经探索出正确解决人民内部矛盾的科学路径，即"团结—批评—团结"。在我国的社会主义生产关系中，公有制居于主导地位，非公经济与之共同发展。在广泛的社会交换关系中，公有经济与非公经济遵循价值法则具有平等的地位。因而，公有经济与非公经济之间从生产领域到流通领域都是互相团结的关系。公有制的主导地位表现在它的先进性和示范性中，它代表先进生产力发展的方向对非公经济在生产和市场中的盲目性进行批评引导。在混合所有制中，价值规律保障公有制经济与非公经济之间平等竞争的关系，但是这种平等竞争绝不是普遍的折中和平庸。在现代性社会中，市场竞争由生产关系的性质决定，生产关系的性质决定市场竞争的发展方向。在资本主义社会中，竞争与垄断是对悖论，完全竞争只能停留在理论层次，而在实际中竞争必然通向垄断，垄断又依靠竞争限制自身的任性。资本的积累和集中决定竞争必然发展为垄断，而资本之间的机会主义关系使之在竞争和垄断之间进行博弈。在社会主义市场经济中，混合所有制扬弃竞争与垄断的悖论、批判机会主义的博弈关系，通过"团结—批评—团结"来协调公有制经济与非公经济的关系、统一社会主义生产关系与交换关系。在混合所有制中，公有成分与非公成分的关系是竞争中的联合互助关系，联合和互助规定了竞争的方向。公有制经济与非公经济之间平等的交换关系，二者依靠合力提高社会生产率的生产目的，这是二者形成团结的物质基础。公有制经济批判、限制非公经济的剥削性和机会主义性，非公经济监督、激励公有制经济不断通过引领社会劳动生产率来维护它的主体地位，这是公有制经济与非公经济相互批评的物质基础。批评是协调公有制经济与非公经济、社会主义生产关系与交换关系的手段；团结的目的则在于实现社会主义生产关系对交换关系的支配，社会主义公有制在与非公经济的共同发展中实现自身的主体地位。

在社会主义市场经济条件下，在协调社会主义生产关系与交换关系的过程中，社会关系的调整、社会结构的变迁产生出一系列复杂的人民内部矛盾，因而"团结—批评—团结"的原则还需进一步具体化。我国提出全面深化改革的目标是实现国家治理能力与治理体系的现代化，这为我国在当前和未来正确处理人民内部矛盾指明了方向。"团结—批评—团结"作为正确处理人民内部矛盾的原则，反映出中国特色社会主义民主的内涵。民主从来都不是抽象的，它是统治阶级协调内部关系的原则和方式，"团结—批评—团结"是我国人民在人民民主专政实现民主的根本途径。治理是民主的具体化，中国特色社会主义国家治理体系是社会主义民主政治的具体内容。治理的具体性主要表现在：确定的社会主体全面解决现实的社会矛盾。在我国，社会主义国家治理体系的主体是人民，人民在三个维度展现出他的人格：国家人格、社会人格和个人人格。另一方面，社会主义国家治理体系的客体主要是社会主义生产力与生产关系的矛盾、经济基础与上层建筑的矛盾，在社会主义市场经济条件下，社会主义生产关系与交换关系的矛盾是社会现实中最为突出的矛盾。在社会主义市场经济的基础之上，在中国特色社会主义国家治理体系中，治理主体与治理客体的辩证统一表现为：国家、社会和个人对社会主义生产关系与交换关系的矛盾实行综合治理。在实现社会主义国家治理体系现代化的过程中，忽略国家、社会和个人的三位一体性，就会造成治理主体的人格偏差，治理的综合性将难以达到，只有在国家、社会和个人的综合治理中才能实现各尽其能、各得其所的社会治理局面。我们应将"团结—批评—团结"的原则，贯彻于培养国家、社会和个人三位一体人格的过程中，国家、社会和个人应按照"团结—批评—团结"的原则有机统一起来。在历史唯物主义者的视野中，人格的改变只能在社会实践的过程中实现。人民作为中国特色社会主义国家治理体系的主体，他的三位一体治理人格是在协调统一社会主义生产关系与交换关系的历史实践中逐步养成的，国家、社会与个人之间"团结—批评—团结"的关系根源于以"团结—批评—团结"的方式协调社会主义生产关系与交换关系的历史实践。

改革开放以来，在社会主义市场经济条件下，我国人民在协调社会主义生产关系与交换关系的过程中，不断探索出正确处理人民内部矛盾的有效方法，将"团结—批评—团结"的原则在社会主义协商民主中贯彻下来并取得成功。社会主义协商民主的内涵在于，国家、社会和个人通过民主协商的办法，协调相互之间的关系，有效地解决社会主义生产关系与交换关系的矛盾。社会主义协商民主将"团结—批评—团结"的原则制度化、日常化，我国人民在协调国家、社会和个人关系的过程中逐渐形成治理人格，国家、社会和个人的职责体系逐渐形成，社会公平正义在法的精神和道德精神的熏陶中逐步成熟。我国建设现代化的国家治理体系，归根结底就是建立适应于社会主义市场经济的上层建筑，将社会主义协商民主制度化，正确认识社会主义制度、社会主义市场经济体制的发展规律，充分发挥国家、社会和个人共同治理的优势，实现社会主义社会的公平正义。

4. 人民内部矛盾与敌我矛盾之间的转化

毛泽东同志在论述人民内部矛盾的时候，专门讲到人民内部矛盾与敌我矛盾之间的相互转化，向我们指示出：社会主义国家的人民内部矛盾与敌我矛盾又形成一对辩证矛盾。在社会主义国家，人民内部矛盾是矛盾的主要方面，敌我矛盾是矛盾的次要方面，人民内部矛盾决定着社会主义矛盾运动的方向。敌我矛盾是全球范围内社会主义制度与资本主义制度之间矛盾对立的国内反映，只要一球两制的现实世界没有改变，只要帝国主义主导的全球化没有被取代，社会主义制度与资本主义制度之间的斗争性就不会停止。在社会主义国家中，人民内部矛盾转化为敌我矛盾是国际上社会主义制度与资本主义制度敌我矛盾的体现和延伸。

在党的十九大报告中，习近平同志特别强调在中国特色社会主义的新时代，实现伟大梦想，必须进行伟大斗争。伟大斗争剑之所指是坚决反对一切削弱、歪曲、否定党的领导和我国社会主义制度的言行，坚决反对一切损害人民利益、脱离群众的行为，坚决破除一切顽瘴痼疾，坚决反对一切分裂祖国、破坏民族团结与社会和谐稳定的行为。中国共产党领导人民通过伟大斗争捍卫党的领导、社会主义制度和人民利益,继续投身于改革创新时代潮流,有力维护我国主权、安全、发展利益,自觉防范各种风险,战胜一切在政治、经济、文化、社会等领域和自然界出现的困难和挑战。

党的十九大之后,党和人民的伟大斗争产生了重大的制度创新。我国空前树立、强调宪法在社会主义制度国家治理中的根本作用,成立了监察委员会。宪法根本保障我国的社会主义制度,保障中国特色社会主义根本经济制度,保障共产党的领导、人民当家作主和依法治国三位一体,保障马克思主义在意识形态中的指导地位,保障国家、集体、个人的基本权利、义务和职责,保障中国特色社会主义生态文明的发展方向。监察委员会与社会主义协商民主相辅相成,成为社会主义制度中完善正确处理人民内部矛盾、防范人民内部矛盾转化为敌我矛盾、有力解决对抗性矛盾的新国家机关,它必将发挥出维护宪法治道、丰富国家社会治理创新的新职能。成立监察委员会是人民民主专政的制度创新,这一创新将群众路线法制化,从此我国将正式走向依靠、发动、组织人民监察政府的法治道路,这标志着中国特色社会主义正确处理人民内部矛盾、防范敌我矛盾的科学理论,历史性地转变为现代化的国家治理体系。

二 社会主义市场经济的上层建筑

我国全面深化改革的目标是实现国家治理能力和治理体系的现代化,这一目标的制定反映出我国对现代化的认识已聚焦于它的主体性和全面性。中国特色社会主义的首要特征是人民的主体地位,现代化的实现必然体现为人民治理国家能力的现代化。而国家治理体系的现代化则将制度创新推进到建设社会主义市场经济上层建筑的层次,我国社会主义现代化逐渐显示出从经济基础到上层建筑的全面性。

1. 从经济基础到上层建筑的全面现代化

马克思发现和揭示出经济基础与上层建筑之间辩证发展的历史规律,他指出:"人们在自己生活的社会生产中发生一定的、必然的、不以他们的意志为转移的关系。这些生产关系的总和构成社会的经济结构，即有法律的和政治的上层建筑竖立其上并有一定的社会意识形式与之相适应的现实基础。物质生活的生产方式制约着整个社会生活、政治生活和精神生活的过程。"①经济基础是社会存在和发展的物质基础，当经济基础发展到一定程度，社会生产关系将突破经济的外壳，向政治关系和精神文化关系发展，社会生产关系从经济基础到上层建筑的发展，具有一个自然的历史过程，呈现出经济基础起支配作用、上层建筑发挥反作用的复杂关系。马克思始终致力于探索经济基础与上层建筑辩证统一的中介和内在机制。在《〈政治经济学批判〉导言》（以下简称《导言》）的最后，马克思开列了将历史唯物论进一步系统化的八条提纲，他在第三条中专门指出应探索"第二级的和第三级的东西，总之，派生来的、非原生的生产关系"②。在马克思的视野中，经济基础与上层建筑之间的关系是复杂的社会历史关系，不充分揭示、描述经济基础与上层建筑之间的中介和矛盾运动全过程，人们就很难把握和说明社会历史的复杂性。

在《资本论》中，马克思为说明资本主义生产关系与生产力的矛盾运动，深入到资本主义生产关系内部，发现狭义的资本主义生产关系与交换关系不可调和的矛盾，成为资本主义生产关系阻碍生产力发展的内在机制。《资本论》将历史唯物主义的基本原理进一步系统化，通过揭示资本主义社会生产关系与交换关系的矛盾，发现由生产关系派生出来的"第二级的东西"，从而阐明资本主义社会矛盾运动的复杂性。

在马克思之后，社会主义的历史实践继续显示出经济基础与上层建筑之间的复杂机制。我国的社会主义市场经济实践呈现出社会主义运动的如下机制：在社会主义生产关系基本建立起来之后，还需继续建设和完善社会主义交换关系，实现社会主义生产关系与交换关系的协调统一，以此达到对资本主义的彻底扬弃。在资本主义社会，资本

---

① 马克思、恩格斯：《马克思恩格斯选集》第 2 卷，人民出版社 1995 年版，第 32 页。
② 同上书，第 27 页。

与雇佣劳动的生产关系不能驾驭价值规律，资本主义生产关系与交换关系有着不可调和的矛盾。社会主义作为资本主义的对立物，必然包含着以社会主义公有制为主导的生产关系驾驭价值规律，从而形成生产关系与交换关系相互协调机制的优越性。然而，这一优越性的实现并不是一蹴而就的。社会主义制度要实现生产关系与交换关系的协调统一，必须能够正确、有效地解决社会主义生产关系和交换关系的矛盾运动所派生出的复杂的人民内部矛盾，保证社会主义市场经济的发展不半途而废。为此，党的十八届三中全会指出，通过全面深化改革完善社会主义市场经济，改革的目标是实现国家治理能力和治理体系的现代化，以此保障正确、科学地解决社会主义社会人民内部的矛盾。这一战略部署是历史唯物主义学说发展史上的又一块里程碑。《资本论》发现了由生产关系派生而出的"第二级的东西"——社会生产关系与交换关系的矛盾，社会主义市场经济的历史实践，探索到社会生产关系与交换关系基础上的"第三级的东西"——国家治理体系。

资本主义社会展示出人类实现现代化的第一个版本，现代性的社会是从资本主义这里开始的。社会主义社会是资本主义社会的对立物，但它同样亦是现代性社会，同样面对着用社会生产关系驾驭商品货币关系的历史和现实，她的批判性在于扬弃资本主义社会生产关系不能驾驭价值规律的历史局限性，开辟第二个版本的现代化道路——建设社会主义生产关系与交换关系相互协调统一的经济机制。马克思在《资本论》中已经说明，资本主义生产关系确立之后，又形成生产关系与交换关系不能协调统一的矛盾。面对社会生产关系与交换关系的复杂矛盾，资本主义制度缺乏自我创新的能力，社会上层建筑没有有效解决由生产关系和交换关系派生出的复杂社会矛盾，因而，资本主义现代化不是全面性的现代化。中国特色社会主义制度在她的发展历史中，逐渐展示出协调社会主义生产关系和交换关系的制度优越性，现在，又将制度创新自觉地从经济基础领域推进到上层建筑领域，努力实现国家治理能力与治理体系的现代化，这体现出中国特色社会主义现代化的全面性特征。中国特色社会主义经历从生产关系改造到经济体制改革、再到上层建筑建设的发展，显示出社会主义现代化从抽象上升到具体的逻辑演进。

2. 治理与民主的关系

在我国，民主的内涵是人民民主，即人民在经济、政治、文化、社会、生态文明发展中发挥历史主体的作用。治理则是民主的具体化，是更高形态的民主。中国特色社会主义治理体系的核心是综合协调社会主义生产关系与交换关系的关系，在政府、社会、个人之间建立起各尽其能、各得其所的政治社会关系。

民主从来都不是抽象的，其中包含着某一个社会形态现实的社会矛盾运动，包含着社会主体认识和解决复杂社会矛盾的能力体系。人类社会进入到现代社会之后，民主取代等级专制成为人类解决社会矛盾的基本原则和手段。卢梭指明，在现代社会中民主应达到国家与个人、个人与他人之间的协调统一，这种协调统一体现在公意的形成，即"个人的自由在国家中获得最大的保障，个人的利益与公共的利益取得一致。个人将自由完全交给具有公意的国家，而国家凭借着公共的力量又把自由如数还给个人"。①马克思继承发扬了卢梭的民主思想，他指出，在共产主义制度中，民主扬弃了它在旧时代的特征，升华为自由人的联合体，"代替那存在着阶级和阶级对立的资产阶级旧社会的，将是这样一个联合体，在那里，每个人的自由发展是一切人的自由发展的条件"。②无论是卢梭还是马克思都指出，民主必须有效地协调统一个人与共同体的关系，这已成为民主具体的社会内涵。

在现代社会，政治民主的发展程度取决于经济社会发展的民主程度，它是经济社会民主的"另外一次方"。资本主义经济基础决定它的民主只是形式上的、偶然性的民主。资本主义民主不过是资本的民主，而资本的民主又不过是资本之间自由竞争的相互关系。资本之间

---

① 刘伟：《马克思的自由理论》，中国社会科学出版社2012年版，第37页。
② 马克思、恩格斯：《马克思恩格斯选集》第1卷，人民出版社1995年版，第294页。

的自由竞争形式上遵守价值规律，而实质上则反映出资本在剩余价值规律与价值规律不可调和的矛盾中自我否定的历史宿命。价值规律平等交换的原则是商品生产的铁律，商品生产依靠价值规律实现优胜劣汰。资本生产的目的在于实现剩余价值的最大化，资本形式上遵循价值规律有利于它提高劳动生产率、达到成本最小化。但是资本生产的成本最小化并不意味着剩余价值剥削的最大化。马克思科学区分可变资本与不变资本，指出剩余价值剥削率的高低取决于剩余价值与可变资本的比率，每个资本家都具有减少可变资本、压榨最后一份剩余价值的本能和权力。然而，在资本与资本之间，竞争主要体现在通过提高不变资本在总资本中的比重，完善劳动者与产品之间的机器系统，总体促进劳动生产率提高。因而，资本总是生活在资本有机构成不断提高、边际收益不断降低的活的矛盾之中。资本要在竞争中生存下来，必须通过资本积累、通过大资本剥夺中小资本，不断提高资本的有机构成来抵销边际收益不断降低的趋势，满足其剩余价值剥削最大化的目的，因而成本递增与剩余价值剥削最大化表现出相辅相成的关系。在资本积累的过程中，资本形式上遵循价值规律平等交换的原则实现资本的循环与周转，但是其结果则形成两大部类资本之间循环与周转、价值与物质补偿的不平衡。即使价值规律依然在资本竞争中发挥着作用，剩余价值因之转化为利润，并且形成平均利润率，但是，平均利润率不断下降的趋势依然反映出资本通过积累和集中相互剥夺、瓜分总剩余价值的实质。两大部类之间的不平衡关系、资本积累中的相互剥夺反映出剩余价值生产与价值规律平等交换原则不可调和的矛盾，经济危机成为资本生产的历史宿命。

资本在经济危机的历史宿命中表现出机会主义的本性。在经济危机积累准备的时期，资本与资本之间具有扩大再生产、为剩余价值剥削最大化创造条件的共同利益，这时候他们表现出共同遵守价值规律、维护平等竞争、降低总体成本的意愿和行动。而在经济危机集中爆发的时期，资本则表现出以邻为壑的利己主义本性，竞相践踏价值规律的平等原则，或者通过恶意竞争将对手挤出市场，或者利用危机剥夺对手完成资本集中。而作为资本"民主""另一次方的"资本主义政治自由也同样表现出机会主义的特征：在经济危机积累准备的时期，政治上层建筑奉行以"不干预"为主旨的自由主义。而在经济危机集中爆发的时期，它又不惜违背自由主义的宗旨，对"大而不倒"的垄断资本实行国家保护。事实上，资本主义民主只能停留在抽象的层次，因为它只是维护资本的利益，而资本的利益又具有机会主义的特性，设想一旦资本主义的民主从抽象深入到具体，那么资本民主的机会主义将为世人一览无余，资本剥削的秘密将再难以保守，资本主义的历史合理性将受到质疑。资本主义民主的抽象性主要体现在，它不能说明个人、社会与国家的具体关系，不能在自由、平等、民主的抽象原则之后，说明个人怎样在社会和国家中实现自由、平等和民主，因而资本主义民主不能向治理的具体层次取得更高层次的发展。

中国特色的社会主义市场经济是对资本主义制度的扬弃，其历史创新性在于协调社会主义生产关系与交换关系的关系，使得以公有制为主体的社会主义生产关系与商品货币关系有机统一，最大限度地解放和发展生产力，并以实现共同富裕为指归。社会主义市场经济的民主有两个层次：其一，是实现共同富裕的人民性原则；其二，是价值规律的平等原则。在这两个原则之间具有复杂的张力，必然包含着复杂的人民内部矛盾。中国特色社会主义国家治理体系的职责将表现在两个方面：其一，正确处理人民内部矛盾；其二，保障社会主义市场经济社会主义和市场经济的发展方向。人民主体性决定了中国特色社会主义国家治理体系的具体性，首先，人民是国家治理体系的主体，作为治理主体的人民是国家人格、社会人格和个人人格的统一，国家、社会、个人的综合治理将民主原则具体化。其次，中国特色社会主义国家治理体系的对象是复杂的人民内部矛盾，并以正确、有效解决人民内部矛盾为归宿，民主制度只有面对具体的矛盾才能显示出它的具体性。

3. 国家治理体系的主体性

党的十八大强调中国特色社会主义道路的首要特征是人民主体

性。党的十八届三中全会部署全面深化改革以贯彻人民主体性为根本指针，建设现代化的国家治理体系，开辟和实现以人民为主体的社会主义民主。"人民是历史的创造者，群众是真正的英雄。人民群众是我们力量的源泉。"[①] 人民是建设中国特色社会主义的历史主体，是中国特色社会主义国家治理体系的"主语"。明确主体、认清"主语"，这是实现国家治理能力和治理体系现代化的首要问题。党的十九大又在新的高度上将尊重和依靠人民主体性，概括为坚持以人民为中心的原则。

资本主义民主的主体是资本，它用资本的属性裁剪人民的内涵，又将之形而上学化，以此模糊和掩盖少数人对多数人的统治。中国特色的社会主义国家治理体系反对形而上学的民主观念，主张通过改变和协调社会关系具体地解决社会矛盾，因而鲜明地强调人作为社会关系总和的本质。马克思主义正是通过发现人在社会关系中的实践，才确证人民群众是创造历史的主体。中国特色的社会主义国家治理体系从群众中来，又到群众中去，依靠和组织群众协调生产关系与交换关系，以此实现社会变革。实践和群众史观、群众路线是中国特色社会主义国家治理体系活的灵魂。

在社会主义市场经济中，传统的社会关系和社会结构将发生现代性的转变，政府、社会和个人在社会主义生产关系和交换关系中的权利和职责将逐渐分明，人民主体地位也因此而表现为政府、社会和个人三个维度。传统社会结构是在农业社会的基础上形成、延续的，农业社会以家庭为自给自足的生产经营单位，经济社会显示出分散化的特征，社会组织力依赖于"家—国"结构，国家组织依赖于自然经济的脆弱基础，分散的社会单元与庞大的国家机器相互对应、相互依附，因而产生国家是家庭结构的扩而广之，个人依赖于家庭，国家依赖于庞大的官僚体制的社会特性。现代性社会建立在商品经济的基础之上，社会生产以交换为目的，商品生产催生出产业革命，工厂和公

[①] 习近平：《习近平谈治国理政》，外文出版社2014年版，第5页。

司制度成为社会生产的组织形式,社会生产组织在普遍的社会交换关系中结合而成为部门、行业和部类,生产者个人从对家庭的依赖关系中解放出来,个人与个人之间通过广泛的社会生产关系和交换关系联结成市民社会,国家从依赖于官僚体系的人治传统中解放出来,市民社会成为国家机器新的基础,国家、社会、个人的职责体系不断清晰、完善,国家治理进入法治时代。在我国社会主义市场经济的历史实践中,人民群众在社会主义生产关系与交换关系协调统一的社会机制中,不断形成和完善独立的人格,并以独立的人格不断地改造传统的家庭社会结构,个人与个人之间逐渐形成公民社会的关系,随着公民社会不断发达,社会主义生产关系与交换关系协调统一的机制不断完善,政府、市场与个人的职责体系逐渐清晰、有序,人民群众的独立人格也从抽象上升到具体,发展到国家人格、社会人格与个体人格相互统一的高度,社会主义国家治理体系的主体人格最终形成。

随着社会主义市场经济体制不断的成熟、完善,人民群众逐渐成长为中国特色社会主义国家治理体系的治理主体,各尽其能、各得其所的社会主义现代化治理体系应当具有如下特征:党发挥先锋示范作用,政府依法服务、组织民众,主体间实行协商民主,尊重和保护民间多样创新,个人自觉地实现自我。党的十八届四中全会指明,依法治国是实现社会主义国家治理能力和治理体系现代化的关键。政府、社会和个人明确其在国家治理体系中的职责必然体现为依法治国,法是对国家、社会、个人职责体系的确定、捍卫和监督。中国特色的社会主义民主政治具有党的领导、人民当家作主、依法治国三大根本原则。人民当家作主是中国特色社会主义民主政治的核心和宗旨,党的领导是人民当家作主的根本保障,依法治国是党领导人民当家作主的基本方略。党的领导与依法治国的关系是中国特色社会主义民主政治最基本的理论和实践问题。在"四个全面"的战略布局中,全面依法治国与全面从严治党相辅相成,党规党纪以严于国家法律的形式融入到依法治国体系当中,党员不仅尊重、贯彻中国特色社会主义法的精神,并且要发挥党性担当起先锋示范的作用,成为践行社会主义法的精神合乎道德精神的理想人格。习近平同志指出:"党规党纪严于国家法律,党的各级组织和广大党员干部不仅要模范遵守国家法律,而且要按照党规党纪以更高标准严格要求自己,坚定理想信念,践行党的宗旨,坚决同违法乱纪行为作斗争。"[①]

我国以全面依法治国和全面从严治党为保障,建设现代化的国家治理体系,以此正确、有效地解决协调统一社会主义生产关系和交换关系过程中产生的一系列复杂的人民内部矛盾。在社会主义市场经济中,正确地解决人民内部矛盾的基点在于有效地处理政府与市场的关系。市场代表广泛的社会主义交换关系,而政府不仅是社会主义公有制的人格化,还是公有制经济与非公经济之间的协调者。在社会主义市场经济中,以社会主义公有制为主导的生产关系,与广泛的以价值规律为法则的社会交换关系之间的关系,可以抽象为政府与市场的关系。党的十八届三中全会指明,正确处理政府与市场的关系是全面深化改革、实现国家治理能力与治理体系现代化的核心问题。全会指出,市场在资源配置中发挥决定性作用,政府维护市场的公平有序、弥补市场失灵。以上方针包含着国家治理理论的创新:社会主义市场经济历史实践的内涵在于协调统一社会主义生产关系与交换关系的关系,市场在资源配置中发挥决定性作用意味着以价值规律的平等法则组织广泛的社会交换关系,政府不干预平等的社会交换过程,而要担当起尊重、驾驭价值规律,协调社会主义生产关系与交换关系的职责。价值规律的平等原则上升为社会交换关系的组织原则,表现为定价商谈中的协商民主,这种民主以社会劳动生产率为价值标准,以去势力化为前提,在定价商谈中维护消费者与生产者的均衡福利。政府尊重、维护定价商谈中的协商民主,通过法治服务、组织市场主体按照价值规律实现社会交换。同时,政府还要把协商民主的原则延伸到协调社会主义生产关系与交换关系的过程中,通过协商民主、按照价值法则正确处理社会主义公有制与非公经济的关系,维护社会主义公

[①] 《中共中央关于全面推进依法治国若干重大问题的决定》,人民出版社2014年版。

有制的主导地位，促进非公经济共同发展，形成公有制经济与非公经济的合力推进惠及全民的社会化大生产，逐步实现共同富裕。

国家治理体系是否有力地协调社会主义生产关系与交换关系，是否促进社会主义生产关系与社会生产力的发展相适应，有一条根本的检验标准，这就是：人民群众是否通过国家治理体系在相互协调的社会生产关系和交换关系中，能够自主地活动、自觉地实现自我。马克思曾指出："生产力与交往形式的关系就是交往形式与个人的行动或活动的关系。"[1] "起初是自主活动的条件，后来却变成了它的桎梏，它们在整个历史发展构成一个有联系的交往形式的系列，交往形式的联系就在于：已成为桎梏的旧交往形式被适应于比较发达的生产力，因而也适应于进步的个人的自主活动方式的新交往形式所代替；新的交往形式又会成为桎梏，然后又为别的交往形式所代替。"[2] 马克思的结论是："由每一个新的一代承受下来的是生产力的历史，从而也是个人本身力量发展的历史。"[3] 人民群众是中国特色社会主义国家治理体系的主体，国家治理体系协调、解决一系列复杂的社会关系，其归宿在于为人民群众作为国家人格、社会人格和个人人格的自我实现开辟道路，中华民族伟大复兴的中国梦以每一个人民群众实现他的梦想为前提。

第三节　运用社会发展辩证法发展社会主义新文化

社会主义生产关系与交换关系的矛盾是形成人民内部矛盾的物质基础，社会主义社会的人民内部矛盾是社会主义社会的主体实现其主体性的社会关系总体，在物质基础之上和关系总体之中，社会主义社

---

[1] 马克思、恩格斯：《马克思恩格斯选集》第1卷，人民出版社1995年版，第123页。
[2] 同上书，第124页。
[3] 同上。

会主体将发展出崭新的文化上层建筑，在这个专门的领域之中实现人的现代化。那么，社会主义文化有着怎样的发展规律？进而言之，社会主义社会发展与人自身的发展如何实现一致？我们将运用实践辩证法再认识社会主义文化的内在矛盾性，运用概念辩证法考察社会主义文化矛盾运动的历程，最后再运用实践辩证法说明解决矛盾的路径。社会主义文化发展、社会主义新人的产生其内在矛盾是理想原则与现实原则的矛盾，它的外在矛盾性表现为社会主义文化与旧文化尤其是资本主义文化的矛盾。前者是社会主义文化发展的内在动力，后者则显示出社会主义新文化产生、发展的障碍和条件。

一　社会主义文化发展规律及其核心价值观的形成

一个时代的文化发展是其核心价值观形成的源流，而核心价值观则是文化发展的历史成果。社会主义核心价值观是社会主义意识形态的"主心骨"，没有核心价值观，意识形态必定软弱涣散。很多人都从应然的角度研究、强调社会主义核心价值观，却往往忽略了它的实然和必然性，没有从社会主义文化发展的历史规律中探索核心价值观的生成机制。

1. 文化革命为核心价值观的形成开辟道路

人类创造文明，文明塑造人类。文化既是文明的创造，又是文明对人的塑造。人类创造文明的高峰时期，也是文明塑造人类的黄金时代。恰如马克思所说的"解剖人体是解剖猴体的一把钥匙"，研究文化创造和化育的典型时代，是我们把握整个文化发展史的一把钥匙。我们可以借鉴科学哲学的研究成果用于文化史研究。科学哲学的历史学派强调科学革命在科学演进史中的作用，该学派认为：科学发展的每一个阶段都有其特殊的内在结构。可以用"范式"来描述科学的内在结构。范式是对科学发展中全局性问题的解决，这些问题的解决导致新宇宙观的产生。科学革命表现为范式的跃进，新范式的产生标志着科学从危机向革命的转化。科学是文化的重要分支和形态，因而科学哲学对科学的研究方法可以扩展到文化的研究中来。在文化创造和化育的典型时代，文化革命以新文化更替旧文化，文化革命体现出人类对文明的新创造，而核心价值观则反映出文明对人的塑造，核心价值观是文化革命的精神成果。新旧文化的更替，意味着人类创造文明形成新的自然和社会环境，而在新的自然和社会环境中新人亦得以产生。新人之新一方面表现为人用新的实践创造新的环境，另一方面表现为在新的实践环境中人的自由自觉精神取得革命性的进步。新人是新的核心价值观的主体和主语，核心价值观则反映出新人在新的历史实践中自由自觉的精神。从某种角度讲，核心价值观所反映的自由自觉精神可以被视为文化革命中的"范式"，文化革命表现出核心价值观的跃迁，新的核心价值观的产生标志着新人从新旧文化的更替中产生。

马克思指出："社会不是由个人构成的，而是表示这些个人彼此发生的那些联系和关系的总和。"[1] 在社会关系的总体结构中，文化实质上亦代表着一种社会关系，文化关系属于上层建筑领域，它是上层建筑活的灵魂。我们知道，经济基础是社会生产关系的总和，在经济基础领域，人与人结合成生产关系通过生产活动为自身的发展创造物质条件。人类的物质生产活动展现在生产、交换、分配和消费四大环节之中，生产者是经济活动的主体，贯穿于"四大环节"之中的一方面是生产者能力体系的发展，另一方面是生产者之间交往关系的发展。"生产力和社会关系——这二者是社会的个人发展的不同方面。"[2] 生产者的能力体系和交往关系的发展不会局限于物质生产领域，它将不断突破经济活动的外壳，深入到政治和文化上层建筑领域。政治活动和政治关系是经济活动和经济关系的"另一次方"。人的能力体系和交往关系的发展一旦进入到文化上层建筑领域，文化的独特作用就彰显出来了。相对于经济与政治关系，文化

---

[1] 马克思、恩格斯：《马克思恩格斯全集》中文第1版，第46卷上，人民出版社1979年版，第220页。
[2] 马克思、恩格斯：《马克思恩格斯全集》中文第1版，第46卷下，人民出版社1980年版，第219页。

关系富含着自由自觉精神。马克思曾用"自由王国"来描述文化领域：

> 自由王国只是在必要性和外在目的规定要做的劳动终止的地方才开始；因而按照事物的本性来说，它存在于真正物质生产领域的彼岸。像野蛮人为了满足自己的需要，为了维持和再生产自己的生命，必须和自然搏斗一样，文明人也必须这样做；而且在一切社会形式中，在一切可能的生产方式中，他都必须这样做。这个自然必然性的王国会随着人的发展而扩大。这个领域内的自由只能是：社会化的人，联合起来的生产者，将合理地调节他们和自然之间的物质变换，把它置于他们的共同控制之下，而不让它作为一种盲目的力量来统治自己；靠消耗最小的力量，在最无愧于和最适合于他们的人类本性的条件下来进行这种物质变换。但是，这个领域始终是一个必然王国。在必然王国的彼岸，作为目的本身的人类能力的发挥，真正的自由王国，就开始了。但是，这个自由王国只有建立在必然王国的基础上，才能繁荣起来。工作日的缩短是根本条件。①

文化领域是实现和发挥"作为目的本身的人类能力"的社会关系总体。人在物质生产活动中为自我实现创造物质条件，并在文化生活中专门以提高、发挥自身能力为目的，从事实现自我的活动。人类通过协调相互间的文化交往关系，结合成文化生活的联合体，在这个联合体中，自觉地实现自我的目的与自由地自我实现的活动相互统一。文化联合体、自由王国都是对文化上层建筑的描述。文化上层建筑的自觉自由精神主要体现为通过培养、发挥人的能力，达到人的自我实现。因为文化上层建筑具有为社会塑造主体的功能，因而它是上层建筑活的灵魂。

---

① 马克思：《资本论》第3卷，人民出版社2004年版，第928—929页。

我们看到，核心价值观所体现的自由自觉精神，既是文化革命的精神成果，也是文化上层建筑的活的灵魂。接着，我们将分析每一次文化革命所形成的核心价值观，在不同时代的文化上层建筑领域中，怎样发挥出它的历史作用。迄今为止，人类文明经历过三次文化革命，分别是古典文化革命、资本主义文化革命以及共产主义对资本主义文化的批判，第三次文化革命还在进行当中。在三次文化革命之间，核心价值观的演进展现出继承与批判的辩证法。

古典文化革命即是雅斯贝尔斯所描述的"轴心时代"的文化创造。在古典文化革命中，世界各大文明于此时完成对上古文化的总结、升华，形成文化经典。经典的产生与经典创作者的生成是同一个过程。经典之所以是经典乃是因为它为时代塑造出理想的人格，并说明理想人格现实化的途径。经典创作者本身往往就是理想人格现实化的垂范，因而他们成为最早的人类导师，成为传播文化、将理想人格大众化的推动者。经典创作者推行文化教育的过程后来逐渐被纳入到古代国家建立、发展文化上层建筑的过程。在文化上的理想人格与国家意志相统一的过程中，人格理想与社会现实之间的矛盾才真正形成起来，这一矛盾成为文化上层建筑中的基本矛盾。古典文化革命发生的经济基础是自然经济，其政治基础则是等级专制。因而，古典文化经典天然地以自然主义维护自然经济，以道德主义维护等级专制。但是，文化不是经济、政治的简单复写。文化要为社会培养优秀的人，其中永远贯穿着人格理想与社会现实的矛盾，它必须为贯通理想与现实提供方案。因而我们看到，儒家讲君子与小人之别，佛学探索从痴迷到觉悟的路径，古希腊哲学坚信理念对意见的超越。总的来看，古典文化以善良意志为桥梁，主张道德自觉以此解决理想与现实的矛盾。作为古典文化革命的成果，善良意志成为古典时代的核心价值观，至今仍然源远流长。

随着传统社会逐渐衰落，自然经济逐渐为商品经济所取代，等级专制最终被民主政治推翻。古典文化中理想与现实的矛盾变得不可调和了，最终社会现实的改变剥夺了古典理想赖以存在的社会基础。古典文化只能在新的文化革命中接受改造、转变自身了。启蒙主义是资本主义文化革命的代名词，资产阶级在文艺复兴中批判、总结传统文化，在此基础上全面开新，形成自由与科学的新传统，自由精神与科学精神是资本主义时代的核心价值观。围绕着自由与科学的主题，启蒙主义思想家创作出新的经典，新的经典呈现出百科全书般的丰富性，这意味着启蒙主义对所有源自传统、依然具有生命力的命题都依据理性原则给予重新审视，并给出新的答案，从而新的经典对资本主义时代理想人格何以产生给予了全面的解答。比如康德在"三大批判"中分别以真、善、美、目的等为主题，回答人应当知道什么？人应当做什么？人可以希望什么？黑格尔的哲学体系则围绕着自由精神自我意识、自我实现的线索，叙述人类认识自由、实现自由的历史，以此鼓励资本主义社会中的人以自由为蓝图达到自我实现。我们看到，自由是启蒙时代的精神旗帜，启蒙时代的经典和经典创作者们按照自由精神的面貌塑造着资本主义时代的理想人格。

但是资本主义时代理想与现实之间的矛盾要比传统社会更为尖锐，矛盾的激化来得也更快。启蒙主义的理性王国在资本主义现实中并未实现，启蒙主义的理想与资本自我否定的现实运动形成尖锐的矛盾。资本主义社会在现实中表现为全面的异化：在生产关系中，异化表现为剩余价值剥削；在经济与政治之间，政治异化于经济，行政权的独裁化与资本自由竞争形成对立；在文化与经济政治现实之间，文化异化于现实，自由精神一方面意识形态化为自由主义，另一方面又在意识形态批判中堕入虚无主义，从而形成意识形态化与意识形态批判的悖论，文化上层建筑难以担当起贯通理想与现实、塑造理想人格的职责，人格的塑造最终流于实用主义窠臼。马克思主义批判继承启蒙主义的社会理想，在对比启蒙主义理想与资本主义现实的过程中，不断展开对资本主义的批判。马克思主义发现和揭示出资本主义在经济危机中不断自我否定的历史必然性，说明资本主义的自由精神不过是资本自由竞争的理念化，而资本的自由竞争在资本主义生产关系与交换关系不可调和的矛盾中，表现出形式上的和偶然性的自由，而其实质则是必然的不自由。马克思主义颠覆了资产阶级在社会历史领域的反科学立场，运用唯物辩证法阐明资本主义全面异化的物质根源和内在机制，揭示资本主义文化的腐朽性在于，它是在异化关系中所形成的异化意识的总汇。

2. 探索社会主义文化发展规律的历史过程

社会主义社会是人类历史中最为崭新的社会形态，共产主义是资本主义的对立物，社会主义是资本主义与共产主义之间过渡性的社会形态，共产主义扬弃资本主义的经济、政治和文化将贯穿于社会主义社会全过程。相对于经济和政治领域的发展，社会主义的文化发展相对落后，这种落后中包含着掌握社会主义文化发展规律、实行社会主义文化革命的历史艰巨性。

马克思开辟了认识社会主义文化发展规律的科学道路，他创立了历史唯物主义，发现社会存在决定社会意识的历史规律，还指示出现实的历史与观念的历史辩证统一的全面历史观。从文明塑造人这一方面来看，文化在文化革命演进中沉淀为核心价值观，在上层建筑领域中表现为人与人之间的文化交往。首先，核心价值观是人在创造文明的过程中培养出的自由自觉精神，它属于社会意识的范畴，存在决定思维，创造文明的社会实践决定核心价值观的生成。"人的思维是否具有客观真理性，这不是一个理论的问题，而是一个实践的问题。人应该在实践中证明自己思维的真理性，即自己思维的现实性和力量，自己思维的此岸性。"① 其次，在上层建筑领域，人们之间的文化交往是由物质生产领域中生产关系派生而出的。认识文化上层建筑，必须从生产关系这一根源出发，否则不能理解文化交往关系的物质性。马克思进一步指明，在社会存在决定社会意识的唯物观点基础上，还必须树立观念的历史与现实的历史相统一的全面历史观，这样才能全面地描述从实践到观念、又从观念到实践，从生产关系到文化关系、又从文化关系到生产关系的完整过程。在《〈政治经济学批判〉导

---

① 马克思、恩格斯:《马克思恩格斯选集》第 1 卷，人民出版社 1995 年版，第 55 页。

言》的最后，马克思提出将历史唯物主义原则系统化的提纲，其中第二条鲜明指出："历来的观念的历史叙述同现实的历史叙述的关系，特别是所谓文化史。"① 马克思有志于全面地研究文化史与现实历史之间的统一关系。在马克思之前，黑格尔在他的哲学体系中运用唯心主义辩证法叙述人类的文化史，因为他不懂得物质实践，不懂得观念的历史由现实的历史决定，然后再与之统一的真实关系，他颠倒了逻辑与历史的关系，最后只能脱离现实，把文化发展史神话成自在自为的历史。马克思批判继承黑格尔辩证法，对之进行"颠倒"，即颠覆黑格尔只用辩证法叙述观念历史的片面性，他在《资本论》中运用唯物辩证法叙述出资本主义的现实历史，揭示出资本主义自我否定的矛盾运动。在《资本论》即将结尾处，马克思向我们指出，即使在必然王国中扬弃了剩余价值剥削，在必然王国的彼岸还有一个自由王国，人们还将在自由王国的文化生活中最终实现自我。遵循全面的历史观，马克思学说下一步的发展逻辑必然是重写观念的历史、重写文化史，这是马克思想做而未能做的理论工作。马克思主义的后学继承马克思的理论志愿，在无产阶级革命和社会主义实践中继续探索文化史，探索共产主义文化的发展规律。

列宁在十月革命胜利后，十分重视无产阶级的文化革命，他提出了无产阶级文化革命的命题。他指出："自从无产阶级取得政权以来，文化革命最重要的条件已经有了，那便是群众的觉醒，群众对文化的企求。为新的社会主义制度所创造的，同时又创造着这个制度的新人正在成长。"② 如何从文化上造就出无产阶级或者社会主义的新人？这是共产主义批判资本主义、实行文化革命的核心命题。卢卡奇强调无产阶级文化革命的内核应当是工人阶级扬弃物化意识、掌握唯物辩证法，揭露资产阶级意识形态及其文化发展的自我否定性。他在《历史与阶级意识》中继承马克思在《资本论》中对资产阶级经济学异

---

① 马克思、恩格斯：《马克思恩格斯选集》第2卷，人民出版社1995年版，第27页。
② ［德］蔡特金：《回忆列宁》第5卷，马清槐译，人民出版社1982年版，第66页。

化意识的总体批判，继续从经济领域上升到文化领域，批判资本主义物化意识的总体结构。同时，他总结《资本论》辩证法，研究将这一科学理论大众化的哲学途径，力图将唯物辩证法内化于无产阶级的阶级意识当中，探索无产阶级通过阶级意识的自觉将自身锻造成为新人的路径。卢卡奇的另一功绩是写就《理性的毁灭》，他在这部著作中运用唯物辩证法，叙述资本主义文化意识形态从理性主义到非理性主义的自我否定过程。但是，卢卡奇没能摆脱用物化混淆异化的局限性。马克思认为，资本主义社会关系的全面异化是异化意识产生的物质根源，物化只是异化的表面形式，扬弃异化的社会关系与扬弃异化意识是同一个历史过程，实践的扬弃与理论的扬弃是相互促进、相互补充的关系。卢卡奇混淆异化与物化，把扬弃异化简单化为用无产阶级意识批判物化意识，这样他就不可避免地陷入到以下的悖论境地：他将资本主义的物化意识固化为普遍的意识形态，又试图对通过意识形态批判对之进行全面的否定，因而产生辩证法的总体性如何从普遍化的资本主义意识形态中生成的理论困惑。此外，葛兰西强调无产阶级必须在掌握文化领导权，在文化的"阵地战"中与资产阶级意识形态的压迫进行针锋相对的斗争，建立起无产阶级新文化。他认为只有在文化的"阵地战"中，无产阶级的知识分子才能产生，无产阶级知识分子的产生标志着无产阶级文化革命形成了主动的力量，彻底改变了工人阶级被动地接受资产阶级意识形态的处境。葛兰西的观点反映出新文化的产生与新文化创造者的生成是同一个过程的规律，他的观点符合文化自身发展的规律。遗憾的是，葛兰西的观点没有获得付诸实践的机会。

在我国，从新文化运动开始，鲁迅就开始探索中国文化革命的道路。他在文艺实践和斗争中做出选择：中国的新文化首先是反帝反封的民族文化，它充分吸收世界先进文化的精髓，高扬民主与科学的旗帜，其发展的方向应是无产阶级文化。新文化以历史唯物主义为理论根基，拥有国际主义视野，具有广泛的人民性，能够开掘中国实现现代化的文化源泉。以毛泽东为代表的中国共产党人，担负起国际共产主义运动探求无产阶级和社会主义文化革命的历史职责。毛泽东赞同并吸收鲁迅的文化革命思想，指出中国的无产阶级新文化应当以马克思主义为指导，建立起民族的科学的大众的文化。应当在"百花齐放、百家争鸣"的文化上层建筑中，将马克思主义深深扎根于中国和世界的优秀文化传统中，按照古为今用、洋为中用的原则重新整理、总结优秀文化资源，使之成为培养社会主义新人的文化素养和精神源泉。

在社会主义文化发展中，依然贯穿着人格理想与社会现实的矛盾。社会主义文化本质上是共产主义文化，它以人的个性自由全面发展、实现自由人的联合体为理想境界。然而，社会主义又是迄今为止最为复杂的社会形态：社会主义扬弃资本主义生产关系与交换关系、剩余价值规律与价值规律不可调和的矛盾，但她依然是现代性社会，依然面临着以社会主义生产关系驾驭价值规律，以此协调生产关系与交换关系的历史任务。在社会主义市场经济中，社会主义驾驭价值规律、协调生产关系和交换关系的制度优越性得以充分显示。但是，社会主义市场经济在建立生产关系与交换关系相互协调机制的过程中，社会关系和社会结构正在发生深刻的变革，因而必然会产生出一系列复杂的人民内部矛盾。在复杂的人民内部矛盾中，人民作为社会主体显示出国家、社会和个人三重人格，每个人都拥有传统（扎根于文化传统）、现代（解决现代性难题）和未来（实现共产主义理想）三重属性，都须面对理想的社会主义原则与现实的市场经济的矛盾。

在以上的社会文化背景下，建设中国特色社会主义文化的纲领具有如下内涵：中国特色的社会主义文化以马克思主义为指导，表明它批判、扬弃传统文化，尤其是资本主义文化的基本立场；以科学发展为主题，表明中国特色社会主义文化以社会主义全面发展的制度创新为实践基础；以建设社会主义核心价值体系为根本任务，表明中国特色社会主义文化建设以培育、造就社会主义新人、新精神为己任。建设民族的科学的大众的文化，说明中国特色社会主义文化以人民为主体，以树立社会主义民主与科学精神为目标。中国特色社会主义文化建设的途径是：在社会主义市场经济的物质基础上，通过发展文化事业和文化产业，充分解放和发挥人民群众的文化创造精神，培养高度的文化自觉和文化自信，建设社会主义文化强国。

3. 中国特色社会主义核心价值观的形成机制

中国特色社会主义核心价值观是我国人民在建设社会主义现代化进程中，形成的共同理想、民族精神、时代精神和道德精神的精华，它体现出我国人民在社会主义历史实践中不断生成和发扬出的自由自觉精神。我国社会主义现代化建设的目标是富强、民主、文明、和谐，我国人民的国家人格以国家历史实践的目标为核心价值观。在现代性的社会关系和社会结构中，自由、平等、公正和法治是法的精神最根本的准则。中国特色社会主义制度将不断实现全面依法治国，社会主义法的精神将在人民的社会人格中生根发芽。我国的社会主义新文化必将扬弃古典文化和启蒙文化，对自由、平等、公正和法治等现代性价值观给予社会主义的诠释和升华。在良好的社会文化环境中，我国人民将逐步成长为爱国、敬业、诚信、友爱的社会主义新人，社会主义的新人在他的个体人格中最终达到法的精神与道德精神的统一。社会主义核心价值观正在国家、社会和个人的精神发展中发挥着正能量的作用，我们现在要做的工作是将其扩而广之，实现人的现代化。

在当前，我国社会主义现代化建设已经深入到人的现代化的核心层次，正面临着一个历史难题，即如何将社会主义核心价值的理想性与市场经济的现实性协调、统一起来，促进人民自由、自觉地在社会主义市场经济中自我实现。当我们还不能全面、有效地解决这一难题之时，我国的文化发展必然会产生一系列困境，比如，历史观和理论思维虚无化、法的精神片面而淡薄、道德焦虑、文艺三俗、教育与社会脱节、科学创新动力不足，等等。以上困境反映出，在社会主义市场经济的历史实践中，在一部分人民的文化人格中，存在着社会主义价格观的理想性与市场经济的现实性的分裂。历史观与理论思维的虚无化、拒绝理性和崇高，这反映出理论思维在社会理想和社会现实之间六神无主，无力助推社会价值标准的生成、确定。法的精神片面而淡薄、道德焦虑，反映出在我国社会市场经济的历史实践中，国家、社会和个人的职责体系还未确立，道德精神与法的精神相统一的社会基础还未全面建立起来。因而，人民驾驭复杂的社会关系、解决复杂的社会矛盾的能力尚需锻炼提高。文艺三俗则反映出在市场经济的拜物教当中，文艺有可能背离理想、逃避职责、成为市场的奴隶。教育与社会脱节，说明在理想与现实之间，教育体系还不能彻底回答以下的问题：应当为社会培养什么样的合格人才，为文化培养什么样的优秀人格？最后，科学创新力不足的原因有二：一方面这是教育当中难以产生杰出人才的必然结果；另一方面则在于社会片面重视科学的实用性，却忽略了它的理想性。

如何将社会主义核心价值观的理想性与市场经济的现实性统一起来？我国社会主义市场经济体制建设正在逐步完善和成熟，解决以上历史难题的物质基础已基本具备。在此基础上，我们需要专心致志地发展中国特色社会主义文化。建设核心价值观归根结底是文化范畴的事情，我们必须按照文化的发展规律办事。社会主义市场经济的制度创新是社会主义文化建设的实践基础，而社会主义文化发展则是社会主义市场经济历史实践的理论前提。在理论与实践的关系中，实践的物质性决定理论的意识性，但是理论又会反作用于实践。在辩证综合的视域中，理论与实践犹如行走中的双脚，人类改变世界的活动体现出理论的超前性与实践的超前性相互统一的面貌：理论的预见超前于现实中的实践，在理论转化为实践的过程中，实践解决现实矛盾的超前性显示出来，在实践为理论所反思的过程中，理论的超前性又得以更生，理论与实践的相互促进作用由此展开。实践不能低于理论的水平，如果忽略理论的超前性，实践的超前性也将因之削弱。文化是理论思维形成的摇篮，文化所塑造出的理想人格必定是创制和革新理论思维的主体。现在，我们强调加强社会主义文化建设，其实质是加强社会主义文化对社会主义市场经济实践的反作用，或者说是从主体这一方面深入理解社会主义市场经济实践,通过培育社会主义市场经济的理想人格来推动社会主义驾驭市场经济的制度创新。

加强社会主义文化建设应上升到文化革命的高度。总结古典时代和启蒙时代文化革命的历史经验,我们发现新文化的产生必须以扬弃传统文化为根基,以新时代的立场重新认识文化史并创作出新的文化经典,这是新文化产生的奠基礼。文化经典应符合以下三条标准:第一,为人类认识和实现自由开疆扩域;第二,创制、革新理论思维的范式,或者塑造出理想的人格;第三,运用理论思维解答现实的复杂矛盾,或者说明和示范理想人格的实现途径。文化经典以塑造理想人格为核心内容。当一个新的时代登上历史舞台,它的主体都要显示出自觉自由的精神,这种精神就是新的历史主体所承载的核心价值观。文化经典作为人类自觉自由精神的旗帜,它集中地为人类认识自由建立思想武库,为人类实现自由开辟道路。文化经典之所以能够树立理想人格,关键是它能够解决理想与现实之间的矛盾:一方面,经典锻造出理论思维,并将理论与实践相结合,为解决现实中的复杂矛盾提供方法、策略;另一方面,经典又说明理想人格现实化的途径,为解决理想与现实的矛盾提供示范、榜样。

社会主义文化经典的创作与社会主义知识分子的产生是同一个过程。社会主义知识分子发挥着四大社会职能:第一,批判、扬弃传统文化,尤其是资本主义文化;第二,建设社会主义文化上层建筑,协调社会文化关系;第三,创作社会主义文化经典,率先践行社会主义核心价值观;第四,与群众紧密结合,实现新文化掌握群众,群众掌握新文化。社会主义新人如何产生、社会主义知识分子如何产生?这一问题是社会主义运动中的历史难题。以往,社会主义运动偏重于从消灭三大差别、变革社会关系的角度,强调知识分子从旧到新的改造,但这只是社会主义知识分子产生的外在条件。社会主义知识分子的产生还需要内在的条件,这就是知识分子在文化领域担当起改造旧文化、创造新文化的职责。社会主义的知识分子将在重新写就文化史、塑造新经典的过程中完成从旧文化到新文化的蜕变,他在改变世界的同时也在改变自身。我们除了看到经济政治的现实决定文化、理论落后于实践的一面，还要看到文化反作用于经济政治现实、理论先进于实践的另一面。我们除了打破几千年来，人民群众在社会文化关系中的不平等境遇，促使知识分子与人民群众密切结合。我们还需要解放文化生产力，充分发挥知识分子进行文化创作的自觉自由精神。

　　社会主义知识分子创作新的文化经典，这只是社会主义文化革命前一半的工作。更重要的后一半工作，则是知识分子将文化"归还"于广大的人民群众。人民群众是历史实践的主体，社会主义知识分子创作文化经典体现出理论的超前性，只要理论一与实践相结合，人民群众所擅长的实践超前性就显示出来，实践的超前性成为新的理论超前性继续产生的最终推动力。在理论与实践的矛盾中，实践代表着矛盾运动的方向。社会主义知识分子与人民群众相结合，人民群众代表着社会实践发展的方向。诚如习近平同志所说："文艺创作方法有一百条、一千条，但最根本、最关键、最牢靠的办法是扎根人民、扎根生活。"① 社会主义文化经典产生之后，社会主义知识分子在平民文化教育中与广大的人民群众密切结合起来，在平等的教学相长的过程中，互相促进、互相鞭策，实现新文化掌握群众，群众掌握新文化，最终完成社会主义理想人格的现实化以及社会主义核心价值观的普遍化。

二　历史虚无主义的现实根基和哲学源流

　　在当代，社会主义文化与资本主义文化并存于世，当代资本主义文化的基本特征是历史虚无主义。历史虚无主义是当前阻挡社会主义新文化形成、发展的最大障碍，社会文化在批判历史虚无主义的历史进程中为自身的发展积累着历史条件。

　　历史虚无主义并不神秘，它是历史唯心主义反对历史唯物主义的当代形态。历史唯物主义批判历史唯心主义绝非一劳永逸，在不

---

① 《习近平在文艺工作座谈会上的讲话》，人民网 2014 – 10 – 15。

同的历史时代，历史唯心主义都会有不同的现实指向和逻辑论证，历史唯物主义对它的批判亦按照从抽象上升到具体的逻辑不断发展。在当前，我们应当深入揭示历史虚无主义的现实根基和哲学源流。

1. 历史虚无主义的基本面貌

历史虚无主义的表现庞杂而无序，它既是一种理论立场和哲学思潮，也是一种生活态度和行为方式。要勾勒出历史虚无主义的基本面貌，我们需要建立起思维方式、生活方式、社会关系三维"坐标"，在社会关系、思维方式和生活方式互相作用、相互联系的综合视野中去认识它。

历史虚无主义散发着非理性的怀疑主义气息，但其一切怀疑却有着不容置疑的出发点，那就是极端的个人主观感受。它强调个人的主观性不受干扰，拒绝一切附加给主观感受的意义，以此防止玷污主观感受的纯粹性。历史虚无主义者善于捡拾人们在当下的直观感受，并此以为终极，绝不追问当下直观的根源所在。在当前的社会现实中，"生活在当下"是一种流行的观念。这种观念强调个体不受传统的束缚、不把未来当作负担，追求对当下的生活细节进行独特体验，注重营造个体生活的微观世界。"我们的时间不仅仅是由一个又一个的时刻组成，如果生命只是一个又一个的时刻，那么生命就只有当下，不再有任何其他的部分——没有延展到现在的过去、没有进化、没有确切的绵延。"① 有人把这种生活方式的时空展开，称之为"小时代"，"这是一个梦想闪耀的时代，这也是一个理想冷却的时代，这是最坏的时代，这也是最好的时代，这是我们的小时代"。"小时代"是"小我"在微观生活世界中成长为主体的时代，但是从"小我"成长为"大我"的途径却变得破碎化了。"大我"作为社会主体的理想人格，包含着国家人格、社会人格和个人人格三位一体的统一。在西方，工业社会正在向后工业社会转变；在我国，在社会主义市场经济

---

① [法]柏格森：《创造进化论》，李离译，新星出版社2013年版，第9页。

的历史实践中,传统的社会关系正在向现代的社会关系转变。在社会结构的大转变中,国家、社会与个人职责的协调统一还没有完成,"大我"和他的"大时代"还在酝酿当中。在这个特殊的历史时期,历史虚无主义风靡世界,独断地强调个人直观的绝对性,因而产生支解"大我"的消极作用,导致社会主体的国家人格、社会人格和个体人格陷入分裂状态,国家、社会与个人职责的协调统一陷入彷徨之中。

人毕竟生活在复杂的社会关系当中,"人的本质不是单个人所固有的抽象物,在其现实性上,它是一切社会关系的总和"。[①] 历史虚无主义者拒绝承认人的本质是一切社会关系的总和,他们只是用片段化的直观或者无原则的意识流来看待复杂的社会关系。这样,社会关系的总体性或者被支解了,或者形成一团乱麻,社会关系变得不可知了,最后社会关系的客观性不得不被"悬搁"起来。历史虚无主义者将其在复杂的社会关系面前的无知状态当作自在,在追求纯粹的个体直观的过程体会不可言状的精神自足感。在我国,社会主义市场经济历史实践的目标在于,建立社会主义生产关系与交换关系相互协调的机制,社会关系的历史变革必然产生一系列复杂的人民内部矛盾。而我国的社会主义现代化建设还没有实现人的现代化,社会主义市场经济中的人还生活在社会主义的理想与市场经济现实的矛盾中,还没有达到理想与现实的统一。在这样的历史条件下,人们的主观感受复杂而多变,这样的精神状况极易被历史虚无主义虏获。当社会主体充分地自觉到他的主体性,并且发展出发达的能力体系,能够正确、有效地处理复杂的社会矛盾,这时历史虚无主义是没有机会虏获人心的。正是当社会主体还没有把握社会关系的总体结构,还没有足够的能力去有效解决复杂的社会矛盾,这时历史虚无主义往往能够乘虚而入,将人不能够把握社会关系的消极立场注入人心。在历史虚无主义的摆布之下,一部分人在社会主义理想与市场经济现实的矛盾面前,

---

[①] 马克思、恩格斯:《马克思恩格斯选集》第1卷,人民出版社1995年版,第56页。

丧失掉驾驭、解决这一矛盾的信心，最后丢掉理想，在现实当中选择实用主义的态度，沦为拜物教的奴隶。

　　历史虚无主义思潮并不是单纯某一家哲学观点普遍化的产物，它是现代西方各个哲学流派激荡、交织、融合、流变以后的产物。在西方，历史虚无主义思潮由来已久。总的来看，历史虚无主义来自现代西方哲学对资本主义历史的反思，而这一反思已经深入到质疑资本主义的意识形态——启蒙主义的深度，黑格尔哲学体系的解体即是标志。自由是启蒙主义的主题，理性主义是启蒙主义的逻辑特征。黑格尔哲学是启蒙主义思想的总结，黑格尔用自由精神概括启蒙思想，将理性主义提炼为辩证法，他运用辩证法叙述出自由精神从萌芽、产生、发展的历史过程。但是，人们很快就在资本主义的现实矛盾中，感受到现实与启蒙主义理想尖锐的矛盾。资本主义的自由本身就是悖论（自然必然与意志自由相悖、道德自由与政治自由相悖），黑格尔辩证法所描述的资本主义自由精神自在自为地达到自我实现，却无法掩盖和说明现实中的资本主义异化。因而，哲学开始质疑理性主义和它的历史成果——辩证法，开始了用非理性主义反击理性主义，以此抽空辩证法理论根基的现代哲学传统。历史虚无主义就是在这样的新哲学传统中形成的。

　　历史虚无主义与历史唯物主义是天生对立的。虽然同样是批判资本主义、批判黑格尔哲学，但是马克思却批判继承了理性主义的传统，批判改造了黑格尔辩证法，创立了唯物辩证法。马克思认为，从抽象上升到逻辑的辩证法本身并无错误，问题在于必须说明逻辑与历史之间的唯物主义关系：不是逻辑决定历史，而是历史决定逻辑。黑格尔辩证法的颠倒性在于，他错误地认为逻辑与历史相统一就是逻辑决定历史。马克思对黑格尔辩证法实行颠倒，他恢复历史决定逻辑的本来面目，不像黑格尔只是运用辩证法叙述观念、精神发展的历史，马克思则运用唯物辩证法叙述出现实历史矛盾运动的过程，《资本论》即是典范。历史虚无主义不能理解唯物辩证法对唯心辩证法的"颠倒"，因为它自身就是历史唯心主义的变种，但是，它在反对理性主义、反对辩证法的过程中，亦不加区分地反对马克思主义的理性精神，反对唯物辩证法。

马克思指出："辩证法，在其合理形态上，引起资产阶级及其空论主义的代言人的恼怒和恐怖，因为辩证法在对现存事物的肯定的理解中同时包含着对现存事物的否定的理解，即对现存事物的必然灭亡的理解；辩证法对每一种既成的形式都是从不断的运动中，因而也是从它的暂时性方面去理解；辩证法不崇拜任何东西，按其本质来说，它是批判的和革命的。"[1] 唯物辩证法是对事物产生、发展、灭亡历史的揭示，任何事物都在自我否定中被他物取代。马克思在《资本论》中运用唯物辩证法揭示出资本主义自我否定的矛盾运动过程。他指明：资本主义生产关系与交换关系不可调和的矛盾是经济危机的总根源，资本主义在经济危机中不断地自我否定，资本主义在自我否定运动中培育出它的掘墓人——无产阶级。《资本论》阐明资本主义必然灭亡的物质根源，她的批判性和革命性令资产阶级胆寒，唯物辩证法成为资产阶级最为恐惧的武器。历史虚无主义解构理性和辩证法，这丝毫不会影响资本主义生产关系与交换关系不可调和的矛盾依旧在现实中继续作用引起经济危机，却反而起到了阻挡唯物辩证法揭露资本主义自我否定运动的作用。因而，资产阶级并不畏惧这样的空谈，却往往可以将之转换为维护资本主义制度的工具。

历史虚无主义作用于社会主义中国，情况就大为不同了。正确认识社会主义社会的运动规律必须依靠唯物辩证法，而历史虚无主义者怀疑辩证法、将个人的非理性直观放大到决定论的程度，以历史虚无主义的眼光认识社会主义制度，必定难以发现和说明社会主义矛盾运动的规律特殊性，只能将现实中的局部矛盾扩大化，形成怀疑中国特色社会主义、怀疑共产主义运动、怀疑中国革命史乃至整个中国历史的虚无主义泛滥。信仰"和平演变"的帝国主义者早已看到这一点，于是历史虚无主义者从资本主义批判者戏剧化地演变成资本主义和平

---

[1] 马克思：《资本论》第1卷，人民出版社2004年版，第22页。

演变的急先锋。

总之,历史虚无主义在两个方面展现出它的基本面貌:其一,它以纯粹个体直观支解人把握社会关系总体的能力,从而使社会主体的人格在复杂的社会关系总体中抽象化、破碎化。其二,它片面批判理性主义和辩证法,削弱人通过掌握唯物辩证法认识历史运动规律的能力,使人在历史运动面前沦落为历史命运的被动接受者。

2. 历史虚无主义的现实根基

历史虚无主义者将视线注目于个人的非理性直观,在他们的视野中现实只是无原则的碎片。一个值得注意的现象是,历史虚无主义者怀疑一切,但是鲜有人根本怀疑新、旧自由主义经济学。这是因为,无论哪种思想观点,无论这种观点怎样强调人认识现实是多么的不可能,它都是根据某种现实观来面对现实的,思想拒绝面对现实,一定也会被现实拒绝。事实上,历史虚无主义对现实的观点嫁接在自由主义经济学的基础之上,历史虚无主义的头脑要靠自由主义经济学的腿来走路。经济学是现实之学,用什么样的立场看待现实就会有什么样的经济学。经济学秉承某种历史观和现实观,关注一定范围内的社会关系,形成对现实的基本观点。

黑格尔在《小逻辑》中说明:"现实是本质与实存或内与外所直接形成的统一。现实事物的表现就是现实事物本身。所以现实事物在它的表现里仍同样还是本质性的东西。"[①] 现实是本质和现象的综合。本质的内在性与现象的外在性,在现实这里综合为内在与外在的统一,本质因而得以实现。现实就是本质的实现。历史虚无主义站在反理性的立场,反对本质、重视现象。在他们看来,本质与现象是二元对立的传统思想结构,理性主义粗暴地将本质与现象放在二元对立的结构当中,强调本质、忽略现象,形成理性对非理性的专制。历史虚无主义者为现象更张,他们认为现象才是事物本来面目的自我显示,传统思想当中的"本质"则是对事物本身形成自负的歪曲。既然现象

---

① [德] 黑格尔:《小逻辑》,贺麟译,商务印书馆1980年版,第295页。

就能显示事物的本来面目，既然本质在现实中达到自我实现是自负的歪曲，那么现实就是多余的了。马克思批判继承了黑格尔的现实观，指明历史唯物主义的科学道路在于重新发现现实。马克思指出："只有在现实的世界中并使用现实的手段才能实现真正的解放。"① 马克思发现，现实的世界、现实的手段还有解放，三者在实践中综合起来。实践的主体是人，人的解放不是抽象本质的自我实现，而是人的能力和社会关系的全面发展，而这一切是在他的物质活动中实现的，人在现实世界中使用现实手段的物质活动就是生产劳动。人在生产劳动中取得生产的能力和社会关系的发展，"生产力和社会关系——这二者是社会的个人发展的不同方面"。② 但是，生产力与社会关系，尤其是生产关系的矛盾是贯穿物质生产活动中的基本矛盾。马克思指出："生产力与交往形式（马克思对生产关系最初的表达——引者注）的关系就是交往形式与个人的行动或活动的关系。"③ 交往形式"起初是自主活动的条件，后来却变成了它的桎梏，它们在整个历史发展中构成一个有联系的交往形式的系列，交往形式的联系就在于：已成为桎梏的旧交往形式被适应于比较发达的生产力，因而也适应于进步的个人的自主活动方式的新交往形式所代替；新的交往形式又会成为桎梏，然后又为别的交往形式所代替"。④ 他的结论是："由每一个新的一代承受下来的是生产力的历史，从而也是个人本身力量发展的历史。"⑤ 在这里，马克思指明生产关系是否适应生产力的标准在于：生产关系是否适应于进步的个人的自主活动方式。最终，马克思在经济学中具体地考察生产力与生产关系的矛盾运动，他揭示并叙述出资本主义生产力与生产关系矛盾运动的规律特殊性。马克思对经济学的研究对象——物质生产做出如下描述："生产也不只是特殊的生产，而

---

① 马克思、恩格斯：《马克思恩格斯选集》第1卷，人民出版社1995年版，第74页。
② 马克思、恩格斯：《马克思恩格斯全集》中文第1版，第46卷下，人民出版社1980年版，第219页。
③ 马克思、恩格斯：《马克思恩格斯选集》第1卷，人民出版社1995年版，第123页。
④ 同上书，第124页。
⑤ 同上。

始终是一定的社会体即社会的主体在或广或窄的由各生产部门组成的总体中活动着。"① 我们可以从中体会到，马克思经济学揭示现实的途径是：确定经济活动的主体，在生产部门或经济关系的总体中发现具体的主体，研究主体在生产关系和交换关系的总体中如何活动。

自由主义经济学，尤其是新自由主义经济学建立在经验直观的基础之上，对社会现实的关注只停留在现象层次，它拒绝追问本质，不能领会本质与现象的统一——现实。新自由经济学在历史虚无主义思潮泛滥的文化背景下产生，而在这个过程中经济学不断数学化、脱离了它与哲学的天然联系，经济学的哲学观处于空白状态，历史虚无主义轻而易举地担当起经济学的头脑，历史虚无主义的个体非理性直观转变为新自由主义经济学的经验直观。经验直观对理性与非理性的矛盾采取了实用主义的态度，它不过是个体非理性主义的折中。在经验直观的视野中，自由主义经济学只关注资本主义的交换关系，有意忽略资本主义生产关系，它局限于资本商品交换的现象，将整个资本主义的经济关系片面化为供求关系，均衡价格理论成为它的理论核心。

然而，均衡价格理论中包含着一系列理论悖论：其一，"经济人"理性与非理性的悖论。"经济人"作为资本商品交换的主体，也是整个新自由主义经济学的"主语"。经济人亦被称为理性人，他具有追求、实现效用和利润最大化的自然理性。但是在完全的市场竞争中，每一个理性人又是价格的被动接受者，每个人对"看不见的手"的反应是偶然的、非理性的。其二，消费者主权和生产者专制的悖论。均衡价格理论信仰市场出清的均衡状态，相信生产不会非理性地偏离消费过多，因而有消费者主权说。但是，均衡价格理论只用心理直观来描述消费的效用最大化，却用精确的会计原则核算成本说明利润最大化。此外，新自由主义经济学制定的衡量福利最大化的标准是：总剩余＝买者的评价－卖者的成本。② 买者的心理评价与卖者成本的会

---

① 马克思、恩格斯：《马克思恩格斯选集》第2卷，人民出版社1995年版，第4页。
② 参阅［美］曼昆《经济学原理》上册，梁小民译，机械工业出版社2006年版，第126页。

计核算是不可通约的。即使这样,消费者心理预期的价格最大化、卖者的成本最小化才能实现总剩余最大化,消费者的非理性、生产者的理性,这反映出生产者对消费者的支配地位。其三,竞争与垄断的悖论。自由竞争的市场结构是均衡价格理论所追求的理想状态,但在这个状态中只有会计利润,没有经济利润,因而不能实现利润最大化。只有在垄断中才会产生超额利润,资本不会拒绝超额利润,因而会选择垄断。在现实中,资本与资本之间在竞争与垄断的关系中进行着机会主义的博弈。

以上悖论仅仅体现在理论层次,当均衡价格理论付之于运用,理论中的悖论会在现实中进一步升级:首先,均衡价格理论在生产要素市场,尤其是在劳动市场中,生产者专制转变成为消费者专制,这是因为产品市场当中的生产者与劳动市场当中的消费者是统一的主体,产品市场当中的消费者与劳动市场当中的生产者也是统一的主体,从产品市场的生产者专制到劳动市场的消费者专制,反映出资本对雇佣劳动的支配。其次,均衡价格理论在宏观经济中引申出"储蓄=投资"的恒等关系,供给与需求的均衡在宏观经济领域中体现为货币供给与需求的恒等。但是,矛盾也就此产生。货币供给与需求的"必定"恒等与通货膨胀时时对经济统计数据的干扰作用形成对立。通货膨胀成为一种任性的权力。再次,宏观经济学为"隔离"通货膨胀与货币供给和需求的恒等关系,区分出所谓长期实际经济与短期经济波动。新自由主义认为在长期实际经济中"恒等"的理念自然实现,而在短期经济波动中不能回避通货膨胀。因而发生了理念与现实的矛盾:"既然长期只是理念的层次,短期才是真正的现实经济,既然短期不能回避通货膨胀,就意味着现实经济无时无处不受到货币制度和通货膨胀的干扰。"[1] 最后,新自由主义经济学认为短期经济波动主要体现为失业与通货膨胀的交替和权衡。"资本在失业与通货膨胀之

---

[1] 刘伟:《论科学的经济学》,中国社会科学出版社2015年版,第91页。

间的二难选择反映出劳动的买方专断与货币制度之间的矛盾。"① 当代资本主义货币制度通过制造通货膨胀，极大程度上满足资本的流通需求，同时，又确立垄断资本剥夺中小资本的丛林法则。个体资本为实现扩大再生产依赖于金融寡头主宰的货币制度，但是投资的盲目性，以及资本边际产量递减规律的作用，导致生产过剩普遍产生，面对由通货膨胀引起的成本提高，面对通货膨胀中垄断资本对中小资本的剥夺，个体资本凭借自身在劳动市场上的消费者专制，不断降低购买雇佣劳动的成本，造成失业，以此进逼金融寡头降低通货膨胀率。失业与通货膨胀反映出劳动市场垄断权与金融市场垄断权的机会主义关系。

我们可以看到，均衡价格理论自身包含着悖论，而一旦该理论运用于现实，就更难以掩盖理论与现实的矛盾。新自由主义经济学凭借经验直观描述交换关系，而忽略交换关系内部的生产关系，理性人只是交换关系的主体，因而是片面的经济主体，理性人的经济活动是片面的经济活动。一旦涉及资本与雇佣劳动的关系、资本与资本的关系，均衡价格理论就难以掩饰它不能说明现实的经济关系的局限性。这一局限性是由其维护资本主义制度的本能决定的。历史虚无主义者与新自由主义经济学家用同样的眼睛看待现实，如如不动的是他们反对马克思主义、歪曲社会主义运动，而为资本主义辩护的现实观。

3. 历史虚无主义的哲学源流

历史唯物主义与历史虚无主义理论斗争的焦点在于，是否承认唯物辩证法能够发现和叙述历史运动的规律。从理论形态上看，历史虚无主义是现代西方哲学反对历史唯物主义的庸俗化汇总，我们将围绕着唯物辩证法何以发现和叙述历史规律这一线索，剖析历史虚无主义的理论谱系以及哲学源流。

唯物辩证法强调可知论，认为思维的历史能够再现现实历史的矛盾运动过程，因而承认逻辑与历史相统一。唯物辩证法是理性主义发

---

① 刘伟：《论科学的经济学》，中国社会科学出版社2015年版，第94页。

展的产物，但它对旧理性主义实行了革命，因而是新的理性主义。旧理性主义以历史唯心论为特征，它的最高理论成果是黑格尔辩证法。黑格尔发现了矛盾的运动，并运用从抽象上升到具体的概念辩证法叙述了精神文化矛盾运动的历史。他坚信辩证法是理性的"绝对知识"，是理性能够把握历史的根据。但是，黑格尔的所有发现只是局限于观念、精神的历史之内，一旦超出观念的历史，进入现实的历史，黑格尔辩证法的局限性就显露出来了。黑格尔并没有发现现实的矛盾运动，即使他天才地猜测到现实矛盾的局部内容，那也不过是他所捕捉到的现实矛盾在观念中的折射片段。凡是他在现实中不能说明的矛盾，他都巧妙地用观念的矛盾张冠李戴了。黑格尔辩证法将自由精神绝对化，用自由精神自我异化又扬弃异化的过程赞颂自由实现的历史必然性。但是，面对现实世界中资本主义社会的普遍异化，自由精神的自我异化不过是现实中的异化的反映，而自由精神扬弃异化的过程对现实中的异化不会发生根本的作用，只要现实中的异化依旧存在，精神的异化就不可能得到根本的改变。

马克思运用唯物的社会发展辩证法批判改造了黑格尔的概念辩证法。马克思认为，概念只不过是对现实矛盾的描述。现实历史运动的内在动力是生产力与生产关系的矛盾，这一矛盾是贯穿于各个社会形态的基本矛盾，它在不同历史时代表现出规律特殊性。每一个社会形态所包含的基本矛盾都是"普照的光""特殊的以太"，它包含着这一社会形态自我肯定和自我否定的对立统一，其中自我否定的一面代表着矛盾发展的方向。概念从抽象上升到具体的逻辑运动，不过是对某种社会的基本矛盾从简单到复杂发展过程的叙述，即对这种社会形态自我否定运动的描述。在《资本论》中，马克思运用唯物辩证法揭示出资本主义社会的自我否定运动。资本主义生产关系不适应生产力的发展趋势，这是其自我否定的物质根源，这种"不适应"的内在机制是：资本主义生产关系与交换关系不可调和的矛盾、剩余价值规律与价值规律不可调和的矛盾。《资本论》从抽象上升到具体叙述出资本主义生产关系与交换关系、剩余价值规律与价值规律的矛盾生成、发展到激化的过程。《资本论》说明资本的自我否定运动是资本主义异化的物质根源，马克思指明扬弃异化的正确道路：扬弃现实中异化的资本主义社会关系，资产阶级意识形态不过是异化意识的总汇，一旦异化意识赖以存在的异化的社会关系被彻底扬弃，异化意识也将随之被彻底扬弃。

哲学的最高问题是何为自由、自由何以实现。哲学通过理论思维专门地研究这一问题。我们可以通过先把握某个时代哲学理论思维的范式，再研究理论思维如何探索自由，呈现出这个时代哲学的基本特点。西方哲学在黑格尔之后，理论思维的演进进入到怀疑理性、解构辩证法的历史时代。把握哲学方法论是进入理论思维大厦的锁匙。在现代西方哲学中，分析哲学、现象学和实用主义鼎足而立，支撑起哲学方法论的基本架构。三家哲学都以批判理性主义传统为己任，它们的理论提问是：抛弃理性，精神的哪一部分能够决定世界？分析哲学否定概念逻辑，它重新回到语言当中，试图从语言分析中重新发现逻辑的科学基础。该学派最先在语义分析中，运用经验主义还原论，将逻辑建立在用物理学确证的经验论基础之上。但是，随后产生了物理学语言难以描述道德和社会的难题。针对这一难题，分析哲学从语义分析转向语用分析，试图从语用分析中说明语言的行为功能，打通逻辑学与社会行为之间的关系。然而，语义分析越是精细、繁杂，它对社会行为的分析就越是破碎和缺乏确定性，因而距离社会中人的真实面貌也就越来越远。现象学反对理性主义，试图在非理性直观的基础上重新确立哲学的科学基础。它在现象学直观、分析和描述中考察个别现象，现象学方法的起点是自由联想式的直观，概念是为描述直观服务的。现象学方法吸收语言分析的方法又与之相区别，它通过概念和语言分析，对概念的意义进行理想化的直观，再对概念间的联系进行范畴直观。而直观到此没有停止，现象学方法还要反思这一系列直观过程，对事物在直观过程中的显示方式进行总体直观，从而形成一个整体的心理构造。现象学不关心现实，它要排除现实对心理直观构造的影响，因而对直观材料和内容的现实性进行"悬搁"，以此还原出意识活动中最为确定和纯粹的根据——自我意识之流。但是，自我意识又是怎样生成的呢？现象学将答案寄托在科学之外的生活世界，可是，对于生活世界中人的生活经验的结构和演变，现象学没有给予答案。我们看到，语言分析和现象学的系列直观都脱离了社会现实，因而不能说明现实的社会生活。与分析哲学和现象学相比，实用主义并不深刻，但它却为现代西方哲学担负起解释现实的理论重任。实用主义主张，"观念之为真，因为它有用"，它以有用原则来鉴别所有的哲学观点，因而理性与非理性、科学与形而上学的对立都可以折中。实用主义真理观甚至一改西方哲学以理智和逻辑衡量真理的传统，主张通过情感过程来描述真理基础和标准的生成。实用主义超越分析哲学和现象学，从"知"延伸到"行"，通过知行关系解释现实的社会生活。实用主义者认为：人类社会生活是从知识到行动，并由此产生效果的过程。知识可以把外在的事物转化为知识对象，把行动转化为对外界有指导、有目的的反应，人类从知识到行动，其实质是针对实际问题，给予反应并达到对问题的解决。实用主义凭借它能够"解决问题"的优越性，批判分析哲学和现象学所热衷的还原论，指出还原论必然导致经验或者理念的教条，教条是与用于解决问题的"实用"相悖的。分析哲学，尤其是现象学拒绝理性的悖谬在于：理性与非理性共同组成人的精神世界，在旧哲学中形成了理性压抑非理性的传统，但是解除这种压迫，不是反过来让理性成为非理性的奴役。而实用主义对理性与非理性的折中，最终依旧通向非理性主义。因为实用主义检验真理的标准只是实用，而不是实践，不是主体在改造世界的活动中实现自身，不是通向自由。偶然的有用性与必然的自由性之间的差别，表现为非理性与理性的差别。

每个时代的哲学都凭借着一定的哲学方法论和理论思维，对哲学的最高问题——何为自由、自由何以实现，给予一定的解答。在现代西方哲学中，存在主义、法兰克福学派、结构主义鼎足而立，它们在分析哲学，尤其是现象学方法的熏陶下，富有代表性地探索自由、批判异化。存在主义者接受了现象学还原，但对胡塞尔现象学还原的结果——自我意识持批判态度,他们认为自我意识是理性主义的核心范畴,胡塞尔并没有超越传统。存在主义现象学还原的结果,不是自我意识,而是个人的存在。存在意味着个人的自我参与、自由选择以及实现自我。存在主义将存在确立为生活世界的主体。萨特认为在生活世界中,主体与世界的关系是存在与虚无的关系。世界如果与人不相关,它就是自在的,甚至荒谬的。人通过虚无建立自身与世界的关系,即"虚无"掉和自身无关的自在的东西,因而显示出自己与世界独特的关系。"虚无是使世界获得一个轮廓的东西。"萨特强调存在的个体性,他指出个体的存在是绝对自由的,他反对马克思把唯物辩证法建立在社会实践的基础之上,主张辩证法的出发点应是个人实践。法兰克福学派批判资本主义异化,它的出发点依然是个人自由。它认为资本主义异化实质上是意识形态对个人的异化,意识形态贯穿经济基础和上层建筑,具有整体性,渗透在社会生活各个方面。马尔库塞用"单面性"来描述发达工业社会的意识形态异化,他指出"单面"是"双面"的异化,辩证法是由对立的两面组成的,人的理性是辩证的理性,但是发达工业社会从哲学思维到生产消费活动、从社会关系到社会结构,都体现出把矛盾双方划归为一的"一体化"统治方式,个体自由被全面压抑。马尔库塞假借黑格尔辩证法的外壳,认为异化的产生和异化的扬弃,归根结底是理性自我异化和扬弃异化的过程。但是,他修正了理性的内涵,他认为理性是人的具体人性,是个人自由与情感的统一,理性扬弃异化是对爱欲的解放,个人在爱欲中实现自身,爱欲是生命、自由和美三位一体的生命本能,它是非理性的,但解放非理性的爱欲是理性自我复归的途径。存在主义和法兰克福学派都陷入到自由的悖论之中:存在主义自由观中包含着个人与社会的悖论,个人具有绝对的自由,社会则是自由的异化,可是社会正是个人的另一面。法兰克福学派认为资本主义意识形态无所不在地对个体实行全面统治,它主张通过个体理性的自觉全面扬弃异化,可是理性如何在全面异化的意识形态中对它进行全面批判呢?结构主义哲学家阿尔都塞,批判存在主义和法兰克福学派,指出二者都没有超出资本主义意识形态的范畴，没有摆脱启蒙运动以来个人主义的局限。他强调批判资本主义意识形态，应与资本主义意识形态实行决裂，拒绝再把资本主义社会的个人看作历史运动的主体。阿尔都塞指出，历史运动是无主体的过程，扬弃异化的途径应是改变社会的权力结构。阿尔都塞把彻底的意识形态批判看作结构更替，而更替又是彻底的断裂，这样结构始终没有改变它对人的支配性，人的主动性被忽略了，这又为个人主义批判结构主义埋下伏笔。萨特虚无地看待社会现实，马尔库塞用意识形态将现实固化，阿尔都塞将现实简化为结构，他们都不能确认社会的主体，不能说明社会主体在怎样的关系总体中活动，因而，他们不能发现异化的根源，以及扬弃异化、实现自由的正确途径。

现代西方哲学以非理性主义为特征的理论思维，无助于人们认识社会现实，而现实又是历史的"横截面"，不能揭示现实就意味着不能把握历史运动的规律。在自由观中，现代西方哲学对异化的批判充满悖论，这体现出非理性的理论思维不能确证社会活动的主体，不能发现社会关系的总体面貌，因而表现出反社会、反历史的特征。现代西方哲学自己不能够把握历史运动的规律，那么，对于马克思主义通过唯物辩证法把握历史和现实，从而发现异化根源的科学道路，现代西方哲学又是怎么看待的？首先，现代西方哲学肯定历史的偶然性、否认历史的必然性，不承认唯物辩证法所揭示的历史规律具有必然性。波普和哈耶克认为用辩证法去把握历史运动的规律，这是"致命的自负"，社会历史运动的规律是"测不准"的。福柯主张书写"现在的历史"，为着现在的目的考察过去。他为了说明现代理性和人的主体性在西方社会的形成条件，而展开历史的哲学批判。他考察历史的结论是：历史当中偶然的事件导致理性对非理性的专制，专制制度从宏观到微观的发展形成对主体的全面压迫。因而，他认为强调历史的规律性这是"宏大叙事"，对于偶然性和微观性在历史发展中的决定性作用，"宏大叙事"是大而不当的。其次，现代西方哲学肯定历史的主观性，怀疑历史的客观性，不承认唯物辩证法把握历史规律的客观性。新康德主义认为，与自然科学的事实原则相比，历史科学充其量只具备价值原则。克罗齐指出"一切历史都是当代史"，历史学家的主观精神从所处的情境出发并决定对史料的解读和阐发。伽达默尔用"效果历史"调和历史研究主观与客观的矛盾，但依旧否认了客观原则。最后，现代西方哲学将唯物辩证法钉在理性主义的传统之中，否认它对哲学传统的革命批判作用。德里达试图通过批判逻各斯中心主义传统，对二元对立的传统思维结构实行解构，由此达到对辩证法和理性传统釜底抽薪式的批判。以上反唯物辩证法的观点，其悖谬在于：其一，依旧将唯物辩证法当作解释世界的工具，不懂得唯物辩证法不是再现一去不可复返的历史细节。细节是偶然的，但是矛盾却是必然的。唯物辩证法所再现的是历史矛盾运动的过程。其二，唯物辩证法所揭示的历史规律其客观性不在于一览无余地再现历史的偶然细节，而在于用思维的历史再现矛盾的历史，思维历史自我批判的运动与现实历史自我否定的运动是相统一的，不理解思维自我批判与现实自我否定的统一，不用革命的批判精神去看待历史，历史就是无矛盾的过程。其三，唯物辩证法的理论基石——矛盾的确是二元对立的结构，但矛盾中的二元对立是事物的自我肯定性与自我否定性的辩证统一，事物内部自我肯定与自我否定的矛盾，决定事物产生、发展、灭亡的历史过程，因而是以革命的批判的眼光来看待事物发展，确立自我肯定与自我否定的矛盾对立不是什么"逻各斯中心主义"，而是"科学上的诚实"。

任何时代的哲学都包含着批判与自我批判的脉络，唯物辩证法代表着现代哲学革命批判的发展脉络，而历史虚无主义却代表着毫无批判精神的庸俗化脉络。哲学的庸俗化实际上不过是局限某种哲学立场，然后对所有的哲学观点进行实用主义的、机会主义的汇总、折中，对有利于这种立场的观点，教条地加以解释、加工和辩护。就历史虚无主义而言，它的立场不是对资本主义的异化进行批判，而是对现实的或是观念的异化感到自在。历史虚无主义者在哲学方法论上采用现象学的非理性直观反对传统，当他用这种哲学方法论无法解释社会现实的时候，他就自然而然地选择实用主义，用折中的、机会主义的观点来解释现实。他自己也感觉到他的选择导致理论与现实之间产生巨大的鸿沟。为了维护自己的立场，逃避哲学的批判，它用个体自由来装点自己，用解构主义来武装自己，有时也对资本主义社会的不合理性进行装模作样的批判。但是，历史虚无主义对现代西方哲学否认历史规律的必然性和客观性，否认唯物辩证法科学精神的观点是如数接受，这里表现出历史虚无主义唯一的自觉精神，那就不遗余力地反对历史唯物主义，反击唯物辩证法对庸俗哲学的革命批判。

结论　实现社会主义社会全面发展与人自身发展相一致的三个时态

我国国际地位与话语权的提升,其实质是中国特色社会主义所开创的现代化道路在世界的影响力逐渐增强和扩大。中国特色社会主义现代化模式的典范性正在世界范围内逐步显现。随着"中国特色社会主义社会发展命题"的逐步解答,中国特色社会主义将在历史、现实和未来三个"时态"中展示出实现现代化的创造性、批判性和全面性,从而在世界范围内为人类树立起一个实现现代化的崭新模式——社会主义社会全面发展与人的自身发展相一致。

一　历史:中国特色社会主义现代化的创造性

现代是与传统相对而言的。传统社会以自然经济为物质基础,以等级专制为政治上层建筑,传统文化显示出自然主义维护自然经济、道德主义维系专制秩序的基本面貌。现代化是对传统的批判和超越,现代性社会以商品经济取代自然经济,以民主政治代替等级专制,以理性主义驱逐专制蒙昧。迄今为止,人类现代化的历史大体呈现出三种现代化模式:资本主义现代化、社会主义现代化的苏联模式、社会主义现代化的中国模式。三种现代化模式之间贯穿着否定之否定的扬弃运动。

资本主义现代化结束了"人依赖于人"的等级专制制度,以"自由"为旗帜,建立起现代性社会,其特征是:经济上自由竞争、政治上权力制衡、文化上自由主义、社会上个人主义、思维上科学主义。可是，资本主义现代化自实现之日起，它的自我否定就从没有停止过。自由竞争发展到金融垄断，政治自由陷入民主悖论，启蒙主义的理性原则为非理性主义所围攻，个人主义流入"单向度"境地，直到"后现代主义"对现代主义进行全面解构。马克思对资本主义的批判最为彻底，他指出自由竞争不过是资本的自由竞争，因而是形式上的、偶然的自由。"有个性的个人与阶级的个人的差别，个人生活条件的偶然性，只是随着那本身是资产阶级产物的阶级的出现才出现。只有个人相互之间的竞争和斗争才产生和发展了这种偶然性本身。因此，各个人在资产阶级的统治下被设想得比先前更自由些，因为他们的生活条件对他们来说是偶然的；事实上，他们当然更不自由，因为他们更加屈从于物的力量。"[1] 在资本主义社会中，资本自由竞争的偶然性是由剩余价值规律与价值规律的矛盾必然性决定的。资本的自由是实现剩余价值剥削的自由。但是，剩余价值在生产过程中产生之后，能否在流通过程中实现，这取决于资本与资本之间的关系。资本与资本之间按照价值规律结合成交换关系，平等交换是价值法则的铁律，但是，资本流通中包含着剩余价值的流通，剩余的价值流通与一般的资本流通不同，其中蕴含着剩余价值规律与价值规律不可调和的矛盾。剩余价值运动的规律表现为资本积累的趋势：资本有机构成不断提高，大资本不断剥夺中小资本，资本积累财富、雇佣劳动积累贫穷。资本积累在资本流通中表现为：资本的循环和周转、价值和物质补偿、生产和消费产生不平衡，这一系列不平衡使经济危机从可能转变为现实。在经济危机的准备时期和爆发时期，资本与资本之间的关系表现为机会主义的博弈：在实现总剩余价值最大化的过程中"亲如兄弟"，在瓜分总剩余价值的过程中"以邻为壑"。在形式上，价值规律与剩余价值规律综合形成利润规律，资本之间按照利润规律瓜分总剩余价值。但是平均利润率不断下降的趋势最终将资本积累发展到这样的程度：商业资本垄断资本流通领域，支解资本生产与

---

[1] 马克思、恩格斯：《马克思恩格斯选集》第1卷，人民出版社1995年版，第120页。

流通的完整过程；金融资本和土地私有者形成资本垄断，剥削产业资本。经济危机既是价值规律强迫资本生产与社会消费相平衡的自然必然性，又是大资本践踏价值规律平等原则围猎中小资本的疯狂角逐。资本与资本的相互交换在形式上是自由、平等的，但是交换能否自由、平等地实现，则取决于资本积累的实力，取决于它在资本垄断斗争中的机会主义博弈。在资本积累与价值规律相对抗这一自然必然性面前，资本的自我实现只是偶然的。说到政治和文化上层建筑中的自由，马克思又指出："如果说经济形式，交换，确立了主体之间的全面平等，那么内容，即促使人们去进行交换的个人材料和物质材料，则确立了自由。可见，平等和自由不仅在以交换价值为基础的交换中受到尊重，而且交换价值的交换是一切平等和自由的生产的、现实的基础。作为纯粹观念，平等和自由仅仅是交换价值的交换的一种理想化的表现；作为法律的、政治的、社会的关系上发展了的东西，平等和自由不过是另一次方的这种基础而已。"① 政治上的权力制衡、文化上的自由主义、社会上的个人主义不过是资本自由竞争的"另一次方"，不过是上层建筑对资本自由竞争所蕴含的复杂社会关系进行观念上的或制度上的维护和调解。资本自由竞争的形式性和偶然性也必然延伸到上层建筑领域。我们可以看到资产阶级政府在经济危机准备时期和爆发时期，在不干预与干预之间进行着机会主义的选择。我们可以看到资本主义个人主义与社群主义，大陆理性主义与英美经验主义无休止的争论。

　　社会主义是资本主义的对立物。社会主义从理论到实践的基本线索就是扬弃资本主义。社会主义制度最初在苏联实现，从而开启了人类实现现代化的新模式。社会主义的苏联模式开辟了人类历史的新纪元，同时也体现出"在空地上建立社会主义制度"的抽象性。这种抽象性体现在：第一，社会主义公有制实现形式的单一决定社会交换

---

① 马克思、恩格斯：《马克思恩格斯全集》第46卷上，人民出版社1979年版，第197页。

关系的封闭性；第二，国家计划协调社会交换，计划的主观性与价值法则的客观性矛盾尖锐；第三，国家对公有财产的一元化管理权演变成官僚主义，这使计划的主观性演变成主观主义，最终逐渐脱离群众。总的来看，苏联社会主义的抽象性在于：社会主义制度没有健全的社会交换关系，缺乏社会交换关系的反作用，社会生产关系的内在优越性被窒息。

中国特色社会主义对苏联社会主义又进行了批判扬弃，不断探索出社会主义现代化的新模式。毛泽东通过揭示社会主义的矛盾特殊性和社会的基本关系来探索社会主义制度的规律特殊性。他在《正确处理人民内部矛盾》中阐明社会主义社会的主要矛盾是人民内部矛盾，并指明正确解决人民内部矛盾的途径是"团结—批评—团结"。毛泽东指出："在社会主义社会中，基本的矛盾仍然是生产关系和生产力之间的矛盾，上层建筑和经济基础之间的矛盾。"[①] 社会主义生产关系和生产力之间的矛盾、上层建筑和经济基础的矛盾是社会主义的人民内部产生的物质基础。在社会主义生产关系与生产力的矛盾的内部，社会主义生产关系与它的第二级的派生关系——交换关系的矛盾运动，是社会主义生产关系是否适应生产力发展的内在机制。在社会主义生产关系确立之后，在社会主义现代化发展的曲折过程中，以毛泽东为代表的中国共产党人感受到价值规律在社会主义生产方式中依然发挥着不可或缺的作用，毛泽东指出："价值法则是一个伟大的学校"，初步发现社会主义生产关系与交换关系的矛盾。

改革开放以来，我国创造性地建设社会主义市场经济体制，即健全和完善社会主义的交换关系，以此促进形成社会主义生产关系与交换关系的协调机制，在此基础上建立社会主义的国家治理体系。社会主义的国家治理体系是社会主义市场经济的上层建筑，其职能在于科学、有效地解决社会主义市场经济协调统一社会主义生产关系与交换关系的过程中，产生而出的一系列复杂的人民内部矛盾。中国特色社

[①] 毛泽东：《毛泽东文集》第7卷，人民出版社1999年版，第214页。

会主义扬弃了资本主义生产关系与交换关系、剩余价值规律与价值规律的矛盾，科学解决了社会主义生产关系与价值规律有机统一的历史难题，具有伟大的历史创造性。

二　现实：中国特色社会主义现代化的批判性

自 2008 年以来，资本主义世界遭遇了空前严重的金融、经济危机，资本主义制度的自我否定再次集中体现。本次经济危机的根源依然是资本主义生产关系与交换关系、剩余价值规律与价值规律不可调和的矛盾。

马克思指出，资本与雇佣劳动关系、商品货币关系分别是资本主义社会最根本的生产关系和最普遍的交换关系。价值法则是商品货币关系的内在规律，它既是"天生的平等派"，又蕴含着经济危机的可能性。任何社会形态成熟与否，都以生产关系能否驾驭交换关系为试金石。在现代性社会中，社会交换关系已经发展为世界市场，世界市场促使人的交往普遍化。现代性社会必然面临着协调生产关系与交换关系，以生产关系驾驭价值规律的理论和实践难题。但是，在资本主义社会中，资本主义的生产关系不能驾驭价值规律，资本主义生产关系与交换关系之间形成不可调和的矛盾，这一矛盾成为经济危机的总根源，资本主义制度在经济危机中不断地自我否定。马克思在《资本论》中揭示出资本主义生产关系与交换关系矛盾运动的基本逻辑：资本主义生产关系在普遍的商品货币关系的"温床"上诞生，但是资本追求剩余价值最大化的本能却决定它不能驾驭价值规律。在价值规律的作用下，剩余价值的再生产展现出资本集中、贫困积累的规律，经济危机的社会基础由此形成。资本在剩余价值规律与价值规律的综合作用下形成社会资本，资本的循环和周转在社会资本的总体结构中表现为两大部类之间资本的循环和周转呈现出不平衡的常态，这种不平衡体现在：两大部类资本价值与物质补偿的不平衡、资本生产与社会消费之间的不平衡。资本主义生产关系与交换关系不可调和的矛盾因此形成。虽然，剩余价值规律与价值规律的综合作用将剩余价值规律现实化为利润规律，形式上维护着资本之间的平等，但是平均利润率不断下降的必然趋势与资本有机构成不断提高的必然趋势形成尖锐矛盾，导致资本必须依赖信贷货币资本才能生存，才能参与到瓜分总剩余价值的争斗之中，金融资本因而异化为"资本之王"，大资本对中小资本的剥夺因此而增强了，价值规律的平等原则被践踏，经济危机因而成为历史必然。

本次金融、经济危机即显现出金融资本在攫取世界货币制度统治权之后，与霸权主义相勾结，凭借不平等的世界经济政治秩序，对全球资本和人民大众进行剥夺。金融寡头主导的世界货币制度违背价值规律的平等原则，在全世界范围内为实现寡头占有全球总剩余价值的最大化，垄断货币供给、制定和强加产业等级和价值等级专制，不惜产业资本空心化，疯狂地利用金融赌博进行剥夺。笔者在拙作《论科学的经济学》中对当前世界金融、经济危机的根源，有如下分析：

> 本次金融和经济危机其根源依然是资本主义生产关系与交换关系的矛盾。当然，眼前的危机也表现出它的历史特殊性。当前危机产生的背景是金融寡头主导的货币制度成为资本主义全球化的统治力量，资本与资本之间的矛盾在全球范围内展现开来。当前世界货币制度确立之后，金融资本形成对产业资本的绝对统治之势，这主要体现在：第一，金权与政权生命相连、有机融合成为对产业资本的专制，民主的资本主义已经转化为专制的资本主义；第二，金融领域已经成为全球资本运动中利润最高的部门之一，这意味着金融垄断资本在对总剩余价值的瓜分中取得绝对的优势；第三，金融寡头不满足于剩余价值掠夺，金融势力与地权垄断势力实现强强联合，金融业高利润收入与持续攀升的地租收入互相勾连，疯狂的房地产投资与癫狂的金融创新互唱双簧，将剥削的魔爪延伸到消费领域（住房需求是消费需求中的最基础亦是最大宗的需求），大肆掠夺消费基金；第四，即使对消费基金的掠夺仍然不能满足金融寡头的胃口，金融垄断通过"金融创

新"，使金融赌博的规则迷人而不自迷，从而在金融市场上通过货币战争，对投资者展开围猎和绞杀。①

"疾风知劲草"，在世界金融和经济危机中，中国特色的社会主义现代化模式的批判性令世界人民刮目相看。中国特色社会主义市场经济在国内以实现社会主义生产关系与交换关系的协调统一为指归，在国际以维护价值规律的平等原则为武器倡议、实践建设公正的政治经济秩序。我国客观地将现阶段的处境定义为新常态，即，世界经济危机对我国影响显著，而我国反而能够于此时完善社会主义市场经济、完成产业革命，以此显示出社会主义制度协调统一生产关系和交换关系的优越性。同时，我国在世界范围倡导建设"一带一路""亚投行""南南合作援助基金"，为建立合作共赢的世界各国新关系做出重大贡献。

中国特色的社会主义市场经济，它的制度创新在于以社会主义生产关系驾驭价值规律，形成生产关系与交换关系相互协调统一的机制。社会主义市场经济体制具有扬弃资本主义经济危机的历史批判性。在中国特色社会主义内部，社会主义市场经济在所有制结构、分配方式和宏观调控三个方面扬弃资本主义生产方式中生产关系与交换关系的矛盾。首先，我国的社会主义生产关系，以公有制为主体，非公经济与之共同发展。社会主义公有制发挥生产关系主体的主导作用，而非公经济在与公有制经济的共同发展中形成协商主体的地位。尤其是在混合所有制中，社会主义公有制获得新的实现形式，公有制经济与非公经济的共同发展进一步具体化为在竞争中联合、互助。混合所有制促使公有制经济与非公经济形成合力加速推进生产的社会化，社会主义公有制在于非公经济的联合互助中进一步加强了它的主导作用，不断成为引领社会劳动生产率可持续提高的典范。在中国特色社会主义的所有制结构扬弃了资本主义社会中资本与资本之间机会

---

① 刘伟：《论科学的经济学》，中国社会科学出版社2015年版，第42—43页。

主义的博弈关系，使社会再生产脱离了资本积累与价值规律尖锐冲突的恶性循环。其次，在分配方式中，因为社会主义公有制的主导作用，按劳分配在分配结构中发挥主导作用，同时，按要素进行分配的方式与之并存。按劳分配对剩余价值剥削发挥着批判和限制的作用，这必将有利于防止分配中的两极分化，以及生产与消费的严重脱节。最后，我国的宏观调控能够科学、有效地处理政府与市场的关系，运用正确处理政府与市场关系这一杠杆，协调社会主义生产关系与交换关系的关系。政府是社会主义公有制的人格化，也是公有制经济与非公经济之间的协调者，因而它代表着社会主义生产关系。市场则代表着普遍的交换关系。在社会交换关系中，市场对资源的配置起决定性作用。在生产关系与交换关系相互协调的层次，政府则发挥出维护市场的公平秩序，弥补市场盲目性的功能。

在中国特色社会主义制度与世界资本主义体系之间，社会主义市场经济将它的创新性和批判性不断外化。价值规律的平等原则，既是社会主义公有制联合非公经济壮大自身的武器，也是社会主义经济与资本主义经济沟通、合作的武器。在不平等的社会政治经济秩序中，世界经济全球化实质上是资本主义的全球化，世界资本主义体系按照金融垄断的意志建立世界货币制度，世界货币制度扭曲世界价值链条，维护世界产业的等级专制。中国特色社会主义的改革与开放相辅相成，社会主义制度只有在与世界资本主义体系沟通、合作的条件下才能不断获得、创造完善自身的条件。社会主义与世界资本主义体系的沟通、合作，归根结底是在社会劳动生产率竞争中获得学习、合作的条件，在价格谈判中取得优势地位。我国倡导建立合作共赢的新型世界经济关系，其实质是运用价值规律，在世界劳动生产率竞争中创造学习、合作的平等关系，在世界价格谈判中反对强权垄断、维护彼此互惠。

三 未来：中国特色社会主义现代化的全面性

我国的国际地位和话语权，反映出中国特色社会主义现代化在国际中的历史作用，以及世界人民对她的理解和接受程度。中国特色社会主义现代化必须全面发挥出她解决当代世界难题的创新力，并将这种创新力升华为文化，产生远播世界、深入人心的效力，才能为世界人民广为理解和欢迎，从而实现中华民族的伟大复兴。

中国特色社会主义现代化建设正处在关键的历史时期，还有一系列历史难题需要解决。这些难题主要是：其一，在新常态中，成功化解世界经济危机对我国的消极影响，同时全面建成小康社会，继续完善社会主义市场经济体制，完成产业革命。其二，建设中国特色社会主义国家治理体系，以此保障社会主义生产关系与交换关系的协调统一。其三，完成中国特色社会主义文化建设，贯通现代化的文化根源，并产生远播世界的影响力。"打铁首先自身硬"。只有在社会制度、经济体制、政治秩序和文化创造各个层次，一步一步全面完成现代化，我国才能在国际中发挥出应有的历史作用。

首先，新常态是我国全面建成小康社会、加速实现社会主义现代化的现实背景。在新常态中，中国特色社会主义必须继续批判、扬弃世界资本主义生产关系与交换关系之间不可调和的矛盾，摆脱世界金融经济危机对我国经济生产、交换、分配和消费的消极影响，全面化解产能过剩，重新整合我国在世界经济中的竞争优势。在新常态中，社会主义市场经济体制必将获得空前的发展空间，一方面，社会主义市场经济的制度创新性将在以下过程中得到检验、锤炼：批判世界资本主义经济体系、成功化解高杠杆和泡沫化风险、为协调社会主义市场生产关系与交换关系排除障碍。另一方面，社会主义市场经济体制又将在我国转变经济发展方式、完成绿色产业革命的过程中发挥开疆扩域、积累条件的历史作用。社会主义市场经济将在新常态中不断完善自身，发挥出它的世界影响力。

其次，成功建设中国特色社会主义国家治理体系，将为现代社会实现民主政治树立典范。民主从来都不是抽象的。资产阶级在理论层次将资本的民主抽象化，继之以普适化。但在实际中，资本主义民主不能说明个人、社会与国家的具体关系，不能在自由、平等、民主的抽象原则之后，说明个人怎样在社会和国家中实现自由、平等和民主，因而资本主义民主的抽象性只是表象，这种表象所掩盖的是资本民主的狭隘性。在中国特色社会主义中，民主具体化为治理，治理的内涵在于：确定的社会主体全面解决现实的社会矛盾。在我国，社会主义国家治理体系的主体是人民，人民在三个维度展现出他的人格：国家人格、社会人格和个人人格。另一方面，社会主义国家治理体系的客体主要是社会主义生产力与生产关系的矛盾、经济基础与上层建筑的矛盾，在社会主义市场经济条件下，社会主义生产关系与交换关系的矛盾是社会现实中最为突出的矛盾。在社会主义市场经济的基础之上，在中国特色社会主义国家治理体系中，治理主体与治理客体的辩证统一表现为：国家、社会和个人对社会主义生产关系与交换关系的矛盾实行综合治理。中国特色社会主义国家治理体系将以治理主体的确定性、治理过程的综合性显示出中国特色社会主义民主政治的典范性。

最后，中国特色社会主义在经济和政治领域当中的历史创新必将在文化领域中升华，产生出远播世界的文化影响力。文化是上层建筑活的灵魂，它的作用在于为社会培养、塑造出贯通理想与现实的优秀人格。现代化归根结底是人的现代化，中国特色的社会主义现代化最终要体现在人民的能力体系、法的精神和道德精神的现代化。中国人民将在中国特色的现代化国家治理体系之中，作为国家治理的主体，在协调社会主义生产关系与交换关系的历史实践中，在社会生产关系与社会结构的巨大变迁中，在正确处理人民内部矛盾的具体交往中，不断锻炼、提高自身治理国家和社会的能力。在社会主义市场经济当中，社会主义的理想性原则与市场经济的现实性原则是一对矛盾，我国人民在社会主义市场经济历史实践中孕育、发展而出的能力体系是贯通、驾驭这对矛盾的中介和条件。随着人民治理国家和社会的能力不断提高，他们将不断取得贯通理想与现实的中介和条件，最终将自身锻造成为能够将理想和现实、道德精神与法的精神统一起来的社会主义新人。社会主义新人是创造社会主义新文化的主体，社会主义新人一旦产生，他们必将继续巩固、发扬培养、塑造自身的文化精神，这时他们将全面总结古今中外的文化资源，以之为素材不断创造出新的文化内容和文化形式。某种文化是否具有世界影响力，这取决于以下两个条件：第一，这种文化是否在整个世界中塑造出优秀的人格，这种人格能够贯通理想与现实，所谓贯通理想与现实实质上就是成功、有效地解决现代世界发展的难题，将人类认识自由、实现自由推向新的历史高度。第二，这种文化是否在总结它的传统过程中不断开新，在与世界各个文明对话的过程中不断世界化，最终形成中西合璧、贯通古今的世界文化。当中国人民成为世界文化的创造者和传播者的时候，当中国人民的道德精神和法的精神成为世界楷模的时候，世界人民对中国的理解亦将达到空前深刻。

参考文献

马克思主义文献

胡锦涛：《胡锦涛文选》（1—3），人民出版社2016年版。

胡锦涛：《坚定不移沿着中国特色社会主义道路前进，为全面建成小康社会而奋斗：在中国共产党第十八次全国代表大会上的报告》，人民出版社2012年版。

列宁：《列宁全集》第37卷，人民出版社第1986年第2版。

列宁：《列宁选集》（1—4），人民出版社2012年版。

马克思：《资本论》（1—3），人民出版社1975年版。

马克思：《资本论》（1—3），人民出版社2004年版。

毛泽东：《毛泽东文集》（1—8），人民出版社1993—1999年版。

马克思、恩格斯：《马克思恩格斯全集》中文1版，第1、2、3、4、7、8、13、16、17、19、22、23、24、25、26、27、28、30、31、33、39、40、42、45、46、47、48、49、50，人民出版社1956—1986年版。

马克思、恩格斯：《马克思恩格斯选集》（1—4），人民出版社1995年第2版。

马克思、恩格斯：《马克思恩格斯〈资本论〉书信集》，人民出版社1976年版。

习近平：《决胜全面建成小康社会夺取新时代中国特色社会主义伟大胜利——在中国共产党第十九次全国代表大会上的报告》，人民出版社 2017 年版。

习近平：《习近平谈治国理政》，外文出版社 2014 年版。

习近平：《习近平谈治国理政》第二卷，外文出版社 2017 年版。

习近平：《在文艺工作座谈会上的讲话》，人民出版社 2015 年版。

《中共中央关于全面深化改革若干重大问题的决定》，人民出版社 2013 年版。

《中共中央关于全面推进依法治国若干重大问题的决定》，人民出版社 2014 年版。

《中共中央关于制定国民经济和社会发展第十三个五年规划的建议》，人民出版社 2015 年版。

中共中央党校：《以习近平同志为核心的党中央治国理政新理念新思想新战略?》，人民出版社 2017 年版。

中共中央文献研究室：《毛泽东年谱（1949—1976）》（1—6），中央文献出版社 2013 年版。

中共中央文献研究室：《毛泽东年谱（1893—1949）》（上、中、下），中央文献出版社 2013 年版。

中共中央文献研究室：《习近平关于协调推进"四个全面"战略布局论述摘编》，中央文献研究室 2015 年版。

中共中央宣传部：《习近平总书记系列重要讲话读本》，学习出版社 2016 年版。

中国著作

北大哲学系外哲史教研室：《西方哲学原著选读》（上、下），商务印书馆 1981—1982 年版。

程恩富：《经济理论与政策创新》，中国社会科学出版社 2013 年版。

《程恩富学术思想研究》，经济科学出版社 2015 年版。

陈文通：《〈资本论〉第四卷概要》，中共中央党校出版社 1999 年版。

陈晏清、阎孟伟：《辩证的历史决定论》，人民出版社 2007 年版。

顾炎武：《日知录》，上海古籍出版社 2006 年版。

顾炎武：《天下郡国利病书》，上海古籍出版社 2012 年版。

贺来：《辩证法与实践理性》，中国社会科学出版社 2011 年版。

黄宗羲：《明夷待访录》，中华书局 2011 年版。

胡亚军：《历史理论的问题结构》，云南大学出版社 2011 年版。

刘伟：《论科学的经济学》，中国社会科学出版社 2015 年版。

刘伟：《马克思的自由理论》，中国社会科学出版社 2012 年版。

李新：《中华民国史》，中华书局 2011 年版。

鲁迅：《鲁迅著译编年全集》（1—20），人民出版社 2009 年版。

苗力田：《古希腊哲学》，中国人民大学出版社 1990 年版。

聂锦芳：《〈资本论〉及其手稿再研究》，经济科学出版社 2013 年版。

孙承叔：《资本与历史唯物主义——〈资本论〉及其手稿当代解读?》，上海人民出版社 2017 年版。

孙承叔、王东：《对〈资本论〉历史观之沉思》，学林出版社 1988 年版。

苏伟：《社会主义市场经济若干重大关系问题再认识》，中国经济出版社 2014 年版。

孙正聿：《辩证法研究》，吉林人民出版社 2007 年版。

王夫之：《春秋稗疏》《春秋家说》《春秋世论》《续春秋左传博议》（合订本），岳麓书社 2011 年版。

王夫之：《读通鉴论》，中华书局 1975 年版。

王夫之：《思问录》《俟解》《黄书》《噩梦》（合订本），中华书局 2009 年版。

仰海峰：《〈资本论〉的哲学》，北京师范大学出版社 2017 年版。

阎孟伟：《协商民主：当代民主政治发展的新路向》，人民出版社 2014 年版。

于祖尧：《忧思录：社会主义市场经济从理念到实践的跨越》，中国社会科学出版社 2015 年版。

赵敦华：《西方哲学简史》，北京大学出版社 2000 年版。

赵敦华：《现代西方哲学新编》，北京大学出版社2001年版。

赵凤岐：《辩证法·范畴与现实》，中国社会科学出版社2013年版。

外国著作

［法］阿尔都塞：《保卫马克思》，顾良译，商务印书馆2006年版。

［法］阿尔都塞：《读〈资本论〉》，李其庆等译，中央编译出版社2001年版。

［古罗马］奥古斯丁：《论三位一体》，周伟驰译，商务印书馆2015年版。

［英］阿克顿：《自由史论》，胡传胜等译，译林出版社2001年版。

［古罗马］奥勒留：《沉思录》，何怀宏译，中央编译出版社2011年第2版。

［苏］奥伊则尔曼：《辩证法史·德国古典哲学》，徐若木、冯文光译，人民出版社1982年版。

［苏］奥伊则尔曼：《十四—十八世纪辩证法史》，钟宇人、朱成光译，人民出版社1984年版。

［法］柏格森：《进化创造论》，李离译，新星出版社2013年版。

［英］贝克莱：《人类知识原理》，关文运译，商务印书馆2010年版。

［英］伯林：《自由及其背叛》，赵国新译，译林出版社2005年版。

［英］伯林：《自由论》，胡传胜译，译林出版社2003年版。

［古希腊］柏拉图：《巴门尼德斯篇》，陈康译，商务印书馆1982年版。

［古希腊］柏拉图：《理想国》，郭斌和、张竹明译，商务印书馆1986年版。

［古希腊］柏拉图：《智者》，詹文杰译，商务印书馆2012年版。

［英］波普：《开放社会及其敌人》第1卷，陆衡等译，中国社会科学出版社1999年版。

［英］波普：《历史主义贫困论》，何林、赵平译，中国社会科学出版

社 1998 年版。

[德] 蔡特金:《回忆列宁》第 5 卷,马清槐译,人民出版社 1982 年版。

[法] 笛卡儿:《谈谈方法》,王太庆译,商务印书馆 2000 年版。

[苏] 敦克尼等:《古代辩证法史》,齐云山、车铭洲等译,人民出版社 1986 年版。

[法] 德里达:《解构与思想的未来》,杜小真等译,吉林人民出版社 2006 年版。

[法] 德里达:《书写与差异》,张宁译,生活·读书·新知三联书店 2001 年版。

[美] 杜威:《哲学的改造》,许崇清译,商务印书馆 1958 年版。

[英] 大卫·李嘉图:《政治经济学及赋税原理》,郭大力、王亚南译,译林出版社 2011 年版。

[德] 费尔巴哈:《费尔巴哈著作选集》上卷,荣震华、李金山译,商务印书馆 1984 年版。

[法] 福柯:《性经验史》,佘碧平译,上海世纪出版集团 2005 年版。

[法] 福柯:《知识考古学》,谢强、马月译,生活·读书·新知三联书店 2007 年第 3 版。

[美] 费雷德·布洛克:《后工业的可能性》,王翼龙译,商务印书馆 2010 年版。

[德] 费希特:《全部知识学在基础》,王玖兴译,商务印书馆 1986 年版。

[意] 葛兰西:《狱中札记》,葆煦译,人民出版社 1983 年版。

[法] 贡斯当:《古代人的自由与现代人的自由》,阎克文等译,上海世纪出版集团 2005 年版。

[德] 哈贝马斯:《交往行为理论》,曹卫东译,上海世纪出版集团 2004 年版。

[法] 霍尔巴赫:《自然体系》,管士滨译,商务印书馆 2011 年版。

[德] 海德格尔:《存在与时间》,陈嘉映、王庆节译,生活·读书·

新知三联书店1987年版。

［德］黑格尔：《法哲学原理》，范扬、张企泰译，商务印书馆1961年版。

［德］黑格尔：《精神现象学》，贺麟、王玖兴译，商务印书馆1979年版。

［德］黑格尔：《精神哲学》，韦卓民译，华中师范大学出版社2006年版。

［德］黑格尔：《历史哲学》，王造时译，上海世纪出版社2006版。

［德］黑格尔：《美学》（1—3），朱光潜译，商务印书馆1979—1981年版。

［德］黑格尔：《小逻辑》，贺麟译，商务印书馆1980年版。

［德］黑格尔：《宗教哲学讲演录》，燕宏远、张国良译，人民出版社2015年版。

［德］黑格尔：《自然哲学》，梁志学、薛华译，商务印书馆1980年版。

［德］黑格尔：《哲学史讲演录》，贺麟、王太庆译，商务印书馆1960年版。

［德］胡塞尔：《欧洲科学的危机与超越论的现象学》，王炳文译，商务印书馆2011年版。

［德］胡塞尔：《纯粹现象学和现象学哲学的观念（第1卷）》，李幼蒸译，中国人民大学出版社2004年版。

［英］哈耶克：《致命的自负》，冯克利译，中国社会科学出版社2000年版。

［德］伽达默尔：《真理与方法》，洪汉鼎译，上海译文出版社2004年版。

［日］久留间鲛造、宇野弘藏等：《〈资本论〉辞典》，薛敬孝等译，南开大学出版社1986年版。

［美］詹姆士：《实用主义》，陈羽纶、孙瑞禾译，商务印书馆1979年版。

［德］康德：《纯粹理性批判》，韦卓民译，华中师范大学出版社 2000 年版。

［德］康德：《道德形上学探本》，唐钺译，商务印书馆 2012 年版。

［德］康德：《判断力批判》，邓晓芒译，人民出版社 2002 年版。

［德］康德：《实践理性批判》，韩水法译，商务印书馆 1999 年版。

［德］康德：《未来形而上学导论》，李秋零译，中国人民大学出版社 2013 年版。

［美］库恩：《科学革命的结构》第 4 版，金吾伦、胡新和译，北京大学出版社 2012 年版。

［苏］库尔萨诺夫：《马克思主义辩证法史·列宁主义阶段》，王贵秀译，人民出版社 1987 年版。

［德］卡西尔：《人论》，甘阳译，上海译文出版社 2004 年版。

［德］莱布尼茨：《单子论》，转引自《西方哲学原著选读》上册，商务印书馆 1981 年版。

［德］莱布尼茨：《神正论》，段德智译，商务印书馆 2016 年版。

［古希腊］拉尔修：《名哲言思录》，徐开来、溥林译，广西师范大学出版社 2010 年版。

［美］罗蒂：《哲学与自然之镜》，李幼蒸译，商务印书馆 2003 年版。

［苏］列利丘克：《苏联的工业化：历史、经验、问题》，闻一译，商务印书馆 2004 年版。

［法］拉·美特里：《人是机器》，顾寿观译，商务印书馆 1959 年版。

［匈］卢卡奇：《历史与阶级意识》，杜章智等译，商务印书馆 1992 年版。

［匈］卢卡奇：《理性的毁灭》，王玖兴等译，山东人民出版社 1997 年版。

［匈］卢卡奇：《社会存在本体论导论》，沈耕等译，华夏出版社 1989 年版。

［德］李凯尔特：《文化科学和自然科学》，涂纪亮译，商务印书馆 1986 年版。

［美］罗尔斯：《正义论》，何怀宏等译，中国社会科学出版社 1988 年版。

［法］卢梭：《爱弥儿》，李平沤译，商务印书馆 1978 年版。

［法］卢梭：《社会契约论》，何兆武译，商务印书馆 1980 年版。

［苏］卢森贝：《资本论注释》（Ⅰ—Ⅲ），赵木斋等译，生活·读书·新知三联书店 1963 年版。

［苏］罗森塔尔：《马克思主义辩证法史》，汤侠生译，人民出版社 1982 年版。

［法］孟德斯鸠：《论法的精神》，许明龙译，商务印书馆 2012 年版。

［英］密尔：《论自由》，许宝骙译，商务印书馆 1959 年版。

［美］马尔库塞：《爱欲与文明》，黄勇、薛民译，上海译文出版社 2005 年版。

［美］马尔库塞：《单向度的人》，刘继译，上海译文出版社 2006 年版。

［美］马尔库塞：《理性和革命》，程志民等译，上海世纪出版集团 2007 年版。

［美］曼昆：《经济学原理》第 3 版，梁小民译，机械工业出版社 2006 年版。

［英］麦克莱伦：《马克思传》，王珍译，中国人民大学出版社 2006 年版。

［英］麦克莱伦：《马克思之后的马克思主义》，李智译，中国人民大学出版社 2016 年版。

［美］莫里斯·博恩斯坦：《东西方的经济计划》，朱泱等译，商务印书馆 1980 年版。

［德］尼采：《偶像的黄昏》，李超杰译，商务印书馆 2009 年版。

［英］培根：《新工具》，许宝骙译，商务印书馆 1984 年版。

［古希腊］普罗提诺：《九章集》，石敏敏译，中国社会科学出版社 2009 年版。

［荷］斯宾诺莎：《伦理学》，贺麟译，商务印书馆 1958 年版。

［荷］斯宾诺莎：《知性改进论》，贺麟译，商务印书馆1960年版。

［德］叔本华：《作为意志和表象的世界》，石冲白译，商务印书馆1982年版。

［德］施密特：《历史和结构》，张伟译，重庆出版社1993年版。

［美］萨缪尔森：《经济学》第19版，萧琛等译，商务印书馆2011年版。

［古希腊］色诺芬：《回忆苏格拉底》，吴永泉译，商务印书馆1984年版。

［法］萨特：《辩证理性批判》，林骧华等译，安徽文艺出版社1998年版。

［法］萨特：《存在与虚无》，陈宣良等译，生活·读书·新知三联书店1987年版。

［法］萨特：《存在主义是一种人道主义》，周煦良、汤永宽译，上海译文出版社1988年版。

［美］梯利、伍德：《西方哲学史》，葛力译，商务印书馆1995年版。

［意］托马斯·阿奎那：《神学大全》，第一卷，段德智译，商务印书馆2013年版。

［奥］维特根斯坦：《逻辑哲学论》，韩合林译，商务印书馆2013年版。

［奥］维特根斯坦：《哲学研究》，李步楼译，商务印书馆1996年版。

［日］幸德秋水：《社会主义神髓》，马采译，商务印书馆1963年版。

［德］谢林：《先验唯心论体系》，梁志学、石泉译，商务印书馆1976年版。

［英］休谟：《人性论》，关文运译，商务印书馆1980年版。

［英］亚当·斯密：《国民财富的性质和原因的研究》，郭大力、王亚南译，商务印书馆1974年版。

［古希腊］亚里士多德：《后分析篇》，余纪元译，转引自苗力田主编《亚里士多德全集》第一卷，中国人民大学出版社1990年版。

［古希腊］亚里士多德：《灵魂论及其他》，商务印书馆1999年版。

［古希腊］亚里士多德：《尼各马科伦理学》，苗力田译，中国人民大学出版社2003年版。

［古希腊］亚里士多德：《物理学》，张竹明译，商务印书馆1982年版。

［古希腊］亚里士多德：《形而上学》，吴彭寿译，商务印书馆1959年版。

［古希腊］亚里士多德：《政治学》，颜一、秦典华译，中国人民大学出版社2003年版。

后　　记

本书是国家社科基金青年项目"科学发展观与《资本论》社会发展思想研究"的最终成果。我在本书中所从事的工作，一言以概之是：提炼社会发展辩证法，寄希望于它能够有利于在理论上解答"中国特色社会主义社会发展命题"。我的工作主要有两个着力点：一是从哲学史中梳理社会发展辩证法的生成史，二是证明《资本论》社会发展辩证法的典范性。应当说，完成好以上工作任务极其艰巨。在本书中，我局限于目前的眼界与能力，还未能尽如胸次地实现理论志愿。虽然如此，我对社会发展辩证法的点滴体会，亦是在方家的感召之下，经历过多年的思索而略有所得。

自有志于哲学研习至今20年来，我所阅读过的哲学史专著、原著和资料很有一些了，但受启发最深广者，当数赵敦华先生的《西方哲学简史》和《现代西方哲学新编》。赵敦华先生从西方哲学的源头讲述到世界哲学发展的未来趋势，言简意赅、主题鲜明、立意高远。随着一遍又一遍阅读赵敦华先生的哲学史著作，在我的内心中，越来越清晰地呈现出哲学发展史的根本线索：自由是哲学的主题，辩证法是哲学研究自由主题的最高方法，"自由"和"辩证法"是贯穿整个哲学史的关键词。我所提出的社会发展辩证法，在学理上是自由与辩证法的组合与贯通，这一组合和贯通描述出某一个历史时代，国家社会治理的理想原则和理论根基，社会发展辩证法是我们探寻治道的一把钥匙。

在选择哲学作为安身立命之所后，我的理论立足点长期在《资本论》。以《资本论》为师，完整地把握《资本论》的批判体系，重注乃至续写《资本论》，一直是我为之魂牵梦绕的理论志愿。我曾在处女作《马克思的自由理论》中，专门阐释了《资本论》异化批判的脉络。在第二本著作《论科学的经济学》中，我于再述《资本论》异化批判的基础上，集中梳理了《资本论》经济学批判的科学逻辑。在眼前这本书中，我力图将《资本论》异化批判与经济学批判综合、贯通起来，在科学的社会发展辩证法的视域中，全面把握《资本论》批判体系。通过马克思社会发展辩证法的三段论：实践辩证法——概念辩证法——实践辩证法，阐明《资本论》手稿、草稿和全四卷的科学结构，揭示《资本论》社会发展思想对社会主义社会发展的启示意义。

我的所思所论能否站得住脚，还需大众和方家予以检验和指正。

较之前两部书，写作此书的过程充满浪漫。我于往返故乡的隆隆列车上琢磨出写作思路，在普陀山的潮音中拟定提纲，在生活的锤炼和考验中笔耕不辍，在清源山上趣谈书中情志，在卡瓦格博神峰前对照文心与自心，在青藏高原上细细品读润色文稿。忘不了我在领略可可西里的磅礴与灵动的那刻，完成了文稿的修订；忘不了我在黄山光明顶的冰雪星夜中等待日出，静思新书的来龙和去脉。能够在学术生命中保有浪漫主义的情怀，我想这与我总能有幸与青春同行息息相关。在我看来，青春像飞鸢，松茂书院之讲读、社会调研之行走、游泳之舞蹈、古琴之润德，就是我的青春羽翼。此后，本书观点的验证、充实和发展还会在青春的浪漫中继续实现。

值此书出版之际，特别感谢在持续近五年的课题研究中，给予我宝贵教导和关怀的各位师长，他们是程恩富教授、方兴起教授、张英杰教授、樊勇教授、韩跃红教授、王海云教授、白利鹏教授、朱海林教授、潘先银研究员、桂立教授、张仲华教授、任阿娟教授、李兵教授。十分感谢中国社会科学出版社刘艳老师及其团队，对本书出版付出的辛勤工作。感谢昆明理工大学马克思主义学院同仁和同学长期以来的支持。感谢挚友胡亚军博士的崇高友谊,感谢松茂书院众学友不离不弃地聆听我的讲读。感恩父母亲的慈爱,感恩岳父母的信任,感恩妻子刘兵与我同甘共苦,为爱女刘悦凯的少年文思胜过乃父而自豪。

刘伟

2018年4月8日于昆明